교육의 사회적 기초

- 교육사회학의 이론과 연구, 그리고 쟁점들 -

김안나

교육과학사

서 문

교육사회학은 교육과 사회의 관계에 관해 탐구하는 학문이다. 교육을 정의하고 이해하는 방법은 여러 가지지만, 교육사회학은 사회라는 맥락 안에서 교육의 의미와 역할을 정의한다. 교육의 성격은 교육이 이루어지는 사회의 특성에 영향을 받기 때문이다. 따라서 현재 우리가 살고 있는 사회의 특성을 어떻게 바라보고 규정하는가는 교육의 성격을 이해하는 데 중요한 문제이다. 사회의 특성이 교육의 성격에 영향을 준다고 해서, 사회와 교육의 관계가 일방적인 것이라는 의미는 아니다. 교육 역시 사회를 변화시킨다. 지난 한 세기 동안 우리는 이와 같은 교육의 힘을 충분히 경험했다. 교육은 개인들의 의식과 지향을 변화시키고 산업과 경제성장의 동력을 제공함으로써 사회발전을 이루는 데 기여했다. 그리고 경제성장은 정치의 민주화와 문화적 다양성의 확대로 이어졌다. 그러나 이 과정에서 점차 경제적 불평등이 심화되고 도구적 합리성이 지배적인 교육문화가 생겨난 것도 사실이다.

사회변화의 실제 과정을 이렇게 압축하는 것은 지나친 단순화지만, 초기 한국의 교육사회학은 이와 같은 거시적인 관점에서 교육의 사회적 역할과 사회구조가 교육제도의 특성과 교육의 결과에 미치는 영향에 관해 분석하고 설명하는 데 초점을 두었다. 이러한 거시적 관점의 교육사회학 연구를 이론적으로 뒷받침한 것은 기능주의이론, 갈등이론, 지위경쟁이론과 같은 사회학의 거대이론들이었다. 그러나 1980년대를 기점으로 교육의 불평등이 만들어지는 교실과 같은 생활세계에 대한 연구 관심이 높아지면서, 교실에서의 상호작용이나 교과지식의 사회적 성격에 대한 담론들이 등장하기 시작한다. 사회학의 현상학적 관점, 상징적 상호작용론, 민속방법론 등은 미시적인 상호작용의 맥락에서 사회적 행위자로서 개인들의 교육적 선택의 동기와 의미형성 과정을 분석하는 데 초점을 둔다. 이와 같은 미시적 관점의 이론들은 개인의 행동을 통제하는 구조의 특성을 강조하는 대신 사회적 행위자의 자율성과 상호주관성에 주목한다.

이론은 현실에서 일어난 일을 있는 그대로 기술하는 데 그치지 않고, 현상의 원인과 의미를 이해하는 데 적용할 수 있는 논리적인 구조를 제공해 준다. 교육사회학은 이러한 이론적 관점을 사회학으로부터 가져왔다. 사회학이론, 그리고 거기서 파생된 교육사회학이론을 공부하는 것은 복잡한 사회생활과 교육현상을 분석하는 능력을 개발해준다. 자신의 경험과 인상을 넘어서 분석적인 태도를 가지고 사회현상과 교육현상을 바라보고, 그 패턴을 이해하는 능력을 기를 수 있다. 각기 다른 이론적 관점은 사회와 사회적 행위의 서로 다른 측면들을 강조한다. 그러나 사회적 불평등과 같이 여러 이론적 관점에서 공통적으로 문제의식을 가지고 관심을 두는 핵심적인 연구주제들도 있다. 교육사회학은 기본적으로 이와 같은 사회학의 문제의식과 이론적 관점을 토대로 현실에서 일어나는 교육문제들을 이해하고 교육적 실천을 개선하려는 학문이다.

교육이론은 대부분 현실에서 일어나는 교육문제에 대한 분석이나 사유에 기초하여 만들어진 것으로, 경험 위주의 관성적 교육정책이나 행위를 성찰하고, 그것이 지닌 문제를 해결하는 데 필요한 관점과 상상력, 방법들을 제공해 준다. 따라서 교육현상이 왜, 어떻게 일어나는지 그 기저의 원인을 설명해주는 교육이론은 현장성이 강한 유용한 정보를 제공해줄 수 있다. 이런 점에서 교육현상을 과학적으로 분석하고 이를 바탕으로 교육적 실천을 개선하기 위해 교육사회학의 연구자들은 사회학이론들의 주요 개념과 관점, 연구주제들을 알고 있어야 한다. 그럼에도 대학과 대학원에서 강의를 하면서 저자가 느낀 것은 뒤르케임, 마르크스, 베버와 같이 이 분야의 기초를 만든 대가들의 사상과 이론은 물론 현대 사회학자들의 이론적 관심사에 대한 학생들의 이해와 기초지식이 날이 갈수록 약해지고 있다는 것이다.

사회학이론은 어떻게 거대한 사회구조, 예를 들어 자본주의, 관료주의, 노동시장, 성역할과 같은 사회구조가 사회제도와 조직에 영향을 미치는지, 그리고 어떻게 개인, 가족, 집단의 선택과 행동을 제약하는지, 그래서 사회적 행위와 상호작용의 패턴에 영향을 주는지를 설명하는 데 초점을 맞춘다. 또한 사회학이론은 일상생활의 맥락에서 개인들의 경험과 상호작용의 미시적인 역동성에도 주목한다. 그래서 한편으로는 특정 사회에서 사회구조가 개인과 집단의 행동을 제약하고 감정과 사고방식에 미치는 영향을 강조하면서, 다른 한편으로는 개인들이 일상적인 상호작용을 통해 관계의 규칙과 의미를 만들고 자신들의 사회적 삶을 구성해가는 방식에 주목한다. 이러한 사회학의 이론적 관점들은 교육과 사회의 관계를 이해하기 위한 기초로서 학교와 사회에서 개인들의 행동 특성과 상호작용의 형식을 이해하고 설명하는 데 필요한 관점과 프레임을 제공해준다.

이 책에서는 가급적 쉽게 학생들이 사회학의 관점과 이론적 개념들을 이해하여 교육사회학의 연구문제로 연결시킬 수 있도록 하는 데 주안점을 두었다. 이를 위해 교육사회학을 만들고 직접 강의했던 프랑스의 사회학자이자 교육사회학자인 에밀 뒤르케임을 시작으로 사회학을 학문적으로 정립한 학자들과 이들의 사상과 관점을 다양한 방식으로 발전시킨 여러 현대 사회학자들의 이론을 정리하여 소개하였다. 물론 사회학의 이론들은 이 책에서 다룬 것보다 훨씬 다양하지만, 여기서는 직접적으로 교육사회학의 이론과 방법론의 발전에 많은 영향을 준 주요 이론들을 열 가지로 정리하여 소개하였다. 그리고 이 책에서 소개한 이론가들이 직접 교육에 대해 쓴 논문이나 이들의 이론적 관점을 교육문제에 적용한 대표적인 논문과 연구들을 소개하여 이론과 연구의 관계를 이해할 수 있도록 구성하고자 하였다.

이를 위해 이 책에서 중요하게 다룬 학자들의 핵심적인 저서들을 바탕으로 저자가 이해한 이론의 주요 특징과 개념들을 정리하였고, 각 이론적 관점에서 생각해볼 수 있는 교육사회학의 주제와 쟁점들을 포함하였다. 이 책에서 소개하고 있는 이론가들의 저서들은 번역서도 많이 출간되어 있다. 그러나 여기서는 저자가 직접 읽고 공부했던 원서들을 주로 참고하였다. 그리고 이들의 이론을 해석하고 평가하는 데 조지 리처(George Ritzer), 루이스 코저(Lewis Coser), 미셸 딜런(Michele Dillon)의 사회학이론서를 많이 참조하였다. 특히 이론가별로 다루어야 할 주요 주제와 개념을 선정하고 책의 구성상의 흐름을 잡는 데 딜런의 책에서 많은 힌트를 얻었다. 이 책이 교육사회학의 이론적 기초를 이해하고 교육연구에서 이론의 중요성을 발견하는 데 유용하게 활용되기를 바란다.

2021년 8월

저자

차 례

제1장 뒤르케임의 사회이론과 도덕교육론

에밀 뒤르케임(Emile Durkheim)은 사회학을 학문적으로 정립한 결정적인 인물이며, 마르크스(Marx), 베버(Weber)와 함께 사회학적 상상력의 가장 깊은 뿌리 중 하나이다. 특히 교육문제를 다룬 최초의 사회학자로, 프랑스 파리의 소르본대학에서 교육연구에 사회학을 접목하여, 경력의 상당 부분을 교육학을 강의하고 저술 활동을 하는 데 보낸 사회학자면서 교육학자였다. 교육사회학을 하나의 독립된 학문분야로 규정한 뒤르케임은 사회에서의 교육의 목적과 기능, 그리고 교육과 사회변화의 관계에 관심을 두었다. 학교의 사회화 기능에 대한 뒤르케임의 생각은 저서 「도덕교육론(Moral Education)」을 통해 잘 드러나는데, 이러한 그의 관점은 파슨스(Parsons)와 같은 사회학자들에 의해 기능주의이론으로 발전된다.

젊은 세대에게 사회구성원으로서 필요한 자격과 요건을 갖추게 하여 사회에 통합시키는 교육의 사회화 기능은 교육의 가장 중요하고 보편적인 목적 중 하나로, 교육에 대한 기능주의이론의 출발점이다. 뒤르케임은 사회적 결속을 위해 모든 사회구성원이 공통적인 지식의 기반을 학습해야 한다고 보았다. 그리고 교육의 결과로 나타나는 불평등을 불가피한 것으로 보고, 특정한 지위에 맞는 준비의 필요성을 인정하면서 아이들이 집단생활의 중요성을 이해하도록 도와주는 것이 교육의 책임이며, 사회의 지도자들은 어떤 지식과 기술을 육성해야 하는지에 대한 명확한 생각을 지녀야 한다는 것을 강조했다. 이 장에서는 뒤르케임의 교육사회학적 관점을 그의 사회학 이론의 틀 안에서 살펴보기로 한다.

사회적 사실로서의 사회현상

뒤르케임(1858~1917)은 칼 마르크스(Karl Marx, 1818~1883)와 동시대에 활동하였지만, 20세기까지 살았던 인물이다. 사회, 경제, 정치적으로 격변의 시대를 살았던 그들이 사회변화와 산업사회에 대해 관심을 가졌던 것은 지극히 당연한 일이라고 할 수 있다. 하지만 두 사람이 동시대를 해석하고 미래 사회의 방향을 제시한 방식은 매우 달랐다. 마르크스가 계급불평등과 같은 자본주의 사회의 구조적 모순에 관심을 가졌던 반면, 뒤르케임은 사회가 진보하는 가운데 어떻게 질서를 유지해가는가에 관해 탐구하였다. 즉, 전통사회에서 현대사회로 이행하는 과정에서 사회조직과 사회적 관계의 형태가 어떻게 변화에 조응하여, 사회가 유지되고 작동하는지 설명하고자 하였다.

현대 사회학의 기본적인 특성들은 사회적 실재론(social realism)과 실증주의(positivism)라는 뒤르케임의 지적 전통을 물려받았고, 뒤르케임의 사상은 마르크스, 베버와 함께 현대 사회학 발전의 이론적 근원이면서 경쟁적인 이론들의 중심축을 이루고 있다. 특히 교육사회학의 발전에 미친 뒤르케임의 영향은 마르크스와 베버에 앞선다. 뒤르케임은 그가 재직했던 소르본대학에서 교육학을 직접 가르쳤고 「교육과 사회학(Education and Sociology)」, 「도덕교육론(Moral Education)」, 「프랑스 교육의 발전(The Evolution of Educational Thought)」 등 교육에 관한 저술을 많이 남겼다. 이를 통해 뒤르케임은 교육이 사회와 도덕적 질서를 유지하는 데 핵심적인 역할을 한다고 설명함으로써, 독자적인 이론 지향적 학문으로서 교육사회학을 정립하는 데 선구적인 역할을 하였다.

교육사회학, 사회심리학, 종교사회학 등 사회과학 분야의 여러 영역에 광범위한 영향을 미친 뒤르케임은 사회학의 내용적 측면뿐 아니라, 방법론의 발전에도 지대한 공헌을 하여 자료에 근거한 경험적 연구를 강조하였다. 엄밀한 과학적 학문으로서 사회학을 확립하려는 그의 노력은 「노동의 사회적 분업(The Division of Labor in Society)」, 「사회학적 방법의 제 규칙(The Rules of Sociological Method)」, 「자살론(Suicide)」과 같은 역작들을 통해 완성되었다. 뒤르케임에게 사회학은 사회적 사실(social fact)에 대해 탐구하는 학문이다. 사회적 사실이란 사회구조, 규범, 관습과 같이 인간의 개별적 혹은 집단적 행동을 규제하고 제약하는 외재적이고 사회적인 것들을 의미하며, 사회적 사실로서의 사회란 개인들의 단순한 합이 아닌 하나의 집합적 실재(collective reality)로서, 다양한 사회구조와 일상적인 관습 및 규범을 통해 그 구성원이 사고하고 행동하는 방식을 통제한다.[1] 특정 사회가 공유하고 있는 신념, 규범, 관습 등은 구성원의 생각과 행동방식을 제한한다는 점에서 그 사회를 구성하고 있는 개인과는 독립적인 객관적이고 외재적인 실재이며, 이러한 특성을 사회적 사실이라고 정의한 것이다.

이러한 관점에서 보면 자살이나 이혼은 특정한 개인의 경험과 무관한 사회적 사실이다. 즉, 어떤 사회에서 자살이나 이혼의 경향, 혹은 이에 대한 대중적 견해는 자살과 이혼에 대한 개인들의 태도와 결정에 영향을 준다. 사회적 사실로서 자살이나 이혼은 개인의 행동이지만, 동시에 사회적 현상이다. 모든 사회에서 일정 수준 일어나고 있는 자살은 일반적인 사회적 사실로서 정상적인 현상이며, 사회적 규제와 통합 수준에 따라 영향을 받는다. 뒤르케임은 서유럽 국가들의 자살률에 대한 실증연구를 통해 자살이 사회의 통합 정도에 반비례

1) Durkheim, E.(1895/1982). *The Rules of Sociological Method*. New York: Free Press. Translated by W. D. Halls. pp. 54-59.

하며, 자살을 개인적인 특수한 환경에서 파악하기 전에 사회통합과 관련된 사회적 상황과 맥락에서 보아야 한다고 주장했다.[2] 즉, 자살을 우울과 같은 심리적 용어로 설명하는 대신 사회적 사실로 보고, 사회적 결속력이 개인의 자살에 미치는 영향에 주목하였다.

자살을 사회적 사실로 보면, 자살의 원인과 유형 또한 사회적 상황에 따라 다르게 해석할 수 있다. 예를 들어 현대사회에서는 이기적, 아노미적 자살이 특징적으로 나타나며, 전통사회 혹은 집단의 결속력이 큰 사회에서는 이타적 자살이 특징적으로 나타난다. 이타적 자살은 개인이 공동체와 긴밀히 연결되어 있는 전통사회나 공동체에서 나타나는 현상으로, 지금도 종종 발생하고 있는 이슬람 근본주의자들의 자살 테러 같은 현상은 이런 관점에서 이해할 수 있다. 통합 정도가 높은 사회에서는 개인들이 집합의식에 따라 도덕적 제재를 강하게 받고 있고, 사회적 기대를 충족시키기 위해 동기화되어 있기 때문에 이러한 행동은 의무거나 영광스러운 일로 여겨진다. 반면 이기적 자살은 개인들이 자기중심적이고, 가족이나 친구, 공동체 같은 사회집단과의 연결이 느슨한 경우에 발생한다. 개인주의가 강한 현대사회에서는 자살로부터 개인들을 보호할 사회적 제약과 연결이 점차 적어지고 있다.

한국사회의 자살률이 높은 것도 전통적인 가족주의가 해체되면서 집단적 유대가 약화된 것이 중요한 원인 중 하나라고 할 것이다. 사회적 관계는 구성원들에게 사회적 헌신을 하게 강요하는 힘이며, 자살을 억제하는 요인이다. 독신자가 결혼한 사람보다 더 쉽게 자살을 시도하는 이유를 이런 관점에서 생각해 볼 수 있다. 자녀가 있는 기혼자의 자살률이 떨어지는 것도 마찬가지다. 결혼이나 부모가 되는 일은 개인을 사회에 보다 더 통합시킨다. 뒤르케임은 자살률이 독일이나 덴마크 같은 프로테스탄트 국가보다 스페인, 포르투갈, 이탈리아

2) Durkheim, E.(1897/1951). *Suicide: A Study in Sociology*. New York: Free Press. Translated by J. Spaulding & G. Simpsom. pp. 209-210.

같은 가톨릭 국가에서 낮은 이유도 같은 논리로 설명하고 있다.[3] 두 종교가 모두 자살을 비난하지만, 성경을 해석하는 개인의 능력을 강조하는 프로테스탄트보다 교황과 주교 등 교회의 권위에 대한 복종과 통합을 강조하는 가톨릭 교회가 자살을 억제하는 힘이 더 강하다는 것이다.

사회현상에 대한 탐구방법

사회현상을 사회적 사실로 보고 사물을 연구하는 것처럼 객관적으로 탐구한다는 것은 어떤 의미인가? 사랑이나 우정과 같은 사회적 관계를 현미경으로 세포를 관찰하듯이 직접 들여다보고 측정할 수는 없다. 뒤르케임은 이 문제를 해결하기 위해 사회현상을 경험적으로 관찰하고 측정할 수 있는 속성으로 정의하는 방식으로 접근하였다. 그리고 사회현상에 대한 탐구가 철저히 사회적 사실에 관한 데이터에서 출발하여야 한다고 보았다. 예를 들어, 연구자가 '학생의 지능과 학업성취의 상관관계'를 연구하려면 지능이라는 개념을 수치화할 수 있어야 한다. '지능'의 사전적 정의를 보면, '새로운 대상이나 상황에 부딪혀 그 의미를 이해하고, 합리적인 적응 방법을 알아내는 지적 활동 능력'인데, 이 개념을 수치화하려면 '지능검사를 통해 측정된 지능지수'와 같이 연구자가 지능의 개념을 조작적으로 정의하여야 한다. 그리고 이 정의에 맞는 경험적 자료를 수집한 뒤, 계량화하여 변수 간의 상관관계를 통계적으로 분석한다. 사회문화 현상의 인과관계를 밝히거나 일반화된 법칙을 도출하기 위해 계량적 연구에서 일반적으로 사용하는 이와 같은 탐구방식은 뒤르케임에 의해 정립되기 시작했다.

뒤르케임은 연구를 할 때 우리가 이미 명백하게 알고 있다고 생각하는 것일

3) Durkheim, E.(1897/1951). 전게서. pp. 158-159.

지라도 자료를 통해 추론해야 하며, 이것이 바로 현상의 특징을 명료화하는 방법이라고 보았다. 사회적 사실을 객관적으로 본다는 것은 범죄나 자살처럼 사회적 문제로 여길 수 있는 것들을 일반적인 사회현상으로 간주한다는 것을 의미한다. 이러한 일들은 모든 사회에 존재하고, 비슷한 사회경제적 발달단계에 있는 여러 도시나 국가에서 공통적으로 나타나는 현상이다. 범죄가 일어나지 않는 사회는 없고, 범죄의 유형 또한 사회의 특성에 따라 달라진다. 정치가들에게 사회문제는 해결해야 할 과제지만 사회학자에게는 동일한 문제가 일차적으로 탐구의 대상이다. 실업이나 약물중독과 같은 사회현상이 병리적인 문제가 되는 경우는 그것이 이례적으로 높아지거나, 비슷한 수준의 나라들과 비교하여 높아질 때이다. 예를 들어 경제 상황이 좋을 때 4%의 실업률은 별로 문제가 안 되지만, 6%가 넘게 되면 이것은 불황의 신호가 된다. 즉, 실업 자체가 사회문제는 아니며, 이것이 지나쳐 사회의 안정이 깨지게 되면, 사회유지를 위한 기능 회복이 필요해진다.[4]

한마디로 뒤르케임은 사회현상에 접근하는 총체적인 방법으로서 실증주의적 전통에 기초한 과학적 패러다임을 사회학이라는 학문에 제공했고, 사회학 고유의 대상과 영역을 수립하였다. 사회적 사실, 전통사회와 현대사회의 기계적 연대와 유기적 연대를 만드는 사회조직의 서로 다른 형식들, 사회통합의 기제로서 자살의 기능, 사회의 성스러운 것들의 집합적 표상으로서 종교 등에 대한 그의 저술들은 사회학의 발전에서 독보적인 것들이다. 실증주의와 구조기능주의라는 두 가지 특징은 이후 개념적인 비판뿐 아니라 이데올로기적 비판의 표적이 되기도 했지만, 현대 사회학은 뒤르케임에 의해 정립된 기본적인 특징들을 반영하고 있다. 생시몽(Saint-Simon)에 의해 시작되고 르 플레이(Le Play), 뒤르케임으로 이어진 프랑스 사회학의 전통은 프랑스의 정치적 격변,

4) Dillon, M.(2010). *Introduction to Sociological Theory: Theories, Concepts, and their Applicability to the Twenty-First Century*. Wiley-Blackwell. pp. 83-84.

권력을 위한 집단투쟁, 시민항쟁 등에 대한 공통적인 혐오감을 가지고 있다. 이러한 전통은 사회학으로 하여금 치유하고 안정시키는 과학이 되도록 하였다.[5] 즉, 사회적 합의를 회복하고 사회적 통합을 증진시키는 존립 가능한 기초를 발견하고자 했다. 궁극적으로 이러한 전통은 사회적 평화와 질서의 바탕으로서 도덕의 중요성과 교육의 역할을 강조한다.

사회변화와 노동의 사회적 분업

사회학의 기초를 만든 세 거장인 뒤르케임, 마르크스, 그리고 베버가 살았던 19세기는 그 이전의 어느 때보다도 경제, 사회, 기술적 변화가 컸던 시대였다. 이러한 시대를 배경으로 마르크스와 뒤르케임은 모두 산업화, 도시화, 이민, 인구 증가와 같은 사회변화에 대해 큰 관심을 가졌고, 이러한 변화를 전통사회와는 다른 현대사회의 특징으로 생각했다. 특히 뒤르케임은 대규모의 사회변화가 개인들의 사회적 관계와 사회질서에 어떤 영향을 주는지, 대격변의 시대에 사회가 어떻게 유지될 수 있는지에 주목하였다. 이러한 시대적 배경과 이에 기초한 문제의식은 사회학이라는 학문의 출발점이라고 볼 수 있는데, 이와 같은 사회학적 문제의식은 과학기술의 변화 속도가 그 어느 때보다도 빠르고, 이로 인한 산업과 사회구조의 변화가 급격한 오늘날에도 여전히 중요하다.

뒤르케임은 전통사회와 현대사회의 구성원들을 결속시켜 사회질서를 유지하게 만드는 기제를 기계적 연대(mechanical solidarity)와 유기적 연대(organic solidarity)라는 개념으로 설명한다. 전근대적인 전통사회는 대개 농업사회로 동질성을 특징으로 한다. 농사를 짓는 작은 시골 마을의 사람들은 비슷한 일을 하며, 비슷한 도구를 사용하고, 유사한 수준의 기술을 가지고 있다. 이들 사회

5) 고영복(1994). 사회학설사. 사회문화연구소출판부. p. 261.

의 연대가 유지되는 이유는 이 동질성 때문이다. 전통사회는 이동성이 많지 않고, 민족, 종교, 정치적 신념, 그리고 문화적으로 동질성이 크다. 이런 사회에서 개인들은 견고한 집합의식을 갖는데, 집합의식(collective conscience)이란 한 사회 안에서 통일된 힘을 발휘하는 공유된 신념과 도덕적 태도로 나타난다.[6] 집합의식은 사회 혹은 공동체가 집단적으로 공유하는 감정, 가치, 이상이다. 뒤르케임은 집합의식과 더불어 집단감정(collective feeling) 또한 강조했는데, 집합의식에 어긋난 행동을 하는 개인은 사회적 억압뿐만 아니라 가십거리가 되거나 집단으로부터 외면당하는 방식으로 벌을 받게 된다. 이러한 벌은 개인뿐만 아니라 그의 가족이나 친구들에게도 피해가 간다.[7] 이처럼 형벌은 사회적 감정을 각성시키는 것으로 사회적 응집을 위협하는 일탈에 대해 억압을 가하는 기능을 한다.

전통사회에서 기계적 연대가 가능한 이유는 서로가 비슷하기 때문이다. 동질적인 구성원들은 쉽게 사회적 연대를 형성할 수 있다. 단순한 사회에서 사람들은 서로 비슷한 일을 한다. 농사를 짓는 일은 단순하지만 집단적인 협력을 필요로 하는 일이고, 따라서 구성원의 개별성보다는 집단 내의 유대가 중시된다. 그러나 산업이 발달하고 도시에 일자리가 생겨나면서 시골마을의 청년들이 고등교육을 받고 도시에서 직장을 구하게 되면, 그들의 가족이나 공동체와의 유대는 점차 약해진다. 이와 같이 이동성(mobility)이라는 현대사회의 특징은 사회연대의 성격에 영향을 준다. 현대사회는 높은 인구밀도, 도시화, 사회적 이동성, 직업적 다양성 등을 특징으로 하며, 이와 같은 변화는 집단의 유사성 대신 개인차를 규범으로 하는 개인주의의 발달로 이어진다.

뒤르케임에 따르면, 현대사회에서의 집합의식은 소수민족거주지와 같이 전

6) Durkheim, E.(1893/1984). *The Division of Labor in Society*. New York: Free Press, Translated by W. D. Halls. p. 43.

7) Durkheim, E.(1893/1984). 상게서. p. 39.

통적 공동체가 남아있는 곳을 제외하고는 개인에 대한 통제력이 약화된다. 그런데 개인의 자유, 이동성, 다양성의 증가, 그리고 집합의식의 약화와 같은 현대사회의 특징에도 불구하고 여전히 사회적 연대가 유지되는 이유는 바로 분업 때문이다.[8)] 분업이 제한적인 전통사회와 달리 현대 산업사회는 모든 분야에서 분업과 전문화가 이루어지고 있다. 경제 분야뿐 아니라 정부도 각 부처별로 전문화된 기능적 분화가 이루어지고 있고, 교육도 예외가 아니다. 예를 들어, 고등교육은 다양한 유형의 대학, 단과대학, 전공학과 등으로 나뉘어 전문화되어 있다. 분업이 사회적 소외현상을 가져온다고 보았던 마르크스와 달리, 뒤르케임은 전문화된 분업체계가 사회적 상호의존성을 높인다고 생각했다. 상호의존적인 개인들은 사회적 규제를 만들어 연대를 형성한다. 인구가 집중되어 도시화가 진행되면 개인들 간의 사회적 상호작용이 증가되는데 분업은 이러한 상호작용의 밀도를 더욱 증가시킨다.

상호의존적인 사회 구성원들 간에 도덕성을 바탕으로 하는 결속관계가 형성될 때 사회적 통합이 이루어진다. 뒤르케임을 이것을 분업이 가져오는 도덕적 효과로 보았다. 상호작용의 밀도는 얼마나 많은 사람을 만나는가 하는 물리적 밀도(physical density)는 물론, 상호작용을 통한 도덕적 밀도(moral density)를 포함한다. 이 둘은 서로 영향을 주고받으며 유기적 연대를 강화한다.[9)] 유기적 연대는 고등동물의 생물학적 기능 유지에 비유하여 설명할 수 있다. 고등동물의 각 기관은 생명유지를 위해 자율적, 독립적으로 고유한 기능을 수행한다. 모든 기능이 작동하지 않으면 유기체의 생명을 보존하기 어려운 것처럼, 생명유지라는 목적에 대해 각 기관의 기능들은 상호의존적이다. 이와 같은 설명에서 뒤르케임의 기능주의적 관점이 잘 드러나는데, 분업의 원인은 물질적, 도덕적 밀도이고, 그 기능은 사회구조의 통합이라는 것이다.[10)] 인구가 증가함에

8) Durkheim, E.(1893/1984). 전게서. pp. 205-221.
9) Durkheim, E.(1893/1984). 전게서. p. 85.

따라 인구밀도가 높아지고 사람들 간의 접촉이 빈번해져 상호작용의 강도가 높아지면 생존 경쟁이 치열해지고 생존을 위한 기능 분화가 이루어져 분업화와 전문화 추세는 강화된다.

개인들의 전문성이 증대되면 자율성을 존중하면서도 상호의존적인 사회관계가 형성되는데 이것이 새로운 사회적 결속의 토대를 형성한다. 이 점에서 뒤르케임이 생각하는 분업은 경제적 차원에 국한된 현상이 아닌, 집합적 신념과 의식의 공동체를 기반으로 한 도덕적인 것이다. 그렇다고 해서 뒤르케임이 개인의 이익추구가 합리적인 경제적 교환관계에 따라 안정적이고 질서정연하게 이루어지고 있다고 생각한 것은 아니다. 그보다는 공정한 경쟁에 입각한 분업체계가 유지되어야 상호의존적인 개인들의 유기적 결속관계가 형성될 수 있다는 점을 강조하며, 불평등한 외적 조건을 용인한 상태에서 이루어지는 개인들의 이익추구를 사회 해체의 근원으로 지적하고 있다.[11] 이런 점에서 산업사회의 도덕적 기초가 되는 집합의식은 노동 분업의 결과이지, 경제학자인 아담 스미스(Adam Smith)가 주장한 것과 같은 자기이익을 추구하는 개인들 간의 공리주의적 교환관계에 기초한 것이 아니다. 집합의식은 공통된 가치, 신념, 정서의 총체로서, 사회구성원들의 일상적 행위의 준거이다. 인간이 규범에 따라 행동하고 사회에서 용인하지 않는 생각과 행동을 스스로 자제하는 힘을 갖게 되는 것은 집합의식이 실체적으로 작용하고 있기 때문이다.

그러나 뒤르케임이 개인에 대한 사회의 영향력을 강조했다고 해서 개인의 의지를 무시한 것은 아니다. 그가 강조한 것은 개인들이 사회적으로 상호의존적이고, 사회의 응집력은 사회구성원들의 유대로부터 나온다는 점이다. 그리고 사회가 변화되면 사회구성원 간의 유대 방식 또한 달라진다. 사회가 개인에 우선하기 때문에 사회적 변화가 결코 일어나지 않을 것이라고 생각할 수 있지

10) 이건만(1995). 뒤르케임의 사회사상과 도덕이론의 재해석. 교육사회학연구 5(1). p. 239.
11) 이건만(2015). 교육과 문명의 질서. 양서원. p. 301.

만, 사회변화는 항상 일어나며, 변화의 정도와 무관하게 대부분 변화는 이미 존재하는 사회적 사실, 즉 질서에 대한 집단적 저항과 혼란을 야기한다. 이러한 상황을 뒤르케임은 아노미적 현상으로 설명한다.

아노미와 도덕적 개인주의

아노미 현상은 사회규범의 부재를 의미한다. 뒤르케임은 산업사회의 구조적 특성으로 생활조건이 변화되면서 가치 기준이 달라질 때, 전통적 권위를 대신할 새로운 기준이 아직 마련되지 않아서 나타나는 무규율 상태를 아노미(anomie)라고 보았다. 혁명처럼 정치권력을 바꾸고 사회생활의 근본적인 전환을 가져오는 급진적인 사회변화는 물론이고, 2011년의 동일본대지진 같은 자연재해 또한 아노미적 상황을 초래한다. 많은 사상자가 발생하고 심각한 정신질환이 증가했으며, 집단적인 이주가 이루어졌다. 우리나라의 1997년 외환위기와 같은 경제적 변화 역시 아노미를 발생시킬 수 있다. 구조조정에 따른 기업 파산과 실직자 증가는 이혼과 자살률 상승 같은 사회문제로 이어졌다. 갑작스러운 변화로 개인들이 상황 변화에 적응할 여력을 갖추지 못했기 때문이다. 아노미적 자살(anomic suicide)은 사회의 격변으로 사회적 유대가 사라지고 무질서한 상태가 되었을 때 나타나는 자살의 유형이다. 그러나 아노미적 상황이 자살률을 높이는 것과 같은 부정적인 결과만을 가져오는 것은 아니며, 개인들을 사회적으로 통합시키기도 한다. 예를 들어, 외환위기를 극복하기 위한 '금모으기 운동'에 전 국민적인 참여가 있었던 것이나, 자연재해를 극복하기 위해 힘을 합치는 노력들은 사회적 응집력을 높여 사람들을 다시 결집시킬 수 있다.

뒤르케임은 산업사회에서 사회적 통합을 위협하는 요인으로 아노미적 분업과 강제적 분업의 문제를 지적하고 있다. 아노미적 분업은 경제활동을 규제하는 규범의 부재에서 비롯되는 것으로 경쟁적인 이해관계를 조정하고 규제할 규범이 없기 때문에 이해당사자들의 이기적인 욕구, 탐욕과 갈등을 야기하는 분업의 한 형태이다.[12] 반면, 강제적 분업은 잘못된 규제에서 비롯되는 경제적 갈등과 모순에 관련된다. 잘못된 규정은 정상적인 분업 과정을 방해하거나 왜곡하는 외적 강제를 의미한다. 정상적인 분업은 개인의 타고난 능력과 적성에 맞는 일을 하는 것, 자유의지에 의한 자발적인 선택에 의한 것, 그리고 정의를 실현하는 방식으로 노동을 분화하는 것이다. 뒤르케임은 이러한 정상적인 분업을 방해하는 기존 제도, 조직, 관습 등이 잘못된 규제 장치로 작용하고 있다고 보았다.[13] 정상적인 노동 분업의 원칙은 외적 조건의 평등이 실현되어야 지켜지는데, 기득권자들의 영향력이 규제 규칙으로 제도화되어 있으면 규칙에 따라 분업이 이루어진다고 하더라도 정상적인 분배가 이루어지기 어렵다.

개인의 타고난 능력과 적성을 무시한 사회적 기능의 배분은 불평등을 영속시키는 제도적 불평등의 근원이 된다. 자유로운 계약이 반드시 공정한 계약은 아니다. 세습된 신분과 기득권을 보호하는 법률이 노동 분배에 개입하는 한 자유로운 계약은 불공정한 계약일 수밖에 없다. 뒤르케임은 개인의 능력에 따라 일을 분배하려면 강제적 분업을 하게 하는 외적 요인인 상속제도를 철폐해야 한다고 보았다. 그리고 산업사회의 발전에 상응하는 도덕성 및 규범과 이를 뒷받침하는 제도가 마련되어야 한다고 주장하였다. 발전단계에 맞는 도덕성이 형성되지 않은 상태에서 강제적 분업을 조장하는 불평등의 외적 요건들을 급격하게 제거하게 되면 오히려 사회결속을 해치는 아노미와 불안정을 초래할 가능성이 크다고 보았기 때문이다.[14] 한마디로 이기적이고 무절제한 인간의 본성은 도덕성의 원천인 사회에 의해 규제되어야 하며, 도덕성은 사회

12) Durkheim, E.(1893/1984). 전게서. p. 291.
13) Durkheim, E.(1893/1984). 전게서. p. 310.
14) 이건만(1995). 전게서. p. 247.

적이고, 개인에 외재하며, 인간행동에 대해 강제성을 띤다. 도덕성은 집단에 대한 유대에 기초한 것이며, 그 유대가 달라지면 도덕성도 달라진다. 이런 점에서 개인은 사회에 속하기 때문에 도덕적인 존재인 것이다.

뒤르케임은 이기주의와 아노미를 산업사회의 근원적인 문제로 인식하고 있었고, 그 해결책으로 도덕성에 바탕을 둔 정의로운 사회를 건설할 것을 주장하였다. 도덕적인 사회는 사회 구성원들이 타인의 입장과 이익을 고려하여 서로 양보하고 타협하면서 도덕적으로 결속된 사회이다. 이론적으로 산업사회는 노동의 분화가 진전됨에 따라 전통사회의 기계적 결속 관계에서 벗어나 상호 의존적인 유기적 연대를 이룬 사회지만, 현실에서는 사회적 유대를 강화하기 위한 종전의 방식이 더 이상 유효하지 않게 되었음에도 이것을 대체할 새로운 방식이 생겨나지 않아 갈등과 모순이 가득한 사회였다. 뒤르케임이 교육의 사회화 기능에 주목한 것은 이러한 맥락에서 이해할 수 있다.

도덕적 실패를 바로잡고 사회적 연대와 통합을 실현할 방법으로 뒤르케임은 교육을 통한 사회 구성원들의 도덕성 확립을 강조한다. 다른 사회현상과 마찬가지로 도덕은 개인을 외재적으로 구속하는 사회적 사실이다. 뒤르케임은 도덕적 사실을 개인적 차원에서 말할 때는 도덕성으로 표현하였는데, 도덕성은 규율의 정신, 사회집단에 대한 애착, 그리고 자율성의 세 가지 요소로 구성되어 있다.[15] 집단에 대한 애착과 자기규율을 강조하는 이 같은 도덕성은 사회적 결속의 근원이며 개인들이 다른 사람을 존중하고 행동을 규제하도록 할 뿐 아니라 강한 유대감에 의해 더욱 확고해진다. 뒤르케임은 이러한 도덕성이 도덕적 훈련을 통해 습득된다고 보고, 도덕교육의 목표가 개인들로 하여금 어떤 강압에 의한 수동적 행위가 아니라, 규범을 준수해야 하는 이유를 알고 합리적인 판단에 따라 도덕을 내면화할 수 있도록 하는 것이라고 주장했다.

15) 이건만(2015). 교육사회학: 이론의 근원과 흐름의 심층적 이해와 실제적 과제 탐구. 양서원. p. 80.

뒤르케임은 현대사회에서 구성원들 간의 상호의존성이 전적으로 계약관계에 기초한 것은 아니라고 보았다. 인간의 가치가 개인들의 사사로운 이익추구에 있지 않고 공동선을 구현하는 데 있다고 생각했던 그에게 사회계약은 아담 스미스(Adam Smith)나 존 로크(John Lock)가 주장한 것과 같은 개인들의 자기이익에 기초한 공리주의적 교환이 아닌, 사회도덕의 표현이었다.[16] 비록 인간이 이기적인 존재일지라도 서로 연대하여 공동체를 형성하는 이유가 이기심 때문만은 아니라고 생각한 뒤르케임에게 현대사회의 개인주의는 타인에 대한 책임을 배제하지 않는 도덕적 개인주의(moral individualism)이다.

도덕적 개인주의는 사회적 존재로서 개인들이 단지 자신의 이기적이고 물질적인 이해가 아닌 사회적인 목적에서 사람들과 상호작용한다는 것을 의미한다. 이익이 유일한 목표라면 어떤 것도 이기적인 자아를 억누를 수 없고, 개인은 영원한 대립과 투쟁의 관계에 있게 될 것이다.[17] 도덕적 개인주의를 통해 뒤르케임이 강조하고자 한 것은 오로지 개인의 이해에 바탕을 둔 계약관계는 사회적 통합을 이룰 수 없다는 점이다. 이러한 사상의 면모를 보면 뒤르케임이 사회정의와 불평등 문제에 결코 무관심하지 않았음을 알 수 있다. 그는 인간사회의 불평등이 불가피하다는 점을 인정하면서도 인간의 능력조차도 우연의 산물임을 강조하며 인간의 자율성에 바탕을 둔 정의로운 사회를 꿈꾸었다.

종교의 사회적 기능

사회적 통합에 대한 뒤르케임의 학문적 관심은 종교의 사회적 성격과 기능에 대한 연구로 이어졌다. 프랑스가 보불전쟁에서 패하고 제3공화국이 아직

16) Durkheim, E.(1893/1984). 전게서. p. 221.
17) Durkheim, E.(1893/1984). 전게서. p. 152.

정상궤도에 오르지 못한 상황에서 뒤르케임은 전통사회에서 종교가 수행한 사회통합의 기능을 대신할 세속종교의 필요성에 대해 인식하고 있었다. 뒤르케임은 종교를 '신성한 것들(the sacred)'로 폭넓게 정의하고 '세속적인 것(the profane)'과 구분한다. 흔히 종교는 종교적 전통을 지닌 제도화된 교회를 생각하기 쉽지만, 신성한 것으로서의 종교는 이보다 훨씬 범위가 넓고, 특정 사회에서 신성한 것으로 규정된 많은 것들을 포함한다. 이것은 역사적으로 미리 정해진 것이 아니며 특정 사회에서 집단적인 감정에 따라 만들어진 것이다.[18] 인간이나 자연이 내재적으로 신성한 것은 아니기 때문에, 이 신성은 사회적으로 만들어진 것이다.

종교적인 현상은 믿음과 의식이라는 두 가지 요소를 지닌다. 즉, 우리가 무엇을 믿거나 숭배하고 어떻게 숭배하는가 하는 것이 종교를 구성한다. 사회적 사실로서 종교의 사회적이고 집단적인 성격을 강조하는 뒤르케임에게 종교적 믿음과 의례는 개인적인 것이 아닌 집단적으로 공유된 것이다. 그리고 교회는 같은 신앙을 갖고 예배를 드리기 위해 모이는 사람들의 집단이며, 신성한 것과 관련된 관습들로 묶여 있는 하나의 도덕적 공동체이다.[19] 공동체가 신성하게 여기는 것이 종교라는 뒤르케임의 관점에서 본다면, 종교는 매우 다양한 형태를 띨 수 있다. 예를 들어, 많은 국가에서 스포츠는 신성한 것이다.[20] 영국과 남미의 축구, 미국의 야구와 같은 스포츠들을 보면 팬들의 집단적인 경외심, 경기가 벌어지는 신성한 장소, 유니폼이나 로고와 같은 신성한 상징들, 영웅적인 선수들, 찬송가와도 같은 응원가 등등 종교적 요소들이 넘쳐난다. 코로나19 바이러스가 확산되는 상황에서 치러진 유로2020 축구시합은 수많은 인파가 축구장은 물론 거리로 쏟아져 나오게 만들었다. 이 대회에서 처음으로 준결승

18) Durkheim, E.(1912/2001). *The Elementary Forms of Religious Life*. Oxford: Oxford University Press. Translated by C. Cosman. p. 308.
19) Durkheim, E.(1912/2001). 상게서. p. 46.
20) Dillon, M.(2010). 전게서. p. 107.

에 진출한 영국의 시민들이 런던 거리를 가득 메우고 열광하는 모습은 축구가 집단적인 숭배의 대상이며 시민들을 하나로 결집시키는 신성한 힘이 있다는 것을 보여주기에 충분하였다. 2002년의 월드컵에서 우리나라의 4강 진출 신화도 비슷한 상황을 연출하였다. 너 나 할 것 없이 붉은색 셔츠를 입고 광장에 모여 우리 선수들의 승리를 간절히 응원하는 국민들의 함성은 종교적 열정에 버금가는 것이었다.

도덕적 공동체로서 우리가 숭배하는 것은 본질적으로 우리가 공유하는 집단생활이다. 그것이 교회든 축구장이든 하나로 모여 유대감과 소속감을 확인하는 과정 그 자체로 서로 간의 결속은 더 강화된다.[21] 뒤르케임은 평범한 것에서 신성한 것을 창조하는 능력이 있는 인간이 원시시대에는 애니미즘(animism)을, 그리고 세속사회에서는 사상, 국가, 지도자를 숭배하게 되었다고 주장한다. 이러한 뒤르케임의 생각은 로버트 벨라(Robert Bellah)에 의해 시민종교(civil religion)에 관한 이론으로 발전된다. 이슬람 국가처럼 아직 정교분리가 이루어지지 않은 사회가 존재하고 있는 것이 사실이지만, 유럽 근대국가의 형성은 정치에서 종교적 차원을 분리하는 것에서 출발하였고, 이로 인해 종교를 대신해 국가권력을 신성화할 다른 장치가 필요해졌다.

벨라는 미국사회의 공적 생활을 특징짓고 국가의 정치적 통일성을 유지하는 기능을 하는 대통령 취임식이나 국정연설 같은 정치적인 의식과 의례를 시민종교라고 불렀다. 참전용사에 대한 추모식과 같은 행사도 사회적 유대와 통합을 강화하는 일종의 시민종교이다. 미국의 대통령들은 엄숙한 국가행사에서 어김없이 '전능하신 신'을 자주 언급하는데, 벨라는 이러한 언명이 정교분리 국가인 미국에서 국민들이 공유하는 종교적 지향을 드러내고 국가권력을 신성화하는 의례라고 보았다.[22] 대통령은 성경에 손을 얹고 국민 앞에서 신에게

21) Dillon, M.(2010). 전게서. p. 109.
22) Bellah, R.(1967). Civil religion in America. *Daedalus* 96, pp. 1-21.

맹세를 함으로써 그의 의무와 통치 권한이 헌법을 초월한 신성한 것임을 천명하는 것이다. 대통령 선거를 앞둔 우리나라의 대선주자들이 첫 행보로 현충원을 참배하는 것도 정치적인 동시에 종교적인 연출이라고 볼 수 있다.

뒤르케임에게 종교, 즉 신성한 것은 우리가 모여서 함께 일치된 행동을 하고, 이러한 행동을 통해 개인적으로 혹은 집단적으로 삶의 기쁨과 슬픔에 대처할 수 있는 능력을 키울 수 있게 하는 것이다. 사회의 분업으로 인해 개인주의가 증가하고, 과학이 발전하면서 전통적인 제도로서의 종교는 쇠퇴하고 있다. 그러나 과학적 지식은 사람들을 하나로 연결시키기에 부족하다. 뒤르케임은 과학과 종교를 서로 대립되는 것으로 보지 않고, 상호의존적인 관계로 보았다. 과학은 지식을 제공하지만, 종교는 실제 행동을 하게 한다. 종교는 사라지지 않고, 적응과 변모를 통해 영원히 사회적 사실로 존재할 것이다.[23] 오늘날에도 여러 사회에서 전통적인 종교가 사회적 통합을 이루는 중요한 원천이 되고 있지만, 스포츠 경기와 같은 다른 많은 신성한 것들이 사회적 응집성과 연대를 형성하고 있는 것 또한 사실이다.

사회생활의 집단적 성격과 교육

뒤르케임은 사회적 사실, 즉 개인의 사회적 행동을 제약하는 사회생활의 집단적 성격을 강조하였다. 그렇다면 개인의 특성이 사회적 요구에 부합하지 못해 충돌이 발생할 경우, 어떻게 사회생활을 영위하는 것이 가능한가? 이것은 뒤르케임 사회학의 가장 핵심적인 문제로 뒤르케임은 개인을 다른 사람, 나아가 더 큰 사회와 연결시켜 사회적으로 결속하게 해주는 것이 사회도덕(social morality)이라고 생각했다.[24] 인간은 생물학적 본능을 지니고 있기 때문에 필

23) Dillon, M.(2010). 전게서. p. 110.

연적으로 이기적이다. 하지만 생존을 위해 타인을 필요로 하는 사회적 존재로서 인간은 자기중심적 욕구를 초월하도록 하는 학습 능력을 지니고 있다. 우리는 가족, 이웃, 학교, 스포츠 팀, 국가 등과 같은 자신 이외의 어떤 집단에 연결되어 있고 남들과 협력할 수 있다. 사회나 집단이 기능적으로 작동하는 것은 각각에서 요구하는 규범과 기대에 순응하도록 하는 학습능력에 달려있다. 이것이 사회화(socialization)가 중요한 이유이다.

사회화를 통해 우리는 친구, 가족, 직장동료, 시민사회의 일원으로 상호의존하고 협력하여 사회를 유지하는 방법을 배운다. 뒤르케임에 따르면 개인과 사회의 관계에서 개인은 필연적으로 사회의 규제와 제약을 받게 된다. 부분의 합 이상인 사회는 나름의 고유한 성질을 지니며, 구성원의 희생 없이 유지될 수 없다. 사회에 존재하는 개인과 사회적 요구 사이의 긴장에 대한 해결책은 상호주의이다. 예를 들어 잠자는 시간이 다른 룸메이트들이 기숙사 생활을 함께 하기 위한 방법은 서로 양보하면서 공동생활에 적응하는 것 이외에 어떤 방법이 있겠는가? 우리는 누군가의 딸, 친구, 학생, 이웃 등 다양한 주어진 역할을 수행하면서, 여러 사회적 기대를 받음과 동시에 행동의 제약을 받는다. 이러한 역할은 내가 스스로 정하거나 원한 것이 아닌, 사회에서 부여된 역할이다. 사회적 역할은 개인의 출생이나 사망과 무관하게 계속 유지된다. 우리는 사회적 역할에 따라 타인에게 어떻게 행동해야 하는지 당연하게 받아들이지만, 사실 이와 같은 행동은 사회적으로 계승된 것이고, 우리 자신과는 독립적으로 존재하는 것이다.

뒤르케임은 하나의 사회현상으로 교육제도는 그것을 둘러싼 다른 제도와의 관련 속에서 그 기능을 찾을 수 있다고 보았다. 사회적 사실로서 교육의 본질은 다양한 형태 가운데서 공통적인 것을 찾아 그것의 사회적 성격을 규명하는

24) Bellah, R.(1973). *Emile Durkheim: On Morality and Society*. Chicago: Chicago University Press.

데서 시작할 수 있다. 그 공통점을 뒤르케임은 사회생활을 위한 준비를 갖추지 못한 어린 세대에게 성인 세대가 영향력을 행사하여, 사회의 공통적 감성과 믿음, 즉 집합의식을 내면화시키고, 아동이 장차 속하게 될 특수 환경에서 요구하는 지적, 도덕적, 신체적 특성을 육성하는 것이라고 하였다.[25)]

이 정의에서 알 수 있듯이 뒤르케임은 교육의 기능을 사회화로 보았다. 사회화는 한 사회가 동질성을 유지하고 통합되기 위해 공통적인 감성과 신념을 내면화하는 보편적인 사회화와 현대 산업사회의 분업화에 따른 다양한 직업적 역할을 수행할 수 있는 규범과 전문지식을 습득하는 특수사회화로 구분된다. 보편적 사회화는 아동이 속한 사회계층과 관계없이 모두에게 반복적으로 가르쳐야 할 사상과 정서와 관습 등으로, 마치 중세 사람들이 모두 기독교 교육을 받은 것처럼, 국민정신의 기초가 되는 사상체계를 공통적으로 심어주어 사회적 동질성을 확보하기 위한 것이다. 그리고 특수사회화는 분업이 가속화되면서 일정 연령 이상이 되면 모든 아동에게 동일한 교육을 시킬 수 없기 때문에 교육이 전문화되는 것을 의미한다.

사회가 점차 분화되면서 다양한 직업교육이 불가피해지고 전문화되고 있지만, 그럴수록 보편적 사회화의 필요성은 높아지고 있다. 보편교육이야말로 사회의 존속을 위해 필수불가결한 집합의식을 심어주는 방편이기 때문이다. 뒤르케임은 중등교육의 목적을 전문적인 직업교육과 달리 공공의 사고를 할 수 있는 일반적인 사고능력을 키우는 데 있다고 보았다.[26)] 중세 이전의 신 중심의 사회에서 도덕원리는 신학적 원리에서 연역하기만 하면 되었지만, 근대 사회의 도덕은 분업의 결과로 작동하기 시작한 도덕적 개인과 그것을 통합하려는 국가 공동체 사이에서 복잡하게 전개된다. 이 도덕적 개인주의는 사회

25) Durkheim, E.(1938/2006). *The Evolution of Educational Thought*. London: Routledge. p. 72.

26) Durkheim, E.(1938/2006). 전게서. p. 320.

적으로 만들어진 것이다. 새로운 시대의 도덕이념인 개인주의가 제대로 작동하기 위해서는 도덕 행위의 주체인 인간 모두가 새로운 사회의 구성 원리에 대한 분석 방법에 익숙해져야 한다. 사회의 복잡한 측면을 알지 못한다면 스스로 아무리 도덕적이고자 해도 도덕적일 수 없다. 사회를 전제하지 않는다면 도덕성은 어떤 대상도 갖지 못하며 근거 없는 의무만을 가질 것이기 때문이다.[27]

교육은 제도나 교육과정 모두 한 사회가 근거하고 있고 지향하고 있는 이념을 위해 존재한다. 이런 점에서 뒤르케임은 교육이 사회이념적 성격을 가지고 있음을 인식하고 있었다. 교육은 곧 이념적 활동인 것이다. 이와 관련하여 뒤르케임이 한 사회를 구성하는 집단 간의 갈등과 불일치를 과소평가하고, 모든 사회가 하나의 일치된 이념을 지향하는 것처럼 상정하고 있다는 비판을 받고 있다.[28] 교육에 대한 뒤르케임의 이와 같은 관점은 프랑스 제3공화정의 교육개혁의 목표와 연결된다. 제3공화정의 교육개혁은 정치경제적으로 프로이센과의 전쟁의 패배에서 벗어나 국가를 재건하고 사회적으로 허약한 공화주의를 지지해 줄 국민통합에 이바지할 수 있는 교육을 활성화하는 것이었다. 이를 위해 제3공화국은 종교와 국가의 분리에 기초한 교육개혁을 시도했는데, 여전히 가톨릭 중심의 기존 교육주체들은 전통적인 방식을 고수하며 개혁에 저항했다.

중세는 물론 현대에 이르기까지 서구의 교육은 종교적 성격을 띠는데, 그것은 학교가 교회의 부속물이었기 때문이다. 제도로서 교육기관의 출발점이 교회였다는 점에서 교사는 성직자와 같은 역할을 하는 것이 자연스러웠다. 그러나 더욱 중요한 것은 그 시기 교육의 목적이다. 초기 기독교 교육의 목적은 학생을 온전히 기독교인으로 만드는 데 있었다. 이러한 목적을 달성하기 위해 학생들에게 도덕적으로 응집력 있는 환경을 제공해야 했는데, 그것에 부합하

27) 이황직(2008). 교양에서 시민으로: 뒤르케임 교육론의 함의. 사회이론 34, pp. 231-260.
28) 김신일(1993). 교육사회학. 교육과학사. p. 61.

는 공동체가 학교였다. 그런데 학교는 교육의 목적을 달성하기 위해 기독교 사회 이전의 세속 문명인 그리스와 로마의 문화에 의존하지 않을 수 없었다. 라틴어는 성경 읽기에 필수적이었는데, 라틴어 교육은 그리스와 로마의 세속적 문명의 유입을 불가피한 것으로 만들었다.[29)] 이에 대해 뒤르케임은 교육이 출발점부터 모순을 내포하고 있었다고 본다. 즉, 기독교 원리라는 종교적 요소와 고전문명, 그리고 거기서 빌려온 세속적 요소는 서로 상보적이면서도 대립 관계에 있다. 기독교 교육의 본질주의와 세속적인 실용주의의 대립은 교육의 발달과정에서 주지주의와 직업주의 간의 대립으로 이어지고 있다.

인간의 본성은 영원불변한 것이 아니라 끊임없이 해체되고 재구성된다. 인간다움을 선험적으로 규정하는 대신 역사적으로 변화하는 양상들에 주목하려면 그것을 탐색할 수 있는 과학적 방법이 필요하다. 형식논리학과 고전문학을 통해서 살아있는 인간을 탐구할 수 없다. 과학적 방법이 만능은 아니지만, 과학을 통해서 얻어지는 인간에 대한 탐구의 가능성을 존중해야 한다. 뒤르케임은 당시 프랑스의 교육방법이 고전에 의존하여 독일에 비해 과학 수준이 뒤떨어졌다고 보았고, 이후 프랑스 교육은 정치적 변화에 따라 인문교육과 실용교육 사이에서 어느 것을 선택할 것인가를 두고 동요한다.[30)] 그러나 뒤르케임은 19세기까지도 지속된 인문주의 교육이 터한 사회적 토대가 이미 사라졌다는 점을 비판하면서, 산업사회 진입에 따른 사회적 결속 양상의 변화에 맞게 교육내용과 방식을 바꿀 것을 주장하였다.[31)] 사회변화에 따른 교육내용과 방법의 변화 필요성에 대한 뒤르케임의 이와 같은 비판은 과학기술의 혁명으로 산업의 기반과 지식의 변화가 어느 때보다도 급격한 현대사회에서 여전히 유효하다.

29) 이황직(2008). 전게서. p. 239.
30) Durkheim, E.(1938/2006). 전게서. pp. 310-324.
31) 이황직(2008). 전게서. p. 243.

도덕교육과 사회통합

뒤르케임은 현대사회에서 학교가 종교를 대신하여 사회를 결속하는 도덕적 기능을 담당하는 것으로 보았다. 학교에는 학생의 행동을 미리 결정하는 규칙 체계가 있다. 일정한 시간에 규칙적으로 등교해야 하고 적합한 자세와 태도를 보여야 한다. 교실에서 방해하는 행동을 해서는 안 되며, 수업을 듣고 숙제를 하고 사리에 맞게 행동해야 한다. 따라서 상당히 많은 의무를 지도록 요구받는다. 동시에 학교는 훈육을 통해 아동들에게 규율을 심어준다. 학교는 어떻게 학생들에게 이러한 규율을 심어주는가? 다음은 「도덕교육론」의 일부를 발췌한 것으로 뒤르케임이 생각하는 규율의 의미와 학교의 기능이 무엇인지 잘 드러나있다.[32)]

사람들은 자주 학교의 규율이 중요한 도덕적 기능을 방해한다고 생각한다. 또한 단순히 교실에서 표면적인 평화를 유지하기 위한 것이라거나, 무조건적인 야만적 요구라고 보기도 한다. 우리는 단지 질서 유지를 비롯한 교사의 업무를 용이하게 해주려는 목적에서 아이들에게 강요되는 이런 종류의 규칙에 대해 반대한다. 이런 체제라면 애정 어린 신뢰가 아닌 교사에 대한 학생의 적대감을 야기할 뿐이지 않겠는가? 그러나 현실에서 학교 규율의 성격과 기능은 아주 다른 것이다. 그것은 단지 학급 내 평화를 유지하기 위한 장치가 아니며, 학급이라는 사회집단의 도덕률과 관계된 것이다. 사회집단들은 각기 그것을 구성하는 자체의 도덕률을 갖고 있다.

학급은 작은 사회이다. 그러므로 그 크기와 성격에 맞는 자신의 도덕을 갖는 것이 자연스럽고 필요한 것이다. 학교의 규율은 이러한 도덕률이다. 우리가

32) Durkheim, E.(1973). *Moral Education: A Study in the Theory and Application of the Sociology of Education.* Translated by E.K. Wilson & H. Schnurer. New York: Free Press. 이 절의 내용은 이 책의 148쪽부터 151쪽의 내용에 해당한다.

학생의 의무라고 여기서 열거하는 규범들은 마치 성인들의 의무로 국가와 기업이 부과하는 시민적, 혹은 직업적 의무와 같은 것이다. 교실사회는 가정보다는 성인사회에 가깝다. 좀 더 규모가 크다는 점 외에, 학급을 구성하는 교사와 학생들이 개인적 감정이나 선호에 따라 모인 것이 아니라, 일반적이고 추상적인 이유들, 즉 교사가 수행해야 할 사회적 역할과 학생들의 미성숙함 때문에 모인 것이다. 학급의 규칙들은 가정에서처럼 유연하게 적용될 수 없으며 기분에 따라 바뀔 수 없다. 학교에서 적용하는 규칙들은 보다 냉정하고 비인격적이다. 학교 규율은 감정보다는 이성의 영역이고 보다 많은 노력을 요구하며 폭넓게 적용되고, 남용되어서는 안 되지만 학교의 기능을 온전히 수행하기 위해 필수불가결한 것이다. 이런 조건하에서만 가정의 온정적인 도덕률과 시민생활의 보다 엄격한 도덕률 사이의 중재 역할을 할 수 있다. 학교 규율을 존중하는 것을 배울 때 비로소 아이들은 보다 일반적인 규율을 중시하는 것을 배울 수 있고, 자기통제와 절제하는 습성을 터득할 수 있다. 이것은 엄격히 의무를 다하는 진지한 삶의 시작을 의미한다.

이것이 규율의 진짜 기능이다. 단지 아이들이 공부를 하고 수업을 하도록 자극하고, 교사의 에너지를 절약하려는 단순한 절차가 아니다. 규율은 본질적으로 도덕교육을 위한 대체할 수 없는 수단이다. 이 일을 위임받은 교사는 자신의 이해와 마음의 평화가 달려있는 문제이기 때문에 지나치게 양심적으로 이 일을 할 수는 없다. 과장하지 않고, 교실의 도덕률은 교사의 확고함에 달렸다. 규율이 안 잡힌 교실은 확실히 도덕성이 결여되어 있다. 아이들이 더 이상 행동을 조심하려고 하지 않을 때, 그들은 교실 안팎에서 동요하고 인내심을 잃으며 이러한 상태가 행동으로 나타난다. 가정교육이 너무 느슨할 때 이와 유사한 상황이 가정에서도 발생한다. 학교에서 규율의 실패는 보다 심각한 도덕적 위험성을 갖는데, 이는 동요가 집단적으로 발생하기 때문이다. 교실이 작은 사회라는 것을 잊으면 안 된다. 이 작은 집단의 구성원은 모두 집단 전체에 영향을 준다는 점을 보다 주의 깊게 고려해야 한다.

규율이 없는 학급은 말썽을 일으키려 하는 무리와도 같다. 일정 수의 아이들이 한 학급에 모여 있기 때문에 개별 행동에 영향을 주는 공동생활에서 오는 어떤 일반적인 자극이 발생한다. 모든 것이 정상적으로 잘 지도되고 있을 때, 이런 자극은 아이들이 따로 있을 때보다 더 열정적으로 만들고, 더 잘 하도록 관심을 갖게 한다. 그러나 교사가 필요한 권위를 갖추지 못했을 때, 이와 같은 과잉행동은 동요와 혼란을 초래한다. 학급이 클수록 이런 심각성도 크다. 이런 혼란은 평상시에는 잘 드러나지 않다가 변화가 급격한 시기의 정치사회에 많은 유해한 요인들이 공공생활에 침투하는 것과 같이 교실에서도 발생한다.

그러므로 오랫동안 규율이 약화되어 온 상황에 대응하는 것이 중요하다. 의심의 여지 없이 교사가 강제해야 하는 행동의 규칙을 검토할 때 그것을 불필요하고 성가신 것으로 판단하는 경향이 있고, 아이들에게 자연스럽게 갖게 되는 호의적인 감정들 때문에 규율들을 과도하게 힘든 것으로 생각하기 쉽다. 착한 아이라도 수업이나 그가 해야 할 일들에 준비되어 있지 않거나 시간을 맞추지 못하는 일이 있을 수 있지 않나? 그러나 이런 학교의 규칙들을 상세히 검토하는 대신에 전체적으로 학생들이 따라야 할 의무규정으로 간주한다면, 문제는 다른 양상을 띠게 된다. 그러면, 이러한 작은 의무들을 지키려는 성실성은 일종의 미덕이 된다. 이것은 어린 시절의 덕목이고, 그 나이의 아이들의 삶에 맞는, 그래서 아이들에게 요구될 수 있는 유일한 것이다. 이것이 미덕을 성실하게 함양해야 하는 이유이다.

도덕교육에서 학교 환경의 역할을 명확히 이해하기 위해, 먼저 아이들이 학교에 와서 대면하는 것이 무엇인지 깨달아야 한다. 그전까지 아이들은 두 종류의 집단에만 익숙하다. 가정에서 혈연을 통한 결속감과 그런 관계에서 비롯된 도덕적 연대는 가까운, 그리고 상시적인 접촉에 의해 서로에게 상호 침투함으로써 강화된다. 그리고 가족 밖에서 자유로운 선택에 따라 형성된 소수의 친구와 동료 집단이 존재한다. 정치사회는 이 두 가지 특성을 보이지 않는다. 특정 국가의 시민들을 묶어주는 것은 관계나 개인적인 성향과는 관계가 없다. 따라서 아이들이 가족과 떨어져서 느끼는 도덕적 상태와 그가 노력하여 추구해야 하는 상태 사이에는 상당한 거리가 있다. 이 과정이 한 가지 단계만 있는 것은 아니다. 중간 단계들이 필요하다. 학교는 가장 바람직한 환경이다. 학교는 가정이나 작은 친구 집단보다 광범위한 유대를 바탕으로 한다. 혈연이나 자유로운 선택에 의한 것이 아닌, 비슷한 나이와 사회적 조건에 따른 우연한, 그러나 피할 수 없는 조합의 결과이다. 이런 점에서 학교는 정치사회적 성격을 띤다. 한편 학교에서의 인간관계는 제한적이어서 확고해질 수 있다. 관계의 지평이 지나치게 넓지 않기 때문에 아이들의 의식이 쉽게 받아들일 수 있다. 학급에서 공동생활의 습관, 그리고 학급과 학교에 대한 애착은 우리가 아이들에게 길러주고자 하는 보다 고양된 감정을 갖도록 자연스럽게 준비시켜 준다. 우리는 아주 소중한, 잘 활용되지 않았지만 가장 유용한 방편을 가지고 있다.

이런 목적으로 학교를 활용하는 것이 자연스런 이유는 학교가 가정보다 큰 사회를 형성하는 젊은이들의 집단이기 때문이다. 인간사회는 가장 원시적인 부족사회에서조차 부모가 아닌 부족의 연장자에 의한 도덕교육이 이루어졌다. 연장자들은 일정 연령이 지난 젊은이들을 모아 집단적으로 종교적인 신념, 의례, 전통, 즉 부족의 지적, 도덕적 유산을 접하게 했다. 이런 집합은 혈연이 아닌 연령을 기준으로 삼기 때문에 가족의 통제 밖의 사회가 생겨나고 영속하게 된다. 학교는 정확히 이런 종류의 집단이다. 충원 원칙이 동일하다. 원시사회에서 볼 수 있는 연장자들에게 가르침을 받는 어린 초보자의 모임은 최초의 학교 형태라고 할 수 있다. 학교에서 아이들을 사회생활에 준비시키도록 요구하면서, 우리는 그 성격에 부합하는 것을 요구하고 있는 것이다.

더욱이 학교의 역할이 특별히 중요하고 필요한 나라가 있다면, 그것은 우리나라(프랑스)이다. 이런 점에서, 우리는 매우 특별한 상황에 있다. 이 나라에 학교를 제외하면 가정과 국가를 중재할 수 있는 사회조직은 없다. 한때 이런 기능을 했던 코뮌이나 길드 같은 조직들은 완전히 파괴되었거나 아주 축소된 형태로만 남아있다. 이런 조직들은 추억 속에나 남아있고 공동체적 생활은 황폐화되고 우리 의식 속에 부차적인 것이 되었다.

도덕이 건전한 토대를 갖기 위해서는 시민들이 집단생활에 대한 성향이 있어야 한다. 이런 조건에서만 개인은 집단적 목표, 탁월한 도덕적 목표에 집착할 수 있게 된다. 이것은 자동적으로 되는 일이 아니다. 집단생활에 대한 성향은 지속적인 연습을 통해서만 행동을 형성할 수 있을 정도로 강해진다. 사회생활을 위해서는 보편적으로 생각하고 행동하는 습관을 발달시켜야만 한다. 이러한 사회적 유대를 소중하게 생각하는 것을 배워야 한다. 우리는 경험을 통해 고독한 삶이 얼마나 춥고 창백한지 배워야 한다. 그런 기질과 정신적인 관점을 개발하는 것은 반복적인 연습과 영속적인 조건화를 통해서만 형성될 수 있다. 반대로 우리가 가끔씩 사회적 존재로 행동하도록 초대된다면, 환경에 온전히 순응하지 못하는 존재에 관심을 갖는 것은 불가능하다.

그렇게 된다면, 가족을 제외하고 우리가 참여하는 집단생활은 없다. 과학, 예술, 전문직업적 활동을 포함한, 우리 존재의 핵심을 구성하는 모든 형태의 인간 활동은 사회성을 요구한다. 우리가 혼자 행동하는 늑대처럼 행동하는 습관 속에 있다면, 우리의 사회적 기질은 그것을 강화하고 개발할 기회가 좀처럼 없을 것이다. 우리는 불가피하게 가정 밖에서의 삶의 모든 것에 대해 다소간 분리되려는 경향이 있다. 연합정신의 취약성은 우리의 국가적 기질 중 하나이기도 하다. 우리는 사회적 삶에 대한 의무를 참을 수 없게 느끼도록 만드는 맹렬한 개인주의적 성향을 지니고 있고, 그래서 그 즐거움을 경험하지 못한다.

학교는 아이들이 자연스럽게, 그리고 필수적으로 한 부분이 되는 진정한 집단이다. 그리고 가족 이외의 집단이다. 그 주요 기능은 가정과 달리 감정적 이완과 애정 공유가 아니다. 지적 활동의 모든 형태를 그 속에서 발견할 수 있다. 따라서 우리는 학교를 통해 아이들에게 가정생활과 다른 집단적 삶을 훈련할 수 있다. 우리는 아이들이 일단 그것을 익히면 학교를 졸업한 이후에도 지속될 그들이 누려야 할 보상을 요구하는 습관을 만들어줄 수 있다. 우리는 학교를 통해 다른 사회조직이 아이들의 본성을 근본적으로 바꿔버리기 전에, 혹은 아이들의 내면에 공동생활에 대한 다소라도 저항적인 감정이 생기기 전에 아이들을 붙잡아둘 수 있는 아주 독보적이고 대체할 수 없는 기회를 갖는다. 이것은 씨를 뿌리고 뿌리를 내려 스스로 자랄 수 있도록 하는 미개척지이다. 물론 이것이 다른 입법 조치를 할 필요가 없을 정도로 교육만으로 모든 악을 교정할 수 있다는 것을 의미하지는 않는다. 그러나 그러한 조치들은 그것이 의견으로 뿌리내리고 필요한 해답이라고 느낄 때라야 성과를 가져올 수 있다. 그러므로 학교가 없다면 이런 사회적 감각을 아이들에게 심어줄 수 없다.

아이들을 사회집단에 묶어 두기 위해, 그가 그것을 실감하도록 하는 것만으로는 부족하다. 그의 온 존재로 학교에 소속되어 있어야 한다. 이렇게 하기 위한 효과적인 방법이 있다. 그것은 자신을 사회로부터 분리할 수 없는, 사회를 그의 필수불가결한 부분으로 만드는 것이다. 사회는 역사의 특정 시기에 특정 장소에서 그것을 구성하는 개인들이 만드는 작품이 아니다. 그것은 전체 집단의 특징적인, 복잡한 생각과 감정, 보고 느끼는 방식, 특정한 지적, 도덕적 프레임이다. 사회는 무엇보다도 전체 집단의 의식이다. 우리는 이 집합의식(collective consciousness)을 아이들에게 심어주어야 한다.

이상의 내용은 도덕교육론의 극히 일부지만, 뒤르케임이 생각하는 사회의 개념과 도덕교육의 성격이 명쾌하게 드러나있다. 작은 사회인 학급에서의 공동생활은 아이들이 장차 사회구성원으로서 공동체에 대한 소속감과 애착을 갖도록 만드는 도덕적 토대가 된다. 그리고 학교의 규율은 사회생활에 필요한 보편적인 사고와 습관을 길러주어 개인을 사회에 통합시키는 필수적인 요소이다.

요약 및 쟁점

뒤르케임에 따르면 사회구조는 특정한 존재방식과 사회생활을 조직하기 위한 방법을 필요로 하며, 이는 사회를 유지하기 위한 기능을 의미하는 것으로 다른 방식으로 대체할 수 없다. 이런 점에서 그의 관점은 기능주의(functionalism)로 분류된다. 파슨스와 같은 기능주의 사회학자들은 자신들의 이론적 토대로서 뒤르케임의 영향을 가장 중요하게 꼽고 있다.[33] 그가 공통의 신념을 강조하고 불평등의 문제를 사회적 합의를 통해 해결할 문제로 간주했다는 점에서 기능주의자들이 주장하는 사회통합의 논리에 영향을 미쳤다는 점은 분명하다.[34]

기능주의자들은 고유한 기능을 수행하는 제도와 구조들이 유기적으로 결합되어 있어서 전체 사회의 안정에 기여하고 있다고 본다. 각 부분들이 구조의 안정에 기여하며 통합되어 있기 때문에 사회적 갈등은 본질적인 것이 아니다. 그러나 앞에서 살펴본 것과 같이 뒤르케임은 사회가 질서와 안정의 토대 위에 구축되어 있다고 가정하지 않았다. 그보다는 사회적 갈등과 불평등이 존재하지만 그것을 사회현상을 설명하는 본질적인 요인으로 보지 않았다고 이해하는 것이 맞는다. 그는 마르크스와 같이 산업사회의 모순과 갈등에 주목하였으나 급진적인 사회변혁이 아닌 인간의 도덕성 회복을 통한 극복을 추구하였다. 기능적인 상호의존성이 다른 집단 간 갈등은 산업사회를 소멸시킬만한 위협이라기보다는 분업사회에서 나타나는 비정상적인 상황으로 과도한 개인주의로 인해 발생하며 사회적 응집성을 약화시킨다. 이런 점에서 뒤르케임은 사회구성원들의 도덕적 동조를 위한 학교교육의 역할을 강조한 것이다.

기회의 평등은 현대사회의 구성원들이 공유하는 신념이기는 하지만 현실에

33) Ballantine, J. & J. Spade(2012). *Schools and Society: A Sociological Approach to Education*. CA: Pine Forge Press. p. 30.

34) 이건만(1995). 전게서. p. 249.

서 그대로 작동하지는 않는다. 뒤르케임은 산업사회에서 강요된 분업에 따른 불평등과 적대감으로 인한 사회적 불안을 우려했다. 프랑스의 사회정치적 격변 속에서 당시 보수적 정치운동의 구심점이었던 전통적인 교회의 윤리와 권위를 일시에 교체할 수 있는 과학적인 기초를 갖는 도덕성을 발전시키고자 하였다는 점에서 뒤르케임을 정치적인 보수주의자로 평가하는 것에 대한 반론의 여지는 충분하다. 오히려 뒤르케임은 프랑스 혁명의 자유민주주의 원칙을 지지하며, 프랑스 혁명을 재난이라고 생각했던 보수주의자들의 관점이나 허구적 환상이라고 보았던 급진주의자들의 조망과 달리, 완성되지 않은 거대한 약속으로 보았다.[35] 이런 점에서 뒤르케임은 기존 사회질서의 유지에 초점을 두는 보수적인 이념을 대표하는 학자라기보다는 사회통합을 위한 새로운 대안을 모색한 사상가에 가깝다.

뒤르케임이 살았던 시대 이상으로 급격한 과학기술과 산업의 변화가 우리의 사회생활을 총체적으로 바꾸어놓고 있다. 일자리가 사라지고 불평등이 심화되며 공동체 의식이 약화되고 있는 우리 사회에서 집단에 대한 애착과 자기규율을 강조한 뒤르케임의 도덕적 개인주의가 교육에 시사하는 바는 무엇일까? 공동체를 생각하는 도덕적 감각을 지닌 사회구성원을 기르기 위한 교육을 회복할 방법을 모색해야 한다.

35) 고영복(1994). 사회학설사. 사회문화연구소출판부. p. 262.

제2장 구조기능주의와 학교의 사회적 기능

교실을 하나의 사회체제로 보고, 그 사회적 기능을 분석한 탤컷 파슨스(Talcott Parsons, 1902-1979)의 1959년 논문은 전형적으로 교육에 대한 기능주의적 접근을 보여준다. 파슨스는 학교의 기능을 사회구성원으로서 적합한 역할 수행에 필요한 지식과 기술을 아동들에게 전수하여 사회를 유지시키는 것이라 보았다. 그의 기능주의이론은 교육제도가 어떻게 작동하고 사회에서 교육의 목적이 무엇인지 이해하는 데 도움을 준다. 오늘날 기능주의이론이 교육사회학에서 주류이론이라고 보긴 어렵지만, 교육사회학에 미친 영향과 역사적 중요성은 여전히 중요하다. 기능이론은 사회제도로서 교육이 다른 제도들과 함께 사회를 안정적으로 유지시키기 위해 기능한다고 전제한다. 즉, 교육, 가족, 정치, 경제, 종교 등 여러 제도들은 전체 사회의 유지를 위해 서로 상보적인 기능을 하며, 이 하위체제들의 상호의존 정도는 사회의 통합 정도에 달려있다.

구조기능주의는 단일 이론이라기보다 오히려 사상의 한 학파에 가깝기 때문에 기능주의이론을 어떤 하나의 고정된 틀에 맞춰서 검토하는 것은 불가능하다. 기능주의 이론가들이 여러 학문분야에 속해 있을 뿐 아니라 심지어 같은 분야에서도 주장하는 이론들이 매우 다양하기 때문이다. 그러나 기능주의자들은 대부분 그들의 학문적 기원으로 뒤르케임의 영향이 가장 크다는 데 견해를 같이한다. 특히 교육에 대한 기능이론의 관점은 뒤르케임의 교육이론에 기원을 두고, 이를 발전시킨 파슨스의 관점에 지대한 영향을 받았다. 이 장에서는 뒤르케임의 사회이론이 기능주의자들에 의해 어떻게 계승되었는지, 그리고 1930년대부터 1950년대까지 사회학은 물론 여타 사회과학 분야에서 지배적인 이론적 관점이었던 구조기능주의이론의 특징과 교육사회학에 미친 영향을 살펴보기로 한다.

파슨스의 사회체제이론

파슨스는 미국 사회학계를 대표하는 인물 중 하나이다. 매사추세츠주에 있는 애머스트 대학을 나와 영국의 런던정경대학과 독일의 하이델베르크 대학에서 수학한 그는 학문적으로 뒤르케임은 물론 막스 베버의 영향을 받았다. 그가 독일의 자본주의사상에 대한 논문으로 박사학위를 받은 하이델베르크 대학은 베버가 죽기 전까지 교수로 지낸 곳이다. 파슨스는 1927년에 하버드대학 경제학과에 부임한 후 1930년에 신설된 사회학과로 자리를 옮겨 1979년까지 종신교수로 재직했다. 1930년대는 미국 사회학이 정립되어가던 시기이다. 당시 미국에는 시카고대학 사회학파가 유명했지만 특정 도시의 공간과 사회조직에 초점을 맞춘 연구에 한정되어 미국 사회 전체를 대상으로 하는 거시적인 사회학적 논의는 이루어지지 않고 있었다.[1)]

이런 상황에서 파슨스는 미국의 사회학자 중 가장 독창적인 이론을 수립한 학자로 평가되고 있다. 파슨스는 베버와 뒤르케임의 지적 유산을 물려받았다. 그의 가장 유명한 저서 중 하나인 「사회적 행위의 구조」는 베버와 뒤르케임의 저작들을 깊이 있게 분석하고 있고, 이를 통해 미국과 영어권 학생들이 사회학

1) Lidz, V.(2000). Talcott Parsons. In G. Ritzer(ed.). *The Blackwell Companion to Major Social Theorists*. MA: Blackwell. pp. 388-431.

이론을 접하게 되는 계기가 되었다.[2] 베버나 뒤르케임과 마찬가지로 그는 개인의 행동을 심리학자들이 연구하는 개인의 내부적 심리과정이라는 관점에서 이해하지 않고, 개인을 제약하고 사회적 행위를 결정하는 사회구조와 문화적 가치라는 맥락 안에서 설명하고자 했다.[3]

사회적 행위(social action)에 대한 체계적이고, 추상적이며, 일반화가 가능한 이론을 수립하고자 한 파슨스는 이를 통해, 사회학을 어떤 사회에나 적용할 수 있는 분석 방법을 갖춘 이론적 학문으로 정립하고자 하였다. 그리고 사회체제(social system)가 작동하는 방식에 대한 일반적이며 통합된 이론의 정립을 무엇보다 강조하였다. 일반화가 가능한 이론은 사회학자가 특정한 사회적 맥락에 적용할 수 있고, 수집한 경험적 자료를 의미 있게 해석할 수 있도록 해준다. 이론의 가장 일반적인 두 가지 기능은 기술(description)과 분석(analysis)의 편리화라고 할 수 있는데, 이 두 가지는 현상에 대한 중요한 사실들이 체계적인 방식으로 기술되어야만 정확한 분석이 가능하다는 점에서 밀접한 상관을 갖는다. 사회학자들이 현장에서 마주하게 되는 경험적 단서들은 이론을 검토하고 수정하도록 해준다.[4]

파슨스는 모든 사회적 단위들, 즉 집단, 제도, 전체 사회가 모두 자족적인 사회체제(social system)라고 보았다. 사회분업, 종교, 학교 등 특정 사회구조의 기능을 강조한 뒤르케임과 같이, 파슨스는 사회와 그 하위체제의 구조를 분석하고, 사회와 사회질서, 그리고 체제의 평형상태를 유지하는 데 있어서 이러한 구조적 특성이 갖는 기능적 관련성을 분석하는 데 주안점을 두었다. 파슨스에 따르면 사회는 네 가지 기본적인 하위체제로 구분할 수 있는 행위체제이다.[5]

2) Parsons, T.(1937). *The Structure of Social Action*. New York: Free Press.
3) Alexander, J.(1987). *Twenty Lectures: Sociological Theory Since World War II*. New York: Columbia University Press. p. 40.
4) Dillon, M.(2010). *Introduction to Sociological Theory*. Wiley-Blackwell. p. 155.
5) Parsons, T.(1971). *The System of Modern Societies*. Englewood Cliffs, NJ: Prentice Hall. pp. 10-15.

이 네 가지 하위체제는 사회를 유지하고 변화에 적응하는 데 필요한 경제, 정치, 사회통합, 문화적 사회화 기능을 달성하기 위한 현대사회의 핵심적인 제도적 구조를 구성한다. 이 핵심적인 기능은 (1) 환경에 대한 적응(adaptation, 경제적 생산), (2) 목표 달성(goal attainment, 평등과 보편적 권리 같은 공동의 목표를 정의하고 성취하기 위해 정치적 기능을 수행하는 정치체제), (3) 통합(integration, 사회적 규범을 강제할 수 있는 법률체제), (4) 유형 유지(pattern maintenance, 가족이나 교육과 같이 개인의 행동과 사회적 행위를 효과적으로 규제하기 위해 사회에서 일반적으로 공유하는 가치를 사회화를 통해 전수하는 기능)로 구성된다.

사회를 구성하는 각각의 하위체제가 수행하는 기능의 개념을 분명하게 파악하기 위해서는 역할과 제도의 개념에 대한 이해가 필요하다. 구조를 분해하면 가장 기본적인 분석단위인 개별 행위자에 이르게 되는데, 개인은 사회의 여러 구조 안에서 어떤 위치를 차지한다. 각각의 위치에 있는 개인들에게는 권리와 의무가 부여되는데, 파슨스는 이것이 개인의 위치에 따른 역할이라고 보았다. 사회구조는 개별 행위자들이 각자의 위치에서 자신들에게 부여된 역할을 수행할 때 결과적으로 형성되는 여러 지위들이 연관된 틀이다. 예를 들면, 교육행정가, 교사, 학생은 교육체제 안에서 각자의 위치와 역할이 다르지만 서로 뗄 수 없는 의존적인 관계를 지닌 존재로서 교육구조를 구성하는 요소인 것이다. 이렇게 보면 역할의 복합체가 구조가 된다.[6)]

6) 이건만(1995). 뒤르케임의 사회사상과 도덕이론의 재해석. 교육사회학연구 5(1). p. 238.

사회적 행위와 규제

사회적 행위는 행위의 단위들로 구성된다. 구체적인 행동의 단위(unit act)는 (1) 한 개인, 가족, 특정 직업집단 등과 같은 사회적 행위자, (2) 행위가 지향하는 구체적인 미래 상태를 의미하는 목표나 목적, (3) 행위가 시작되는 특정한 사회적, 물리적 조건으로서의 구체적인 상황, (4) 이러한 요소들 사이의 관계를 규제하는 규범적 가치 지향 등으로 이루어진다. 즉, 사회적 행위자는 특정 상황에서 문화적으로 구속된 목표를 선택하게 되고, 이러한 목표를 달성하기 위해 문화적, 구조적으로 허용된 이용 가능한 수단을 선택한다.[7)]

사회계층과 같은 상황적 조건들이 사회적 행위자의 선택지를 결정하기도 한다. 그러나 파슨스는 사회적 행위자가 여러 목적과 수단 중에서 선택할 자유를 가지고 있음을 강조한다. 파슨스는 이를 자발적 행위(voluntaristic action)라 불렀고 선택은 강요된 것이라기보다는 자발적인 것이라고 보았다.[8)] 그러나 이런 선택은 언제나 주어진 사회적, 역사적 맥락에서 지배적인 사회 규범과 가치에 의해 제약을 받는다. 예를 들어, 대학교육은 의무가 아닌 개인의 선택이지만, 학력을 중시하는 한국사회에서 사람들은 어떻게든 대학에 진학해야 한다는 사회적 압력을 받는다.

파슨스는 사회적 행위를 구성하는 가치의 중요성을 강조하고 있다. 특히, 사회 규범적 지향성의 체계적이고 구조적인 중요성을 강조해서 모든 사회적 행위가 규범적 가치 지향성에 의해 결정된다고 보았다. 베버가 현대사회에서 가치의 중요성은 낮아지고 도구적 합리성으로 대체되고 있다고 주장한 것[9)]과

7) Parsons, T.(1937). 전게서. pp. 43-45.

8) Alexander, J.(1987). *Twenty Lectures: Sociological Theory Since World War II*. New York: Columbia University Press. p. 52.

9) Weber, M.(1904-1905/1958). *The Protestant Ethic and the Spirit of Capitalism*. Translated by T. Parsons. New York: Scribners and Sons.

달리, 파슨스는 사회적 행위자들이 공리주의적 목적 혹은 도구적 목적을 따른다면 사회적 무질서가 초래될 것이라 보았다. 예를 들어, 무력과 사기 같은 수단의 활용에 대한 통제의 부재로, 권력을 향한 무제한적인 투쟁, 즉각적인 목적 달성을 위한 투쟁을 해결하지 못한다면, 순수하게 공리주의적인 사회는 무질서와 혼동에 빠질 것이다.[10] 이러한 지적은 뒤르케임이 사회적 계약관계의 불안정성에 대해 언급한 내용을 상기시킨다.

사회규범은 개인들이 즉각적으로 식욕을 채우거나 부와 권력을 추구하는 것과 같은 행위를 자제하도록 하기 위해 필요하다. 문화체계(cultural system), 특히 제도적 규범으로 정당화된 공통의 가치체계는 사회질서의 유지를 위해 핵심적이며, 그의 이론의 중심 개념인 사회적 행위를 설명하는 키워드이다. 즉, 파슨스에게 문화는 사회구조와 더불어 사회적 행위를 인과적으로 설명하는 주요 요인이다. 문화에 대한 파슨스의 강조는 베버의 영향과 함께 문화사회학이라는 활발한 탐구영역으로 발전했고, 비록 현재는 합의된 가치보다는 사회적 행위를 설명하기 위한 다양한 문화적 스크립트와 레퍼토리에 초점이 맞춰지고 있지만, 파슨스의 초기 이론화 노력에 힘입은 바가 크다.[11]

사회화와 사회통합

파슨스가 생각하는 사회적 행위는 사회체계(social system), 문화체계(cultural system), 인성체계(personality system)가 상호의존적으로 작용한 결과이다. 인성체계가 개인의 욕구와 동기로 구성되고, 문화체계가 공유된 신념과 가치의 관계를 규정한다면, 사회체계는 사회적 역할과 규범으로 구조화된 복합체이

10) Parsons, T.(1937). 전게서. pp. 93-94.
11) Dillon, M.(2010). 전게서. p. 158.

다. 다양한 사회적 역할과 관계에 맞는 규범과 행동들은 사회의 핵심적인 기능적 요건들로, 이를 충족하기 위해서는 적절한 동기부여가 필요하고, 이를 통해 개인의 욕구와 사회체계의 기능적 필요가 일치되어 각 체계의 요구 조건을 충족시키는 상호작용이 일어나면 사회통합이 달성된다.[12)]

이 과정에서 사회화가 중요하다. 사회화는 사회구성원들이 사회체제의 기능적 요구를 충족시키려는 동기를 갖도록 하는 데 필요하다. 개인의 필요는 사회체제의 기능적 필요와 일치되어야 한다. 예를 들어, 경제가 원활하게 돌아가기 위해서는 생산적으로 일할 수 있는 기술을 갖춘 잘 훈련된, 목표지향적인 개인들이 필요하고, 사회는 이들에게 보상할 수 있어야 하며, 따라서 아이들이 성공을 위해 일하는 습관을 개발하고 성취동기를 갖도록 사회화하는 것이 필요하다. 사회체제의 요구와 개인의 욕망 간에 차이가 크면, 예를 들어 높은 중도탈락률이 경제에 영향을 미치고 다음 세대의 사회화에 영향을 미치는 상황이 발생하면, 사회체제에 긴장이 높아지고 역기능이 발생한다. 사회체제는 역기능이 발생하지 않도록 일탈 행동이 통제될 수 있는 수준으로 규제하기 위한 수단, 즉 법률로 취학을 의무화하는 것과 같은 사회통제의 수단에 의존할 수밖에 없다.[13)]

보편적인 가치체계가 필요하다는 생각은 문화적 가치관이 다원화된 오늘날에는 설득력을 갖지 못할 수 있다. 이런 비판은 서구사회에서 다문화주의와 다양성에 대한 인식이 생겨난 1960, 70년대에 높아졌다. 대학생들을 중심으로 한 시위대들은 기득권층에 저항하며 여성, 흑인, 소수집단의 권리를 주장하면서 기득권층이 사회적 불평등에 냉담한 것을 비판하였다. 이런 분위기에서 파슨스의 이론은 현상유지를 주장하는 보수적 이론으로 평가되었다. 사회변화는 어떻게 가능한가? 여성과 소수집단에 더 많은 권리를 주는 새로운 규범이 등장해 기존의 제도화된 규범과 충돌할 때 변화는 어떻게 일어나는가? 파슨스

12) Alexander, J.(1987). 전게서. p. 40.

13) Parsons, T.(1949/1954). *Essays in Sociological Theory*. Glencoe, IL: Free Press. p. 72.

는 특정 사회적 맥락에 대한 분석보다는 일반화 가능한 사회이론을 정립하는 데 관심이 있었지만, 이러한 추상적인 지적 선입견 때문에 현상유지를 옹호하는 이론가로 자리매김하게 되었다.[14)]

유형변수와 근대화이론

사회적 행위에 영향을 미치는 제도화된 규범과 가치의 중요성을 강조하기 위해, 파슨스는 서로 다른 다양한 유형의 가치체계와 이에 따라 사회적 역할 기대를 구조화하는 여러 가지 방식들이 존재한다고 주장하였다. 그는 사회적 행동을 하게 하고, 그 행동의 동기를 분석할 때 적용할 수 있는 다섯 가지 가치지향성의 이분법적 도식을 제안하고 있다. 이 도식이 유용한 것은 그것을 사회적 행위 분석에 적용하여 전체 사회의 특징을 파악할 수 있다는 점이다. 파슨스는 그의 대립적인 가치지향성의 도식을 유형변수(pattern variable)라고 부르고, 이 다섯 가지 범주를 활용하여 사회와 사회구조를 다차원적인 방식으로 비교 분석하였다. 이 다섯 가지 가치지향성의 조합은 보편주의(universalistic)와 개별주의(particularistic), 한정성(specificity)과 무한정성(diffuseness), 업적주의(achievement)와 귀속주의(ascription), 중립성(neutrality)과 감정성(affectivity), 개인지향성(self)과 집단지향성(collectivity)이다.[15)]

파슨스는 역할기대가 상대적으로 구조화된 의사와 환자의 관계에 대입시켜 유형변수를 설명했다.[16)] 질병은 정상적인 인간의 기능, 즉 가정과 직장, 사회에서 자신의 역할 수행에 장애가 생긴 상황이고, 의료는 사회체제가 그 구성원의 질병에 대처하는 메커니즘이다. 따라서 건강, 질병, 의료는 하나의 체계적

14) Dillon, M.(2010). 전게서. pp. 159-160.
15) Parsons, T.(1951). *The Social System*. Glencoe, IL: Free Press. p. 43.
16) Dillon, M.(2010). 전게서. pp. 164-166.

인 현상으로, 개별적으로 다룰 것이 아니라 제도화된 사회적 행위체제의 틀 안에서 설명해야 한다. 의료체계가 작동하는 방식과 아픈 사람들이 행동하는 방식, 그리고 의사와 환자가 서로를 대하는 방식에는 일정한 양식, 제도화된 형식이 존재한다. 다른 직업적 관계, 예를 들면 교사와 학생의 관계와 마찬가지로, 의사와 환자의 관계는 부모와 자녀의 관계와는 대조적으로 보편주의에 기초한 관계이다. 어머니가 자신의 아이에게 매우 각별한 감정을 가지고 특별하게 대하는 것과 달리, 의사는 환자를 그가 돌보는 다른 환자들과 마찬가지로 객관적이고 비인격적으로 대한다. 다른 어떤 전문직 단체와 마찬가지로 의사협회는 모든 의사들이 환자를 다룰 때 적용해야 하는 보편적인 기준을 제도화하고 있다.

두 번째 유형변수인 한정성과 무한정성은 의사와 환자가 서로에 대해 갖는 특수한 역할 기대와 상호작용의 영역에 관련하여 적용할 수 있다. 우리가 의사를 찾아가는 이유는 특정한 질환 때문이며, 재무 상담을 받거나 친구에 대한 조언을 듣기 위해서가 아니다. 의사가 환자에게 기대하는 것 역시 마찬가지다. 치료에 필요하지 않은 이상 특별히 환자의 사생활에 대해 알아야 할 이유가 없다. 이런 관계는 가족이나 친구 사이의 확장된 관심과 가치지향성과는 대비되는 것이다. 한편, 의사는 환자를 전문적으로 다루기 위한 특별한 훈련 과정을 거친다. 의사의 자격은 귀속적인 것이 아닌 그가 성취한 지위이다. 이와는 반대로 가족의 사회적 역할은 귀속적인 특성을 지닌다. 출생과 동시에 성별이나 인종 같은 귀속적 지위가 결정되며, 선대로부터 물려받은 사회적 지위가 성취한 업적과 능력에도 불구하고 개인의 지위에 영향을 미치기도 한다.

또한 직업적인 관계는 감정적인 중립성을 요구한다. 의사는 응용과학자로서 환자를 좋아하든 그렇지 않든 간에 객관적으로 대해야 한다. 이것은 감정적 유대와 친밀함으로 맺어진 가족관계와는 아주 다른 것으로, 감정이입이 의사의 판단력을 해칠 수 있기 때문에 보통 의사들은 자기 가족을 직접 치료하지 않는다. 마지막으로 파슨스는 의사와 같은 전문직은 자신의 복지보다 환자의 복지를 우선시할 것을 요구받는다고 보았다. 이와 같은 이타주의, 즉 집단지향성은 다른 어떤 관심보다 개인적 이익을 우선하는 사업가의 자기지향성과 대비되는 특성이다. 한마디로, 이윤추구가 동기인 기업가에 대한 제도적, 문화적 기대와 의사나 가족에 대한 기대는 다르다.

이와 같은 파슨스의 유형변수는 사회변화를 설명하는 데 유용하다. 의사가 환자의 집을 방문하여 진료를 하던 방식이 사라진 것은 이미 오래되었고, 파슨스가 묘사한 1950년대 의사와 환자 사이의 규범과 현재 우리 사회의 규범에는 분명한 차이가 있다. 환자를 진단, 치료, 추적할 수 있는 기술의 발전은 미국의 HMO(health maintenance organization)와 같은 건강보험회사의 발전을 가져왔다. HMO는 관료조직으로, 의사보다 회사의 의료보험 전문가들이 경제적인 측면을 포함한 조직의 효율성을 판단하는 위계적 분업구조를 특징으로 한다. 이와 같은 조직의 변화는 의사와 환자의 관계, 즉 그들의 행동양식을 결정하는 가치지향성을 변화시킨다.[17] 의사와 환자의 관계가 점차 자기이해를 추구하는 쪽으로 기울고 있다는 사실을 피부암 환자보다 값비싼 피부 관리 환자들을 우대하는 피부과 병원에서 실감할 수 있다.

현대사회에서 의료 분야가 하나의 산업으로 경제적인 이윤추구를 앞세우는 경향은 기능주의적 관점에서 보면, 의료 분야의 경쟁적인 환경과 기술 및 조직 환경의 변화에 따른 높은 재정 부담 등에 의사와 병원이 대응하기 위해 필요한 일이다. 그러나 의료와 기업재무가 결합되면서 의사와 의료 분야의 전문적 지위가 위협받게 된 것 역시 사실이다. 이러한 변화는 점차 의학적인 진단과 처치가 의사가 아닌 병원의 경제적 판단에 의해 영향을 받게 만들고 있다. 이와 같이 의사와 환자의 관계가 상업화되는 사례는 제도의 특징과 그 변화의 사회적 과정을 설명하는 데 파슨스의 유형변수가 유용하다는 것을 보여준다.

17) Dillon, M.(2010). 전게서. pp. 165-166.

한편, 파슨스는 유형변수를 근대사회(modern society)의 특징을 분석하고 개념화하기 위해 활용하였다. 이에 따르면 사회체제는 다섯 가지 유형변수를 기준으로 근대화의 정도를 가늠할 수 있다. 미국을 위시하여 근대화 정도가 높은 사회, 즉 민주화, 산업화가 이루어지고, 교육기회가 확대된 사회는 다음과 같은 규범들을 구조적으로 제도화하고 있다.[18] 우선 근대사회는 귀속주의보다 업적주의에 기초한 사회이다. 근대사회의 계층구조는 출신성분이나 인종, 성별 등에 따라 정해지지 않고, 개인이 성취한 능력과 업적을 바탕으로 결정된다. 둘째, 개별주의보다는 보편적 기준이 중시되는 사회로, 다원적이며 다양성이 존중되는 근대사회에서 개인들은 개별 민족, 부족, 사회계급, 종교 집단의 일원이 아닌, 한 나라의 시민으로 사회화된다. 사회구조와 가치체계는 배타적, 종파적 특성이 아닌 일반적, 보편적인 원칙에 기초한다.

셋째, 무한정성보다는 한정성의 기준이 작동한다. 근대사회의 직업구조는 특수한 자격요건과 직무능력을 요구한다. 개인들은 각자 주어진 역할에 따라 전문화된 역할을 수행하는 데 필요한 기본적인 지식과 능력을 길러야 한다. 넷째, 감정적인 중립성이 중시된다. 근대사회는 가족과 일의 영역이 뒤섞여있던 전통사회와 달리 공적 영역과 사적 영역이 구분되고, 기능적으로 완전히 분리되어 있다. 가족과 같은 사적 영역이 감정적이고 정서적인 가치를 지향한다면, 공적 영역에서의 역할 수행은 감정적 중립성에 기초한다. 다섯째, 근대사회는 집단 혹은 타자지향성보다는 자기중심적 가치가 우선된다. 개인들은 자신의 뜻에 따라 직업과 배우자를 선택할 수 있고, 가업을 지속해야 한다거나 소속된 종교적, 민족적 의무감으로 선택에 제약을 받아야 했던 전통사회와 달리, 자신의 선택과 결정의 결과에 따라 사회경제적 지위가 결정된다.

파슨스는 미국이 이 다섯 가지의 규범적 특성을 지닌, 가장 선진화된 근대사회의 전형이라고 보았다. 특히, 미국은 성취지향성을 일반적 가치로 수용함으

18) Parsons, T.(1971). 전게서. p. 114.

로써 사회경제적 발전을 이루었다. 그에 따르면, 미국은 이전 시대의 귀속적 불평등과 단절하고 평등주의를 광범위하게 제도화한 국가이다. 이러한 생각은 '사회체제로서의 학급'에서 아동들의 지위 분화가 그들의 성취도에 따라 이루어지고, 이와 같은 학급구조의 특성은 가정과 학교가 성취지향성이라는 미국사회의 규범적 가치를 공유하고 있기 때문이라는 주장에도 반영되어 있다.[19)]

파슨스의 근대화이론은 사회변화에 관한 많은 경험적 연구를 촉발시켰는데, 이 범주의 연구들은 다양한 여러 사회들을 근대화 정도에 따라 분류하여, 선진국, 개발도상국, 저개발국 등으로 구분하였다. 이와 같은 접근에 대해 마르크스주의 비판가들은 근대화이론이 미국을 정점에 두고, 다른 사회들이 보여주는 사회문화적 차이를 열등한 것으로 보는 자민족중심주의(ethnocentrism)라고 주장한다. 이들은 파슨스가 식민주의와 같은 역사적 배경과 정치, 문화적 차이, 그리고 이러한 차이가 다른 국가들의 진보 과정에 미치는 영향 등을 고려하지 않았다고 비판한다.[20)] 그러나 이런 비판들에도 불구하고 근대화이론에 기초한 연구들은 다양한 국가의 사례들을 통해, 경제, 사회, 문화적 변화 과정에서 나타나는 편차와 문화지체 현상을 극복하기 위한 교육과 사회적 조건들에 관한 풍부한 연구결과들을 축적하였다.

근대화의 과정은 전통에서 근대로의 획기적인 전환이라는 점에서 급진적이고, 원인이 다양하다는 점에서 복잡하며, 모든 사회에 영향을 미친다는 점에서 세계적이며, 체계적이고 단계적일 뿐 아니라 이전으로 돌이킬 수 없는 진보적인 과정이다.[21)] 근대성에 대한 초기 연구를 수행한 매클렐런드(McClelland)는

---

19) Parsons, T.(1959). The school class as a social system: Some of its functions in American Society. *Harvard Educational Review* 29(4). pp. 297-318.

20) Gunder Frank, A.(1967). *Capitalism and Underdevelopment in Latin America*. New York: Monthly Review Press. Cardoso, F. & E. Faletto (1979). *Dependency and Development in Latin America*. Berkeley: University of California Press.

21) Huntington, S.(1976). The change to change: Modernization, development and politics. In C. Black (ed.). *Comparative Modernization*. New York: The Free Press.

문명의 흥망성쇠가 사회구성원 대다수에 의해 지지되는 개인들의 가치관에 달려있다고 주장한다.[22] 그가 성취동기(achievement motive)라고 부른, 사회화를 통해 습득되는 개인의 인성적 특성은 사회가 경제적, 기술적으로 발전하게 만드는 원동력이다. 막스 베버가 이야기하는 프로테스탄트 윤리처럼, 일종의 심리적 특성으로서 성취동기의 개념은 미국의 사회학자들에 의해 발전되었다. 그중 한 사람인 인켈스(Inkeles)는 근대화 척도(modernity scale)라고 불리는 태도에 관한 설문지를 개발하였는데, 이 근대화 척도는 1960년대와 70년대에 기업과 조직의 구성원들이 어느 정도 근대적인 가치관을 지니고 있는지 측정하기 위해 광범위하게 활용되었다.[23] 인켈스는 근대화하는 것이 발전하는 것이며, 사회구성원의 대다수가 근대적 가치관을 갖게 될 때까지 발전은 요원하다고 주장한다.

이러한 주장은 근대적 가치를 형성하는 학교의 기능을 부각시키기에 충분한 것이었다. 많은 연구들이 개발도상국을 포함한 여러 국가에서 진행되면서 학교와 같은 근대적인 기관들이 근대적인 태도 형성에 직접적인 관계가 있다는 것을 보여주었고, 전 세계적으로 교육투자를 늘리고 교육기회를 확대하는 계기를 만들었다. 학교를 통해 근대적인 가치와 태도가 형성되면 사회가 근대화되고, 이는 경제적인 발전으로 이어진다는 것이다. 이러한 논리를 바탕으로 국가별 교육수준과 국민총생산 혹은 일인당 국민소득 간의 관계를 밝히는 연구들이 다수 이루어지기도 하였다. 교육과 경제발전의 인과관계에 대한 근대화이론의 가정은 발전교육론이란 이름으로 1960년대 이후 우리나라의 산업화와 교육기회 확대에도 큰 영향을 미친다. 경제발전을 위한 교육계획인 인력수급계획을 종합적으로 수립하여, 산업화와 경제성장에 따른 인력수요를 예측하고 이에 맞추어 대학의 전공별 정원을 조절하는 등의 정책적 접근을 취하는

22) McClelland, D.(1961). *The Achieving Society*. New York: The Free Press.

23) Inkeles, A. & D. Smith(1974). *Becoming Modern*. London: Heinemann Education Books.

데 근대화이론이 이론적 토대를 제공했다고 볼 수 있다.

그러나 교육을 통한 근대적 가치관의 확립과 경제성장의 관계를 근대화이론의 주장처럼 인과관계로 볼 수 있는가 하는 문제는 명확하지 않다. 또한 근대적인 태도와 가치가 전통적인 것과 양립 불가능한 것인가에 대한 문제제기도 이어지고 있다. 다음으로, 근대화이론에서는 근대적인 가치와 태도를 지닌 개인들이 사회적 차원에서 전체 사회의 발전을 가져올 것이라고 가정하고 있는데, 사회를 단순히 그것을 구성하는 개인들의 합으로 볼 수 없다는 점에서, 이러한 인과관계는 반박의 여지가 충분하다. 그리고 근대화의 종착지에 대한 설정이 이념적이고 서구사회 중심적이라는 점에서 근대화이론은 이후 마르크스주의 종속이론가들의 비판을 피할 수 없게 된다.

학교를 통한 사회화와 선발

파슨스의 논문, '사회체제로서의 학급'에는 사회통합이라는 교육의 사회적 기능에 대한 그의 생각이 잘 정리되어 있다. 지난 백 년간 사회의 일반적인 문화수준이 향상되는 과정에서 교육체제는 점점 더 중요한 역할을 담당하게 되었고, 파슨스는 이런 과정이 사회가 구조적으로 분화되어 가는 일반적인 추세가 가져온 결과라고 보았다. 학교는 전문화된 기관으로 사회화와 동시에 사회적 선발(social selection)의 주요 통로가 되어 왔다. 뒤르케임과 마찬가지로 학교교육의 사회화 기능을 강조하는 동시에, 파슨스는 산업사회에서 인력배치를 위한 선발기능 또한 강조하여, 사회화의 결과가 어떻게 선발과정으로 이어지는지 설명한다. 다음은 파슨스가 생각한 학교의 두 가지 기능에 대한 그의 설명이다.[24)]

24) Parsons T.(1959). The school class as a social system: some of its functions in American

파슨스의 주된 관심은 학생들이 미래 성인의 역할을 성공적으로 수행할 수 있는 자질과 책임감을 내면화하는 데 학급이 어떤 역할을 하는가 하는 것과 성인사회의 역할구조 속에 인적 자원들을 배치하는 기능을 어떻게 수행하는가에 대한 것이다. 핵심은 이 두 가지 기능이 서로 어떻게 연관되는가 하는 점이다. 먼저, 기능적인 관점에서 보면 학급은 사회화 기관으로 볼 수 있다. 학급은 성인 역할을 적합하게 수행하는 데 필요한 동기와 기술을 갖추도록 개인의 인성을 훈련하는 역할을 한다. 학급이 이러한 기능을 담당하는 유일한 기관은 아니다. 가족, 비형식적인 또래집단, 교회, 그 밖의 여러 임의조직들이 실제적인 현직 훈련과 마찬가지로 일정한 역할을 수행한다. 그러나 입학부터 노동시장 진입, 그리고 결혼까지의 기간 동안 주된 사회화 기능을 담당하는 것은 학급이라고 할 수 있다.

사회화 기능이란 개인이 미래의 역할을 수행하는 필수적인 자질과 책임감을 갖도록 하는 것이다. 이때 책임은 두 부분으로 나눌 수 있는데, 하나는 한 사회의 광범위한 가치체제를 이행하는 데 따르는 책임이고, 다른 하나는 한 사회구조 내에서 특정한 역할을 수행하는 데 따르는 책임이다. 상대적으로 초라한 직업을 가진 사람은 사회적으로 더 높은 수준의 가치를 실현하는 일에 대해 세세한 관심을 갖지 않더라도, 성실하고 정직하게 자신의 직업적 책임을 다함으로써 충실한 시민이 될 수 있다. 반면, 어떤 사람들은 이러한 역할에 안주하려 하지 않는다. 예를 들어 결혼이나 가정생활에서 요구되는 여성의 역할에 안주하는 것이 사회 전체의 인적 자원을 사업이나 정치 같은 영역에 고르게 배분할 수 없게 한다는 점에서 이를 거부하는 여성들도 있을 수 있다. 자질 또한 두 가지 요소로 구분할 수 있다. 첫째는 개인의 역할을 수행할 수 있는 능력이며, 둘째는 역할 수행에 대한 책임감이다. 이것은 자신의 역할에

society. *Harvard Educational Review*, 29(4), pp. 297-318. 이 절의 내용은 파슨스의 사회체제로서의 학급 중 학교의 사회화와 선발 기능에 관한 부분을 발췌하여 정리한 것이다.

대해 다른 사람들이 갖는 기대 수준에 맞추어 행동할 수 있는 능력을 의미한다. 그래서 의사와 마찬가지로 정비사에게도 기본적인 직업적 기술뿐만 아니라 책임 있게 행동할 수 있는 능력이 필요하다.

학급은 한편으로는 다양한 책임과 자질들을 길러주는 기관이지만, 사회적 관점에서 보면, 인력배치를 위한 기관이기도 하다. 미국에서 개인의 사회적 지위와 학력 간의 상관관계는 매우 높고, 앞으로 더 높아질 것이다. 사회적 지위와 교육수준은 모두 직업 지위와 관련이 있다. 미국에서 교육과 직업 수준이 전반적으로 높아지고 있기 때문에, 고등학교 졸업이 최소한의 학력 요건이 되고 있다. 미래의 직업지위 결정에 가장 중요한 경계는 대학에 진학하느냐 마느냐로 구분 지어질 것이다.

그러므로 우리의 관심사는 대학진학을 결정할 나이의 또래집단 중에, 그것을 구분하는 결정적인 역할을 하는 학교 학급에 맞춰진다. 전통적인 지역주의와 실용적 다원주의로 인해 주와 도시마다 학교체제의 형태에는 상당한 차이가 있다. 비록 대도시 보스턴의 상황이 다른 지역보다 훨씬 구조화된 모습을 보여주고 있기는 하지만, 이것이 전체적인 특징들을 호도할 만큼 극단적인 사례는 아닐 것이다. 보스턴의 경우, 고등학교를 졸업하고 대학에 입학하게 되는데, 분기점은 고등학교에서 대학 진학반에 들어가는가 하는 것이고, 그 결정이 이루어지는 9학년 이후에는 다른 쪽으로 이동하는 경우가 매우 드물다. 더구나 진학반에 들어가기 위한 가장 중요한 선발기준이 초등학교 성적이다. 교사와 교장은 이런 학교 성적표들을 평가하여 진학반을 정한다. 교사와 교장의 조언을 무시하고 진학반에 들어가는 경우는 거의 없다. 그러므로 초등학교에서의 학업성취 수준에 따라 일차적인 선발이 이루어지고, 중학교에서는 그것을 확실히 하는 것이라고 봐도 무리가 아니다.

선발과정은 학생들을 분류하는 과정이다. 이 과정에는 성취 요인만큼 귀속적 요인도 영향을 미친다. 귀속적 요인은 아동이 속한 가정의 사회경제적 지위에 의한 것이며, 성취 기회를 결정하는 요인은 학생의 개인적 능력이다. 이와 같은 일반화는 3,348명의 보스턴 고등학교 학생들에 대한 연구에 기초한 것이다. 이 연구에 의하면 성취 요인은 모두 대학진학 계획과 높은 상관관계를 갖고 있다. 예를 들어 아버지의 직업에 따른 대학진학 계획의 비율은 반숙련직과 비숙련직에서 12%, 숙련직에서 19%, 하급 화이트칼라에서 26%, 중급 화이트칼라에서 52%, 그리고 상급 화이트칼라 직종에서 80%였다. 마찬가지로 지능지수로 측정된 능력 변인에 따른 비율에서도 하위 1/5에 해당하는 학생들의 경우 11%, 그 다음은 30%, 중간 급간은 24%, 그 다음은 30%, 그리고 가장 높은 급간의 학생들은 52%였다. 같은 능력 범주에 속하는 학생들 가운데 아버지 직업에 따른 대학진학 계획에 대한 상관도 언급되어야 한다. 능력이 가장 높은 범주에 속하는 학생들 가운데 대학진학 계획을 가진 학생들의 비율은 노동자 자녀의 경우 29%이고 화이트칼라의 자녀는 89%였다.

여기서 가장 중요한 사실은 진학자와 비진학자를 구분하는 데 적용되는 선발 기준이 비교적 단일화되어 있으며, 이 기준을 적용하는 것이 누군가를 속이기 위해 조작된 것은 아니라는 점이다. 즉, 이 과정이 이미 결정되어 있는 귀속적 지위를 확고히 하는 방편은 아니다. 확실히 상위 계층에 속하면서 능력이 높은 학생들이 대학에 진학할 가능성은 매우 높고, 반대로 낮은 계층의 능력이 부족한 학생들은 진학 가능성이 매우 낮다. 그러나 이 두 요소가 일치하지 않는 교차집단이 상당히 중요한 의미를 지닌다.

이러한 점들을 고려할 때, 초등학교 수준에서 일어나는 분화 과정에서는 성취 수준이 유일한 기준이라는 결론에 이르게 된다. 그리고 대체로 이러한 분류는 고등학교를 거치면서 대학진학자와 비진학자의 두 갈래로 나뉜다.

이런 유형의 선발이 가지는 중요성을 평가하기 위해 개인의 사회화 과정을 살펴보자. 학교 입학은 아동이 처음으로 가정에서 벗어나는 과정이다. 가정에서 그의 동기체제의 기초가 형성된다. 그러나 입학 전까지 가정에서 분명하게 결정되고, 심리적으로 각인되어 이후 사회적 역할 수행의 기초가 되는 유일한 특성은 성역할이다. 오이디푸스 콤플렉스 시기를 벗어난 아동은 소년과 소녀로 명확하게 분류되는 형식교육체제로 들어간다. 성역할 이외의 역할들은 아직 분화되어 있지 않다. 그러나 곧 역할 범주에 따라 아동을 분류하는 선발과정이 시작된다.

아동이 입학할 때 이미 가지고 있는 가장 중요한 성향은 독립심이다. 이것은 어른들이 관여할 때 아동이 자신에 대해 갖는 자부심이라든가 책임을 이행할 능력, 또는 새로운 상황에 대처해서 어떤 결정을 내릴 수 있는 능력이다. 성역할과 마찬가지로 이것은 가정에서의 경험을 통해 얻어진다. 가정은 세대, 성, 나이 등과 같은 생물학적 지위에 의해 기본적인 지위 구조가 결정되는 집단이다. 이에 따라 불가피하게 수행해야 하는 역할들은 서로 다르다. 각기 다른 역할 수행이 칭찬을 받거나 벌을 받는 과정에서 결과적으로 서로 다른 성격들이 형성된다. 그러나 이 생물학적 지위에서 오는 차이들은 제도화된 사회적 지위로 인정받은 것이 아니다. 아동에게 학교는 비생물학적인 것에 기초한 지위의 차이를 제도화하는 최초의 사회화 기관이다. 게다가 이것은 귀속적 지위가 아닌 성취된 지위이다. 왜냐하면 그것은 교사가 부과한 과제들을 얼마나 잘 수행했는가에 의해 얻어지는 지위이기 때문이다.

이어서 이러한 상황이 일어나는 발생의 구조에 대한 파슨스의 견해를 살펴보자.[25)]

사회체제로서의 학급구조

미국의 학교제도는 일반적으로 다양성의 폭이 넓고, 학교가 지역의 통제를

25) Parsons T.(1959). The school class as a social system: some of its functions in American society. *Harvard Educational Review*, 29(4). pp. 297-318.

받기 때문에 학교의 상황도 지역마다 상당히 다르다. 그러나 비교적 잘 알려져 있는 기본적인 구조가 있다. 특히 초등학교의 전반부, 즉 처음 3개 학년에서는 학급을 담당하고 있는 한 사람의 담임교사가 모든 과목을 가르치고, 학급 전체를 책임진다. 그리고 몇몇 과목들은, 예를 들어 체육, 음악, 미술 같은 과목들은 이때부터 혹은 학년이 올라가면서 별도의 담당교사가 가르친다. 그러나 담임교사가 중심이 된다는 점은 변하지 않는다. 담임교사는 보통 여성이고, 학급을 한 학년 동안 맡는다.

한 학급은 인근에서 온 같은 나이 또래의 남녀학생 25명 정도로 구성된다. 초기에는 성별을 제외하고는 학급 내에서 지위 분화를 초래할만한 어떠한 형식적인 기반도 없다고 볼 수 있다. 중요한 구조적 분화는 성취라는 단일 축에 의해 점차 발생한다. 분화가 성취라는 단일한 축에 의해 발생한다는 것은 학급의 네 가지 근본적인 특징으로 확인할 수 있다. 이는 첫째, 나이와 가정배경 면에서 경쟁자들 사이의 지위가 균등하다는 것이다. 이것은 학생들이 사회에 비해 훨씬 동질적인 집단인 이웃에서 오기 때문이다. 둘째, 학교에서는 매우 미분화된 공통의 과제가 주어진다는 점이다. 이런 점에서 학교는 다른 역할수행 상황에 비해 훨씬 더 달리기 경주에 가깝다. 셋째, 초기에 동등한 조건에 있는 학생들과 성인세계를 대변하는 한 사람의 담임교사 사이의 관계가 명확히 구분된다는 점이다. 그리고 네 번째 특징은 학생들의 성취도를 평가하는 비교적 체계적인 과정이 존재한다는 것이다. 학생들의 관점에서 보면, 평가는 성적표에 기록되어 과거 학업성취에 대한 상벌로 작용한다. 그러나 사회적 배치를 담당하는 기관인 학교체제의 관점에서 보면, 그것은 장차 사회에서 차지하게 될 지위에 맞게 선발을 할 수 있는 기초가 된다.

이 구조적 특징을 해석하는 데 두 가지 중요한 조건을 염두에 둘 필요가 있다. 첫째는 학급 자체의 형식적 조직과 학습 과정에서 나타나는 편차의 문제이다. 가장 중요한 것은 전통적인 학교와 진보적인 학교 사이의 편차이다.

보다 전통적인 학교에서는 주제별로 서로 구분되는 교과에 초점을 맞추어 가르치는 반면, 진보적인 형태의 학교에서는 프로젝트 수업을 통해 간접적인 방식으로 폭넓은 관심을 갖도록 가르치려 한다. 전통적인 학교에서는 교사와 학생 개인의 직접적인 관계를 중시하는 데 비해, 진보적인 학교에서는 함께 공부하는 학생집단에 보다 강조점을 둔다. 진보적인 입장에서는 직접적인 경쟁보다는 학생들 간의 협동을 강조하고, 보다 허용적이며, 형식적인 성적 매기기를 덜 중시한다. 그리고 진보적인 성향의 학교들 간에도 강조점은 모두 다르다. 이런 점들이 학교 간의 편차를 만들어낸다. 그리고 이것은 가정의 초기 사회화에서 매우 중요한, 독립심과 의존성 훈련에 밀접히 관련될 것으로 생각된다. 넓은 의미에서 독립적인 훈련을 강조하는 사람들은 상대적으로 진보적인 교육을 좋아하고, 진보적 교육의 지지자들은 상대적으로 사회경제적 지위와 지적인 일에 대한 흥미가 높은 것으로 알려져 있다. 학생들 간의 결속력과 협동을 강조하는 것과 독립성을 강조하는 것 사이에는 어떤 모순도 없다. 그 나이의 독립심이란 무엇보다도 어른들로부터의 독립심을 의미하기 때문이다. 그러나 학급에서 형성되는 또래집단은 어른들로부터 벗어나서 학생들의 의존 요구를 표현하는 장이기도 하다.

두 번째 조건은 형식적인 기대와는 차이가 있는 학급의 비형식적 측면에 관련된다. 예를 들어 형식적으로는 성별에 따른 구분이 없어 보이더라도 비형식적인 면에서는 달라진다. 이 무렵에 같은 성별끼리 또래집단을 형성하는 것이 두드러지게 나타나는 것은 학생들이 암묵적으로 상당히 성별을 인식하고 있다는 것을 의미하며, 남녀 학생들 간의 집단경쟁을 부추기는 교사 역시 이를 조장한다. 그래서 남녀공학을 실시하고 모든 중요한 형식적인 측면에서 남녀 학생들을 똑같이 대우하는 것은 여전히 중요하다. 비형식적인 측면에서 제기되는 또 다른 문제는 교사가 학교의 보편주의적인 기대를 어기면서 학생들을 어느 정도로 개별적으로 다루고, 또 그럴 수 있는가 하는 문제이다. 그러나 다른 형식적인 조직들과 비교할 때, 초등학교에서 나타나는 이와 같은 불일치는 어디에서나 나타날 수 있는 일반적인 것이다. 학급은 어떤 학생들만을 각별하게 대우할 수 있는 기회가 구조적으로 매우 제한되어 있다. 왜냐하면 학급에는 같은 또래의 많은 아이들이 있기 때문에 가정에서 아이들의 부모가 자녀에게 각별한 애정을 쏟듯이 교사가 학생들에게 호의를 베풀 기회가 많지 않기 때문이다.

이 두 가지 조건을 염두에 두더라도 미국 초등학교의 주요 특징에 대해 앞서 내린 결론은 여전히 타당하다. 형식적인 평가를 덜 중시하는 비교적 진보적인 학교라도 특별히 다른 형태를 취하고 있지 않으며, 같은 유형 내에서 다소의 편차를 보일 뿐이다. 다른 교사들과 마찬가지로 진보적인 교사들도 학생들의 서로 다른 장점들을 학급의 목표나 가치에 준하여 평가할 것이고, 형식적인 절차를 따르지는 않더라도 평가 결과를 아이들에게 전달할 것이다. 상대적인 평가를 경시하는 것과 같은 극단적인 경우는 학생들이 명문대학에 입학하는 것이 귀속적인 지위로서 당연시되는 일부 상위권 학교에 한정되어 있는 것으로 보인다. 다시 말해, 학교 간의 편차를 해석할 때도 여전히 학급의 선발 기능에 가장 중점을 두어야 한다는 것이다. 학교의 선발 기능의 중요성은 점차 약화된 것이 아니라 오히려 그 반대이다.

이상의 설명과 같이 파슨스는 학교에서 아동들이 가족에 대한 일차적이고 감정적인 애착에서부터 벗어나서, 가정에서 배울 수 있는 것보다 높은 단계의 사회적 가치와 규범을 내면화하고, 실제 성취 정도와 성취에 대한 서로 다른 평가 방식에 의해 학급이 분화되는 일련의 과정을 경험하면서, 성인의 역할체제에 맞게 사회적으로 배분된다고 보았다. 그리고 여기에 덧붙여 이러한 과정, 즉 사회화와 선별과정의 토대로서 가정과 학교가 공통의 가치를 공유하고 있다는 점을 강조하였다. 그 가치란 개인의 성취를 무엇보다도 가치 있게 생각하는 성취지향성이다. 따라서 공평한 기회가 주어진다면, 성취 수준이 다를 때

주어지는 보상이 다른 것은 정당하다는 인식이 내포되어 있다. 결국 초등학교 학급은 시작단계에서의 평등과 성취에 따른 분화, 이 두 가지에 기초하고 있다는 점에서 기회의 평등이라는 미국사회의 가치를 구현하고 있다고 보았다. 또한 학교가 사회적 선별 기능을 수행하는 것은 사회와 학교가 성취지향의 가치를 공유하고 있기 때문이라는 것이다.

파슨스는 이것이 현대 산업사회의 성취지향적 가치관을 학교가 받아들인 결과이며, 사회의 구조적 분화가 가져온 전형적인 결과라고 보았다. 현대사회는 진보하면서 구조적으로 보다 복잡해지고, 뒤르케임이 설명한 것과 같이 가족, 교육, 경제, 법률, 종교 등 여러 사회제도들이 보다 분화되고, 그 기능이 전문화된다. 학교는 전문적인 기관으로서, 사회화와 선발의 주요 통로가 되었고, 그 결과 오늘날에는 학교교육을 받지 않고 성공하는 자수성가의 신화가 점차 보기 드문 현상이 되었다. 이와 같은 파슨스의 주장은 한편으로는 학교의 선발과정이 실제로 공정하게 이루어지고 있는 것처럼 보이게 한다는 비판을 받고 있다. 실제 많은 연구들이 학교 성적은 부모의 학력이나 직업 혹은 소득수준과 정적 상관이 있음을 보여주고 있고, 당연한 결과로 상급학교 진학에 학생의 능력과 함께 가정배경이 강하게 영향을 미치고 있음을 보여주고 있다.

명시적 기능과 잠재적 기능

사회에 대한 기능적 분석을 시도한 또 다른 학자로 로버트 머튼(Robert Merton, 1920~2003)은 파슨스의 기능의 개념을 확장하여 명시적 기능(manifest function)과 잠재적 기능(latent function)의 개념을 정립하였다. 명시적 기능은 사회체제에서 참여자들에 의해 명확하게 인식되고 의도되고 있는 기능이며, 잠재적 기능은 참여자들에 의해 인식되거나 의도되지 않은 감추어진 기능이다. 예를 들어 죄수를 감옥에 보내는 것은 그의 잘못된 행동을 처벌한다는 명시적 기능과 함께 사회적으로 제도화된 행동 규범을 강화하는 잠재적 기능도 갖는다. 명시적 기능과 잠재적 기능은 모두 체제의 적응에 기여한다.[26] 이러한 머튼의 아이디어는 학교교육의 기능을 이해하는 데도 새로운 시각을 제공하였다.

학교는 사회화나 선발 같은 명시적 기능 외에 다양한 잠재적 기능을 갖는다. 예를 들어, 학교는 아이들이 사회적으로 생산적인 역할을 할 수 있게 되기 전까지 맡아서 돌보는 잠재적 기능을 한다. 이전 시대보다 아이들이 독립적인 생활을 하게 되기까지 걸리는 기간이 길어진 현대사회에서 학교는 젊은이들이 자신들의 문화를 발전시키고, 부모의 통제에서 벗어나 새로운 사회적 관계를 형성하는 장소이며, 데이트 상대를 찾는 곳이기도 하다. 한편, 잠재적 기능의 개념은 학교 교육과정의 의도하지 않은 결과에 대한 분석에도 적용되었다. 교육과정사회학자들은 공식적 교육과정이 실제 교육현장에서 구현될 때 기대하지 않았거나 의도하지 않은 결과들이 나타나는 경우가 많다는 것에 주목하고, 교사와 학생의 상호작용 과정을 분석하거나 교과지식의 성격을 분석한다. 예를 들어 남녀공학에서 남학생은 기술을, 여학생은 가사를 배울 경우 이와 같은 교육과정의 차이는 단순히 교과지식을 배우는 것 이상으로 남성과 여성의 성역할을 사회화하는 잠재적 기능을 함축한다.

대학입시에서 입학사정의 여러 요건들은 대학에 입학하여 성공적으로 대학 교육과정을 마칠 수 있는 학업 능력을 지닌 학생들을 선발한다는 명분을 내세우지만, 고등학교의 정규 교육과정을 벗어나는 고난도의 문제가 출제되거나 연구논문 작성과 같은 각종 교과 외 활동을 요구하는 것은 대학의 엘리트주의를 유지하기 위한 입시의 잠재적 기능을 보여준다. 제롬 카라벨(Jerome Karabel)

26) Merton, R.(1949). *Social Theory and Social Structure: Toward the Codification of Theory and Research.* Glencoe, IL: Free Press.

은 1930년대까지 예일, 하버드 같은 미국의 아이비리그대학들이 대학의 입학 요건으로 라틴어 구사력을 요구한 것이 대학의 엘리트주의를 유지하기 위한 일종의 잠재적 기능이라고 보았다.[27] 즉, 이 정책이 명시적으로는 고전교육을 강조하는 영국 명문대학들의 교육적 전통을 계승한다는 포부를 천명한 것이지만, 그 이면에 배타적인 엘리트주의를 유지하기 위한 잠재적 기능을 갖고 있었다는 것이다.

모든 사회적 행위는 전체 사회는 물론 개인적인 차원에서도 다양한 결과를 초래한다. 이러한 결과들은 의도하지 않은 이상 예상하지 못한 것들이다. 그러나 설령 의도하지 않은 행동이라도 그 결과는 순기능적이거나 역기능적일 수 있고 기능적인 것과 아예 무관한 것일 수 있다.[28] 구조와 기능은 서로 영향을 준다. 잠재적 기능을 확인하는 것은 특정 사회의 구조적 요소들, 즉 가족, 교육, 사회계층화 방식과 같은 요인들이 서로 연결되고 의존하는 방식을 이해하는 데 중요하다. 기능주의자들은 사회적 기능이 충족되지 못할 때 사회체제가 변화된다고 보기 때문에, 이런 관점에서 보면 교육제도가 안정적으로 유지되는 것은 학교가 그 사회적 기능을 기본적으로 충족시키고 있다는 것을 의미한다.

사회구조의 긴장과 일탈

머튼은 잠재적 기능과 함께 일탈에 대한 분석틀을 제시하였다. 그에 따르면, 일탈은 단지 개인의 잘못된 사회화의 결과가 아닌 특정 사회구조의 산물이다.

---

27) Karabel, J.(2005). *The Chosen: The Hidden History of Admission and Exclusion at Harvard, Yale, and Princeton*. Boston: Houghton Mifflin.

28) Merton, R.(1949). 전게서. p. 51.

사회적 일탈은 순응적인 행동과 마찬가지로 사회구조의 산물일 뿐이라는 것이다.[29] 머튼은 특정 사회가 문화적으로 수용 가능한 목적과 이러한 목적을 달성하기 위해 허용되는 규범과 제도적 수단을 구분한다. 개인들은 원하는 목표를 달성하기 위한 수단을 선택할 자유가 있다. 그러나 사회적으로 지지받는 목표와 그것을 달성하기 위한 제도적 방법 사이에 불일치가 있거나, 혹은 가난, 인종차별, 성차별 등으로 인해 목표를 이루는 것이 제도적으로 막히게 되면, 개인들은 그들의 행동을 수정하여 문화적으로 허용되는 목표나 그것을 달성하기 위한 제도적 수단을 거부하기도 한다.

머튼은 이와 같은 목표와 수단 간의 딜레마 상황에서 개인의 행동 유형을 순응주의자(conformist), 혁신가(innovator), 의식주의자(ritualist), 회피주의자(retreatist), 반역자(rebel)의 다섯 가지로 구분하였다.[30] 순응주의자는 사회문화적으로 허용된 목표와 수단을 따르는 사람들이고, 혁신가는 목표는 수용하되 그것을 달성하기 위한 새로운 방법을 추구하는 사람들이다. 그리고 의식주의자는 문화적 목표 자체는 거부하지만, 그럼에도 불구하고 이런 목표 달성에 필요한 행동을 수동적으로 따르는 사람이다. 회피주의자는 목표와 목표 달성을 위한 행동 모두 회피하는 사람이며, 반역자는 목표와 수단 모두를 거부하고 자신만의 새로운 목표와 수단으로 대체하는 사람이다. 예를 들어, 순응주의자는 학업 성공이라는 문화적 목표를 수용하여 교수의 기대와 기준에 맞추어 행동하는 사람이라면, 혁신가는 이러한 목표 자체는 수용하되 교수가 내주는 과제를 회피하기 위한 방법으로 남의 아이디어를 자신의 것처럼 도용하는 등의 편법을 동원할 수 있는 사람이다. 한편, 의식주의자는 학업 성공에 대한 야심이 없음에도 불구하고 성실하게 교수가 내준 과제를 모두 수행하는 사람이고, 회피주의자는 학업에 대한 관심을 갖지 않고 어떤 노력도 하지 않는

29) Merton, R.(1949). 전게서. p. 115.

30) Merton, R.(1949). 전게서. p. 140.

사람이다. 그리고 반역자는 명문대학의 입학 허가를 받았음에도 이를 무시하고 단순히 취미를 위해 스키를 타러 떠나는 부류이다.[31)]

머튼의 분류는 개인의 적응방식에 초점을 맞추고 있지만, 집단적인 행동양식을 분석하는 데도 적용할 수 있다. 미국 대도시 빈민지역의 청소년들은 교외 주택가의 청소년들처럼 경제적 성공과 소비라는 문화적 목표를 수용하고 있지만, 빈곤과 인종차별 같은 복합적 요인의 영향으로 교육을 통한 경제적 성공이라는 합리적인 수단은 사라진다. 이러한 맥락에서 도심의 혁신가 혹은 반역자들은 문화적으로 허용되는 소비생활을 위해 약물을 판매하거나 범죄를 저지르는 등의 불법적인 수단에 의존하게 된다.[32)]

한편, 학교에 다니지 않으면서 취업 준비도 하지 않는 청년세대를 일컫는 니트족(Not in Education, Employment or Training)은 1990년대 경제상황의 악화로 일자리가 줄어든 영국 등 유럽에서 증가하기 시작해 일본에서 크게 사회문제로 부각되었는데, 최근에는 우리도 15세에서 34세 사이의 니트족이 10명 중 2명에 이를 만큼 증가했다.[33)] 경제적 성공이라는 달성하기 어려운 목표와 수단 모두를 거부하는 이들의 행동 양식은 회피주의자의 행동 양식으로 해석할 수 있다. 이와 같이 문화적, 제도적 압력에 대한 개인들의 적응방식을 설명하는 머튼의 유형분류체계는 일탈이나 아노미와 같은 사회문제에 관한 기능주의적 분석의 유용성을 잘 보여준다.

---

31) Dillon, M.(2010). pp. 175-176.

32) MacLeod, J.(1995). Teenagers in Clarendon Heights: The hallway hangers and the brothers. In *Ain't No Makin' It: Aspirations and Attainment in a Low Income Neighborhood*. Westview Press.

33) 김기헌, 유민상, 김창환, 정지운(2019). 청년 핵심정책 대상별 실태 및 지원방안 연구. 한국청소년정책연구원 연구보고서 19-R17.

요약 및 쟁점

구조기능주의는 한때 표준사회학이라고 불릴 만큼 미국 사회학의 주류이론으로 간주되었다. 그러나 사회학이론의 발전과 함께 기능주의는 비판의 대상이 되었다. 우선 파슨스의 근대화이론은 미국 사회에서조차 근대화 과정이 고르지 않았다는 점에서 비판을 받는다. 미국에서 인종과 성에 따른 불평등은 개인의 성취를 강조하는 그의 주장을 반박하는 중요한 근거가 되었다. 파슨스도 이러한 사회적 긴장을 인식하고 있었지만 여전히 기회의 평등이 미국 사회에 각인된 기본 정신이라고 생각했다. 파슨스는 개인들 간의 소득 격차나 직업 지위의 차이 같은 지위 분화가 기능적으로 필요한 것이라고 보았고, 이러한 차별적인 보상체제가 귀속적인 요인이 아닌 직업체제 안에서의 개인들의 성취에 기초한다고 보았다.[34] 즉, 상대적으로 기술적, 직업적 능력이 있고 성취를 더 많이 한 개인들이 더 큰 보상을 받는 것은, 이들이 사회에 필요한 특화된 기능을 수행하기 때문에 당연한 것이라고 보았다.

구체적으로 모든 사회체제는 반드시 충족되어야 하는 생존에 필요한 요건들이 있고, 사회체제 내의 어떤 자리, 혹은 기능들은 다른 것들보다 더 중요하다. 그런데 사회가 존속하려면 기능적으로 중요한 자리가 자격을 갖춘 사람들로 충원이 되어야 하며, 사회적 보상은 기능적으로 중요한 자리를 충원하는 것이 상대적으로 얼마나 어려운가에 달려있다. 기능상 중요하지만 충원이 용이한 자리라면 높은 보상이 필요 없지만, 그렇지 않을 경우 높은 보상으로 인센티브를 주어야 한다. 충원하기 어려운 자리들은 보통 이상의 교육과 훈련, 그리고 재능을 요구한다. 따라서 차별적인 보상은 기능적으로 중요한 자리에 자신들의 재능을 사용하도록, 그리고 이를 위한 훈련을 감당하도록 하는 유인장치이

34) Davis, K. & W. Moore(1945). Some principles of stratification. *American Sociological Review* 10, pp. 242-249.

다. 결과적으로 계층화, 즉 권리와 특권 및 보상의 불평등한 분배는 사회체제에서 기능적으로 중요한 자리들이 자격을 갖춘 사람들로 충원되도록 하는 효율적인 장치이다.[35] 그러나 이러한 주장은 소득이 생산성에 비례한다는 인적자본론의 논리와 마찬가지로 검증해야 할 부분을 가정해 버리는 논리적 모순이라는 비판을 받는다.

한편, 성역할 분화가 사회의 효율적인 기능유지를 위해 구조적으로 중요하다는 파슨스의 주장은 여권 신장과 성 평등을 주장하는 여성주의 운동가들의 거센 비판을 받아왔다.[36] 파슨스가 이러한 주장을 펼치던 1940년대 미국사회는 이미 많은 여성들이 가사 이외의 사회적 노동에 참여하고 있었지만, 파슨스는 여전히 대다수의 여성들이 그들과 같은 계층의 남성들과 직접적인 지위경쟁을 하지는 않는다고 생각했다.[37] 파슨스가 이러한 주장을 한 것은 성역할 구분이 사회의 균형유지를 위해 기능적으로 중요하다고 보았기 때문이다. 파슨스는 결혼과 가정생활에서 남녀 간의 관계 양식을 중등학교에서 형성되는 청년문화의 영향으로 해석했고, 이런 점에서 성역할 사회화를 학교교육의 중요한 기능 중 하나로 인식했다.[38]

가정 밖에서 사회에 공헌하는 여성이 급속히 증가해왔고, 이를 위해 높은 교육수준은 필수조건이 되었다. 동시에 교육받은 여성은 아내와 어머니로서도 중요한 역할을 한다. 시간이 지나면서 미국을 비롯한 선진국에서 성역할 분화가 법률적, 공식적으로 폐지되고 있다는 점에서 파슨스의 주장은 설득력을 잃고 있다. 그러나 여러 변화의 시도와 노력에도 불구하고 사회체제가 상대적으로 견고하게 유지되고 있을 뿐 아니라, 성 평등화의 노력을 방해하는 구조적,

35) Turner, J. H. & A. Maryanski(1979). *Functionalism*. Menlo Park, CA: The Benjamin/Cummings.

36) Dillon, M.(2010). 전게서. pp. 171-172.

37) Parsons, T.(1949/1954). *Essays in Sociological Theory*. Glencoe, IL: Free Press. p. 80.

38) Parsons, T.(1959). 전게서. pp. 312-315.

문화적 장애물들은 여전히 많다. 파슨스는 성역할의 구분이 모호해지면 균형 유지가 어려워질 것이라고 예견하였는데, 전통적으로 남성이 지배적인 영역으로 진출하는 여성들에 대한 문화적 반발, 그리고 일과 가정을 병행하는 여성들이 떠안게 되는 과중한 부담 같은 문제들을 이러한 현상의 하나로 볼 수 있다.

제3장 자본주의체제의 팽창과 교육 불평등

교육사회학의 갈등이론은 자본주의사회에서 교육제도의 역할을 설명하는 데 마르크스의 이론적 관점을 적용한 새뮤얼 보울즈(Samuel Bowles)와 허버트 긴티스(Herbert Gintis)[1]로 대표된다. 보울즈와 긴티스에 따르면 자본주의사회에서 학교와 경제체제 간에는 내용과 형식 면에서 구조적인 상응관계가 존재한다. 그리고 이것은 학교의 가장 중요한 목표가 학생들을 위계적인 자본주의 생산체제의 각 수준에 부합하는 인성적 특성을 지닌 노동자로 준비시키기 위함이라는 것이다. 다시 말해 학교는 사회계급에 따라 학생들을 차별적으로 교육하여 불평등한 계급구조를 재생산하는 역할을 한다. 이와 같은 관점은 앞 장에서 살펴본 교육에 대한 기능주의 관점과는 매우 대비되는 것이다.

학교가 이와 같은 특성을 지니게 된 것은 자본주의적 생산양식과 지배계급의 요구를 반영한 결과이며, 학교는 결과적으로 불평등한 사회적 관계가 재생산되는 것을 합리화한다. 이러한 주장은 하부구조인 경제체제의 특성이 정치, 종교, 문화, 교육과 같은 상부구조의 특성을 결정한다고 본 마르크스의 사회이론에 바탕을 둔 것이다. 이 장에서는 마르크스주의가 등장한 배경과 이론적

1) 새뮤얼 보울즈(Samuel Bowles)와 허버트 긴티스(Herbert Gintis)는 미국의 신마르크스주의 경제학자들이며, 하버드대학과 매사추세츠 애머스트대학에서 함께 교수로 생활하면서 자본주의 미국의 학교교육(1976), 민주주의와 자본주의(1986), 협력하는 종(2011) 같은 유명한 저서들을 같이 출판하였다.

관점 및 주요 개념들을 살펴보고, 이를 교육에 적용하여 학교가 어떻게 계급적 불평등을 재생산하고, 불평등한 사회구조를 영속화시키는지 설명한 보울즈와 긴티스의 경제적 재생산이론을 살펴보기로 한다.

마르크스의 변증법적 유물론

1989년에 베를린 장벽의 붕괴가 상징적으로 보여주었듯이, 이미 오래전에 구 소비에트연합이 해체되었고 중국과 러시아가 자본주의 경제체제에 편입되면서 마르크스의 이론적 비전을 실현할 정치체제인 공산주의는 지구상에서 거의 사라졌다. 그러나 이러한 사실이 사회과학 전반에 미친 마르크스의 영향을 간과해도 된다는 것을 의미하지는 않는다. 오히려 마르크스는 자본주의가 지금과 같이 세계적으로 팽창하여 글로벌 경제체제가 형성될 것이라는 점을 정확히 예측하였다. 그리고 무엇보다도 전례 없이 시장이 확대되며 소비주의가 확산되는 가운데 나타나는 자본주의의 구조적 모순과 불평등의 원인을 이해하기 위한 통찰력을 제공하고 있다.

마르크스(Karl Marx, 1818~1883)는 독일의 중산층 가정에서 태어나 대학에서 법학, 역사, 철학 등을 공부하였다. 대학졸업 후 저널리즘과 경제 분야에 관심을 두고, 당시 노동 조건을 비판한 글들을 기고하였다. 이로 인해 대학에 취업할 길이 막히자 독일 혁명운동에 참여한 후 파리로 가서 헤겔(Hegel)의 사상을 접하고, 프랑스의 사회주의와 영국의 정치경제학을 결합시킨 자신의 사상을 정립시켜나갔다. 독일에 이어 프랑스에서 추방된 마르크스는 브뤼셀로 가서 급진적인 성향이 강해져 공산주의 동맹에 들어가게 된다. 그리고 1848년 평생의 동지인 엥겔스(Engels)와 함께 「공산당 선언」을 발표한다. 공산당 선언은 마르크스주의의 강령적 문건으로 "지금까지의 모든 역사는 계급투쟁의 역사이다."라는 명제를 통해 「독일 이데올로기」에서 정립된 유물사관을 요약하고, 계급사회는 프롤레타리아의 승리에 따라 역사에서 자취를 감추게 될 것이라고 주장했다. 1849년 영국에 정착하여 6명의 자녀를 데리고 빈곤한 생활을 하면서 「자본론」을 출판하고 사회주의 인터내셔널에 가담한다. 이후 사회주의 인터내셔널이 붕괴되고 여러 혁명운동이 실패한 후 병마에 시달리다가 사망하였다.[2)]

마르크스는 역사의 변화를 사회의 물질적 조건의 변화로 설명했다. 이러한 역사관을 유물사관이라고 하는데, 역사가 발전하는 원동력이 관념이 아닌 물질적인 힘, 생산력의 변화라고 보는 관점이다.[3)] 마르크스 이전의 역사관은 역사의 추진력을 운명, 신의 섭리 같은 초자연적 관념 혹은 영웅의 등장과 같은 개인적, 우연적 요소로 설명하거나, 기후와 풍토 같은 지리적 결정론에 의존하고 있었다. 이에 대해 마르크스는 인간의 생존을 위해 필수불가결한 물질적 생산양식이 정치, 경제, 법률, 종교, 학문 등 정신적 차원들을 결정하고 관념을 발달시키는 기초라고 생각했다. 마르크스의 표현을 빌리면, 사람들의 의식이 그들의 존재를 규정하는 것이 아니라, 그 반대로 그들의 사회적 생활이 그들의 의식을 좌우한다. 그리고 사회는 이러한 물질적 생산력의 일정한 발전단계에 조응하는 생산관계와 이 실제적 토대 위에 성립되는 법률적, 정치적 상부구조로 이루어진다.

그런데 사회의 물질적 생산력은 일정한 발전단계에 이르면 현존하는 생산관계와 모순에 빠진다. 이렇게 되면 그때까지 사회생활이 영위되어 온 소유관계와 모순되어 생산관계가 생산력 발전의 큰 장애가 된다. 그리고 경제적 기반의 변화와 더불어 거대한 상부구조가 무너진다. 이것은 급속히 이루어지기도 하

2) Tucker. R.(1978). *The Marx-Engels Reader*. New York: Norton. pp. xv-xviii.

3) Marx, K. & F. Engels(1846/1947). *The German Ideology*. New York: International Publishers. p. 16.

고 완만하게 이루어지기도 한다. 이러한 과정을 통해 역사상의 여러 시대가 형성되며, 새로운 생산양식이 만들어진다. 마르크스는 인류가 거쳐 온 기본적 생산양식의 형태를 원시공산제, 노예제, 봉건제, 자본주의, 사회주의로 보고, 자본주의에서 사회주의로 이행하는 시기로서 현대세계를 파악한다.[4)]

마르크스는 끊임없이 이윤을 추구하는 자본주의체제는 결국 붕괴할 것이라 보았다. 자본주의의 팽창은 그 근간을 위협하는 경기불황, 주식시장 붕괴, 높은 실업률, 자원고갈 등과 같은 위기를 초래하고, 계층 간 반목이 심해지면서 자본주의의 구조적 문제로 발생하는 착취에 대한 노동자 계급의 자각이 생겨나 계급의식이 발달하고 자본가에 대한 반란이 일어날 것이라 예측한 것이다. 이 과정은 기존의 계급불평등과 같은 물질적 조건(thesis, 정)이 계급 혁명이라는 저항을 불러일으키고(antithesis, 반), 결과적으로 공산주의라는 새로운 경제체제(synthesis, 합)를 형성하게 된다. 마르크스는 이를 변증법적 유물론(dialectical materialism)으로 불렀다. 혁명으로 자본주의가 붕괴되고 공산주의 사회가 건설되면 인간평등이 실현되고 구조적 갈등이 종식될 것으로 믿었다. 그리고 노동이 더 이상 자본과 권력으로 전환되지 않고 모든 개인이 노동 분업, 사유재산, 계급불평등이 사라진 사회에서 살게 될 것이라 선언하였다.

그러나 마르크스의 예상과 달리 사회주의 혁명이 실제 일어난 곳은 제정러시아로 당시 유럽에서 경제적으로 가장 낙후된 나라였고, 자본주의가 가장 발전한 미국에서 급진적인 혁명의 조짐은 오래가지 않았다. 1920년대 루즈벨트 대통령의 뉴딜정책은 대공황으로 가장 타격을 받은 계층에 경제적 지원을 제공함으로써 사회적 불안을 잠재웠다. 한편, 기술의 발전으로 상품생산에서 노동자에 대한 의존도가 마르크스가 예상한 것보다 낮고, 가난과 계급불평등이 실재함에도 불구하고, 마르크스가 살았던 시대와 비교할 수 없을 만큼 노동계급의 생활수준이 향상되어 자본주의의 지속적인 성공의 과실을 누리고 있다.

4) Marx, K. & F. Engels(1846/1947). 전게서. p. 29.

자본주의가 붕괴하지 않고 공산주의가 몰락하였음에도 불구하고 마르크스를 세기의 위대한 사상가로 평가하는 여러 이유 중 하나는, 자본주의에 대한 그의 통찰이 1990년대 이후 가속화된 자본주의의 팽창과 그로 인한 사회구조적인 문제들을 이해하는 데 여전히 유효하다는 점이다.[5] 자본주의는 계속 변화되어 왔고, 특히 인터넷 기술의 발달로 획기적인 전환점을 맞았다. 실제 마르크스가 생존했던 19세기와는 비교할 수 없을 정도로 자본주의의 구조는 복잡해졌다. 그러나 지난 세기 동안 일어난 이와 같은 변화에도 불구하고 자본주의가 우리의 일상생활에 스며드는 방식을 이해하는 데 마르크스의 분석은 유용하다.

사유재산과 경제적 불평등

사유재산(private property)은 인구가 확대되고 사회조직이 복잡해지면서 생겨났다. 사유재산제도는 노예제가 있었던 고대 로마나 중세 유럽 봉건시대의 규범이었고, 자본주의의 핵심적인 특징이다. 마르크스의 계급 개념은 소유관계를 같이하고 있는 사람들에 의해 구성된다. 자본주의사회에서 땅, 공장, 자본 같은 생산수단의 소유여부는 자본가(bourgeoisie)와 노동자(proletariat)를 구분하는 기준이 되며, 이에 따라 계급과 사회관계 같은 경제체제의 불평등한 구분이 결정된다. 우리 주위를 둘러보면 대부분의 사람들이 가지고 있는 생산요소는 그들의 노동뿐이다. 마르크스의 관점에서 보면 이들은 동일한 계급인 프롤레타리아에 속한다. 마르크스는 사회계층화의 역사가 오래된 것이고, 자본주의로의 전환이나 산업화된 공장생산의 결과라기보다는 고대 노예제에 기원을 두며, 사회조직과 사회적 관계를 규정한다고 보았다.

5) Dillon, M.(2010). 전게서. p. 39.

그런데 마르크스가 자본주의를 특별히 비판하는 이유는 자본주의가 그의 진보적인 역사적 관점에 비추어 볼 때 그 유효성에 비해 오래 유지되고 있다는 점 때문이다.[6] 자본주의에 의해 경제적, 기술적 진보가 이루어졌다고 하더라도, 그리고 이것이 그 이전 단계에 비해 진보된 것일지라도 마르크스는 자본주의의 퇴보적인 측면을 강조한다. 특히 자본주의가 상품생산의 체계임을 강조하면서 자본주의의 근본 목적이 시장에서 상품을 생산, 판매함으로써 자본가에게 이윤을 축적할 수 있도록 하는 것이라고 보았다. 자본과 이윤의 축적이 근본 목적이 되면, 개인들 간의 관계는 경제적 이해, 자본과의 관계에 따라 결정된다. 자본주의는 노동력을 팔 수 있는 집단을 필요로 하게 되고, 임금노동자는 자본가에게 이윤을 창출하도록 활용되는 만큼만 의미가 있을 뿐이다.

마르크스에 따르면 이 점이 로마시대나 봉건시대와 자본주의가 다른 점이다. 노예와 주인의 관계 또한 불평등한 관계지만, 주인은 노예의 복지에 대한 일정한 책임도 가지고 있었다. 이 점은 봉건 영주와 농노의 관계도 마찬가지이다. 예를 들어 대기근이 찾아왔을 때 영주들은 농작물을 생산할 수 없는 상황이 되더라도 농노들이 굶주리지 않도록 하는 의무가 있었다. 그러나 자본주의하에서 경기 침체 등으로 이윤이 줄어들면, 기업이나 공장주들은 직원을 해고하는 방식으로 대응한다. 설령 특정 기업인이 이런 방식을 선호하지 않는다고 하더라도, 기업들 간의 경쟁에서 살아남기 위해 생산비용을 줄이고 이윤을 내는 것은 불가피한 전략이다. 생산의 증가는 자본가에게 더 많은 잉여가치를 창출하는 반면 노동자의 잉여노동을 증가시켜 불평등을 심화시킨다. 임금 상승은 자본주의체제에 내재된 구조적 불평등을 해결하지 못하는데, 자신의 노동력 이외에 아무것도 소유하지 못한 계층의 존재가 바로 자본의 전제 조건이기 때문이다. 마르크스가 살았던 시대에 비해 경제가 성장하고 노동자의 근무 조건이 향상되었음에도 그의 주장과 같이 자본가와 노동자 사이의 불평등은

6) Dillon, M.(2010). 전게서. pp. 42-43.

계속되고 있다.

「세계 불평등 보고서(World Inequality Report 2018)」에 따르면, 소득 격차는 갈수록 커져서 세계 상위 1%인 약 7600만 명의 부유층이 1980~2016년 사이 늘어난 부의 27%를 차지했다. 그중에서도 상위 0.1%인 760만 명이 13%, 상위 0.001%인 7만 6000명이 4%를 차지했다. 소위 슈퍼 리치라고 하는 최상위 부자들이 점유하는 자산이 점점 증가하고 있음을 의미한다. 이처럼 불평등은 전 세계적인 현상이지만 소수의 상위계층에 소득이 집중되는 일은 후진국이나 개발도상국에서 더 심하다. 2016년 기준 유럽의 상위 10%는 국가 전체 소득의 37%를 누리는 반면 중동의 상위 10%는 국가 소득의 61%를 차지하고 있었다. 인도와 브라질 55%, 사하라 사막 이남 아프리카 국가 54%로 이들의 소득집중도 심각했다. 미국과 캐나다는 47%였다.[7)]

한편, 아시아개발은행(ADB)의 '아시아의 불균형 심화와 정책적 함의' 보고서를 보면, 1990년부터 2010년까지 아시아권의 28개국 가운데 12개국의 지니계수가 나빠진 것으로 나타나고 있고, 이 기간 우리나라의 지니계수는 스리랑카에 이어 악화 속도가 5번째로 빨랐다. 지니계수는 한 나라의 소득분배의 불균등도를 보여주는 지표로, 0에 가까울수록 소득분배가 평등하다는 것을, 1에 가까울수록 불평등이 심하다는 것을 나타낸다. 이 보고서는 소득격차의 확대로 중산층이 감소하면서 비생산적인 경제 활동과 소수의 이익 추구 행위 등이 증가할 수 있다고 지적하고 있다.[8)]

지금까지 마르크스가 말한 계급 갈등이 발생하지 않는 이유는 무엇인가. 여러 이유를 생각해 볼 수 있는데, 우선 2차 세계대전 이후의 교육기회의 확대, 서비스직과 직업이동성의 확대, 그리고 중산층의 증가를 들 수 있다. 둘째, 임금노동자들도 주식 투자와 소유를 통해 자본의 생산에 참여하고 동조함으로

7) Dillon, M.(2010). 전게서. p. 59.

8) http://www.hani.co.kr/arti/economy/economy_general/627640.html#

써, 자본가와 노동자의 계급 구분이 마르크스가 생존했던 시대와 달리 모호해지고 있다. 셋째, 체제유지를 위한 정부의 개입이 2008년의 미국 서브프라임 모기지 사태 때와 같은 자본주의의 위기에 완충 역할을 한다. 정부는 극단적 이윤 추구를 제재하여 개인들을 보호하기도 한다. 그리고 노동조합과 파업권이 합법화되어 있어 노동자들이 착취당하고 있다는 생각을 잊게 한다. 이 같은 자본주의의 적응과 변화는 노동자들이 경제적, 사회적 불평등을 수용하도록 만들어 체제를 유지해왔다. 그러나 지금과 같이 부의 불평등이 심화되고 일자리의 감소와 양극화가 계속될 경우 자본주의체제가 유지될 수 있을 것인지에 대한 회의론이 등장하고 있는 것도 사실이다.[9)]

노동의 상품화

마르크스가 자본주의의 구조적 불평등을 비판했던 것 때문에 그가 인간의 노동에 대해 부정적인 관점을 갖고 있었을 것이라는 편견이 있지만, 실제 마르크스는 인간의 일과 노동을 매우 긍정적인 관점에서 보았고, 인간의 생산기술과 능력을 인간의 본질적인 부분으로 파악했다. 인간은 단순히 먹고 자고 번식하는 등의 신체적 기능을 수행하는 것이 아닌, 물리적, 사회적 환경 속에서 창조적으로 일하며, 그것을 우리의 필요에 맞게 조정한다. 인간이 살면서 그들의 존재양식을 재생산하기 위해 하는 활동들은 인간이 다른 종과 다른 점이다. 인간은 주어진 자연환경 속에서 살아가지만, 자연을 변화시킨다. 그 가운데 인간은 스스로의 존재양식을 만들어 간다. 그런데 자본주의사회에서 자본생산의 수단을 지닌 자본가는 이익창출에 도움 되지 않는 노동자를 해고하거나

9) Wallerstein, I. R. Collins, M. Mann, G. Derluguian & C. Calhoun(2013). *Does Capitalism have a Future?* 성백용 역. 자본주의는 미래가 있는가. 창비.

임금을 삭감할 수 있고, 이들이 노동자를 돌보는 것은 오로지 그들의 사용가치를 지닐 때이다. 사용가치(use-value)는 그들이 얼마나 유용한 상품을 생산하여 이윤을 창출할 수 있는가에 달려있다. 따라서 사용가치는 자본으로 환원되고 이윤으로 환산되면 자본주의 사회에서 사회적 관계를 결정하는 기준이 된다.

이전의 불평등 관계, 예를 들어 노예제도와 차별되는 점은 노동자들이 자유인이라는 점이고, 이 점은 진보의 증거라고 할 수 있지만, 노동 자체는 상품화 된다. 자본주의사회에서 정치적 자유와 경제적 자유는 같이 간다. 즉 경제적 자유가 없으면 비록 자유인이라고 하더라도 자신들의 노동력을 시장에 상품처럼 내놓아야 한다. 결국 임금노동자 스스로 상품이 되는 것이다. 마르크스는 이것을 노동의 상품화(commodification of labor)로 정의하였다. 따라서 자본주의에서 자유는 환상이다. 노동을 착취하는 강압적인 시스템이기 때문이다. 임금 노동자들은 시장의 상품들처럼 거래될 수 있다. 시장에서 정해진 임금이나 노동조건이 탐탁지 않을 때 노동자들은 일을 그만둘 수 있지만, 이러한 선택권은 언제나 제약이 있다. 노예나 소작인의 노동이 '직접적으로 강요된 노동'이라면 임금노동자의 노동은 '간접적으로 강요된 노동'이라는 차이가 있을 뿐이다.[10)]

현대 사회에서 노동의 상품화 현상은 광범위하게 확인할 수 있다. 예를 들어 트레이드 방식으로 새로운 선수를 선발하는 축구나 야구 등 프로스포츠 구단의 선수 운영 방식을 보면, 선수들이 철저히 상품가치에 의해 평가되고 임금이 결정되는 것을 알 수 있다. 그해에 가장 유망한 선수를 다른 팀에서 데려오기 위해 그의 몸값으로 교환할 수 있는 몇 사람을 맞바꾸는 식이다. 잘나가는 운동선수나 공장노동자나 모두 임금노동자라는 점에서 그들의 노동을 팔아야 한다. 비록 고액의 연봉을 받는 운동선수라고 하더라도 생계수단으로 자신의

10) Tucker. R.(1978). 전게서. pp. 203-217.

노동력을 시장에 팔아야 한다는 점에서 예외가 아니며, 많은 선수들이 장기적으로 심신에 영향을 미치는 부상을 반복적으로 겪는다. 심지어 좋은 성적을 내기 위해 스테로이드와 같은 약물의 유혹에 빠지기도 한다.

결국 프로운동선수는 구단의 이익을 위해 자신의 건강을 희생하도록 강요받는다. 광부, 건설 노동자, 소방관, 경찰관 등 위험직군 또한 상해나 죽음에 항시 노출되어 있다. 마르크스는 이들뿐만 아니라 모든 임금 노동자들이 생존을 위해 자신의 노동력을 팔아야 한다는 사실을 강조한다. 따라서 노동은 그 자체가 목적이 아닌 수단으로, 임금을 받음으로써 노동자들 또한 이익을 본다는 인식은 환상이며 허위의식(false consciousness)이라고 보았다. 아무리 높은 연봉을 받는 선수가 있어도 그 뒤의 자본가는 더 많은 이익을 가져간다. 노동자들은 자본주의가 임금노동자들의 희생을 강요하는 자본가에 유리한, 역사적으로 특정 시기에 만들어진 경제체제라는 점을 인식하지 못한다. 그리고 그들의 객관적인 계급적 지위를 보지 못하고, 그들의 이해가 자본가의 이해와 상충한다는 점 또한 인식하지 못한다.[11] 이러한 현상은 최근 우리나라의 엔터테인먼트 산업에서 흔히 볼 수 있다. 소위 K팝이 세계적인 인기를 끌면서 많은 젊은이들이 가수가 되길 희망해 각종 오디션과 혹독한 훈련과정을 거쳐 그중 일부가 유명세를 누리지만, 그 뒤의 거대한 연예기획사들이 가져가는 이득과 횡포는 가려져있다.

고액의 연봉을 받는 아이돌 스타들과 저임금 노동자의 공통점은 잉여가치(surplus value)를 생산한다는 점이다. 자본주의의 논리는 이윤의 축적이며 이것은 잉여가치로부터 나온다. 임금의 결정은 잘 알려진 바와 같이 수요와 공급의 영향을 받는다. 그러나 노동자가 그들의 노동의 대가를 얼마나 요구할 수 있는가는 시장 수요에 맞추어 상품과 서비스를 제공하는 데 필요한 노동력이 많은지 혹은 적은지에 따라 달라진다. 이와 함께 마르크스는 실제 임금결정

11) Dillon, M.(2010). 전게서. p. 51.

에 영향을 미치는 요인으로 생산비용을 강조하고 있다. 즉, 자본가들은 노동자들이 신체적, 사회적으로 노동력을 유지하고, 재생산할 수 있을 만큼 최소한으로 임금을 지불한다.

마르크스는 잉여가치를 노동자의 교환가치(exchange value)와 사용가치(use value) 사이의 차이로 설명한다. 교환가치는 임금을 생각하면 되고, 사용가치는 노동자의 노동으로 시장에서 실제로 창출되는 가치를 의미한다. 기업이 이윤을 남기려면 임금노동자들이 받는 임금 이상의 가치를 창출해야 한다는 것이다. 이러한 교환가치와 사용가치의 차이가 자본가들에게 잉여가치, 즉 이윤으로 돌아간다. 따라서 자본가의 잉여가치는 노동자의 잉여노동을 의미하고, 노동자가 더 많은 잉여가치를 창출할수록 그들의 노동력의 가치는 절하된다.[12] 생산적인 노동자는 잉여가치를 많이 창출하는 사람이고, 실업률이 높아 노동예비군이 많으면 구직자들 간의 경쟁으로 자본가에게 유리한 조건이 형성된다. 이 과정에서 노동의 착취가 발생한다. 이런 관점에서 보면 자본주의에서 발생하는 불평등은 단순한 부산물이 아닌, 자본주의 생산양식의 구조적 특성에 기인한 것이다.

노동 분업과 소외

분업은 현대 자본주의의 주요 특징이며 오랜 기간에 걸쳐 점진적으로 진행되어 왔다. 농업생산은 공업이나 상업과 분리되고, 공업과 상업도 문화와 금융업으로부터 분리되었다. 노동 분업은 산업과 노동자를 배타적으로 전문화된 영역으로 나눈다. 개인들이 자신의 이익에 따라 행동하고 개인적인 목표의 최대만족을 추구해도 전체의 이익이나 조화에 기여할 수 있는 것으로 가정했

12) Abercrombie, N., S. Hill & B. Turner(2000). *Sociology*. Penguin Books. p. 351.

던 고전 경제학에서는 직업의 전문화에 기초한 교환과 분업으로 물질적 이익이 발생한다는 점을 강조한다.[13] 마르크스와 같이 분업을 현대사회의 주요 특성으로 보았던 뒤르케임은 사회구성원들 간의 상호의존성을 높여 결속력을 강화시키는 분업의 긍정적인 기능을 강조했다. 그러나 마르크스는 분업의 부정적인 측면을 강조한다. 마르크스는 인간이 창의적으로 다양한 일을 할 수 있는 능력이 있다고 보았다. 그런데 노동 분업으로 인해 자신이 가장 많은 사용가치를 만들어낼 수 있는 세분화된 특정 노동에만 종사하게 되었다고 본 것이다.

공장, 건설현장, 기업사무실 등 자본주의 생산조직은 잉여가치를 생산하는 노동자의 유용성과 효율성을 담보하는 것을 무엇보다 우선한다. 노동자의 업무는 작은 단위로 분절되고 개인은 자본주의 생산 과정에서 극히 일부만을 담당할 수 있다. 산업사회에서 직업의 다양성은 노동자들의 전문성을 요구하고 노동은 매우 세분화되어 있다. 빠르게 돌아가는 공장의 생산라인은 자본주의 노동 분업의 전형적인 모습을 보여준다. 그런데 이와 같은 노동의 분화는 노동자와 노동을 상품화함으로써, 개인과 사회의 비인간화 및 소외(alienation)를 야기한다.

소외란 인간 자신이 만들어낸 것임에도 도리어 그들에게 독립적인 힘으로 부딪혀오는 여러 힘에 의해 지배되고 있는 상태를 의미한다. 노동자는 자신의 노동과 그 노동으로 생산된 상품을 소유하지 못하는 상품으로부터의 소외, 노동자의 자의가 아닌 강압에 의한 노동을 수행하며 생산과정의 한 부품으로 전락한다는 의미에서 생산과정에서의 소외, 노동으로 인해 인간 고유의 본질과 가능성 실현에서 멀어지기 때문에 인간 본질로부터의 소외, 타인과 어울리는 공동체 활동보다, 개인의 노동을 우선시하게 되며, 서로 경쟁하게 되는

13) Coser, L.(2003). *Masters of Sociological Thought: Ideas in Historical and Social Context*. 신용하, 박영규 역(2016). 사회사상사. 한길사. p. 91.

노동자 상호 간의 소외를 경험한다.[14)]

마르크스는 이러한 과정을 노동의 객체화(objectification)라고 불렀다. 객체화란 소외가 구체화된 것으로, 인간이 자신들의 힘과 가치를 스스로 통제할 수 없는 대상에 투사한 결과이다. 자본주의사회에서 인간은 그가 속한 모든 제도에서 소외를 경험하지만, 그중에서도 마르크스는 작업장에서의 소외를 가장 중요하게 생각했다.[15)] 자본주의에서 경제적 소외는 다른 형태의 소외처럼 인간의 의식 속에만 있는 것이 아니라 실제생활로부터의 소외이다. 생산과 서비스를 많이 만들어낼수록 잉여가치는 자본가에게 돌아간다. 그렇지만 자본주의사회에서 소외현상은 자본가라고 해서 예외는 아니다. 자본가들은 끊임없이 잉여가치와 이윤 창출을 추구해야 하는 자본의 비인간적인 힘 아래 놓이게 됨으로써 자기 자신으로부터 소외된다. 그러나 자본가들은 마치 자본의 주인처럼 보이기 때문에 자본주의가 양산하는 자기 소외와 객체화를 인식하기 어렵다.

이데올로기와 권력

이데올로기는 기본적으로 사회 속에 퍼져있는 일상적인 생각들이다. 자본주의의 소득 불평등이나 계급구조가 자연스럽게 유지되는 것도 대부분의 사람들이 자본주의를 유지하기 위한 이윤추구 행위와 잉여노동을 정상적인 것으로 보고 수용하기 때문이다. 이와 같이 일상의 물질적, 사회적 실존(existence)이 우리의 의식을 결정한다는 것이 마르크스의 기본 명제이다.[16)] 저소득층 자녀

14) Coser, L.(2003). *Masters of Sociological Thought: Ideas in Historical and Social Context.* 신용하, 박명규 역(2016). 사회사상사. 한길사. pp. 93-94.

15) Coser, L.(2003). 상게서. p. 92.

16) Coser, L.(2003). 상게서. p. 86.

들이 대학에 진학하지 않는 것은 교육에 관심이 없기 때문이 아니라 이러한 선택지를 평범한 것으로 생각하지 못하게 하는 그들의 경제적 여건 때문이다. 역으로 대학진학이 보편화되어 누구나 대학에 진학하는 우리 현실에서는 오히려 대학에 진학하지 않는 것이 이례적인 일로 비춰진다. 이와 같이 개인들의 의식은 그가 처한 현실의 사회적 조건에 의해 영향을 받는다.

개인들의 사회적 경험은 여러 조건과 배경에 따라 달라지지만, 현재 세계화된 자본주의경제체제에서 소비가 개인들의 일상생활에서 차지하는 지위는 문화적 공통분모라고 할 수 있다. 자유와 자본주의는 대체로 함께 나타나지만 모두가 그런 것은 아니다.[17] 예컨대 중국과 러시아 등은 자본주의가 성장하고 소비자의 선택의 자유에 대한 요구가 커지고 있지만, 언론, 선거, 정부비판, 공공집회 등의 자유는 제약을 받는다. 자본주의사회에서 가장 포괄적이고 뿌리 깊은 자유는 선택의 자유이다. 그리고 선택의 자유와 함께 그 짝인 소비의 자유는 우리가 인식하지 못할 만큼 일상생활 깊숙이 침투해있다. 아무도 소비를 특별한 것으로 생각하지 않는다. "소비한다. 고로 나는 존재한다."고 말할 정도로 자본주의에서 소비생활은 우리의 사회적 실존이다.

자본주의사회에서 사람들은 소비하기 위해 일하며, 자신이 소유하는 것으로 자신의 가치가 결정된다고 여긴다. 요즘 젊은이들 사이에서 번지고 있는 플렉스 풍조는 과시적인 소비를 통해 자신의 가치를 드러내려는 소비주의의 단면이다. 우리가 소비자가 되는 것을 즐기면서 일상적인 선택의 자유를 누리는 동안, 소비의 자유 이면에 있는 사회적 관계, 즉 물품 생산과정에서의 노동자와 자본가 간의 불평등한 관계를 인식하지 못한다. 우리가 소비하는 상품은 누군가의 이윤 창출을 위해 원자재에 인간의 노동력을 가한 결과물이다. 그런데도 우리는 상품을 마치 그것이 생명력이 있고 생산의 사회적 조직으로부터 독립적인 무엇인 것처럼 여기며 물신숭배(commodity fetishism)에 빠진다.[18]

17) Dillon, M.(2010). 전게서. pp. 63-64.

마르크스는 우리가 가지고 있지 못한 무엇인가를 소유할 수 있도록 하는 돈의 위력이 소비를 통해 자본주의를 재생산하도록 만든다고 보았다. 그런데 우리는 소비의 욕구가 어디서 오는지 어떻게 상품들이 생산되는지 궁금해하지 않는다. 마르크스가 소비를 반대한 것은 아니지만, 소비에 대한 집착이 물품 생산을 뒷받침하는 사회적 관계를 인식하지 못하게 하고, 그 과정에서 노동자와 우리 자신을 물건과 같이 취급하게 된다고 비판한다. 이와 같이 인간의 활동이 금전적인 가치로 평가되고 시장에서 사고팔 수 있는 물건처럼 취급되는 과정을 마르크스는 물상화(commodification)라는 개념으로 설명한다.[19] 자본주의의 확장은 물상화 현상을 심화시켜 인간과 정신적 가치를 금전적 가치로 치환하였다. 세계화가 가속화되면서 우리가 일상적으로 즐기는 스타벅스 커피처럼 많은 상품들이 저개발국가의 값싼 노동력에 의존하고 있지만, 우리는 커피의 생산과 소비 과정의 불평등에 대해 생각하지 않는다.

소비의 매력은 계급의식을 흐릿하게 하며, 사람들은 자신의 소유물과 같은 가치로 전락하여, 더 많이 소비할수록 자신이 더 가치 있다고 믿게 된다. 소비지향적 사회에서 광고 산업은 우리의 일상을 지배하는 강력한 이데올로기의 한 요소이다. 광고 산업과 같이 직접적으로 시장경제와 연관되지 않은 것처럼 보이는 사회의 다양한 제도들도 자본주의 이데올로기를 강화시킨다. 마르크스가 상부구조(superstructure)라 부른 이러한 사회제도들은 자본주의 이데올로기를 유지하는 기능을 한다. 자본주의사회의 사회기관과 제도들은 자본주의에 적합한 형태로 발전하여 부르주아의 이익을 대변한다. 이러한 사회제도로 정치, 법, 교육, 가족, 종교, 미디어 등의 상부구조는 자본주의 생산과 축적을 옹호하고, 그에 반하는 생각들을 억압함으로써 구조적 불평등을 심화시킨다. 예를 들어, 부르주아 가정에서 여성은 다음 세대의 임금노동자를 생산하고

18) Abercrombie, N., S. Hill & B. Turner(2000). 전게서. p. 61.
19) Abercrombie, N., S. Hill & B. Turner(2000). 전게서. p. 61.

집안일을 돌보며 잉여가치 창출에 기여하는 수단일 뿐이다. 종교 또한 노동자들이 자신이 착취당하고 있다는 것을 인식하지 못하게 함으로써 사회혁명을 예방하는 역할을 한다. 교육제도 역시 자본주의 생산양식이 요구하는 노동력을 양성하는 상부구조의 하나일 뿐이다.

자본주의사회에서는 노동자와 가난한 사람들의 권리보다 자본의 권리가 더 보호된다. 이를 마르크스는 어떤 계급에 무언가를 주기 위해서는 다른 계급에서 그것을 가져와야 한다고 표현하였다. 따라서 의회가 법안을 통과시키고, 대학이 교육과정을 개정하고, 대법원이 특정 법률을 심의할 때, 우리가 질문해야 할 것은 이것이 누구의 이익에 부합하는 것인가 하는 점이다. 대부분의 경우 그것은 자본가 계급을 위한 것이다.[20] 경제적인 문제로 고통받는 대부분은 임금노동자들이며 이들은 기본적인 생계유지에 필요한 소득이 없고 복지혜택을 잘 받지 못하는데, 이런 상황은 상부구조의 하나인 국가가 자본주의를 부양하기 위해 실업과 경기침체 등 구조적인 모순을 억누르고 있기 때문이다.

이런 상황에서 마르크스는 종교가 자본주의 이데올로기와 계급질서를 지지하는 또 다른 제도라고 보았다. 종교는 노동자들이 그들이 착취당하고 있다는 것을 의식하지 못하게 한다. 기독교에서 강조하는 "이웃을 사랑하고 이웃의 것을 탐하지 말라." 혹은 "천국이 가난한 이의 것이다." 등과 같은 교리는 비물질적인 가치와 온유함을 강조하여 지배계급의 이익을 옹호한다. 따라서 종교는 기본적으로 사회에 혁명적인 영향을 줄이는 역할을 한다. 교육이나 종교 같은 제도 이외에도 지배계급인 자본가들은 미디어와 자신들에게 유리한 정치, 경제적 메시지를 홍보할 매체들을 직접 살 수 있는 자본을 지니고 있다. 우리가 일상적으로 접하는 상품 광고들은 개인이 대자본에 맞서는 것이 얼마나 어려운 일인지 실감하게 한다. 이것은 물질적 힘을 지배하는 계층이 동시에 정신적 힘을 지배한다는 마르크스의 주장을 뒷받침한다.[21]

20) Dillon, M.(2010). 전게서. p. 69.

한편 자본가들은 정치권력을 돈으로 사들임으로써, 자신들에게 유리한 정책 집행을 하도록 영향력을 행사할 수 있다. 선거에 드는 막대한 비용은 자본주의 사회에서 자본의 위력을 보여준다. 돈으로 표를 살 수는 없지만 정치자금이 없으면 선거에 출마하기 어려운 것이 현실이다. 정치인들이 누군가의 후원을 크게 받아 의원에 당선되면 후원자들의 이해에 반하는 정치 활동을 하는 데 한계가 있다. 미국과 같이 정치적인 로비가 합법화되어 있는 나라에서는 기업이나 자본가들이 로비스트를 고용하여 의회의 입법 활동에 조직적으로 영향력을 미칠 수 있다. 매년 학교에서 총기사고가 끊이지 않는 미국에서 총기소지를 불법화하지 못하는 이유가 기업들의 로비 때문이라는 것은 공공연한 사실이다. 이런 모든 현상들은 자본의 위력에 대한 마르크스 분석의 설득력을 보여준다.

교육과 불평등의 재생산

경제체제는 그것을 구성하는 사회계층과 계급의식이 사회적 생산관계와 조화될 때 안정적이다. 이를 위해서는 위계적 노동 분업이 사회구성원의 의식을 통해 재생산되어야 하는데, 교육제도가 바로 이러한 재생산의 메커니즘 중 하나이다. 자본주의에 대한 마르크스 관점의 교육이론들은 교육제도가 자본주의 사회의 근본적인 모순과 갈등을 강화시키고 정당화시키는 방향으로 발전해 왔다고 본다. 학교교육의 부정적인 실상의 근원이 교육체제 자체에 있는 것이 아니라, 자본주의 경제체제에 있다는 것이다. 사회적 생산관계가 교육제도와 가족생활에 그대로 반영되는 것은 교육제도를 경제체제의 불평등을 감소시키는 수단으로 파악하는 자유주의적 교육신념과 배치된다. 불평등 및 억압, 계급 지배의 형태는 한 생활영역에서만 나타나는 것이 아니라 모든 영역에서 구조

21) Coser, L.(2003). 전게서. p. 87.

적으로 비교할 수 있는 형태로 나타난다. 이런 관점에서 보울즈와 긴티스는 학교가 공정한 선발과 배치를 한다는 파슨스의 주장을 부정한다. 이들에 따르면, 학교는 자본주의에 적합한 태도와 가치관을 가르침으로써, 오히려 불평등한 계층구조를 정당화하고 지속시킨다. 즉, 학교의 기능은 불평등한 경제구조의 재생산이다.[22)]

보울즈와 긴티스는 자본주의 미국 사회에서 소수의 사람들이 대부분의 생산 시설을 소유하고 통제하여 대부분의 사람들은 자기 자신의 노동력밖에 가지고 있지 않다고 설명한다. 미국 경제는 역사상 가장 광범위하고 완전한 임금노동 체제를 보여주고 있다. 이런 체제는 그것이 생겨날 때에는 경제적 생산력의 진보와 개인의 자유 및 개인주의적 풍토를 기반으로 했지만 오랜 세월을 거치면서 인간의 진보를 방해하는 억압적이고 시대착오적인 체제가 되어버렸다. 이런 체제하에서는 많은 사람들이 소수의 지배에 복종해야 하고 자본가와 임금 노동자 사이의 불평등뿐만 아니라 노동자들 사이의 광범위한 불평등이 체계적으로 영속화된다. 이런 경제적 관계는 성, 인종, 민족, 사회계급 및 위계적 지위에 기초한 차별의 생성과 강화에 의해 안정되고 확고부동해진다.

교육제도에는 본질적으로 경제적 영역에서 비롯되는 불평등과 억압의 정도가 그대로 반영된다. 재생산과정의 핵심은 교육적 만남의 내용이나 정보전달의 과정 속에서 발견되는 것이 아니라 재생산의 형식, 즉 교육적 만남의 사회적 관계 속에서 발견된다. 이것은 경제적 영역에서의 지배, 피지배 및 동기가 사회적으로 맺는 관계와 밀접하게 대응한다. 교육적 만남을 통해서 개인은 그들이 성인 노동자가 되었을 때 느끼게 될 어느 정도의 무력감을 받아들이게 된다. 개인적 발달의 필요조건은 신체적, 감성적, 미적, 인지적, 정신적으로

22) 이 절의 내용은 보울즈와 긴티스의 「자본주의 미국의 학교교육」의 5장에서 발췌한 것으로 그들이 주장하는 상응원리가 무엇인지 구체적으로 설명하고 있다. Bowles, S. & H. Gintis (1976). *Schooling in Capitalist America*. London: Rouledge & Kegan Paul. pp. 125-148.

개인의 생활을 통제할 수 있는 능력이다. 그러므로 사회는 평등하고 민주적이며 인격적인 상호작용을 허락하고 요구할 수 있는 정도에 따라 개인적인 발전을 지원해 줄 수 있다. 이러한 조건들이 사회경제적 평등에 가장 도움이 되는 것이다. 자본주의 체제하의 교육제도는 이러한 형태의 개인적 발전과 사회평등을 조성할 수 없다. 노동력을 재생산하기 위해 학교는 불평등을 정당화하고 임의적인 권위에 복종하는 형태로 개인의 발달을 제한하며 젊은이들이 그들의 운명을 포기하도록 한다.

그러므로 평등하고 인간을 해방시킬 수 있는 교육제도는 경제생활의 변혁을 위한 광범위한 사회운동을 통해서만 만들어질 수 있다. 이런 운동은 중요한 생산시설의 사적 소유 철폐를 포함해야 한다. 개인은 그들의 경제적 위치와 관계없이 기본적인 사회적 권리로서 적절한 수입과 음식, 주거, 의료 및 사회적 서비스에 평등하게 접근할 수 있어야 한다. 물질적 필요 때문에 경제생활에 억지로 참여하는 것이 아니라 보다 균형적인 물질적, 상징적, 집단적 유인력이 발전되어야만 한다. 이런 점에서 사회적으로 꼭 필요한 직업이면서도 개인적으로는 보상이 없고 자발적인 참여가 힘든 직업을 모두가 공평하게 나누어 수행할 것을 법으로 규정하는 것이 중요하다. 특권을 정당화시키는 기능에서 해방된 교육제도는 그 자체가 지닌 에너지를 능력 개발에 쏟아 각 개인의 삶이 바람직하고 즐거운 것이 되도록 할 것이다. 이와 같이 사회적 분업을 변화시키는 목적은 추상적인 평등이 아니라 경제영역에서의 지배와 복종의 관계를 제거하는 데 있다.

새로운 사회의 또 다른 목적은 정치생활의 점진적인 민주화이다. 생산을 계획하고 사회적 서비스를 조직하며 지역에서 요구되는 소비를 결정하는 일부터 국가경제를 계획하거나 국가정책의 여러 다른 부문에 관한 의사결정이 그 결과에 영향을 받는 사람들 혹은 그들의 대표들로 구성된 집단에서 이루어질 것이다. 정부가 경제적 평등을 보장하고 지역단위의 생산을 통합하고 합리화하며 서비스와 소비를 계획하고 지역 수준에서 실행할 수 없는 정책을 직접 수행하는 등의 중요한 역할을 할 것이다. 평등하고 민주적으로 운영되는 경제 생활의 특징은 정부의 책임감과 융통성을 증가시킨다. 사회적 평등이 경제적 효율성을 희생해야만 얻어질 수 있다는 것은 자유주의 사상의 교리이다. 이 논리에 대한 설득력 있는 증거는 없다. 민주적인 생산관계는 노동자들의 생산 동기를 강화시키고 생산성을 높여준다. 따라서 이들 노동자들은 이윤보다는 작업 개선과 소비자들의 요구를 만족시키는 데에 그들의 창의력을 쏟을 것이다.

보울즈와 긴티스는 교육정책이 노동력을 생산하고 이윤으로 전환하는 데 필요한 사회적 관계나 제도를 재생산하는 것을 목적으로 하고 있다고 주장한다. 교육제도가 이러한 목적을 달성하기 위해 구조화되는 방식은 첫째, 취업에 필요한 기술적, 지적 기능들을 생산하고, 둘째, 경제적 불평등을 정당화하는 것이다. 자본주의사회에서 교육이 지향하는 객관주의, 능력주의는 위계적 노동 분업과 그 체제 내의 지위획득 과정에서 발생하는 불만을 줄인다. 세 번째 방식은 학교가 위계적인 지위에 적합한 인성적 특성을 길러주며 이를 보상하고, 고착화시키는 것이다. 그리고 네 번째로 교육제도를 통해 길러진 위계질서를 통해 피지배계급을 분열시키는 것이다. 다음은 교육제도의 어떤 특성들이 이러한 기능들을 가능하게 하는지, 노동자의 의식을 재생산하는 상응원리(correspondence principle)에 대한 보울즈와 긴티스의 설명이다.

교육제도는 사회관계를 생산관계에 구조적으로 대응시킴으로써 새로운 세대를 경제체제에 통합시키는 역할을 한다. 교육에서 구조화된 사회관계는 학생에게 일터의 규율을 훈련시키며 태도, 자기표현 양식, 자아 이미지, 직업 적성의 주요 요인이 되는 사회계급에 대한 정체감 등을 발전시킨다. 구체적으로 학교에서의 사회적 관계인 교장과 교사, 교사와 학생, 학생과 학생, 학생과 학업 사이의 관계는 위계적 노동 분업을 그대로 반영하고 있다. 즉, 위계적 관계가 교장으로부터 교사, 학생에 이르는 수직적 구조에 반영되고 있다. 노동의 소외는 학생이 교육에 대한 통제력을 갖지 못하고 교육과정의 내용으로부터 소외되고, 학교 공부를 하는 동기가 학습이나 지식이 아닌 성적과 같은 외적 보상에 있다는 점 등에서 드러난다. 지속적이며 명시적인 능력주의의 등급화와 평가를 통해 제도화되어 있는 학생 간의 경쟁은 종종 파괴적이어서 학업의 분열성이 잘 반영되어 있다. 학교교육은 학생들을 일터에서의 관계와 유사한 사회적 관계에 적응시킴으로써 개인의 욕구를 직장의 요구에 맞춰 발달시키려 한다.

그러나 학교교육과 사회적 생산관계의 상응은 이러한 수준을 넘어 총체적인 것이다. 상이한 교육수준은 노동자에게 상이한 직업수준을 부여하며, 그에 상응하는 위계적 노동 분업 수준에 맞는 내부조직에 참여시킨다. 기업 내 위계조직의 하위수준에서는 규칙의 준수가 강조되며, 중간수준에서는 지속적인 직접적 감독 없이 일하는 능력이 강조되는 반면, 상위수준에서는 기업 규범의 내면화가 강조된다. 마찬가지로 교육에서도 중등학교의 하위수준에서는 학생 활동을 심하게 제한하는 경향이 있고, 전문대학과 같이 좀 더 상위수준의 교육기관에서는 보다 독립적인 활동이 허락되는 동시에 전반적으로 감독이 약화된다. 반면 최상위 수준인 4년제 대학에서는 생산의 위계구조의 상층부에 상응하는 사회관계를 강조한다. 이와 같이 학교는 지속적으로 학생을 지배한다. 한 가지 유형의 행동규범을 습득한 학생은 그 다음 단계의 교육을 받거나 아니면 생산의 위계구조에서 습득한 행동규범에 상응하는 수준으로 진출한다. 동일한 학교 안에서도 서로 계열이 다르면 서로 다른 행동규범을 습득한다. 즉 직업고등학교에서는 규칙의 준수 및 직접적인 감독이 강조되는 반면, 인문계에서는 규범의 내면화에 중점을 둔 개방적인 분위기가 강조된다.

학교 간에 또는 학교 내에서 나타나는 사회관계의 차이는 부분적으로 학생의 사회적 배경과 미래의 경제적 지위를 반영한다. 흑인이나 소수민족이 집중되어 있는 학교는 열등한 직업지위의 특성을 반영하여 억압적이며 임의적이고 혼돈된 내부질서와 강압적 권위구조를 지니고 있고 발전 가능성이 지극히 제한되어 있다. 부유한 지역의 학교에서는 학생의 활발한 참여와 선택이 허용되며, 직접적인 감독이 적고 내면화된 통제규범에 중점을 둔 가치체계를 중시하지만, 노동자의 자녀가 다니는 학교에서는 통제된 행동과 규칙의 준수를 강조하는 경향이 압도적이다.

한편, 여러 사회계급의 학생들이 섞여있는 학교에서는 사회화도 여러 가지 유형으로 이루어진다. 이것은 여러 유형의 교수와 통제에 대한 학생의 반응과 마찬가지로 교육행정가와 교사, 학부모가 지니고 있는 교육 목적과 기대도 학생의 사회계급에 따라 다르게 나타난다는 사실을 반영한다. 미국 교육사의 결정적인 전환점에서는 보다 조화로운 계급구조의 재생산을 위해 학교교육에서의 사회관계를 변화시킬 필요가 발생했다. 그러나 일상적 학교생활에 있어서 상이한 직업적 지위 의식은 앞서 기술한 상응관계를 유지하는 데 결정적인 것이며, 이 직업의식은 문화적 환경과 작업경험의 차이에서 파생되는 것이다. 노동계급의 부모가 보다 엄격한 양육방법을 선호하는 것은 자신들의 노동 경험을 반영한 것으로, 이들은 안정되고 보수가 좋은 직장을 얻으려면 권위에 복종하는 것이 필수적임을 경험적으로 알고 있다. 전문직이나 자영업을 하는 부모들이 개방적 분위기와 자발적 통제를 더 중시하는 것도 마찬가지로 사회적 노동 분업에 있어서 자신들의 지위를 반영한 것이다. 선택의 기회가 주어질 때 지위가 높은 부모들은 지위가 낮은 부모들보다 자녀들을 위해 개방적인 학급을 선택하는 경향이 높다.

재정의 불평등은 학교교육에서 사회관계의 차이를 더욱 심화시킨다. 소수민족과 하위계층의 아동교육에는 재정지원이 적은 반면, 경제체제에서 상위 역할을 담당할 아동교육에는 보다 많은 자원이 분배된다. 이것이 노동계급의 자녀들이 다니는 학교의 교육행정가와 교사들로 하여금 공장에서의 사회관계와 똑같은 사회관계 유형을 강조하도록 만든다. 재정지원이 적은 학교에서는 소규모의 학급과 다양한 교육과정을 유지하기 어렵고 전문화된 교사를 확보하기가 어렵다. 또한 교사들의 자유시간이 적고 개방적이며 융통성 있는 교육환경 조성에 필요한 공간이 부족하다. 반면 부유층 아동이 다니는 재정상태가 양호한 학교에서는 독자적인 업무능력과 상위수준의 직업 수행을 위해 필요한 여러 성격을 함양할 수 있는 기회가 훨씬 많이 제공된다.

이러한 이야기는 이미 여러 번 지적된 것이지만, 이에 대한 통계적 검증을 하려는 시도는 최근에 들어와서야 이루어졌다. 진 빈스톡(Jeanne Binstock)[23]은 공립대, 주립대, 사범대, 시립대 등 52개 대학의 학칙, 규율, 규범을 수록한 책자들을 분석하여 고등교육에서 상이한 사회관계 유형을 연구했다. 빈스톡은 학습량과 개인적, 사회적 행동에 관한 규율의 정도, 학생들의 문화생활이나 특별활동에 대한 통제의 정도 등에 따라 각각의 학교를 여러 유형으로 등급화하였다. 그의 결론은 사회계급에 따라 경제적 안정이나 지위향상에 가장 필요하다고 생각되는 기술이나 인간관계, 인성 특성, 가치들이 다르고, 각 계급은 자신의 경험과 경제적 지위에 부합하는 기대에 기초한 경제의식을 지니며, 여러 유형의 대학들은 특정 사회계급의 기대 및 특정 산업에서 요구하는 기능에 상응하는 기술훈련을 제공한다는 것이다.

빈스톡은 자신이 연구한 여러 교육제도와 관련하여 몇 가지 조직상의 특성을 밝혀냈다. 첫째, 행동통제와 동기통제를 구분하였다. 행동통제는 학생의 의도보다는 행동을, 내면화된 규범보다 외적 복종을 강조하며, 동기통제는 가변적이며 고도로 유연한 과업지향성을 강조하고 확실성, 전통, 순응보다 혁신과 다의성에 중점을 둔 가치체계의 발전을 추구한다. 둘째, 빈스톡은 지도자 훈련과 추종자 훈련을 구별하였다. 미래의 종속적 지위를 강조하는 학교가 있는가 하면, 지도자로서 자아개념 발달을 강조하는 학교가 있다. 빈스톡은

23) Binstock, J.(1970). *Survival in the American College Industry*, unpublished Ph.D. dissertation. Brandeis University.

노동계급의 자녀들을 받아들여 위계적인 생산조직의 하층 노동자로 양성하는 학교는 추종과 행동통제를 강조하고 상층 관리직을 양성하는 엘리트학교는 지도력과 내적 동기통제를 강조한다는 것을 밝혔다.

그러나 생산과 교육에 있어서 사회관계의 상응은 이러한 구조적 차원을 넘어, 이 두 영역의 사회생활에서 양성되는 동기유형에서 나타난다. 최근 연구들은 교육과 노동에서 보상되는 행동유형이 동일함을 보여주고 있다. 진 스미스(Gene Smith)는 인성과 동기를 측정하여 이것이 교육적 성공을 예언한다는 것을 보여주었다.[24] 전통적인 인성 측정 항목들은 실제 생활환경과 너무 동떨어지고 단일한 평가도구만을 사용한다는 난점을 지니고 있었는데, 스미스는 이것을 학생 동료의 평점으로 바꾸었다. 각각의 학생들이 동료의 학급에서 실제 행동을 관찰하여 42개의 공통적 인성특성에 대해 평가하는 것이다. 그리고 요인분석을 통해 쾌활성, 외향성, 업무지향성, 감정성, 협조성을 여러 표본에 공통적으로 나타나는 5개의 일반적인 특성으로 정리하였다. 이 5개의 특성 중 업무지향성만이 성적과 관계가 있는 것으로 밝혀졌다. 스미스는 업무지향성을 무력하지 않고 양심적이며, 책임감 있고 질서정연하며, 환상에 빠지지 않고 확고하고 인내심 있는 특성을 포함하는 강인한 성격으로 정의하였다. 연구를 발전시킨 스미스는 고등학교 이후의 성적에 대한 업무지향성의 예측력이 학력검사의 언어점수와 수학점수, 고등학교 석차 등을 포함한 13가지 인지적 변인을 합한 것의 3배가 될 만큼 높다는 것을 확인하였다.

한편, 리처드 에드워즈(Richard Edwards)는 스미스의 검증절차를 더욱 정교화하여, 업무수행에 적합한 16쌍의 인성척도를 개발했다.[25] 그는 피고용인에 대한 관리자의 근무평정이 고용과 파면, 승진을 결정하는 데 기본이 되기 때문

24) Smith, G.(1967). Usefulness of peer ratings of personality in educational research, *Educational and Psychological Measurement*.

25) Edwards, R.(1972). *Alienation and Inequality: Capitalist Relations of Production in a Bureaucratic Enterprise*, unpublished Ph.D. dissertation. Harvard University.

에 업무타당도를 측정하는 가장 훌륭한 척도이며 조직 내의 동기유발체제라고 보았다. 그리고 관리자의 근무평점을 동료 노동자가 16개의 인성척도에 따라 실시한 평점과 비교하였다. 보스턴 지역에 거주하는 수백 명의 노동자를 대상으로 한 표본에서 그는 규칙지향성과 신뢰성, 회사 규범의 내면화라는 3개의 인성특성군이 같은 작업집단의 노동자에 대한 관리자의 근무평점을 잘 예언해 주고 있으며, 회귀분석으로 연령, 성별, 사회계급, 교육, 지능을 통제했을 때도 지속된다고 보고하였다. 또한 생산위계의 하위수준에서는 규칙지향성이 중시되는 반면, 상위수준에서는 규범의 내면화가, 중위수준에서는 신뢰성이 중시됨을 밝혔다.[26)]

노동자에 대한 관리자의 근무평정 예언에 대한 에드워즈의 검증을 고등학교 학생에게 적용할 경우, 학교에서의 인성개발과 업무수행을 위한 필요조건 사이의 직접적 관련도 밝힐 수 있다. 피터 마이어(Peter Meyer)는 이러한 연구를 실시하였다.[27)] 그는 한 뉴욕 주립고등학교의 상급반 학생 237명을 대상으로 에드워즈를 따라 16쌍의 인성특성을 만든 후 개인별 평균성적과 지능점수, 대입 학력고사의 언어점수와 수학점수 등에 관한 자료를 수집했다. 예상처럼 인지적 점수가 단일변수로서는 평균성적을 가장 잘 예언하였다. 성적이 인지능력에 기초한다는 이 사실은 능력주의 이데올로기를 가장 훌륭하게 정당화시킨다. 그러나 16개의 인성척도는 0.63의 중다상관을 보여 인지적 변수 0.77과 비교할 때 비교 가능한 예언치를 지니고 있었다.

인성특성의 전체적인 예언치보다 중요한 것은 인성특성과 성적의 상관유형이다. 이 유형을 밝히기 위해 먼저 개인별 성적에서 인지능력의 차이로 인한 영향을 제거한 후 성적과 인성특성과의 상관을 계산하였는데, 그 결과는 확실

26) Edwards, R.(1975). Personal traits and success in schooling and work, *Educational and Psychological Measurement.*

27) Meyer, P.(1972). *Schooling and the Reproduction of the Social Division of Labor*, unpublished honors thesis. Harvard University.

히 상응원리를 지지해주고 있다. 즉, 위계적 노동 분업에 대한 순응과 양립할 수 없는 창조성, 독립성, 공격성 등이 벌을 결정하는 중요한 인성특성으로 나타났다. 그리고 위계적 노동 분업에 대한 순응과 조화되는 인내성, 신뢰성, 일관성, 학교와의 동일시, 질서의 강조, 정확성, 만족의 지연, 외적 동기화, 예측 가능성, 약삭빠름 등이 보상을 예측하는 인성특성으로 나타났다.

마이어 연구에서 상과 벌을 결정하는 인성특성들은 에드워즈 연구에서 관리자의 근무평정을 예언하는 특성들과 서로 현저하게 상응하고 있다. 보울즈와 긴티스는 마이어의 자료에 대한 분석의 2단계로 요인분석을 하여 16개의 인성 척도를 3개의 인성요인으로 결합시키고, 요인분석을 통해 표본 내 각 개인들 간에 서로 연관되어 있는 특성들을 모았다. 첫 번째 요인인 '권위에 대한 복종'에는 일관성, 학교와의 동일시, 정확성, 신뢰성, 외적 동기화, 지속성과 같은 특성들이 포함되었으며, 역(-)으로 가중치를 둔 독립성과 창조성도 이에 포함되었다. 두 번째 요인인 '기질'에는 공격적이지 않은, 비감정적인, 솔직하지 않은, 예측 가능한, 약삭빠른, 창조적이지 않은 특성 등이 포함되었다. 세 번째 요인인 '내면화된 통제'에는 질서의 강조와 만족의 연기 등이 포함되었다.

이상의 세 요인이 에드워즈의 세 요인과 완전히 부합되는 것은 아니다. 권위에 대한 복종은 에드워즈의 규칙 및 신뢰성 요인과 연관되며, 내면화된 통제는 에드워즈의 내면화 요인에 해당된다. 내면화 요인은 상당 시간 동안 직접적인 감독 없이 적절하게 행동할 수 있는 개인의 특성을 의미하는 것이다. 보울즈와 긴티스는 고등학교 수준에서 인성특성 중 권위에 대한 복종이 성적을 가장 잘 예측하는 변인일 것이라고 예상했다. 이러한 예측은 확인되었으며, 인지적 요인과 인성적 요인이 독립적으로 성적에 미치는 영향력을 측정했을 때, SAT 수학점수가 가장 높은 예언치를 가졌고, 권위에 대한 복종과 SAT 언어점수가 다음으로 높았다. 내면화된 통제는 예측 변수로서 중요성이 낮았고, 기질과 IQ변인은 의미 있는 영향을 미치지 않은 것으로 나타났다. 이러한 결과를 가지고 보울즈와 긴티스는 학교에서 보상되는 인성특성과 자본주의 경제체제에서 직업수행에 필요한 것으로 인식되는 특성 사이에 유사성이 존재하고 있다고 주장한다.

등급화의 실제적인 측면에서 상응원리가 잘 드러나고 있지만, 성적 등급화에 대한 경험적 자료가 노동 분업을 재생산해 내는 교육제도의 내적 과정을 완전히 밝혀주지는 못한다. 먼저 성적의 등급화 및 의식을 재생산하는 것은 교육현장에서 사회관계의 전반적인 구조이다. 이 자료에 포함된 인성특성만이 적합한 인성요소는 아니며, 자기표현양식, 자아이미지, 포부 및 계급정체성 등도 포함된다. 게다가 인성특성을 측정하는 것은 복잡하고 어려운 일이어서 이 연구에서는 그중 일부 요인들만 포함됐다. 마지막으로 학교에서 보상되는 특성과 직업수행에 적합한 특성은 교육수준과 학교의 계급구성, 학생의 교육과정 계열에 따라 다르게 나타난다. 이 자료에는 이런 미세한 측면들은 반영되어 있지 않다.

보울즈와 긴티스는 이런 이유들을 들어 성적이 학생의 경제적 성공을 예측하는 훌륭한 변인이라고 볼 수 없다고 주장한다. 더욱이 성적은 경제적 성공과 그다지 밀접한 관련이 없는 학생의 인지적 능력의 지배를 받는다. 그러나 성적이 동일한 학력과 동일한 직업을 가진 개인들의 업무수행 능력을 비교하는 통제된 실험에서 좋은 예측 변인이 될 수 있다는 기대는 여전히 남아 있다. 이러한 주장을 뒷받침해주는 연구를 하나 발견했는데, 마셜 브레너(Marshall Brenner)는 로스앤젤레스 학구의 고등학교를 졸업하고 록히드 회사에 입사한 노동자 100명을 대상으로 연구를 실시하였다.[28] 노동자들의 성적증명서에서 평균성적, 결석률, 학업습관에 대한 교사의 평가, 협동심에 대한 평가 자료를 구했다. 이 자료 외에 관리자의 업무수행에 대한 세 가지 평가자료, 즉 능력,

28) Brenner, M.(1968). The use of high school data to predict work performance, *Journal of Applied Psychology*, 52(1).

실행력, 생산성 평점 자료를 수집했다. 그 결과 브레너는 학교성적과 관리자의 평가치 사이에 중요한 상관이 있음을 확인하였다.

보울즈와 긴티스는 브레너의 자료를 다시 분석하여 이러한 상관관계의 출처를 밝혀냈다. 하나의 가능성은 성적이 인지능력을 측정하는 것이기에 인지능력에 따라 업무수행력이 결정된다고 보는 것이다. 그러나 결석률, 고등학교 교사의 학업습관과 협동심에 대한 평가를 회귀분석으로 통제했을 때, 성적은 노동자의 행동이나 생산성에 대해 예측력을 가지지 못했다. 여기에서 두 가지 결론이 도출된다. 첫째, 성적은 비인지적 요소를 매개로 해서 업무 적합도를 예언한다. 둘째, 학생의 학급 내 행동에 관한 교사의 평가는 업무수행에 관한 관리자의 평가와 매우 유사하다. 성적의 인지적 요소는 관리자의 능력 평점만을 예언해줄 뿐인데, 이는 두 요소가 노동자의 지능과 관련되어 있다는 점에서 놀라운 것이 아니다.

그렇다면 학교교육을 많이 받을수록 수입이 높아지는 이유는 무엇인가. 보울즈와 긴티스는 노동자의 비인지적 특성, 즉 업무와 관련된 인성특성, 자기표현 양식, 인종적, 성적, 민족적 특징, 신임장(credential)이 중요하다고 지적한다. 교육수준과 경제적 성공의 관계는 이러한 특성과 밀접한 관련이 있다. 학교에서는 상이한 위계수준의 직업을 수행하는 데 필요한 상이한 인성특성이 보상을 받는다. 이와 유사한 주장이 자기표현 양식이라는 관점에서 제시될 수 있다. 특정한 교육수준에 도달한 사람들은 서로를 사회적으로 동일시하고, 자신들을 열등한 사람들과 구분한다. 이들은 자기들의 수준에 적합하다고 용인되는 언어와 행동을 습득하는 한편, 그에 맞게 포부와 자아개념을 형성한다. 이들이 고용주에게 가치 있는 존재로 받아들여지는 이유는 이들을 통해 위계적 노동 분업을 유지하고 정당화할 수 있기 때문이다. 교육의 신임장이 고용과 승진을 결정짓는 독립변수가 되는 한 교육수준과 경제적 성공의 관계는 직접적으로 설명될 수 있다.

마지막으로 가정배경은 학교교육과 경제적 성공의 관계에서 중요한 부분을 설명해준다. 백인의 경우 IQ변인을 그대로 두어도 사회경제적 배경변인이 교육과 수입 간의 상관관계의 1/3을 설명한다. 즉, 높은 경제적 지위의 부모를 둔 사람은 교육과 상관없이 수입이 더 많으며 교육을 더 많이 받는 경향이 있다. 그렇기 때문에 앞서 관찰한 교육과 경제적 성공 간의 상관관계가 더 강화되는 것이다. 가정배경과 경제적 성공의 관계는 교육과 별개로 매우 높다. 전국적인 대규모 표집에서 수입이 하위 10분위에 속하는 가정의 아동들은 상위 10분위에 속하는 아동들과 동일한 성적과 지능을 보인다고 하더라도 경제적으로 성공할 가능성이 1/3에 불과하다. 이것은 주로 부의 상속, 가족관계, 기타 다소의 직접적인 이점에서 비롯된다. 가정생활의 사회적 관계에 반영되는 부모의 직업적 경험은 보다 미묘한 요인이라고 할 수 있는데, 아동들은 가족 내에서의 사회화를 통해 부모와 유사한 경제적 지위를 준비하면서 노동에 대한 훈련과 포부, 자아개념을 획득하게 된다.

의식의 재생산은 사회적 생산관계와 가족 간의 사회관계가 서로 상응할 때 용이해지는데, 이러한 상응은 사회적 분업체제하에서 부모의 경험을 통해 크게 영향을 받는다. 가정은 그 자손에게 노동세계의 객관적인 성격에 맞는 의식을 재생산할 뿐 아니라, 기존의 경제적 지위에 상응하는 준비를 시키는 경향이 있다. 이러한 경향은 학교교육이나 매스컴, 전체 직업구조의 변화 등 기타 사회세력들에 의해 저지될 수도 있지만, 세대 간 지위 전수과정에서 중요한 부분을 설명한다.

요약 및 쟁점

마르크스는 1835년에 김나지움을 졸업하면서 쓴 에세이에서 “우리는 우리가 소명을 받았다고 믿는 자리를 반드시 얻지는 못한다. 사회에서 우리의 관계들은 우리가 그 관계들을 규정할 위치에 이르기 전에 이미 어느 정도 확립되어 있기 때문이다."라고 말했다고 한다. 마르크스의 전기를 쓴 프란츠 메링(Franz Mehring)은 이 문장에서 마르크스주의의 맹아를 발견했다고 말한다. 마르크스는 줄곧 인간이 사회경제적 환경으로부터 고립되거나 추상될 수 없다는 것을 주장하며, 자신의 일생이 인류의 행복과 해방을 향한 것이 될 것임을 약속한다.[29)]

자본주의사회가 붕괴되고 공산주의사회가 도래할 것이라는 예언은 실현되지 않았지만, 자본주의가 현대인의 삶의 모든 영역에 침투한 글로벌 경제체제 하에서, 자본의 속성에 대한 마르크스의 통찰력은 그 어느 때보다 중요한 의미를 갖는다. 마르크스는 인간의 실존이 그가 일상생활을 통해 하는 행동과 그 방법에 의해 정해진다고 보았기 때문에, 우리가 하는 구체적이고 실제적인 활동, 일상의 현실을 특징짓는 삶의 조건과 관습들에 초점을 맞추었다. 이런 점에서 마르크스는 단순히 사회생활에 대한 이론화가 아닌, 사회로 직접 나가서 주어진 사회적 맥락 안에서 실제 사람들의 삶을 조사, 연구하는 것이 사회학, 나아가 교육사회학의 임무라는 것을 일깨워준다.

비경제적 제도는 본질적으로 파생적인 상부구조라고 하는 마르크스의 견해는 사회에서 교육제도가 하는 역할에 대한 보울즈와 긴티스의 분석의 중심적인 내용이다. 이들은 자본주의사회에서 학교가 필연적으로 사회적 불평등을 재생산하고 경제영역을 특징짓는 통제와 계급 종속을 조장할 수밖에 없다고 보았다. 이런 점에서 이들의 이론을 '경제적 재생산이론'으로 부르기도 한다. 경제적 재생산이론에 대한 비판은 주로 교육과 경제의 구조적 관련성을 지나치게 강조하여 학교의 교수학습장면에서 일어나는 복잡다단한 관계와 교육의 역할을 간과하였다는 것에 초점이 맞춰진다. 그리고 사회구조가 개인의 선택

29) 칼 마르크스. 서울대학교 철학사상연구소. https://terms.naver.com/entry.naver?docId=800839&cid=41978&categoryId=41982

과 행동을 결정한다고 보기 때문에 개인의 의지, 주체적 결단과 같은 인간의 자율성과 가능성을 무시한다.

이와 함께 경제적 재생산이론이 이념적으로는 기능이론과 상반되지만, 교육의 사회적 역할을 설명하는 논리가 기본적으로 기능적이라는 점에서 이들의 관점을 '급진적 기능주의'로 평가하는 시각도 있다. 즉, 교육의 목적과 기능 수행이 누구의 이익을 위한 것인가에 대한 설명의 차이가 있을 뿐 기본적으로 학교가 사회와 경제체제의 필요를 충족시키기 위해 작동한다고 전제함으로써 교육체제의 모순을 해결하고 변화의 기제를 설명하는 것에 관해서는 소극적이라는 것이다. 오늘날 학교는 불평등한 사회에서 희망을 상징하기도 하지만, 모순과 한계 역시 드러내고 있다. 제4차 산업혁명이 진행되고 있는 현대사회에서 인간의 노동의 가치와 그것을 구현하기 위한 교육의 역할은 어떻게 달라져야 할지 마르크스가 던진 질문은 오늘날에도 여전히 유효하다.

제4장 사회계층화와 교육을 통한 지위경쟁

현대사회에서 학력은 개인의 직업적 성취를 결정하는 중요한 요인이다. 사회적 배경과 관계없이 명문 대학과 대학원을 졸업한 사람과 그렇지 않은 사람 간에는 직업적 성취에 차이가 존재한다. 교육기회가 확대되고 고등교육이 보편화되면서 취업을 위한 교육요건은 계속 높아졌고, 이러한 현상은 직업적 지위가 높은 직종뿐만 아니라 대부분의 직종에서 보편적인 현상이 되었다. 많은 고용주들이 특별한 기술이 필요 없는 일자리에서도 최소한의 기준으로 고등학교 졸업장을 요구한다. 이것은 현대사회에서 교육이 사회계층화와 이동성을 분석하는 핵심적인 요인이라는 점을 말해준다.

교육과 직업 간의 밀접한 관계에 대한 가장 일반적인 설명은 산업사회에서 기술 수준이 높아짐에 따라 직업수행에 필요한 교육적 요건도 같이 높아졌다는 것이다. 이와 같은 기능주의적 관점에서 본다면 교육은 능력주의에 기초해 직업지위를 배분하는 가장 효율적이고 합리적인 장치이다. 그러나 특정한 맥락에서 기술적인 요건들이 직업지위 결정에 중요한 영향을 미치는 것이 사실이라고 하더라도, 교육내용과 직무기술의 불일치 현상이나 고학력자들의 하향취업, 혹은 과잉교육 현상은 기능이론의 설명력의 한계를 보여준다. 이러한 문제들은 교육수준의 향상이 교육을 방편으로 하여 벌어지는 집단 간 지위경쟁의 결과라고 보는 베버학파의 관점으로 설명이 가능하다.

막스 베버(Max Weber)가 고안한 지위문화와 지위경쟁의 개념은 학교가 젊은이들을 사회적 지위에 어울리는 직업지위에 맞게 준비시킨다는 아이디어에 부합한다. 교육이 미래 직업에 맞게 학생들을 준비시켜 준다고 믿는 이상, 학생들이 받는 교육의 유형이 그들의 미래 지위를 결정하는 것은 자연스런 일로 보이기 때문이다. 교육은 계층화와 사회이동성을 분석하는 데 핵심적인 요인이다. 이 장에서는 마르크스와 뒤르케임의 학문적 관심사를 계승하면서도 그것을 확장하고 발전시켜 현대적인 의미의 사회학을 정립한 베버의 학문적 주제들과 교육사회학에 미친 영향을 살펴본다.

사회적 행위의 이해

막스 베버(1864~1920)는 19세기 후반부터 20세기에 걸쳐 정치, 경제, 사회, 역사, 종교 등 광범위한 사회과학의 발전에 공헌한 학자로, 오늘날에도 사회학에 큰 영향을 미치고 있다. 독일의 전형적인 부르주아 가정에서 태어난 베버는 14세에 이미 두 편의 역사 논문을 썼다고 한다. 1882년에 베를린에서 김나지움을 졸업하고, 하이델베르크대학에 입학하여 법학을 전공하면서 경제학, 역사, 철학, 신학 등에도 큰 관심을 기울였다. 병역을 마친 후 1889년에 베를린 대학에서 「중세 상업사회의 역사」라는 논문으로 박사학위를 받고 강의를 시작하였다. 이후 프라이부르크대학을 거쳐 하이델베르크대학의 경제학 교수로 초빙되었지만 연구가 본격화될 무렵 심각한 신경질환을 겪게 된다. 그러나 「사회과학 및 사회정책」지의 편집을 맡아 활동하면서 「프로테스탄티즘의 윤리와 자본주의 정신」을 비롯한 다수의 연구들을 발표했다. 1918년에 다시 대학으로 돌아가게 된 베버는 뮌헨대학에서 사회학 및 사회경제사 강의를 담당하였으나, 1920년 봄부터 건강이 다시 악화되어 56세를 일기로 세상을 떠난다.[1)]

베버에게 사회학의 영역은 '주관적으로 의미 있는 행위'이며, 사회학자가 할 일은 사회적 행위의 다양한 동기를 이해하고, 이를 통해 그 경과와 여러 결과를 인과적으로 설명하는 해석적 이해(verstehen)이다.[2] 사회적 사실로서 겉으로 드러난 사회현상과 그것이 어떻게 사회적 행동을 제약하는지에 관심을 가졌던 뒤르케임과 달리, 베버는 자본주의와 같은 사회현상의 역사적, 문화적 기원과 그것이 초래하는, 예컨대 관료제와 같은 제도적 관행에 대해 탐색하는 것에 중점을 두었다. 사회현상에 대한 절대적으로 객관적인 분석은 불가능하다고 생각했던 베버는 무엇이 알려질 가치가 있는 것인가 하는 문제가 결국 탐구자의 시각에 달린 문제라고 주장한다. 어떤 문제에 관심을 가지는지, 그리고 어느 정도 설명 수준을 택할 것인지는 탐구자의 가치와 관심에 달려있다는 것이다.

이해 가능한 현상으로서 사회적 사실은 행위자들이 자신의 행위나 남의 행위에 부여하는 주관적 의미를 깊이 관찰함으로써 파악할 수 있다. 이와 같이 사회적 행위를 깊이 있게 이해하기 위해 베버는 연구대상의 세계와 세계관을 탐구해야 한다고 보았다. 즉, 사회적 행위의 동기를 맥락에 맞게 합리적, 감정이입적인 방식으로 이해할 것을 강조하였다. 이를 위해서는 우리가 연구하는 대상의 마음을 판단하기보다는 공감하는 태도가 필요하다. 그리고 특별한 사회적 의미가 발생하는 맥락을 설명해야 하며, 이를 위해 개인과 그를 둘러싼 동료들에 대한 심층면담 같은 질적 연구, 그리고 집단, 조직, 사회에 대한 역사연구와 비교연구를 수행해야 한다.[3] 그러나 어떠한 해석적 설명도 과학적 명제라는 단계에 도달하기 위해서는 반드시 인과적인 설명이 되어야 한다. 베버

1) 막스 베버. 서울대학교 철학사상연구소.
https://terms.naver.com/entry.naver?docId=800834&cid=41978&categoryId=41982

2) Weber, M.(1920/1978). *Economy and Society*. Berkeley: University of California Press. Edited by G. Roth & C. Wittich. p. 4.

3) Dillon, M.(2010). *Introduction to Sociological Theory: Theories, Concepts, and their Applicability to the Twenty-First Century*. Wiley-Blackwell. p. 118.

는 탐구자의 가치는 문제의 선택에 작용하는 것이지, 현상의 해석에는 개입하지 않는다고 보았다. 즉, 일단 사회학자가 자신의 가치에 따라 연구문제를 선택한 후에는 자료가 나타내는 것을 따라야 한다는 것이다. 따라서 사회과학에서 해석적 이해와 인과적 설명은 서로 대립되는 것이 아니라 긴밀한 관계에 있다.[4] 실증주의적 연구의 전통을 보완하는 이와 같은 해석학적 연구와 질적 방법론은 베버의 사회학적 유산이라고 볼 수 있다.

문화와 경제활동의 관계

베버는 자본주의와 불평등, 그리고 사회적 행위의 기저를 이루는 문화와 비경제적 동기에 관심을 두었다. 또한 종교에 관한 방대한 연구를 하였고, 종교의 일반적인 기능보다는 종교의 실질적인 내용, 즉 종교가 역사의 특정 시점에 형성하는 주관적 의미와 세계관, 그리고 제도적 실천에 관심을 가졌다. 「프로테스탄트 윤리와 자본주의 정신」은 해석적 이해(interpretive understanding)가 무엇인지 보여준 베버의 가장 유명한 저서 중 하나이다.[5] 이 책에서 베버는 종교와 경제의 연관성을 보여주었다. 일반적으로 두 영역은 별개로 간주된다. 그러나 베버는 경제활동과 부의 축적을 지향하는 세속적인 관심과 사후세계와 구원에 대한 종교적 관심 간의 관계를 탐색하였다.

베버의 연구는 가톨릭신자들보다 개신교신자들이 사업이나 상업 관련 직업에 종사하는 경우가 지배적으로 많다는 관찰에서 비롯되었다. 베버는 개신교

4) Coser, L.(2003). *Masters of Sociological Thought: Ideas in Historical and Social Context*. 신용하, 박명규 역(2016). 사회사상사. 한길사. p. 325.

5) Weber, M.(1904-1905/1958). *The Protestant Ethic and the Sprit of Capitalism*. New York: Scribners & Sons. Translated by T. Parsons. 번역서도 있다. 박성수 역(2018). 프로테스탄티즘의 윤리와 자본주의 정신. 3판. 문예출판사.

신자들이 공업과 상업에 많이 종사하는 현상을 역사적 조건, 예컨대 17세기부터 19세기 초까지 아일랜드의 가톨릭신자들이 재산을 소유하거나 대학에 가지 못하도록 한 영국의 형법의 영향을 인정하고 있다. 그러나 이러한 제한이 없는 나라에서도 가톨릭신자들은 개신교신자들과 달리 상업에 종사하거나 공장에 기술자로 취업하려 하지 않았다. 이러한 현상을 설명하기 위해 베버는 뒤르케임이 객관적 사실로 간주했던 직업구조의 차이, 가톨릭과 개신교의 사회통합구조, 그리고 이러한 특성이 개인의 직업적 포부에 미치는 제약의 차이 등과 같은 것에서 출발한다. 그리고 여기서 더 나아가 서로 다른 종교적, 사회적 제도를 낳게 하는 종교적 교리와 문화적 신념의 기저에 있는 것이 무엇인지, 상공업에 대한 친화력에 차이를 만드는 개신교교리의 문화적 특이성이 무엇인지를 고찰하였다.[6)]

또한 베버는 근면성실하게 모은 재산에 대해 근검절약하는 근대 자본주의(17C~19C 중엽) 정신에 주목하였다. 베버는 이와 같은 금욕주의가 산업화 이전, 즉 생존의 필요성이나 탐욕에 의해 물자를 획득하던 시절의 절약정신과는 성질이 다른 것으로 파악했다. 베버는 이러한 종교적 윤리가 벤저민 프랭클린(Benjamin Franklin, 1706~1790)의 유명한 격언인 '시간은 돈이다'에 함축되어 있다고 보았다.[7)] 시간을 낭비하는 것은 근면하지 않다는 뜻이며, 이는 자신에게 주어진 소명을 다하여 신의 은총에 보답해야 하는 의무를 다하지 않는 것이다. 이러한 노동윤리는 자본주의사회에서 합법적인 이윤추구의 동기를 부여한다. 경제적 성공은 생존을 위한 것이 아닌, 그 자체가 목적이 되었다. 그 결과, 근면한 노동과 검소한 생활로 축적한 자본이 공장과 철도 같은 사회간접자본을 건설하는 데 재투자되고 자본주의가 빠르게 성장할 수 있는 기반이 마련된 것이다.

베버는 이와 같은 의무이자 소명으로서의 직업관의 기원을 종교개혁에서

---

6) Dillon, M.(2010). 상게서. p. 119.
7) Weber, M.(1904-1905/1958). 전게서. pp. 48-50.

찾았다. 1517년 마르틴 루터(1483~1546, Martin Luther)는 가톨릭교회의 면죄부 판매 등을 비판하며 신자들이 성직자의 중재 없이 직접 신에게 구원을 받을 수 있다고 주장하면서 종교개혁의 시발점이 되었다. 이후 개신교는 여러 분파로 나뉘어 급속하게 퍼져나갔고, 16세기와 17세기 영국과 북유럽, 그리고 17세기와 18세기 미국에 전파되었다. 그중 한 분파인 칼뱅주의의 운명예정설은 베버이론에 중요한 부분을 차지한다. 운명예정설은 칼뱅(Calvin, 1509~1564)이 주장한 교리로 개인의 구원이 이미 신에 의해 예정되어 있어, 사후 운명에 개인이 영향을 미칠 수 있는 일은 없고, 대신 자신이 신의 선택을 받았는가는 구원을 정당화하기 위한 활동, 즉 찬양, 성경공부, 성실한 노동 등을 통해 알 수 있다고 본다. 이에 따르면, 열심히 노동한 결과로 얻어지는 성공은 자신의 구원에 대한 징표라는 것이다. 베버는 이와 같은 교리가 개신교도들을 자기규제와 절제의 금욕주의로 이끌고 자본주의를 확대시켰다고 분석하였다.

한편, 칼뱅주의는 서구 개인주의의 맹아라고도 볼 수 있다. 개인이 신을 홀로 대면할 수 있다면, 개인의 내적 고립감의 상태에서 자신의 구원에 대해서 입증할 책임이 자신에게 있다고 생각한다면, 이것은 독립심, 자기의존성, 자기규제, 그리고 자기책임의 윤리를 필요로 한다.[8)] 이런 특성들은 오늘날 부모와 교사들이 아이들에게 길러주고자 하는 가치와 습관이다. 베버는 이처럼 특정 문화 또는 종교의 신념체계, 그리고 그것이 발전시키는 성격 유형들, 국가적 특성과 사회제도들 간에 서로 잘 들어맞는 특성을 선택적 친화성(elective affinity)이라는 개념으로 설명한다. 프로테스탄티즘은 개인주의를 낳고 자기통제와 절제 같은 규범과 가치는 성공과 경제적 생산성으로 연결된다.[9)] 이러한 관점에서 명상과 해탈에 집중하고 현세를 덧없는 것으로 생각하는 불교국가들의 경제발전이 더딘 이유를 그 종교적 특성으로 일부 설명할 수 있을 것이다.

8) Weber, M.(1904-1905/1958). 전게서. pp. 105-106.
9) Weber, M.(1904-1905/1958). 전게서. p. 119.

신앙과 같은 문화적 특성과 자본주의의 발전을 관련지어 설명하는 베버의 논의는 자본주의사회를 경제적 틀을 벗어나 분석할 수 있도록 하였다는 점에서 중요하다.[10] 문화를 독립적인 요인으로 보지 않았던 마르크스와 달리, 베버는 문화적 신념과 가치를 중요하게 생각했고 경제를 포함한 사회제도를 형성하는 요인으로 보았다. 개신교도들이 자본주의를 발전시키기 위해 나섰던 것은 아니지만, 그들의 종교적 믿음과 현세적 합리성은 자본주의 발달에 영향을 주는 행동 특성과 가치관, 그리고 개인주의를 제도화하는 경로를 채택하도록 만들었다.

이념형과 사회적 행위

어떤 과학도 구체적인 현실을 모두 재현할 수 없고 어떤 개념적 장치도 현상이 지니는 무한한 다양성을 완전히 다룰 수 없다. 따라서 모든 과학은 선택과 추상화를 하지 않을 수 없다. 그런데 개념이 너무 일반적이면 각 현상이 지니는 독특한 현상들을 포착하기 어렵다. 반대로 너무 구체적으로 연구대상을 특수화시켜버리면 그것과 연관된 다른 현상과 비교가 어려워진다. 베버의 이념형(ideal type)은 이런 문제를 해결하기 위한 것이다.[11] 이념형은 일종의 척도로, 차이점을 부각하여 서로 다른 사회와 문화 현상들을 설명하거나 비교할 때 사용할 수 있다. 예를 들어, 이상적인 형태로서의 개신교는 불교나 이슬람교와 분명히 다른 특성을 지니고 있고 각각의 종교는 사회적 기원이 다를 뿐 아니라 일상적인 사회적 행동에 미치는 영향도 다르다. 이러한 이념형은 도덕적 이상과는 아무런 관계가 없고 통계적 평균치를 의미하는 것이 아니다.

10) Dillon, M.(2010). 전게서. pp. 125-126.
11) Coser, L.(2003). 전게서. p. 328.

베버의 이념형은 현실에서 완전하게 구현되지 않으며 전형적인 행위양식을 강조하는데, 특정한 현상이나 사건을 그것을 가져온 조건 혹은 그것으로부터 비롯된 결과와 연결 지어 가설을 구성하는 데 도움이 된다. 예를 들어 현대 자본주의의 종교적 기원을 연구할 때 종교개혁 당시에 존재했던 열렬한 신자의 특성에 기초해 프로테스탄트의 이념형을 구성한다. 그런 다음 실제 17세기 영국 프로테스탄트 신자들의 행동이 이 이념형과 얼마나 유사한지 경험적으로 확인할 수 있다. 다음으로 가톨릭 신자의 행동과 이를 구분한다.[12] 이런 과정을 통해 베버는 프로테스탄티즘의 출현과 현대 자본주의의 출현 간의 인과적 의미를 탐구하였다.

한편, 베버는 이념형을 사용하여 의미 있는 사회적 행위의 유형을 가치합리적 행동, 도구합리적 행동, 감정적 행동, 전통적 행동의 네 가지로 구분하였다. 가치합리적인 행동(value-rational action)은 개인이나 집단 혹은 조직이 어떤 이상이나 신념에 가치를 두고 그 가치에 따라 비용을 따지지 않고 행동하는 것을 말한다. 애국심, 충성심으로 전쟁에 나가는 군인, 친구와 이웃을 위한 선행, 사회적 약자를 배려한 대학의 입학정책 등은 가치합리적 행동의 사례이다. 프로테스탄트들이 열심히 일해서 번 돈을 즐기지 못하는 것은 비합리적인 행동처럼 보이지만, 그들의 가치에 따른 행동이라는 점에서 가치합리적이다.[13] 일반적으로 우리는 가치가 비합리적이며, 어떤 신념이나 가치가 다른 것보다 우월하다는 것을 입증하기 어렵다고 생각하는 경향이 있지만, 베버는 가치가 합리적인 행동을 동기화하고, 그러한 가치를 추구하기 위해 계획적이고 합리적인 행동을 하게 만든다고 생각했다. 다른 합리적 행위의 유형으로 베버는 자본주의사회를 지배하는 도구적 합리성에 기초한 행위(instrumental rational action)를 들고 있는데, 가치합리적 행위와 달리 도구적 합리성은 계산

12) Coser, L.(2003). 전게서. p. 329.
13) Dillon, M.(2010). 전게서. p. 128.

된 목적과 그것을 달성하는 가장 효과적인 수단을 가늠해 전략적으로 행동하는 것을 의미한다.

현대 사회에서 도구적 합리성의 지배를 논의할 때 베버는 상당히 마르크스에 동조적인 입장을 취한다. 즉, 베버는 자본주의의 확장에 있어서 종교적 가치의 역사적 역할을 강조했지만, 20세기 초 자본주의가 그 종교적, 윤리적 토대를 잃어버렸다고 결론지었다. 그리고 오늘날 우리의 삶과 문화 전반을 지배하는 도구적 합리성의 정신은 현대인을 '경제결정론'이라는 견고한 창살로 된 새장(iron cage) 속에 가두어 버렸다고 주장한다.[14] 대학진학에 드는 비용과 졸업 후 소득수준을 비교하여 진학을 결정하는 것은 도구적 합리성에 따른 행동이다. 현대사회는 경제적 관계는 물론 정치, 법률, 심지어 개인적인 인간관계에서조차 도구적 합리성이 지배적임을 보여주는 무수한 사례들로 가득하다. 비서구사회의 특성에 대한 그의 연구는 주로 이러한 서구사회 발전의 특징을 명확히 하려는 것이었다. 이런 노력은 베버의 주요 관심 중 하나가 서구문명의 합리화를 가져온 사회적 요인이 무엇인지 밝히려는 데 있었다는 점을 보여준다.

베버는 사회학이 가치합리성과 도구적 합리성에 따른 사회적 행위에 관심을 두지만 모든 의미 있는 행동들이 합리적인 행위인 것은 아니라고 보았다. 베버는 감정의 사회적 중요성을 인식하고 있었고, 비합리적 행동의 하나인 감정적 행위를 세 번째 유형의 사회적 행위로 분류하였다. 그리고 비이성적 행위의 두 번째 유형으로는 전통적 기준에 따른 행위를 들고 있다.[15] 전통은 사회적 행위의 강력한 동기가 될 수 있으나 현대 생활유형과 자주 충돌을 일으키기도 한다. 베버 자신이 충분히 인식하고 있었던 것처럼 사회적 행위는 그가 분류한 네 가지 유형 중 하나에 반드시 들어맞는 것은 아니며, 여러 유형의 행위가 복합적으로 나타나기도 한다.

14) Weber, M.(1904-1905/1958). 전게서. p. 181.
15) Dillon, M.(2010). 전게서. p. 130.

합법적 권위와 관료주의

베버는 사회적 행위와 사회적 관계에 영향을 미치는 권력에 대해서도 광범위한 논의를 하였다. 베버는 권력, 권위, 지배, 그리고 정당화란 용어를 바꿔가며 자유롭게 사용했는데, 우선 권력을 저항이 있음에도 불구하고 사회적 관계에 있는 어떤 행위자가 자신의 의지대로 행동할 수 있는 지위에 있을 가능성이라고 정의하였다.[16] 베버는 특히 현대사회와 전통사회의 권위를 구분하여, 현대사회의 권위는 국가와 관료 같은 통치조직에 의해 부과되는 합법적 권위(legal authority)인 반면, 봉건사회나 다른 전통사회는 전통적 권위(traditional authority)를 특징으로 한다고 보았다. 전통적 권위는 오랜 전통이나 관습을 존중하고, 공동체의 연장자나 종교 지도자가 그것을 대표한다고 인정하여 그에게 충성을 보냄으로써 유지되는 권위의 유형이다. 사람들은 오랫동안 존속하여 내려온 것에 대해 무의식적으로 또는 타성적으로 권위를 인정하여 신뢰하기가 쉽다. 오늘날에도 우리는 이러한 권위의 유형을 영국과 같이 군주제가 유지되고 있는 나라나 가톨릭교회에서 볼 수 있다.

그러나 현대사회에서 가장 큰 힘과 합법적 권위를 누리는 것은 국가다. 베버는 근대국가가 공통의 민족적 뿌리와 언어, 그리고 문화적 감정을 공유하는 공동체일 뿐 아니라 합법적으로 무력을 행사할 수 있는 고유한 법률적, 정치적 지배력을 특징으로 한다고 보았다. 합법적 권위는 법률화된 질서의 합법성과 그 질서에 부여된 지배력을 행사하는 자의 권한이 합법적이라는 신념에 근거를 두는 권위이다. 국가는 이러한 권위를 바탕으로 안보와 질서유지를 목적으로 대내외적으로 물리적 강제력을 사용할 수 있다. 베버는 다른 나라에 대한 군사력 동원을 경제적인 이유와 동기로 설명하는 마르크스주의의 관점과 달리, 정치적 영향력을 확대하려는 동기가 경제적인 것에 국한되지 않음을 강조

16) Weber, M.(1920/1978). 전게서. p. 53.

한다. 그리고 물리적 강제와 억압 대신 외교적 수단과 정치적 연합을 통해 지배력을 확대하기도 한다는 것에 주목하였다. 국가는 내부의 치안 유지를 위해서 강제력과 물리적 폭력을 행사하기도 한다. 경찰은 국가 내에서 벌어지는 행동들을 모니터하고 물리적 힘을 사용할 수 있는 제도화되고 합법적인 관료조직이다. 대부분의 사람들이 경찰이 사회 통제를 위해 물리적 힘을 사용하는 것을 인정한다. 현대사회에서 국가는 폭력을 행사할 수 있는 권력을 독점하고 있다. 그러나 국가가 폭력을 사용하는 수위는 국가의 인권과 정치적 가치에 따라 다르다. 베버는 모든 정치구조가 폭력을 사용하지만, 그것을 사용하는 방식과 수위는 모두 다르며, 어떤 목적으로 폭력을 사용하는가에 따라 정치체제의 형식과 운명이 결정된다고 보았다.[17)]

국가의 합법적인 권위는 국방부, 사법부, 군대와 같은 전형적으로 제도화된 관료제(bureaucracy)를 통해 행사된다. 그러나 현대사회에서 관료조직은 대학, 교회, 병원, 은행, 보험회사 등 우리 일상생활의 모든 영역에 걸쳐있다. 베버는 관료제가 현대사회를 지배하는 합법적인 구조라고 보았다. 관료제는 우리가 의식하지는 못하지만 특정한 방식으로 행동하도록 만든다. 베버는 관료제가 비효율성을 초래할 수 있다는 점을 인지했지만, 현대사회의 가치에 부합하는 가장 합리적인 일 처리 방식이라고 생각했다. 관료적 합리성은 개인적인 혹은 가치, 감정, 전통과 같은 고려사항들이 아닌 비인격적인 기준을 보장하기 위해 고안된 절차와 관행의 적용을 통해 제도화된다. 만일 대학의 입학사정관이 개인적 사정으로 마음이 흔들린다면, 관료적 합리성의 규칙에 맞지 않는다. 개인적인 관계나 친분과 같은 인간적인 요인들이 결과에 영향을 미치는 것을 막기 위해, 관료적 합리성은 위계적인 분업과 절차에 맞는 규정 및 권위 구조를 통해 제도화된다. 이와 같은 논리로 베버는 마르크스와 달리 자본주의사회의 노동자들이 생산수단의 박탈과 소외를 경험하는 것이 자본주

17) Dillon, M.(2010). 전게서. pp. 134-136.

의의 결과라기보다 합리화되고 중앙집권화된 생산체제의 피할 수 없는 결과라는 관점을 제시한다. 이러한 박탈은 사회주의체제에서도 나타나며, 인간이 대규모의 조직에 참여하지 않고서는 사회적으로 의미 있는 일을 할 수 없게 된 현대사회의 보편적인 현상이라고 본 것이다.[18)]

합법적, 전통적 권위와 함께 베버는 세 번째 권위의 유형으로 카리스마적 권위(charismatic authority)를 들고 있다. 카리스마적 권위는 다른 사람의 마음을 사로잡는 비범한 자질이나 능력으로 상대방을 움직일 수 있는 개인적인 특성이다. 이런 능력을 지닌 사람은 일반적으로 타고난 지도자로서 추종자들로 하여금 불가항력적으로 추종하게 하는 천부적인 리더십을 보인다. 역사적으로 이러한 권위와 리더십을 보여준 인물로는 예수, 만델라, 교황 요한 바오로 2세, 도산 안창호 등을 들 수 있다. 사람들이 카리스마적 권위를 수용하는 것은 이러한 특성이 지도자에게 요구되는 공식적 권위나 자격 요건이기 때문인 것은 아니다. 그보다는 카리스마적 지도자가 마치 예언자나 메시아처럼 위안을 주고 어떤 목표든 이룰 수 있을 것 같은 자기 확신을 주기 때문이다. 카리스마적 권위는 개인적 특성이기 때문에 지도자가 죽으면 함께 사라지는 일시적인 성격을 갖는다. 따라서 관료적 권위나 전통적 권위처럼 제도화하는 것이 어렵다.

권위의 유형도 순수한 이념형이다. 베버는 현실에서 권위를 정당화하는 다양한 혼합형이 존재한다는 것을 인정하고 있다. 베버는 권위의 유형을 지도자만의 속성으로 보지 않고 지도자와 추종자 간의 관계의 성격으로 파악했다. 이 점이 일반 정치이론가와 다른 베버의 사회학적 공헌이다.[19)] 예를 들어 베버는 카리스마적 지도자가 추종자들이 그의 사명에 대해 갖는 믿음으로부터 자신의 역할을 도출해낸다는 식으로 생각을 전개했다.

18) Coser, L.(2003). 전게서. pp. 340-341.
19) Coser, L.(2003). 전게서. pp. 333-334.

근대성과 가치 경쟁

베버가 관심을 두었던 또 다른 주제는 갈등하는 가치들 사이의 긴장에 관한 것인데 이 주제는 현대사회의 핵심적인 딜레마이기도 하다. 과학과 기술에 의한 진보는 현대사회가 많은 것을 이루도록 해주었다. 그러나 계몽주의 사상가들이 주술적, 신화적 사고를 이성과 과학으로 대체한 이래로 우리는 과학의 가치가 무엇인가라는 질문으로부터 벗어나지 못하고 있다.[20] 과학의 놀라운 발견들은 그것의 목적을 알려주지는 않는다. 즉, 과학은 우리가 그것을 어떻게 활용해야 하는지를 알려주지는 않는다, 과학적인 도구와 자료들은 어떤 주제가 과학적 탐구의 우선순위가 되어야 하는지, 어떤 연구가 정부의 재정 지원을 받아야 하는지, 누가 과학적 발견의 수혜자가 되어야 하는지 말해주지 않는다. 이런 문제들은 모두 가치에 관한 것이다. 경쟁하는 가치와 입장들 간의 긴장은 오늘날 낙태, 존엄사, 유전자 복제 같은 공적 담론에 예외 없이 등장한다.

많은 사람들이 현대사회에서 과학이 경제성장과 사회발전에 필수적이라고 생각한다. 그러나 베버가 지적하고 있듯이 과학이 그리는 세계가 가치 있는 것인지, 그러한 세계에서 사는 것이 의미 있는 것인지는 알 수 없다. 과학은 그러한 질문에 답하지 않는다.[21] 과학자들은 그들의 과학적 전문성을 가지고 이러한 질문에 답할 수 없다. 베버는 이러한 질문이 과학의 범위를 넘어선다고 보았다. 과학적 자료들은 앞서 언급한 논쟁들과 관련한 정보들을 제공할 수 있지만, 그것만으로 우리가 과학적 자료를 어떻게 활용할지 결정할 수 없다. 이와 관련하여 베버는 과학자로서 사회학자는 인간을 인도하려는 생각을 가져서는 안 되며, 진리를 탐구하는 것 자체에서 만족을 찾아야 한다고

20) Weber, M.(1946). *From Max Weber: Essays in Sociology*. New York: Oxford University Press. Translated and edited by H. Gerth & W. Mills. p. 140.
21) Weber, M.(1946). 전게서. p. 144.

주장한다.

사회학자들은 특정 정치적 이념을 가지고 그것을 반대하는 견해에 맞서 이를 방어해야 하는 정치가나 선동가가 아니다. 베버는 과학의 가치중립성(value neutrality of science) 혹은 객관성이 과학자의 직업윤리라고 보았다. 따라서 우리가 지닌 개인적인 가치와 열정이 사회학적 연구 수행이나 해석에 영향을 주도록 해서는 안 된다. 이를 위해 자신의 견해나 가치와 무관하게 수집한 자료와 분석의 결과에 대해 개방적인 자세를 갖는 것이 중요하다. 베버는 경험과학이 사람들에게 무엇을 할 수 있는가에 관해서 명확히 해줄 수 있지만, 무엇을 해야 하는가에 관해서는 알려주지 않는다고 주장한다. 사실의 세계와 가치의 세계를 분리하여 존재에 대한 진술로부터 당위적인 진술을 끌어내지 말아야 한다는 것이다.[22)]

뒤르케임도 사회학적 객관성에 대해 강조하였지만 과학에 기초한 도덕을 주장하였다는 점에서 베버와 다르다.[23)] 베버는 사회학에 대한 그의 정의에서 알 수 있듯이 주관적으로 의미 있는 사회적 행위에 대한 해석적 이해를 목표로 했다. 따라서 그가 제안한 객관성은 행위자가 그의 행동에 부여한 주관적 의미를 탐색하고 이해할 것을 요구한다. 이것은 의미 있는 행위가 발생하는 문화적, 역사적 맥락에 대한 고찰이 없이는 불가능하다. 종교, 자본주의, 관료제와 같은 사회현상에 관한 베버의 분석이 역사적, 문화적 맥락에 기반을 두는 이유가 여기에 있다.

22) Coser, L.(2003). 전게서. p. 326.
23) Dillon, M.(2010). 전게서. p. 146.

사회계층화

사회계층화(social stratification)란 자원에 접근하는 기회의 차이에 의해 위계적인 계급구조에서 개인의 지위가 결정되는 과정이다. 베버는 마르크스와 달리 사회계급을 다차원적으로 분류하였다. 즉, 계급 불평등의 원천으로 경제적 자원에만 집중하지 않고, 사회적 지위와 정치권력 같은 비경제적인 자원이 계급 불평등을 만들어 내고 지속시킨다는 점에 주목하였다. 사람들이 권력을 추구하는 이유가 경제적인 것만은 아니다. 경제력을 포함한 권력은 그 자체로 가치가 있고, 사회적 명성 또한 인간이 권력을 추구하는 이유 중 하나이다. 집단 간의 갈등과 투쟁을 야기하는 이와 같은 요인들을 압축하여 베버는 위계적인 사회구조 속에서 개인의 위치가 그의 계급적 자산(property), 사회적 지위에 따른 위세(prestige), 정당에 의한 권력(power)의 세 가지 요인에 의해 결정된다고 보았다.[24)]

베버는 계급(class)을 경제적인 상황을 공유하는 개인들을 지칭하는 것으로 사용했다. 즉, 계급은 비슷한 경제적 이해, 자산, 소득, 그리고 이에 기초해 비슷한 삶의 기회를 지닌 개인들의 집합이다. 특히 자산(property)의 소유 여부는 계급을 구분하는 주요 요인으로 마르크스의 계급 개념과 유사하지만, 마르크스가 자본가와 노동자라는 서로 적대적인 두 계급을 상정한 반면, 베버는 계급구조를 보다 다층적으로 분류하여, 자산과 교육을 통해 특권을 누리는 특권계급, 자산이 없는 화이트칼라 지식인과 전문가계급, 자영업에 종사하는 프티부르주아, 노동계급 등으로 구분하였다. 현대사회의 경제구조가 매우 복잡하고 직업이 다양화되어 많은 사람들이 고위 관리직, 전문직 등 조직의 여러 위치에서 일하는 점을 고려한다면 마르크스의 계급 개념보다 베버의 분류가 계급구조의 특성을 분석하는 데 활용성이 높다고 볼 수 있다.

24) 오욱환(2003). 교육사회학의 이해와 탐구. 교육과학사. p. 100.

경제적 계급이 같은 사람들은 대체로 비슷한 사회적 지위(social status)를 공유한다. 베버는 지위집단(status Group)의 개념을 사용하는데, 이 개념은 사람들이 시장이나 생산과정에서 점하는 위치보다는 그들의 소비유형에 기초해 구분된다. 베버는 마르크스가 생산의 영역에 지나치게 관심을 두었기 때문에 이런 범주화의 중요성을 간과했다고 보았다. 계급의식에 따라 집단화가 될 수도 있고 안 될 수도 있는 계급과 달리, 지위집단은 공동체로서 적절한 생활양식을 공유하고 있다는 생각과 다른 사람들로부터 받는 사회적 존경이나 명예 등에 의해 하나로 결속되어 있다.[25)]

지위에 어울리는 특권을 누리기 위해서는 재산이 필요한 경우가 많지만, 재산이 많다고 해서 명예나 위신이 자동적으로 따라오는 것은 아니다. 재력으로 명문대학에 자녀를 보내고, 이를 통해 졸업자들만이 누릴 수 있는 직업이나 생활양식과 관련된 특권을 얻는 일을 수월하게 만들 수 있다. 미국의 경우 역사적으로 소위 WASP이라고 불리는 지배집단이 사회의 주류를 형성해왔는데, 이들은 주로 엘리트 중등교육을 받고 아이비리그 대학을 졸업한 앵글로색슨계 프로테스탄트 백인들이다. 하버드, 예일, 프린스턴 같은 대학의 입학정책은 오랫동안 그들이 정해 놓은 특권적 기준에 부합하지 않는 지원자를 배제시킴으로써 이들 지배집단의 특권 유지에 기여했다.[26)]

베버는 모든 사회가 경제적 계급으로 구분되는 것과 같이 서로 다른 생활양식과 세계관을 지니는 집단으로 나뉜다고 보았다. 집단마다 어떤 동네에서 살고, 어떤 상대와 결혼하며, 어디서 식사를 하는지 등에 관한 특별한 방식이 있다는 의미이다. 베버는 현대의 소비지향적인 생활방식을 가리켜 경제적으로 비합리적인 소비패턴이라고 하면서도, 이러한 소비가 사회적 지위를 드러내기

25) Coser, L.(2003). 전게서. p. 336.

26) Karabel, J.(2005). *The Chosen: The Hidden History of Admission and Exclusion at Harvard, Yale, and Princeton*. Boston: Houghton Mifflin. pp. 22-23.

위한 것이기도 하다는 점을 지적한다.[27] 결국 사회적 지위를 획득하기 위한 사회적 목적을 계산한 합리적 행동이라는 것이다. 이런 행동은 미국의 사회학자인 베블런(Veblen)이 「유한계급론」에서 지적한 상류층의 과시적 소비패턴에서도 나타난다.[28] 사회적 지위를 과시하기 위해 상류층 소비자들은 가격이 올라도 고가의 물품을 구입한다. 따라서 가격이 오를수록 수요가 증가하는 반면 가격이 떨어져 누구나 쉽게 구입할 수 있게 되면 수요가 떨어진다. 한편, 베버는 경제가 안정된 상황에서는 지위가 우선적이지만 경제적, 기술적 전환기에는 전형적으로 계급위치, 즉 경제력이 사회계층화의 주요 원천이 된다고 지적하고 있다. 이러한 베버의 통찰력은 자본주의 경제가 세계화되면서, 미국을 비롯한 서구 국가들은 물론 공산당이 지배하는 중국이나 오랜 기간 카스트 제도를 유지했던 인도처럼 역사적으로 사회적 지위가 경제적 자산으로부터 독립적이었던 나라에서조차 경제력이 직접적으로 사회계층화의 원천이 되고 있는 상황을 이해하는 데 도움을 준다.[29]

계층화의 또 다른 원천으로 베버는 사회적 권력에 대한 차별적인 접근기회를 들고 있다. 정치 집단과 연합, 혹은 정당은 권력을 쥐기 위해 활동하며 정파는 국가뿐 아니라 사교클럽에도 존재한다. 정치는 집단 간 권력 분배에 영향을 미치기 위한 투쟁이며, 인간은 모두 어느 정도는 권력 배분에 영향을 미치기 위한 정치적인 행동을 한다. 정당 활동의 목표는 노동자들의 안전이나 환경보호 같은 사회적 이슈나 이념적인 것이 될 수 있고, 특정 정당에 속하거나 정당의 지도자가 되는 것과 같이 개인적인 명성을 추구하기 위한 것일 수 있다. 흔히 정치권력은 이와 같은 이념적, 사회적 목표와 개인적 목표를 모두 이루고자 하며, 이 두 가지를 구분하는 것은 실질적으로 어렵다. 정당은 몇 가지

27) Weber, M.(1978). 전게서. pp. 932-933.

28) Veblen, T. B.(1899). *The Theory of Leisure Class: An economic study of Institutions*. 임종기 역(2018). 서울: 에이도스.

29) Dillon, M.(2010). 전게서. p. 144.

방식으로 권력을 얻는다. 투표나 선거 캠페인 같은 수단 못지않게, 정치 자금이나 사회적 지위, 때로는 강압적이고 불법적인 수단으로 정치권력을 얻기도 한다. 민주주의는 합법적인 절차와 그 안에 담긴 가치를 강조하지만 거의 모든 민주국가에서 정당들은 정치적 목적을 이루기 위해 불법적인 수단들을 동원하는 것이 사실이다.[30)]

지위문화로서 교육

베버학파 사회학자인 랜들 콜린스(Randall Collins)에 따르면, 학교의 주된 활동은 교실 안팎에서 특정 지위문화를 가르치는 것이다.[31)] 이런 측면에서 볼 때, 기술적 지식을 전달하는 데 실패하는 것은 중요하지 않다. 학교는 일차적으로 어휘와 어조, 옷 입는 스타일, 미적 취향, 가치와 예절 등을 가르친다. 학교에서 사교성과 운동을 강조하는 것은 학교가 전파하고자 하는 지위문화의 핵심적인 내용이다. 학문적 특성 혹은 직업적 특성이 강한 학교에서 이러한 강조점은 그 자체가 특정 지위문화의 내용을 반영한다. 특정 지위집단이 교육을 통제하는 한, 그 집단은 일터의 조직을 통제하기 위해 교육을 활용할 것이다. 취업에 필요한 교육적 요구사항들은 지위집단의 문화를 공유하는 엘리트 직원을 충원하고 엘리트 집단의 가치와 스타일을 존중하도록 학습된 중하위층 직원을 고용하는 데 유용하게 쓰인다.

이와 같은 관점에서 콜린스는 현대사회에서 직업적 성취에 교육이 중요해지는 현상에 관한 기술기능이론의 설명을 비판한다. 기술기능이론의 기본 명제

30) Dillon, M.(2010). pp. 144-145.

31) 이 절의 내용은 콜린스의 1961년 논문(*Functional and conflict theories of educational stratification. American Sociological Review* 36. pp. 1002-1019) 내용을 바탕으로 정리한 것이다.

는 (1) 산업사회에서는 과학기술의 변화로, 일자리에서 요구되는 기술수준이 지속적으로 높아진다는 것이다. 그리고 이에 따라 낮은 기술을 요구하는 일자리의 비율은 줄고, 높은 기술을 요구하는 일자리의 비율은 늘어나며, 동일한 일자리들도 더 향상된 기술을 요구한다. 다음으로 (2) 정규교육은 높은 기술을 요구하는 일자리에 필요한 구체적인 기술을 습득시키거나 일반적인 능력을 개발하기 위한 훈련을 시킨다. (3) 따라서 고용을 위한 교육적 요구들이 지속적으로 높아지고, 많은 사람들이 더 오랫동안 학교교육을 받아야 하는 상황이 된다.

콜린스는 낮은 기술을 요구하는 일자리의 비율은 줄어들고 높은 기술을 요구하는 일자리의 비율이 늘어남에 따라 산업사회에서 일자리에 대한 교육적 요구가 높아진다는 명제는 교육수준 향상의 일부만을 설명할 뿐임을 강조한다. 20세기 교육수준이 높아진 미국 노동인구 중 15%만이 직업구조의 변화에 의한 것일 뿐, 나머지 85%는 기존 직업의 범주 안에서 이루어졌다는 것이다. 또한 동일한 일자리에서도 더 향상된 기술을 요구하기 때문에 산업사회에서 일자리에 대한 교육적 요구가 높아진다는 주장에 대해서도 각 직종에서 필요로 하는 기술 수준보다 미국 노동인구의 교육 수준이 과도하게 높아져 과잉교육현상이 나타나고 있다고 보았다.

다음으로 콜린스는 학교교육이 일자리에서 요구하는 직업기술을 제공한다는 전제를 검증하기 위해 더 오래 교육을 받은 직원들이 그렇지 못한 직원들보다 생산적인지를 검토한다. 우선, 교육이 생산성에 미치는 효과에 대해서는 간접적인 방식, 즉 국가의 경제적 생산성과 국민의 교육수준 간의 관계를 통한 간접적인 증거들이 제시되는데, 여기에는 3가지 유형이 있다. 먼저 (1) GNP를 활용한 방식으로 이 방식은 설명하지 못하는 잔여부분이 많아, 생산성에 영향을 미친 기술적 변화, 직업현장 경험을 통해 변화된 노동자의 능력, 그리고 정규교육을 통한 노동자 기술력의 변화라는 3가지를 명확하게 구별하지 못한다. 다음으로 (2) 국가의 경제성장 수준과 교육의 상관관계를 보는 방식으로, 경제 수준이 높은 국가는 전체 인구의 교육 수준도 높게 나타난다. 그러나 이러한 상관관계에서 인과관계의 문제가 제기될 수 있다. 즉, 동일한 경제 수준의 나라들 사이에서도 다양한 교육양상이 나타난다. 또한 국가의 경제규모가 교육받은 인재들을 흡수하지 못하는 경우도 존재하며, 이는 교육에 대한 요구가 경제로부터 직접적으로 기인하지 않고, 심지어 경제적 필요성과 반대로 나타날 수 있음을 보여준다. 마지막으로 (3) 시차(timelag)를 두고 경제성장과 교육의 상관관계를 살펴보는 것으로 많은 연구들이 경제성장에 대한 교육의 공헌이 대중적인 문해력(literacy)을 갖추는 정도의 수준에 집중되고 있고, 대학진학 인구의 증가가 경제성장에 중요한 기여를 한다는 연구결과는 희박하다.

한편, 직업기술이 과연 학교에서 학습되는가와 관련하여 학교에서 받은 직업교육은 직업현장에서 그다지 유용하지 않고 오히려 숙련된 육체노동자들은 직업현장에서 기술을 습득한다. 또한 전문기술의 변화에 따른 재교육은 주로 비공식적으로 직업현장에서 이루어진다. 더욱이 일부 전문직의 경우, 예를 들어 엔지니어, 의약, 학술연구, 법률 등과 같은 특정 전문 직종에 대한 교육적 훈련은 직업현장과 관련성이 있고, 필수적인 것으로 보이지만, 다른 전문직종과 관련하여 직업기술과 교육의 관련성은 증명하기 어렵다.

이와 같은 기술기능이론의 한계는 사회계층화에 대한 기능론적 접근의 한계와도 관련된다. 기능이론의 기본 가정은 직업지위들이 고정되어 있고, 각 직업지위에서 요구하는 생산성, 기술력도 정해져 있다고 본다. 그러나 지위를 유지하기 위해 피고용인이 보여주어야 하는 생산성은 그들의 고객과 고용주의 요구에 따라 결정된다. 즉, 고용주와 노동자 사이의 권력 균형에 따라 결정된다. 고용주들은 모든 일자리에 요구되는 기술수준에 대해 정확하게 알고 있지 못하고, 따라서 최적보다는 충족 수준에서 피고용인을 고른다. 인사이동과 같은 조치는 최저기준 이하로 수행력이 눈에 띄게 떨어질 때만 취한다.

한편, 피고용인들은 자신의 최대 능력치로 일하지 않는다. 조직도 이것을 강요하지 않고, 이는 조직 내의 모든 직위에서 마찬가지다. 이러한 맥락에서 귀속적 요인들과 사회적 배경이 직업적 성공에 지속적으로 중요한 영향을 미치고 있다는 사실을 재해석해 볼 수 있다. 교육을 받은 이후에도 민족, 계층, 성별 등이 직업적 성공에 직접적인 영향을 미치는 것으로 나타나는데, 전통적 기능이론에서 이러한 귀속적인 요인들은 중요하게 취급되지 않는다. 따라서 새로운 이론적 가정을 해볼 수 있다. 즉, 조직의 직원 채용에 있어 귀속적 지위집단의 권력이 가장 중요한 요인이며, 기술은 부차적인 고려사항이라는 것이다. 교육은 직업기술을 습득했다는 증거라기보다는 특정 지위집단의 구성원이라는 증거인 경우가 많다. 다시 말해, 교육적 요구는 그것을 설정한 집단의 관심을 반영하고 있고, 기술기능이론은 이런 부분을 설명하지 못한다.

콜린스는 교육적 요구들이 설정되고 변화되는 조건들을 베버의 이론을 바탕으로 설명할 수 있다고 보았다. 베버가 개념화한 지위집단(status group)은 사회를 구성하는 기본 단위로 공통의 문화 혹은 하위문화를 공유하는 연합집단이다. 이러한 집단의 핵심은 가족과 친구지만, 종교적, 교육적, 민족적 공동체로 확대될 수 있다. 이들은 일반적으로 말하는 방식, 옷 입는 취향, 대화 주제, 의견과 가치, 선호하는 스포츠, 예술, 미디어 등 공통의 문화적 참여에 기초한 동등한 지위의식을 공유하는 사람들이다. 이러한 문화적 집단에 참여하는 것은 개인들에게 정체성을 부여한다. 그리고 지위집단은 명예, 취향, 가정교육, 품위, 예절, 교양, 우정, 소박함 등과 같은 도덕적 평가의 범주에서 그들을 다른 집단으로부터 주관적으로 구분한다. 그러므로 자신들의 문화를 공유하지 않는 사람들을 배척하는 일도 규범적으로 정당한 것처럼 느낀다.

한 사회에서 지위집단의 수나 지위집단 간의 서열에 대해 어느 정도 합의가 이루어지는가에 대해 미리 정해진 것은 없다. 지위집단은 일종의 이념형(ideal type)으로 반드시 명확한 경계가 있는 것은 아니다. 그렇지만 지위집단과 그들의 문화가 유동적이고 중첩되는 경우에도 지위집단의 개념은 집단 간의 갈등을 이해하는 데 유용하다. 베버는 지위집단을 구성하는 요소로, (1) 경제적인 상황, 즉 계급에 따른 생활양식의 차이, (2) 권력의 위치에 따른 상황의 차이, (3) 문화적 환경이나 제도(출신지역, 민족성, 종교, 교육, 지적 · 심미적 문화 등)로부터 직접적으로 유래하는 상황의 차이를 들고 있다. 이와 같이 콜린스가 사회적 갈등의 원천을 베버의 계층 개념에서 가져오면서 이 논문은 이때까지 교육의 갈등이론을 마르크스주의로 인식해왔던 교육사회학계에 상당한 파급력을 미치게 된다.[32]

교육을 통한 지위경쟁

베버의 생각을 따라 콜린스는 사회에서 자산, 권력, 위세 같은 다양한 재화를 차지하기 위한 지속적인 투쟁이 항상 일어난다고 보았다.[33] 모든 사람들이 이익의 극대화를 추구한다고 가정할 필요는 없지만, 권력과 위세는 본질적으로 희귀한 재화이며, 부는 권력과 위세에 따라오는 경우가 많기 때문에, 소수의 사람이라도 동등한 몫 이상으로 재화를 차지하려는 야심을 보인다면, 복종과 경멸을 당하지 않으려는 상대편으로부터의 투쟁이 암암리에 시작된다. 개인들은 서로 투쟁하지만, 개인의 정체성이 주로 지위집단으로부터 유래하고, 지위집단의 응집력이 타 집단과의 투쟁에서 중요한 자원이기 때문에, 투쟁의 주된 초점은 집단 간의 투쟁이다.

부와 권력, 위세를 차지하기 위한 투쟁은 주로 조직을 통해서 이루어진다.

32) 오욱환(2010). 베버 패러다임 교육사회학의 구상. 이화여자대학교출판부. p. 202.

33) 이 절의 내용은 콜린스의 1961년 논문(*Functional and conflict theories of educational stratification. American Sociological Review* 36. pp. 1002-1019)을 바탕으로 정리한 것이다.

역사적으로 군사적 정복이나 사업적 이득, 종교적 헤게모니를 점유하기 위한, 서로 다른 지위집단들이 통제하는 조직들 간의 투쟁은 지속되어 왔다. 보다 복합적인 사회에서 지위집단 간의 투쟁은 대부분 조직 내에서 일어나고, 조직을 통제하는 지위집단은 그들의 목적을 이루기 위해 다른 사람들을 강제하고 조정한다. 조직 엘리트들의 하위집단에 대한 통제가 항상 성공하는 것은 아니다. 상황에 따라 명령을 거부하고 조직을 바꾸려는 시도도 일어난다.

이러한 아래로부터의 반대 세력은 하급자들이 자신들의 응집력 있는 지위집단을 구성했을 때 강화되지만, 조직 엘리트들의 가치를 따를 때는 약화된다. 민족과 계급적 경계가 일치할 경우 가장 두드러지는 문화적 특성을 만든다. 예를 들어, 미국사회의 주류집단인 백인 프로테스탄트들이 운영하는 회사에서 가톨릭 이민자는 비형식적인 자신들의 규범을 고수한다. 따라서 조직의 내부적인 투쟁을 조율하는 핵심적인 방법은 지위집단의 구성원을 선발하고 조종하는 것이다. 일반적으로 조직의 엘리트들은 그들의 지위집단 내에서 새로운 구성원과 핵심 조력자들을 선발하며, 자신들의 문화적 우월성을 존경하도록 주입받은 하위직 피고용인들을 안심시키기 위해 노력한다.

서로 다른 지위집단의 피고용인들이 조직의 여러 자리에 배치되면 각각의 집단은 자신의 지위집단에서 보다 많은 구성원들을 충원하려고 노력한다. 이 과정은 흔히 미국의 직업생활에서 나타나는 인종, 종교, 민족적 배경이 다른 집단 간의 갈등으로 드러난다. 이러한 갈등은 민족이나 종교에 바탕을 둔 지위문화에 의한 것이다. 갈등의 강도는 문화적 차이가 커지거나 줄어드는 정도에 따라, 그리고 과거 투쟁을 통해 얻은 성과의 유불리에 따라 달라진다. 문화적 갈등 과정은 민족 문화뿐 아니라 계급을 기초로 전개되기도 한다. 한마디로 현대사회에는 민족과 계급을 근거로 한 지위집단 문화들 간의 구별이 존재하고, 지위집단들이 조직 내에서 상이한 직업적 위치를 차지하는 경향이 나타나며, 조직적 위치가 상이한 사람들은 권력을 두고 투쟁한다는 것이다.

이 과정에서 직업 배치의 기제로서 교육의 역할은 다음과 같다. 우선 고용주들은 지배적인 지위집단의 문화를 사회화한 사람들을 선발하기 위해 교육을 이용한다. 예컨대, 그들 자신과 같은 관리직에 입직할 사람들에게는 엘리트 문화를, 그보다 낮은 위계의 피고용인에게는 지배문화와 이러한 문화적 특성을 지닌 엘리트 계층을 존중하는 태도를 사회화한다. 이러한 주장을 검증하기 위해 콜린스는 학교가 엘리트 문화와 그에 대한 존경심을 갖도록 하는 훈련을 제공한다는 점과 고용인들이 교육을 문화적 특성을 선별하기 위한 수단으로 활용한다는 점을 보여주고자 하였다.

먼저 학교에 관한 역사적, 기술적 연구들은 학교가 선생이나 다른 학생들로부터 특정한 지위문화를 습득하는 장소라는 일반적인 주장을 지지한다. 학교는 보통 권력이 있거나 자립적인 지위집단이 자신의 자녀들에게 특권적 교육을 제공하거나 자신들의 문화적 가치에 대한 존경심을 퍼뜨리기 위해서 설립되었다. 최근까지 대부분의 학교는 종교재단에 의해 설립되었고 종종 경쟁관계인 종파가 세운 학교에 반대하기 위해서 세워졌다. 19세기에 이와 같은 경쟁의식은 많은 미국의 대학 설립, 그리고 가톨릭과 기독교 계통의 학교체제가 만들어지는 중요한 기반이 되었다. 미국의 공립학교체제는 유럽에서 가톨릭 이민 노동자들이 유입되는 상황에 직면하여 프로테스탄트 중산층의 종교적, 문화적 기준에 대한 존경심을 가르치려는 WASP(White Anglo-Saxon Protestant, 앵글로색슨계 백인 신교도) 엘리트들의 의도와 추진력으로 만들어졌다.[34] 특히 공립학교의 교육내용은 중산층 WASP 문화로 구성되었다.[35] 엘리트 수준에

34) Cremin, L. A.(1961). *The Transformation of the School*. New York: Knopf. / Curti, M.(1935). *The Social Ideas of American Educators*. New York: Scribner's.

35) Waller, W.(1932). *The Sociology of Teaching*. New York: Russell and Russell. / Becker, H. S.(1961). Schools and systems of stratification. in *Education, Economy, and Society*. edited by A. Halsey, J. Floud & C. Anderson. pp. 93-104. / Hess, R. & J. Torney (1967). *The Development of Political Attitude in Children*. Chicago: Aldine.

서 WASP 상류층 자녀들을 위한 중등사립학교는 1880년대부터 설립되었는데, 이는 공립학교들이 대중적인 교화 기능을 수행함에 따라 더 이상 엘리트 문화를 유지하는 수단으로서 사용될 수 없었기 때문이다.[36] 이와 같은 엘리트 학교들은 상류층의 가치와 예절을 반영한 독특한 인성 특성을 길러주었다.

한편, 교육이 문화적 선별의 수단으로 사용되고 있다는 다양한 근거들이 존재한다. 학생들의 학업중단과 학생들에 대한 지역사회의 태도에 대한 연구들은 고용주들이 교육을 중산층의 특성들을 선별하기 위한 도구로 사용하고 있음을 보여준다.[37] 특히 화이트칼라 직종에서 교육은 중요한 선발 기제로 강조되었다. 전국적으로 유명한 기업들을 대상으로 한 설문조사는 고용주들이 대학학위를 장차 관리자가 될 직원 채용에 있어서 중요한 부분으로 생각하고 있고, 그 이유가 학위를 직무기술이 아닌 졸업자들의 '동기'와 '사회적 경험'을 보여주는 것으로 생각하기 때문이라는 것을 보여준다.[38] 이들은 경영대학의 교육과정에 대해서도 전반적으로 회의적이어서, 필요한 전문적 훈련을 위한 것이라기보다 업무태도를 보여줄 수 있는 지표로 간주하는 경향이 높다.

따라서 경영대학이 없는 대학에서 인문학을 전공한 학생보다 경영대학이 있는 대학에서 인문학을 전공한 학생들을 보다 덜 선호한다. 선택권이 있음에도 불구하고 인문학을 선택하는 것이 사업적 가치에 대한 거부로 비춰졌기 때문이다. 마지막으로 1967년 캘리포니아에 위치한 기업에 대한 조사에 따르면, 직원들에 대한 규범적 통제를 강조하는 조직들에서 화이트칼라에 대한 교육적 요구가 가장 높게 나타났다. 규범적 통제에 대한 강조와 교육적 요구 사이의 관련성은 관리직과 화이트칼라에 일반적으로 적용되었으나, 블루칼라의 교육적 요구에는 영향을 미치지 않는 것으로 나타난다.

---

36) Baltzell, E. D.(1958). *An American Business Aristocracy*. New York: Macmillan.
37) Hollinghead, A.(1949). *Elmtown's Youth*. New York: Wiley.
38) Gorden, R. & J. Howell(1959). *Higher Education for Business*. New York: Columbia University Press.

콜린스는 학교로부터 발생하는 지위집단의 문화와 고용을 주관하는 지위집단의 문화 사이에 일치도가 높을수록 교육이 직업적 성공에 중요한 요소가 된다고 보았다. 엘리트 교육은 조직의 엘리트를 뽑는 경우에 가장 중요하게 작용하며, 그보다 낮은 지위의 직종에서는 그 중요성이 작아진다. 교육과 고용의 일치는 상위계층에 의해서 운영되는 조직, 규모가 큰 전국규모의 조직, 그리고 법률 분야 등에서 잘 나타난다. 엘리트 대학의 법대 졸업자들은 주로 대기업에 채용된다. 월스트리트의 법률사무소에서 교육적 선별이 가장 강하게 나타나는데, 그들은 아이비리그 법대 출신뿐 아니라 엘리트 사립고등학교 출신들을 선택한다. 한편, 민족적 성향이 강한 전문학교를 나온 사람들은 주로 해당 민족공동체에서 전문가로 활동한다. 사업 분야에서 가톨릭계 대학, 흑인 대학 졸업자들은 백인 프로테스탄트 중심의 대학 졸업자들보다 낮은 직업적 지위를 차지하는 경우가 많다.

미국 인구 중에 기업 엘리트들은 가장 교육을 많이 받은 집단이지만, 여기서 교육은 그들의 성공의 결정요인이라기보다는 그들의 사회적 태생과 상관관계가 있다. 태생이 낮은 기업 엘리트들은 상류, 중상류층 태생의 사업가보다 교육수준이 낮고 기업을 물려받은 사업가들은 본인의 능력으로 그 같은 위치에 오른 사업가들보다 대학교육을 받은 경우가 더 많았다. 결국 고용에 대한 교육적 요구는 사회화가 잘 된 사람을 뽑기 위한 고용주의 관심이며, 교육을 통한 전문적 기술 습득은 부차적인 관심사이다. 규범적 통제에 대한 고용주의 관심이 클수록, 그리고 조직의 지위가 높을수록 피고용인에 대한 교육적 요구는 커진다.

이런 점들을 종합하여 콜린스는 지난 세기 동안 교육요건이 높아진 이유를 기술기능이론의 요소들을 가미한 지위경쟁이론으로 설명할 수 있다고 주장한다. 이 과정은 다음과 같이 전개된다. (1) 역사적으로 교육은 식민지 시대부터 20세기를 거치는 동안 높은 경제적, 사회적 지위와 연관되어 왔기 때문에,

사회이동의 기회로서 교육에 대한 요구는 높았다. 그리고 이러한 교육적 수요는 직업교육보다는 엘리트 지위문화에 접근하기 위한 교육에 맞춰져 있었다. (2) 정치적 분권화, 교회와 국가의 분리, 종교적 교파 간의 경쟁은 미국에서 학교와 대학이 설립되는 것을 상대적으로 용이하게 했으며, 지역사회와 종교집단 간의 경쟁심은 미국의 교육이 다른 어떤 나라들보다 모든 수준에서 빠르게 확대되도록 하였다. (3) 기술 수준의 변화 또한 미국 교육의 팽창에 관련된다. 우선 대중들의 문해력이 초등교육 이상으로 교육이 확대되는 데 중요하지 않았다고 하더라도, 전면적인 산업화의 시작에 중요했다. 그리고 산업화가 진행됨에 따라 비숙련 직종이 감소하고 고숙련 직종이 증가하는 추세가 나타났고, 기술적 변화로 기존 직업을 유지하기 위해서 요구되는 기술수준도 향상되었다. 이러한 기술변화는 20세기 교육 수준 변화의 15% 정도를 설명한다.[39]

그러나 상대적으로 높은 지위를 지닌 소수 전문가집단의 존재는 사회이동의 기회를 위한 경쟁구조에 영향을 미쳤다. 민주적인 분권화로, 유권자의 이익을 지원하기 위해 정부 고용은 물론 학교를 활용하는 것을 선호하는 미국사회에서 엘리트 일자리는 이것을 차지하기 위한 기회에 대한 광범위한 수요를 만들어낸다. 미국은 터너(Turner)가 주장한 '경쟁이동(contest mobility)' 학교체제를 지니고 있다.[40] 터너는 미국과 영국의 교육체제에 대한 비교를 통해 한 국가의 사회이동 규범이 어떻게 학교의 기능과 체제에 영향을 줄 수 있는지를 탐색적으로 고찰하여 교육의 목표와 내용, 학생선발 방식과 시기 등과 같은 학교의 운영체계가 그것이 속한 사회의 사회이동 규범에 따라 달라질 수 있다고 설명한다. 이에 따르면 미국과 영국에서 지배적인 사회이동의 형태는 각각 경쟁이동(contest mobility)과 후원이동(sponsored mobility)으로, 경쟁이동은

39) Folger, J. & C. Nam(1964). Trends in education in relation to the occupational structure. *Sociology of Education* 38. pp. 19-33.

40) Turner, R.(1960). Sponsored and contest mobility and the school system. *American Sociological Review* 25(5).

개방적인 경쟁을 통해 경쟁에 참가한 사람들의 노력으로 엘리트 지위가 성취되는 사회이동 방식이다. 반면, 후원이동은 기존의 엘리트 집단이 정한 기준과 방식대로 엘리트가 충원되는 방식이다.

경쟁이동의 규범을 따르는 미국의 학교는 개인의 노력으로 엘리트 지위를 성취하기 위한 경쟁체제로서, 모두가 대등한 위치에서 경쟁에 참여하며 가장 능력이 뛰어난 사람보다는 우승할만한 자격이 있는 사람이 승리하는 것을 이상적인 결과로 여긴다. 따라서 가장 우수하거나 교육을 많이 받은 사람들의 성공보다는 상식적이고 능력 있고 성공을 위해 위험을 감수하고자 하는 사람들의 성공을 높게 평가하고, 엘리트 지위는 이러한 사람들에게 주어지는 포상이라 간주한다. 경쟁과정에서 특정인에게 유리한 규칙들을 거부하고, 대학입학 때까지 최종 선발을 늦추어 모두가 경쟁에 참여할 수 있도록 하며, 여러 유형의 엘리트들이 서로 경쟁하는 체제이다.

반면, 후원이동의 규범이 작동하는 영국의 학교는 통제된 선발절차를 선호하고 기존의 엘리트들이 엘리트 지위에 적합한 자질이 무엇인지 판단한다. 사회이동은 지적, 문학적, 예술적 우월성을 평가할 수 있는 자격을 지닌 기존 엘리트들의 지지를 통해 엘리트 지위가 부여되는 과정이다. 이러한 체제는 적재적소에 인력을 선발, 배치하여 효율적으로 활용하는 것을 목표로 한다. 이를 위해 엘리트 선발을 최대한 빠른 시기에 하여 훈련에 대한 통제를 확실하게 하고 동질적인 엘리트 집단 내부의 서열이 공고하다는 특징을 지닌다.

콜린스는 사회이동을 위한 개방적인 경쟁과정에서 미국 교육의 가치가 희석되었다고 보았다. 훌륭함의 기준은 항상 상대적이어서 일단 보다 높은 수준의 교육이 엘리트 지위를, 그리고 중간 수준의 교육은 중간 수준의 지위를 보여주는 객관적인 표식으로 인식되면, 교육을 받은 사람들의 공급 증가로 교육수준이 계속 높아지는 결과를 초래하며, 이전에는 높은 수준의 교육이었던 것이 평균적인 수준이 되고 만다는 것이다. 즉, 평균적인 학력수준이 올라갈 뿐 아니라 고용을 위해 필요한 기술수준을 능가하는 과잉교육 현상이 발생한다. 현재 모든 학력주의사회에서 나타나는 현상이라고 할 수 있다.

미국에서는 19세기가 끝나기 전에 이미 초등교육이나 가정교육이 중간계급 신사의 교육수준으로는 미흡한 것이 되었다. 1930년대에는 대학학위가 고등학교 졸업장을 대체하여 존경받을만한 자격의 최저 기준이 된다. 그리고 1960년대 말에는 대학원 학위 또는 전문직 분야의 학위가 중산층 지위에 들어가기 위한 표준이 되었으며, 고등학교 졸업장은 육체노동에 맞는 기준이 되었다. 교육받은 인력에 대한 공급이 증가할수록 취업을 위한 요구조건으로 교육은 중요해진다. 교육은 고용주의 입장에서 사람을 채용하기 위한 적합한 선발준거가 되었고, 피고용인들은 승진의 기회와 자신들의 위세를 높이기 위해 서로간 경쟁하게 되었다. 고등교육이 대중화, 곧 보편화될 미국에서 전문기술(technical skill)에 대한 이상 혹은 이미지는 지위경쟁을 정당화하는 문화가 되고 있다.[41)]

고등교육에 대한 높은 교육적 요구와 높은 직업지위를 두고 경쟁하는 개인들이 제공하는 높은 수준의 교육 자격증(credential)은 결과적으로 대중들의 교육적 수요를 증가시켰다. 형식적인 직업적 요구조건과 비형식적인 지위문화는 교육적 요건과 학력취득이 끝없이 높아지도록 하는 결과를 초래했다. 교육기회를 요구하는 대중들의 투쟁이 오늘날 대학 수준으로 높아짐에 따라, 장차 대학원 수준으로도 높아질 것으로 전망되며 취업, 고용을 위한 교육적 요구가 더욱 높아질 것이라고 예상할 수 있다. 그리고 교육을 통해 계층이동의 기회를 잡으려는 소수집단의 요구는 이와 같은 패턴을 확산시킬 뿐이다.

베버는 대학이 대중화되기 이전에 이미 학위가 사회적 배제(social disclosure)

41) 취학연령의 30% 이상이 고등교육기관에 진학하는 단계를 고등교육의 대중화라고 하고, 이 비율이 50%를 넘으면 보편화라고 하는데, 현재 미국은 콜린스의 예상대로 고등교육이 보편화된 나라이다.

의 수단이 될 수 있음을 예견하였다.[42] 현대사회의 불평등은 계급적 착취에 의한 것보다는 배제에 의한 것이다. 사회적 배제는 어떤 사회집단이 상대집단을 기준미달로 판정하여 권리와 권한을 제한함으로써 자신들의 특권을 유지하거나 강화하는 것을 의미한다.[43] 이런 관점에서 콜린스가 설명한 계층이동을 위한 학력경쟁과 이에 따른 학력인플레이션 현상은 교육이 지식과 기술의 습득보다는 사회적 배제를 정당화하는 수단으로 활용되고 있음을 보여준다.

요약 및 쟁점

베버는 인간의 행위에 대한 보편적인 법칙을 발견하는 것을 사회학의 목표로 생각하지 않지만, 가치중립성과 같은 원칙에 따른 엄격한 학문적 검증과 비판을 중시했다. 그리고 사회진화론자들이 주장한 점진적인 사회의 진보 대신에 사회의 합리화를 서구 자본주의사회의 변화 추세로 강조했다. 합리화란 인간관계의 모든 영역이 계산과 관리의 지배를 받게 되는 과정을 의미한다. 서구사회에서 프로테스탄티즘은 합리화의 주요 원천 중 하나로, 베버는 프로테스탄티즘이 자본주의의 직접적인 원인은 아니지만 개인주의, 근면한 노동, 합리적인 행동, 자기의존성과 같은 윤리를 강조하는 문화를 확산시켜 자본주의의 발전을 촉진하는 요인이 되었다고 주장한다. 이와 같이 프로테스탄트 윤리와 초기 자본주의가 선택적 친화성(selective affinity), 즉 서로 결합하는 경향이 있다고 주장함으로써 베버는 마르크스주의의 경제결정론을 반박했다고 볼 수 있다.

베버는 폭넓은 주제를 이론화하는 데 기여했지만, 특히 지위집단의 개념은

42) 오욱환(2010). 전게서. p. 230.
43) 오욱환(2010). 전게서. p. 227.

현대사회에서 교육을 매개로 한 지위경쟁을 설명하는 데 유용한 통찰력을 제공하여 교육사회학의 이론과 연구 발전에 중요한 영향을 주었다. 우리 사회에서 대학의 서열화 양상은 사회의 계층화 현상을 반영한다. 콜린스가 지적하고 있듯이 교육의 역사적 발전과정은 대학들이 어떻게 특정 지위문화를 합리화, 정당화해왔는지를 보여준다. 극심한 학력경쟁이 벌어지고 있는 한국사회에서 교육의 수직적, 수평적 위계화 현상도 집단 간 지위경쟁의 관점에서 설명할 수 있다. 졸업한 대학의 위상에 따라 직업지위와 노동시장에서의 성과에 차이가 크다는 사실이 확인되고 있고, 평준화정책의 틀을 깬 고교다양화정책의 영향으로 고등학교체제가 분화되고 차별화되고 있다. 다양화, 위계화된 교육의 질적 특성은 한국의 지위문화를 재생산하는 중요한 기제가 될 것으로 보인다.

제5장 문화자본과 불평등의 사회적 재생산

피에르 부르디외(Pierre Bourdieu)는 뒤르케임 이후 가장 영향력 있는 프랑스의 사회학자로 독창적인 이론가이면서 많은 실증적 연구를 수행한 연구자다. 뒤르케임과 마찬가지로 사회생활의 본질적 특성과 사회질서가 유지되는 방식에 관심을 가지고 연구했으나 사회 불평등에 초점을 맞추었다. 특히 사회계급과 계급구조가 어떻게 개인의 일상적인 문화와 사회적 상호작용을 조건화하는지 주목하였다. 부르디외가 개념화한 문화자본은 교육사회학 이론에서 매우 중요한 개념으로 자리매김하였는데, 문화를 중심으로 학교에서 불평등이 재생산되는 과정을 설명하였다는 점에서 마르크스주의에 기초해 불평등 문제에 접근한 보울즈와 긴티스의 경제적 재생산이론과 비교된다.

부르디외는 경제자본이 불평등의 근원이라고 생각한 마르크스와 달리, 불평등의 문제를 다차원적으로 접근한 베버의 관점에서 출발한다. 즉, 지배계급이 자신의 계급적 위치를 재생산하기 위해 경제자본을 동원하는 것만으로는 부족하다고 보고, 계급재생산에 핵심적 역할을 하는 요소가 시간의 축적 및 상징투쟁의 결과로 나타나는 문화와 취향의 지배력을 확보하는 것이라고 주장하였다. 그리고 베버의 지위문화를 연상시키는 이와 같은 문화적 실천이 사회적 실재의 본질이라고 보았다. 이러한 실천의 결과인 문화자본과 사회자본은 학교에서 가정배경에 따른 교육격차를 매개하는 주요 요인으로, 이 장에서는 부르디외 이론의 의미와 교육사회학에 미친 영향을 살펴보기로 한다.

문화자본, 사회자본, 상징자본

1930년 프랑스 남부 베아른의 작은 농촌마을에서 태어난 부르디외(Bourdieu)는 프랑스의 명문 파리 고등사범학교를 졸업한 뒤 25세의 나이로 교수 자격시험에 합격하였다. 지방 고등학교 교사를 거쳐 프랑스 최고 학술기관인 콜레주 드 프랑스의 사회학 교수로, 그리고 활발한 현실참여 학자로 활동하였다. 1968년에 유럽사회학센터를 설립하고 학술지 「사회학연구」를 발행하였고, 활발한 연구논문을 발표하면서 이른바 '부르디외 학파'를 형성하였다. 후기구조주의 입장에서 구조와 행위의 관계를 설명하는 입장을 취했고, 문화예술 현상에도 관심을 가지고 미학적 인식이 사회적으로 구성되어가는 방식 등에 관한 저서를 발표했으며, 1970년에는 학교의 독립성과 중립성이 환상에 불과하다는 내용을 다루면서 구조와 행위의 통합을 꾀한 「재생산」을 출간해 사회적으로 큰 반향을 불러일으켰다.[1)]

불평등과 계층화에 대한 부르디외의 접근은 마르크스의 영향뿐 아니라 베버의 영향을 강하게 받았다. 사회에서 경제적 자본을 불평등의 근원으로 본 마르크스와 달리 부르디외는 경제적 자본이 사회적 불평등의 매우 중요한 원천이기는 하지만 유일한 차원은 아니라고 보았다. 베버처럼 불평등이 다차원적인 성격을 지니며, 개인과 계급이 보유한 경제자본뿐 아니라 문화자본과 사회자본의 양에 기인한다고 본 것이다. 부르디외는 2002년에 작고할 때까지 계급 불평등 논의에서 나아가 세계화, 경제적 불평등, 일상적인 인간의 불행에 대한 공적 논쟁에 활발히 참여했다.

1) 피에르 부르디외. 두산백과. http://www.doopedia.co.kr

부르디외가 사용하는 자본의 개념은 경제적 의미의 화폐나 생산수단을 의미하는 자본의 개념을 확대시킨 것으로 하나의 계급이 다른 사회계급과의 사회적 권력관계에서 우위를 확보하기 위해 동원하는 다양한 자원들을 가리킨다. 부르디외는 사회가 세 가지 차원으로 위계적으로 계층화되어 있다고 보았다. 이 기본적인 세 차원은 자본의 양과 자본의 구성요소, 그리고 시간의 흐름에 따른 이 두 속성의 변화로 규정할 수 있다. 사회에는 많은 계층과 계층의 하위 구성요소들이 있는데, 이것들은 실제 활용할 수 있는 자원과 권력으로 볼 수 있는 경제자본, 문화자본, 그리고 사회자본의 집합, 즉 전체 자본의 총량으로 주로 구분된다.[2] 사회계급의 분배는 이와 같이 서로 다른 자본들을 소유하고 이용하는 차이의 함수로, 경제자본, 문화자본, 사회자본을 가장 많이 보유한 사람들로부터 이러한 자본이 가장 결핍된 사람들에 걸쳐 분포되어 있다.

자본은 때로는 화폐의 형태를 지닐 수도 있지만 화폐와 다른 형태를 지닐 수도 있고, 형태가 분명할 수도 있지만 무형의 것일 수도 있다. 경제자본은 단순히 생산수단뿐 아니라 개인이나 집단이 소유하는 모든 물질적 자원을 가리키는 것이다. 한 계급의 구성원이 보유하고 있는 자본의 총량은 상속을 통해 부모로부터 물려받은 자본과 자신이 축적한 자본, 그리고 현재 자신의 수입의 총합이라고 할 수 있다. 대부분의 연구에서는 단순히 직업을 통한 임금소득에 주로 초점을 맞추고 있지만, 경제자본은 직업이나 고용상의 지위로 인해 얻을 수 있는 임금 이외의 소득을 포함하며 주택의 소유상태 같은 자산도 포함된다. 개인이나 가족들이 자신들이 소유한 경제자본을 계산하는 것은 비교적 용이하다. 학력과 출신대학의 특성에 따라 소득이 다르고, 시간이 지나면서 이러한 임금소득의 차이는 생활방식의 차이를 만든다. 우리는 부자들이 모두 동질집

2) Bourdieu, P.(1984). *Distinction: A Social Critique of the Judgement of Taste*. Cambridge, MA: Harvard University Press. p. 114.

단이라고 생각하는 경향이 있지만, 부르디외는 경제 집단들 간에 나타나는 차이를 강조했다. 같은 사회계급 안에서도 보유한 경제자본, 문화자본, 사회자본이 다 다르고, 부자 중에도 재벌 같은 갑부들이 존재해 경제적 측면뿐 아니라 생활방식에도 차이가 있다는 것이다.

부르디외의 사회자본과 문화자본 개념은 경제자본처럼 정의하고 측정하는 것이 용이하지 않지만, 습득, 사용, 교환의 논리를 따른다는 점에서 경제자본과 유사하다. 문화자본은 베버의 지위문화 개념과 유사하며, 형식적인 교육과 비형식적인 일상의 문화적 경험이 개인의 문화적 역량을 어떻게 강화하여 특정 지위로 연결시켜주는지와 관련된다. 각 사회계급은 그들만의 고유한 문화가 있고, 개인들은 사회계급과 상관없이 특정한 문화적 역량을 갖고 있다. 같은 이유로, 서로 다른 사회적 맥락은 특정한 문화적 역량에 상이한 가치를 부여한다. 즉, 미술전시회에서 멋지게 보이는 것과 야구경기장에서 멋지게 보이는 것은 다른 문화적 역량을 요구한다. 그럼에도 불구하고 객관적으로 위계화된 사회질서 속에서, 어떤 능력들은 다른 것들보다 더 가치 있게 평가된다. 특히 가장 높은 가치가 부여되는 것은 상류계층의 문화이다. 이것은 상류계층의 문화가 실제로 더 큰 가치가 있기 때문이 아니라, 상류계층이 그들의 특권적인 위치를 이용하여 배제와 포함의 전략을 사용할 수 있기 때문이다. 그리고 이 전략들은 그들이 가치 있다고 생각하지 않는 문화와 취향 사이에서 계층적 구분을 제도화하고 정당화한다.[3)]

문화자본은 예술과 문화에 관한 지식, 취향과 선호, 문화적 기술 등 여러 측면을 담고 있다. 특히 부르디외는 문화자본을 형태에 따라 문화상품의 형태로 존재하는 '객체화된 상태(objectified state)', 지식, 교양, 취미와 같이 일정한 시간의 투자가 필요한 '체화된 상태(embodied state)', 그리고 대학의 학위와 같이 사회적 정당성을 지니는 '제도화된 상태(institutionalized state)'로 구분

3) Bourdieu, P.(1984). 전게서. pp. 23-28.

하고 있다.[4] 문화자본, 특히 취향과 같이 체화된 문화자본은 경제자본처럼 항목별로 구분하여 측정하기 어렵다. 개인이 교육받은 햇수를 계산하는 것은 쉽지만, 교육은 문화자본을 구성하는 일부에 불과하다. 문화자본을 측정하기 위해서는 우리가 일상적으로 편안하게 선택하는 것이 무엇인지에 대한 정교한 분류와 평가체계를 필요로 한다. 미국에서는 이념적 성향에 따라 문화적 취향의 선호도 달라서 민주당 정치인들은 경쟁자인 공화당 정치인들이 샤르도네와 루콜라를 맥주와 양상추보다 좋아한다는 이유만으로 이들이 일반 대중과 거리를 둔다고 공개적으로 비판한다.[5] 최근 소셜 미디어를 통해 자신들의 서민적 취향을 홍보하여 대중적인 호감과 관심을 높이려는 재벌 총수들에 관한 보도들이 심심치 않게 나오고 있는 것도 어떻게 보면 계층 간의 취향 차이가 실재한다는 것을 역설적으로 보여주는 예시라고 할 수 있다.

한편, 사회자본(social capital)은 관계를 맺고 있는 사람들 사이의 지속적인 네트워크 속에서 형성되는 자산으로, 필요시 개인이 동원할 수 있는 인맥의 총합이다. 가까운 지인들이 가지고 있는 경제자본, 문화자본, 사회자본의 크기에 따라 우리의 생활방식과 삶의 결과는 달라질 수 있다. 한국사회에서 학연이나 지연이 중시된다고 말할 때, 이것 역시 출신학교나 지역이 같은 사람들 간에 형성된 일종의 사회자본이다. 부르디외는 이와 같은 사회자본의 크기가 개인이 동원할 수 있는 인적 네트워크의 규모와 그 네트워크에 포함된 각 개인이 소유한 자본의 크기와 영향력에 달려있다고 보았다. 그리고 사회자본을 문화자본과 달리 학업성취에 직접적으로 영향을 미치기보다는 그 이후의 지위 획득과정에 영향을 미치는 요인으로 보았다.

사회자본의 측정은 경제자본의 측정보다 어렵지만, 문화자본의 측정만큼

---

4) Bourdieu, P.(1984). 전게서. pp. 23-28.

5) Dillon, M.(2010). *Introduction to Sociological Theory: Theorists, Concepts, and their Applicability to the Twenty-First Century*. Wiley-Blackwell. p. 407.

미묘하지는 않다. 우리는 친구의 목록을 작성할 수 있고 우리를 모임에 초대할 사람들의 목록을 작성할 수 있지만, 어떤 목록에 있는 누구에게 더 비중을 둘지는 좀 더 미묘한 문제이다. 사회자본을 측정할 때 그 양은 목록의 사람 수가 아니라, 우리가 아는 사람들이 얼마나 중요한 사람들인가, 즉 얼마만큼의 경제자본, 문화자본, 사회자본을 가졌는지, 그리고 그것을 우리를 위해 활용할 용의가 있는지에 달려있다. 대학에 있는 친구 아버지를 통해 대학원 진학에 필요한 정보와 인턴십의 기회를 얻고, 결국 졸업 후 좋은 일자리로 연결된다. 그리고 이에 대한 품앗이로 기꺼이 친구에게도 유사한 도움을 준다. 이런 일은 특히 입시와 관련하여 매우 부적절하고 부당한 일이지만 실제로 일어나고 있는 일이다. 이와 같이 경제자본, 문화자본, 사회자본은 각각 독립적인 자본이지만 서로 연결되어 있다.

부르디외는 이와 같이 서로 다른 유형의 자본 간의 관계와 교환의 조건에 대해 관심을 두고 연구했다. 모든 유형의 자본들은 상호교환이 가능하기 때문에, 다른 유형의 자본을 획득하기 위해 한 가지 자본을 이용할 수 있다. 돈이 많으면 값비싼 미술품을 구입할 수 있다. 그러나 단지 미술품을 소유한다는 것만으로 문화자본을 갖고 있다고 보기 어렵다. 그 작품을 편안하게 감상할 수 있는 내적 감수성과 문화적 역량을 갖추어야 문화자본이라고 할 수 있기 때문에 전문가들을 고용하여 예술품에 대한 안목이나 지식을 넓히고 전시회 등을 방문하면서 안목을 기를 수 있다. 그리고 이렇게 장만한 고가의 미술품들을 다시 되팔아 경제자본으로 환원시킬 수 있다.[6]

반면 문화자본은 많지만, 경제자본이 적은 미술사학자들은 자신들의 전문성을 바탕으로 부자들에게 조언을 해주면서 경제자본을 늘릴 수 있고, 이를 통해 명성을 쌓아 그들의 문화자본을 공고히 함으로써 제도화된 예술과 문화 분야에서 그들의 지위를 높일 수 있다. 부르디외는 이러한 명성과 같은 자본을

6) Dillon, M.(2010). 전게서. p. 409.

상징자본(symbolic capital)으로 불렸는데, 상징자본은 특정 자본을 보다 정통성이 있는 것으로 승인하여, 자의적인 질서를 정당화하는 사회적 의미체계를 형성한다.[7)]

가정과 학교의 문화자본

부르디외는 세 가지 자본에 대해 논의했지만, 사회적 불평등을 만들고 재생산하는 경제자본과 문화자본의 역할에 가장 주목했다. 경제자본과 문화자본은 각 계급의 구성원들이 자신들의 계급적 경계를 설정해감으로써 사회경제적인 불평등의 객관적인 조건을 창출하기 위해 동원하는 두 가지 자원이다. 따라서 한 개인이 보유하고 있는 경제자본과 문화자본의 총량은 그의 생활양식과 소비행태를 결정하는 중요한 자원이 된다. 이 두 자본은 서로 연결되어 있지만, 분석적 차원에서는 독립적이다. 즉, 한 개인이 경제자본이 많더라도 객관적으로 가치 있는 문화자본은 많이 갖고 있지 않을 수 있고, 그 반대의 경우도 있을 수 있다. 벼락부자가 된 사람들은 많은 재산에도 불구하고 문화자본이 부족해 사회경제적 지위가 높은 사람들의 모임에서 잘 어울리지 못할 수 있다.

부르디외는 경제자본과 문화자본의 관계가 자동적으로 정해지는 것은 아니며, 개인들이 그들의 경제자본을 활용하는 방식에 자율성이 있기 때문에 사회경제적 배경이나 출신 계급이 유사한 사람들 사이에도 경제자본과 문화자본의 차이가 나타난다고 보았다. 어떤 경우에든 부르디외가 강조하고자 한 자본의 개념은 소유의 의미보다는 특정 개인과 사회계급이 그들의 지위를 보여주고 확고히 하며, 바꾸기 위해 자본을 이용한다는 것이다.[8)] 많은 실증연구들이

7) Bourdieu, P.(1984). 전게서. p. 291.
8) Dillon, M.(2010). 전게서. p. 410.

상대적으로 가난한 가정에서 태어난 사람이 교육자본(학력)을 통해 상당한 양의 자본을 가질 수 있음을 보여주고 있다. 그러나 동시에 사회경제적 배경과 교육자본 사이에는 밀접한 정적 상관관계가 있다. 이는 높은 사회경제적 지위를 가진 가정에서 자란 아이가 낮은 사회경제적 지위를 가진 가정에서 자란 아이에 비해 더 많은 교육자본을 획득하고 경제적으로도 성공한다는 의미이다. 부르디외 역시 교육자본(educational capital)이 출신 가정의 사회경제적 수준을 보여준다고 보았다. 언어구사력과 어휘력은 인지적 능력뿐 아니라 아이들이 성장하는 가정의 사회적 맥락에 의해 영향을 받기 때문이다.[9)]

부르디외는 제도적 영역(institutional field)이라는 용어를 사용하는데, 이는 일반적으로 사회학에서 경제, 가족, 법, 교육, 문화, 종교 등으로 분류하는 사회제도들을 의미한다. 이런 분류를 통해 부르디외는 한 가지 제도 내에서의 실천 논리가 다른 제도와 어떻게 다른지 밝히고, 모든 제도들이 각각의 영역에서, 그리고 전체 사회에서 불평등을 재생산하는 방식을 연구하였다. 학교는 가정이나 경제와 같은 다른 영역의 제도들로부터 독립적으로 작동하는 제도라고 생각하기 쉽지만, 실상은 크게 다르다. 가정에서의 사회화 과정과 학교에서의 공식적인 교육과정은 문화자본을 획득할 수 있는 두 가지 원천이다. 문화자본을 가진 가정에서 자란 아이들은 일상적으로 독서, 미술관 방문, 여행 등과 같은 다양한 문화경험은 물론 시간 지키기, 과제 완수하기, 지식을 중요하게 생각하기, 독서 습관 등 학교에서의 성공에 필요한 성향과 습관을 자연스럽게 형성한다. 이런 습관은 학급에서는 물론 친구관계와 같은 다양한 일상 활동 속에서 성공할 수 있게 하는 습관을 함양한다. 부르디외는 이렇게 습득된 습관이 학교의 공식적 교육과정을 성공적으로 마치는 데 도움이 된다고 보았다.[10)]

학업적 성공은 직업적, 경제적 기회와 성공에 필요한 신임장으로 이어진

9) Lareau, A.(2003). *Unequal Childhoods*. Berkeley: University of California Press.
10) Bourdieu, P.(1984). 전게서. p. 23.

다.[11] 그리고 개인들이 학위를 바탕으로 상류계급의 구성원이 되는 데 필수적인 문화적 특성들을 자연스럽게 받아들일 수 있는 능력인 교양과 세련된 취향을 개발하는 데 중요하다. 가정과 학교는 모두 문화전수에 관여하고 이 두 제도는 문화자본과 경제자본의 축적을 용이하게 하는 성향과 실천들을 강화하기 위해 서로 얽혀있다. 학교는 개인들에게 자격증을 부여하고 직업적 위계에 배치시키는 역할을 통해서, 그리고 개인들이 사회를 지각하고 평가하는 일정한 방식을 길러줌으로써 사회적 분업을 재생산하는 사회기관이다. 부르디외는 학교가 특정 문화자본에 가치를 부여하여 불평등한 사회구조를 재생산한다고 주장한다. 즉, 학교교육은 지배계급의 문화자본을 소유한 학생이 더 높은 학업성취를 획득하는 데 유리하도록 작용하고 있다는 것이다.

한 계급의 구성원이 현재 보유하고 있는 문화자본에는 부모로부터 받은 가정교육의 영향과 공식적인 교육의 효과뿐만 아니라 현재의 계급에 도달하기까지 본인의 계급이동경로의 흔적이 모두 포함되어 있다.[12] 경제자본은 증여나 상속을 통해서 부모로부터 자식에게 상속될 수 있지만, 상속된 경제자본을 개인이 평생 그대로 보유하고 있는 것은 아니다. 일반적으로 연령이 증가함에 따라 경제자본의 보유량은 증가할 수 있지만 실직을 당하거나 직업을 바꾸는 경우 혹은 파산하는 경우처럼 경제자본이 감소할 수도 있다. 이처럼 한 개인의 생애에서 보유량이 달라질 수 있는 경제자본과 달리 문화자본은 최초로 그것을 습득했던 상태가 변하지 않고 그대로 남아있다.[13] 이런 이유 때문에 한 계급의 구성원이 보유하고 있는 문화자본의 양은 부모의 교육정도나 출신계급, 본인의 교육정도에 따라 달라진다.

11) Bourdieu, P.(1996). *The State Nobility: Elite Schools in the Field of Power*. Stanford: Stanford University Press. p. 336.

12) 장미혜(2001). 문화자본과 소비양식의 차이, 한국사회학 3(3), pp. 51-81.

13) Bourdieu, P.(1984). 전게서. p. 245.

불평등의 문화적 재생산

부르디외는 사회생활이 기본적으로 지위를 갖기 위한 지속적인 투쟁이라고 보았고, 경제적 투쟁뿐 아니라 문화자본을 축적하고 독점하기 위한 상징적 투쟁에도 가담한다고 주장한다. 문화자본은 사회적으로 가치 있는 것으로 규정된 상징적 부를 차지하기 위한 도구로, 한 계급이나 계급의 분파가 문화자본을 독점하면 그들의 이해관계에 따라 사회세계를 규정할 수 있는 능력이 부여된다. 그리고 이를 통해 기존의 사회질서가 재생산된다. 사회적 불평등을 재생산하는 학교의 역할에 대한 부르디외의 관점은 교육사회학에 큰 영향을 미쳤다. 마르크스주의 경제학자인 보울즈와 긴티스가 경제구조에 초점을 맞추어 학교가 사회분업과 계급구조를 재생산한다고 주장한 데 반해, 부르디외는 문화자본에 초점을 두고 학교의 재생산 기능을 설명한다. 이런 점에서 보울즈와 긴티스의 상응이론은 '경제적 재생산이론'으로, 그리고 부르디외의 관점은 '문화적 재생산이론'으로 지칭된다.

문화적 재생산을 주장하는 학자들은 학교교육이 문화적 불평등을 지속, 심화시키는 역할을 담당함으로써 임의적인 권력관계가 유지되는 데 기여한다고 보았는데, 학교가 가르치는 교육과정의 내용은 일반적으로 알려진 것처럼 가치중립적인 것이 아니며 오랜 역사를 통해 검증된 문화의 진수라 할 수 있는 중핵문화가 아니라고 주장한다. 오히려 특정 계급, 지배계급의 문화가 일방적으로 가르쳐지고 있다는 것이다. 즉, 학교가 임의로 지배집단의 문화를 교육과정으로 택해서 음악시간에 서양의 클래식 음악을, 그리고 미술시간에 서양 근대 화가들의 작품을 더 수준 높은 고급문화로 가르친다는 것이다. 이 밖에도 영국과 미국의 엘리트 학교에서 라틴어를 가르치고 중산층의 영어를 표준영어로 가르치는 등 다양한 방식의 '가치 부여'가 존재한다. 이것은 집단 간의 임의적인 권력관계의 불평등이 자연스러운 것으로 보이도록 하는 일종의 정당화

과정이다.

학교는 순종과 복종을 드러내서 주입하지 않으면서도 구조적인 불평등이 유지되고 재생산되도록 하는 상징적 기관으로 지배문화의 생산과 분배를 담당함으로써 불평등한 권력관계를 재생산한다. 문화는 보편적이거나 중립적인 것이 아님에도 불구하고 특정 계급의 문화가 모든 사회구성원이 공유해야 하는 문화체계로 간주되는 것은 일종의 폭력이다. 이와 같이 지배계급의 문화를 피지배계급에게 부과하는 것, 특히 피지배계급으로 하여금 지배적 문화는 합리적인 반면 자신의 문화는 비합리적인 것으로 인식하지 않을 수 없게 만드는 것을 부르디외는 상징적 폭력(symbolic violence)이라고 보았다.[14] 이러한 논리에 의하면 학교는 지배계급이 임의적 권력을 바탕으로 자신들의 문화를 정통성 있는 문화로 전수하는 상징적 폭력이 행사되는 곳이다.

학교가 지배계급의 문화를 보편적인 가치를 가진 문화로 인정하고 모든 학생에게 가르치기 때문에 지배계급의 자녀들은 학업성취와 학교활동에서 절대적으로 유리하다. 지배계급의 문화에서 학교지식이 도출되고 교육과정으로 조직되므로 지배계급의 자녀들은 가정에서부터 익숙한 자신들의 문화를 배우게 되는 반면, 피지배계급의 자녀들은 생소한 문화를 배우게 된다. 지배집단은 이 이점을 바탕으로 쉽게 높은 학력을 성취할 수 있다. 부르디외는 문화자본이 성적, 학력, 학벌 등으로 계량화, 객관화되어 제도화된 문화자본으로 작용하게 된다고 보았다. 즉, 문화자본은 제도화되어 사회계급을 배분하는 준거로서 보편타당성을 갖게 된다.

제2차 세계대전 이후 전 세계적으로 교육이 확대되고, 특히 미국을 비롯한 서구국가에서 고등교육이 급속하게 확대되면서 교육은 경제성장과 중산층을 확대하는 중요한 제도로 인식되기 시작하였다. 이러한 배경에서 사회학자들은 물론 정책결정자들이 교육을 지식과 가치를 전수하고 개인들의 사회이동을

14) 오욱환(2003). 교육사회학의 이해와 탐구. 교육과학사. p. 148.

가능하게 하며, 사회진보와 근대화를 이루기 위한 효율적인 제도로 인식하기 시작하였다. 이러한 관점을 가장 잘 반영한 교육사회학의 이론이 앞에서 살펴본 파슨스를 위시한 기능론자들의 이론이다. 그러나 기능이론은 보울즈와 긴티스 같은 마르크스주의자들에 의해 반박된다. 그리고 여기서 더 나아가 부르디외의 관점은 기능이론은 물론 학교를 자본주의 구조와 이데올로기를 지키기 위한 장치로 보았던 마르크스주의 관점과도 차별화되는 이론적 시각을 제시한 것이다.

부르디외는 학교가 문화자본을 생산하고 전수하는 기능을 함에 있어서 가정이나 사회계급으로부터 어느 정도 독립적일 수 있다는 점을 강조한다. 동시에 부르디외는 이러한 자율성에도 불구하고 교육제도가 그것에 선행하여 존재하는 사회경제적 불평등을 재생산하도록 배치된 제도라는 점을 강조한다. 그러나 이러한 재생산의 결과가 자동적인 것은 아니라는 점이 중요하다. 문화자본과 경제자본을 분석적으로 구분한 것은 특권과 불평등의 재생산이 완벽하게 구현되지 않을 수 있는 가능성을 키운다.

한편, 부르디외의 분석은 교육자본이 단지 상승이동의 수단일 뿐 아니라 계급 간 경쟁에서 어떻게 힘을 발휘하는지를 부각시킨다. 계층 간 경쟁은 교육기회가 확대되어 하위계층의 대학 취학률이 높아지면서 가열되었다. 그리고 보수가 높은 직장에 들어가기 위해 능력과 학위의 중요성이 커진 것과 관련이 깊다. 부르디외의 문화자본과 교육에 대한 분석은 프랑스의 학교에 대한 그의 경험적 연구에 기초한다.[15] 따라서 그의 교육이론은 추상적인 일반화로부터 연역된 것이라기보다는 특정한 사회문화적 배경에 기반을 둔 것이다. 그러나 미국을 비롯해 국내 연구들도 가정배경이 교육에 미치는 영향과 문화자본과 경제자본을 전수하는 학교의 역할에 대한 부르디외의 통찰을 뒷받침하고 있

15) Bourdieu, P. & J. Passeron(1971). *Reproduction: In Education, Culture, and Society*. Beverly Hills, CA: Sage.

다. 하버드나 예일 같은 미국 엘리트 대학의 학생 선발과정을 보면, 일부 중류층과 하위계층의 가정배경을 가진 학생들이 입학하고 있지만 동문 자녀들을 선호하는 경향이 두드러지게 나타나는데, 이는 이들 대학이 상위계층의 재생산을 위한 폐쇄적 장치라는 것을 의미한다.[16)]

사회정책의 관점에서 부르디외의 주장은 도전적인 쟁점을 제기한다. 비록 그가 상승이동의 가능성을 열어두고 있지만, 개인의 계급적 지위 결정에 핵심적인 요인으로 가정의 문화자본을 강조하고 있는 것은 사회경제적 취약계층을 위해 고등교육을 장려하는 자유주의적 정책의 취약점을 드러내는 것이다. 교육기회에 대한 그의 분석이 높은 계급적 배경에 수반되는 문화적 능력 없이는 계급 간 경제적, 그리고 문화적 차이를 균등하게 하는 데 실질적인 진척을 이루기 어렵다는 것을 시사하기 때문이다.[17)] 가족 중에 처음으로, 혹은 주변에서 아주 소수만이 대학에 진학하는 환경에 있는 개인들이 대학에 입학하면 모든 것이 익숙하지 않고 부자연스러운 상황에 놓이기 쉽다. 이런 상황에서 이들은 보다 소극적일 수밖에 없고 교수들에게 도움을 청하는 데도 어려움을 겪을 수 있어서, 결과적으로 좋은 학점을 받는 것이 어려워진다. 따라서 노동계층 학생들이 대학을 졸업할 경우, 대학을 나오지 않은 같은 환경의 사람들보다 경제적으로 성공할 가능성이 높은 것이 사실이더라도, 평균적으로 중산층 학생들만큼 대학에서, 그리고 졸업 후에 성공할 가능성은 낮다. 이것은 노동계층 학생들이 학교에서 획득되고 보상받는 중산층 문화에 대해 편안하게 느끼지 못하도록 만드는 노동계층 문화에 기인한 불리함이다.

16) Karabel, J.(2005). *The Chosen: The Hidden History of Admission at Harvard, Yale, and Princeton*. Boston: Houghton Mifflin.

17) Dillon, M.(2010). 전게서. p. 414.

계급 취향과 문화적 아비투스

부르디외의 교육과 문화자본에 대한 분석은 일상의 습관이 어떻게 사회계층 간 차이를 반영하고 재생산하는가에 관한 보다 큰 관심의 일부라고 할 수 있다. 그는 개인의 취향이 사회계층에 따라서 달라진다고 보았다. 옷을 입는 스타일이나 커피를 마시는 습관처럼 개인의 감각적, 미적 선호에 따른 고유한 취향처럼 보이는 것들도 사실은 가정이나 학교에서 그것을 높이 평가하고 좋아하도록 배운 것들, 그리고 우리가 살고 있고 성장한 사회적인 조건과 계급문화의 산물이라는 점이다. 우리가 학교와 대학에서 이러한 심미적 기호를 표현하는 언어적 수단들을 배우지만, 이러한 기질이나 취향은 형식적인 학습의 결과는 아니다. 오히려 취향은 부르디외가 문화적 아비투스(habitus)라고 칭한, 우리가 지속적으로 세계와 일상적인 현상들을 경험하고, 인식하며 해석하는 틀인 체화된 일상적 취향과 성향을 반영한다.[18)]

우리는 이러한 문화적 아비투스를 가정에서의 일상생활을 통해 반복적으로 경험한다. 아비투스는 내면화된 계급구조로, 경제적 계급구분과 계급구성원들의 문화적 상징 및 생활양식을 매개한다. 아비투스는 개인의 문화적 능력과 취향에 깊이 체화되어 있기 때문에 자연스럽게 보이고 그것의 사회적 기원을 감춘다. 즉, 계급구분은 사회화와 교육을 통해 계급적 아비투스를 주입함으로써 필연적으로 문화적 구분을 생산하고, 이를 통해 상이한 문화자본을 생산하여 문화적 지배의 기능을 수행한다.[19)]

한편, 아비투스는 개인적 수준을 넘어서 집합적 수준에서 형성된 사회적 구성물로서, 개인들은 사회적 위치에 따라 서로 다른 경험을 하면서 자신의

---

18) Bourdieu, P.(1984). 전게서. p. 101.

19) 양종희(2009). 문화적 취향의 분화와 계급: 음악 장르를 중심으로. 한국사회학 43(5), pp. 170-209.

경험에 부합하는 특정 조합의 성향체계를 내면화하기 때문에 서로 사회적 위치가 달라서 경험이 다른 사회집단들은 아비투스가 다르다. 이러한 계급에 따른 취향의 차이는 가족을 통해 양육되고 비슷한 배경을 지닌 또래들과 접촉하고 교육을 받으며 사회화되는 과정에서 형성된다. 따라서 개인들은 사회적 위치에 따라 서로 다른 취향과 가치관을 지니게 되고, 그 결과 소비행위와 생활양식 등 문화의 차별성이 생겨난다.[20] 예를 들면, 노동계급은 몸매보다 육체적인 힘에 더 관심을 기울이며 싸고 영양가 있는 식품들을 구매하는 반면, 전문직 종사자들은 맛있고 건강에 도움이 되며, 가볍고 살이 찌지 않는 식품들을 선호한다. 또한 노동계급은 먹는 것을 체력을 증진하고 보충하는 기능적인 과업으로 생각하며 상차림에는 관심을 두지 않는다. 또한 남성이 여성보다 기름진 음식을 더 많이 먹어야 한다는 성별에 따른 구분이 존재한다. 반면 상류계급에서는 신체적인 기능보다는 열량이 낮고 질이 좋은 음식으로 소식을 하는 것을 선호하며 식사를 일종의 사회적 의식(social ceremony)으로 인식한다.[21]

이와 같이 취향은 사회계급이 처한 상황에 좌우되기 때문에 사회계급은 각기 고유한 계급적 아비투스와 계급 구성원들의 선택을 통해 드러나는 일련의 취향을 만들어낸다. 부르디외에 따르면, 상류층의 아비투스는 미술품과 음악은 물론, 의복, 음식, 가구와 같은 일상적인 소비재의 경우에도 그것의 실용적인 기능보다는 스타일을 중시하는 심미적 성향으로 나타난다. 이런 성향은 이들이 경제적으로 자유롭기 때문에 누릴 수 있는 경제자본과 문화자본의 위력을 상징한다. 반면, 노동계급에서는 필요가 취향을 만든다. 이들에게 중요한 것은 기능성과 실용성이다. 그러나 경제적 요인이 지배적이긴 하지만 이들의 선택이 오로지 경제적인 이유에 의한 것만은 아니다. 각 계층은 그들이 가진

20) 조돈문(2005). 한국사회의 계급과 문화: 문화자본론 가설들의 경험적 검증을 중심으로. 한국사회학, 39(2). pp. 1-33.

21) Bourdieu, P.(1984). 전게서. p. 196.

경제자본과 문화자본을 고려하여 그들의 상징자본, 즉 집단 구성원들의 인정과 평판을 높이기 위한 합리적이고 전략적인 투자를 한다.

서양에서 문화가 고급문화와 대중문화로 구분되고 상층계급, 특히 성직자와 고등교육을 받은 엘리트들이 대중문화를 공격하면서 거리를 두기 시작한 것은 16세기부터라고 한다.[22] 특히 산업혁명을 전후로 대중문화가 양산되면서 엘리트들은 고급문화와 대중문화를 첨예하게 대립시켜 보면서 대중문화를 비판했다. 독일 프랑크푸르트학파의 비판이론은 대중문화에 대해 가장 강력하게 비판한 이론 중 하나인데 표준화되고 동질화된 상품으로서 대중문화는 소외된 대중들에게 오락을 제공함으로써 대리만족을 하게 하고, 이를 통해 기존 질서에 대한 도전을 차단한다고 보았다. 문화산업으로 생산된 대중문화는 자본주의 계급구조를 정당화하고 재생산하는 데 봉사하는 이데올로기로 기능한다는 것이다.[23] 이와 같이 문화가 기존의 계급구조를 정당화하고 재생산한다는 발상은 부르디외에 의해서 더욱 정교한 이론으로 발전했다.

한마디로 취향은 하루아침에 만들어지는 것이 아니며, 취향의 차이가 사회적 신분을 구별 짓는다. 우리의 취향에 대한 판단은 우리를 사회화하는 가정과 사회계급의 상호작용에 의해 조건화된다. 저녁으로 무엇을 먹고, 요리는 누가 하고, 저녁을 먹으며 나누는 대화의 소재가 무엇인지 등 일상의 반복되는 실천들을 통해서 우리는 이러한 조건들을 내면화하고, 그것에 맞게 행동한다. 거시적인 사회구조, 즉 계층화, 성역할 사회화, 가족, 종교와 같은 구조들이 개인들의 일상생활 속에서 제도화되는 것은 이러한 일상적인 실천을 통해서이다.

각기 다른 사회계급은 일상적인 취미와 소비습관, 그리고 다른 계급과 구분

22) 양종희(2009). 문화적 취향의 분화와 계급: 음악 장르를 중심으로. 한국사회학 43(5). pp. 170-209. Burke, P. (1994). *Popular Culture in Early Modern Europe*. Burlington, VT: Ashgate.

23) Horkheimer, M. & T. Adorno(1972). *Dialectic of Enlightenment*. New York: The Seabury Press.

짓는 습관들의 실천을 통해 일종의 문화게임(culture game)을 즐긴다.[24] 부르디외는 불평등한 사회적 관계가 지속되는 것이 지배자와 피지배자가 모두 자의적인 권력관계를 정당한 것으로 오인하기 때문이라고 보았는데 문화, 교육, 예술, 법, 종교 같은 제도들은 이러한 문화게임의 구조와 규칙의 임의성을 오인하도록 만드는 장치들이다. 예를 들어 미술관을 방문하는 것이 경기장을 방문하는 것에 비해 문화적으로 더 가치가 있다는 신념은 자의적이지만, 희소한 자원의 분배를 둘러싼 상징적 투쟁의 불평등한 관계들을 유지하는 데는 필수적이다. 우리가 이런 신념이 자의적인 것이라고 인정하는 순간, 불평등한 계급관계와 사회적 관계들을 유지하기 위한 상징적 권력은 사라지고 사회질서도 바뀐다. 따라서 상징적 폭력은 사회적 행위자들이 자신이 참여하고 있는 집단적 활동의 정당성에 대한 믿음과 신뢰를 바탕으로 한다. 때문에 상징적 폭력은 잘 드러나지 않고 행위자들은 잘못된 신념을 정당한 것으로 인식하여 의식적으로나 무의식적으로 불평등의 재생산에 공모하고 있다.

경제적으로 조건화된 계급문화는 계급 간의 객관적인 차이를 강화하고 계급 불평등을 재생산한다. 노동계급이 자신의 계급적 아비투스에 대해 갖는 편안함이나 친근함은 이들이 대학처럼 정통문화를 표방하는 제도적 공간에 참여하는 것에 관심을 덜 갖고 권리로 인식하지 못하도록 만든다. 결국 노동계급의 취향은 노동계급 아이들의 교육적 성공과 사회이동을 막는, 객관적으로 구조화되고 주관적으로 느껴지는 장애물이다. 그러나 일단 이것을 한번 깨게 되면 정통문화에 대해서도 보다 편안하게 느낄 수 있게 된다. 우리는 우리가 스스로 만드는 차이를 가지고 스스로를 구분한다.[25] 이러한 주장들은 부르디외 자신이 중하위계층 출신으로서 프랑스의 최고의 명문학교들을 거쳐 대학교수가 되기까지 체감한 그의 경험을 바탕으로 한 것이다.

24) Bourdieu, P.(1984). 전게서. p. 54.
25) Bourdieu, P.(1984). 전게서. p. 241.

한국사회의 문화자본

교육사회학에서 문화자본의 개념과 문화적 재생산에 관한 논의는 매우 비중있게 다루어져 왔고, 2000년대 중반 이후에는 학업성적과 문화자본의 관계에 대한 연구가 양적으로 증가하였다. 한국교육개발원의 종단자료를 활용한 김경근과 변수용의 연구에서는 부모의 문화자본을 골동품과 예술작품, 교양전문서적 소유 등을 통해 측정하고, 자녀의 문화자본은 문화활동 참여와 독서 습관으로 측정하여 문화자본이 학업성취에 미치는 영향을 분석하였다. 연구결과 부모의 문화자본과 자녀의 문화자본 중 독서습관은 학업성취에 독립적인 영향을 미치는 것으로 나타난 반면, 학생의 문화 활동 참여는 학업에 오히려 부정적인 영향을 미치는 것으로 나타났다. 문화활동 참여시간과 학업성적 간의 부적 관계는 입시준비 위주의 교육풍토 때문인 것으로 해석된다.[26] 즉, 학생들의 문화활동 참여가 학습시간 감소를 의미하는 한국교육 현실의 특수성이 반영된 연구결과라고 볼 수 있다. 또 다른 연구로 한국직업능력개발원의 패널데이터를 사용한 김현주와 이병훈의 연구에서는 연간 지출한 문화생활비와 가족과의 문화활동 참여 같은 지표로 측정한 문화자본이 가정의 사회경제적 배경이 자녀의 학업성취에 미치는 영향을 매개하는 것으로 나타났다.[27] 이는 부모의 경제자본이 문화자본과 결합되었을 때 자녀의 학업성취에 영향을 미칠 수 있다는 의미이다.

한편, 학생들의 문화자본 보유와 학업적 보상에 대한 교사들의 인식을 살펴본 백병부의 연구에서는 사회경제적 배경에 따라 학생들의 해외여행이나 체류

26) 김경근, 변수용(2007). 한국사회에서의 학업성취에 대한 문화자본의 영향. 교육사회학연구, 17(1). pp. 23-51.

27) 김현주, 이병훈(2007). 자녀의 학업성취에 미치는 가족배경, 사회자본 및 문화자본의 영향. 한국인구학, 30(1). pp. 125-148.

경험에 차이가 분명하지만, 고급문화활동이나 독서에 있어서는 차이가 나타나지 않았다. 그리고 학생들의 고급문화활동 경험이 상대적으로 고급문화활동을 많이 경험한 일부 교사나 친구들 사이에서 인정을 받기는 하지만, 대부분의 교사들로부터 특별한 보상을 받지 못하고 있는 것으로 나타났다.[28] 이 연구에서 교사들은 고급문화활동에 대해 특별한 가치를 부여하지 않고 있었고, 고급문화활동을 많이 한 학생들이 다른 학생들과 좋은 관계를 맺지 못할 때는 오히려 부정적인 인식을 갖기도 하였다. 특히 평가와 관련해서는 외부의 압력을 최소화하기 위해 객관적으로 입증이 가능하고 다른 교사들이 동의하는 교수와 평가방식을 선호하고 있었다. 그리고 이러한 교사들의 인식은 학생과 교사들의 문화적 역량이 충분히 발휘될 수 없는 형태의 수업과 평가로 이어진다. 결국 한국사회에서 고급문화활동에 대한 학업적 보상은 서구에 비해 매우 낮다는 것이다.

이러한 결과들은 한국교육에서 문화자본의 영향력이 제한적임을 보여주는 한편, 한국사회에서 적용할 수 있는 문화자본에 대한 정의와 척도가 필요하다는 것을 시사한다. 같은 맥락에서 한국사회에 문화자본이 존재하는지, 그렇다면 어떤 형태로 존재하는지 이해하려는 연구들도 꾸준히 진행되고 있다. 이러한 연구들은 문화자본과 계급재생산에 관한 연구, 계급과 문화적 취향의 분화에 관한 연구, 한국사회 문화자본의 속성을 규명하려는 연구 등으로 정리할 수 있다.[29] 우선, 한국사회에서 계급재생산의 숨겨진 경로로서 서양 고전음악에 주목한 최샛별의 연구에서는 서양 고전음악을 전공한 여성들에 대한 연구를 통해 한국사회에서 부모의 경제자본을 토대로 체화된 문화자본이 사회적으로 인정받는 제도화된 문화자본으로 전환되고, 제도화된 문화자본이 비슷한 사회문화적 배경을 가진 사람들 간의 결혼을 통해 계층을 공고화해가는 과정

28) 백병부(2012). 문화자본 보유 및 학업적 보상 양상에 대한 교사들의 인식. 교육사회학연구, 22(2). pp. 65-95.

29) 이상수, 이명진(2016). 한국사회에서 문화자본 연구의 가능성과 한계. 문화와 사회, 21, pp. 339-380.

을 분석하였다.[30] 서구사회의 고급문화라고 할 수 있는 고전음악은 우리 전통음악보다도 음악 교과과정에서 중요하게 다루어졌고, 부유한 가정에서 자녀들에게 피아노 같은 악기를 취미로 배우게 하며 음악회에 가거나 오페라를 감상하는 것은 고급문화활동으로 자리 잡았다. 생소한 서구문화가 빠르게 우리의 고급문화로 자리를 잡은 것은 해방 후 미국의 교육체제를 본뜬 학교교육의 영향이 컸고, 영어구사력과 미국 유학이 출셋길을 열어 주었던 역사적 혼란기의 경험을 통한 것이다. 현재도 한국사회에서 영어를 잘한다는 것은 사회적 성공과 직결된다. 영어실력이 개인의 능력이라고 생각하기 쉽지만 부모의 경제자본과 문화자본에 밀접히 연관된 체화된 문화자본이라는 것을 부인하기 어렵다.

세계화와 더불어 영어가 글로벌 문화자본이 됨에 따라 영어자본의 중요성은 더욱 커지고 있다. 미국대학으로의 유학은 한국사회에서 중요한 글로벌 문화자본으로 인식된다. 이런 관점에서 부르디외의 문화자본 개념은 국가의 경계를 넘어 적용될 수 있다. 미국에서 유학하는 한국 유학생들에 대한 심층면접을 통해 이들이 미국유학을 선택한 동기와 이들의 포부가 사회경제적 계급재생산에 어떻게 연결되는지 살펴본 김종영의 연구는 유학의 가장 중요한 동기가 미국대학의 학위취득을 통한 계층적 지위 향상이라는 것을 보여준다.[31] 한국사회에서 미국대학의 학위가 문화적 배제의 도구로 이용됨으로써 의미 있는 문화적 자원으로 기능한다는 것이다. 글로벌한 위계구조 속에서 미국대학의 학위는 한국대학의 학위보다 가치 있는 것으로 인식되고, 이러한 현실에서 학생들은 미국유학을 통해 미국학위와 영어자본을 습득하여 글로벌 엘리트가 되고자 하는 열망을 갖게 된다.

한편, 계급 취향의 차이에 대한 부르디외의 관점을 따라 문화자본과 계급의

30) 최샛별(2002). 상류계층 공고화에 있어서의 상류계층 여성의 문화자본: 한국의 서양고전음악 전공여성 사례. 한국사회학, 36(1). pp. 113-144.

31) 김종영(2008). 글로벌 문화자본의 추구: 미국 유학 동기에 대한 심층면접 분석. 한국사회학, 42(6). pp. 68-105.

상응성에 주목한 연구들은 한국사회에서 계급별로 문화적 취향에 위계가 존재하는지에 관심을 갖는다. 이러한 연구들은 물질적인 소비에 비해 문화예술적 소비가 계급 간의 경계를 드러내주는 영역이며, 문화 활동 참여를 설명하는 데 있어서 계급과 성장기의 문화자본이 중요한 요인으로 기능한다는 것을 보여주고 있다.[32] 또한 2007년 한국종합사회조사 자료 가운데 음악장르, 여가활동, TV프로그램에 대한 문항들을 분석하여 한국사회의 문화지형도를 살펴본 연구에 따르면, 한국사회에서 소득, 학력, 직업에 따른 뚜렷한 문화적 위계가 존재하여 계급을 축으로 고급문화와 하위문화가 구분되는 것으로 나타났다.[33] 소위 클래식 음악이나 오페라 관람 같은 활동의 경우 고급문화로 인식되는 반면, 영화 관람이나 대중음악 콘서트 관람과 같은 활동은 상대적으로 대중적인 문화 활동으로 인식되고 있다. 그리고 이러한 문화 활동의 위계가 직업을 기준으로 구분한 계급적 위계와 상응하는 것으로 나타나고 있다. 계급에 따른 문화적 차별성은 계급 내에서도 자본의 규모나 계급위치에 따라 달라진다. 조돈문은 현대사회에서 소비대상이 다양화되고 개인주의화가 심화되면서 계급에 따른 문화적 차별성이 사라질 것이라는 주장을 반박하면서, 여전히 계급 위계와 문화적 위계가 상응하고 있음을 보여주고 있다.[34]

문화자본 연구의 방향

고급문화가 의미하는 것은 나라마다 차이가 있고 계급적 위치가 문화에 영

32) 남은영(2010). 한국 중산층의 소비문화: 문화자본과 사회자본의 함의를 중심으로. 한국사회학, 44(4). pp. 126-161.

33) 최샛별, 이명진(2012). 음악장르, 여가활동, TV프로그램 선호분석을 통해 본 한국사회의 문화 지형도. 한국사회학, 46(2). pp. 34-60.

34) 조돈문(2005). 한국사회의 계급과 문화: 문화자본론 가설들의 경험적 검증을 중심으로. 한국사회학, 39(2). pp. 1-33.

향을 미치는 방식도 나라마다 다르다. 따라서 계급과 문화의 상응성에 대한 부르디외의 이론적 논의와 서구사회를 토대로 한 경험적 연구결과를 일반화하는 것은 신중을 요한다. 이러한 맥락에서 상층계급이 배타적인 문화를 통해서 하층계급과의 구별을 유지하고, 또 계급구조를 재생산한다는 부르디외의 주장에 대해 많은 미국의 학자들이 프랑스와 미국의 차이를 강조하면서 부르디외의 이론이 미국에 적용되기 어렵다고 지적한다.[35] 기본적으로 미국에서는 문화가 개인이나 집단의 선택의 문제이지, 문화 간의 엄격한 서열이나 배타적 경계가 존재하지 않는다는 것이다. 예를 들어, 미국에서는 상층계급의 경우에도 고급문화만을 배타적으로 선호하는 프랑스와 달리 대중문화를 하층계급과 공유한다. 또한 미국사회는 유럽국가들에 비해 사회이동이 활발하고 문화적 지역주의와 민족적 다양성이 강하며, 정치적으로 탈중심화되어 있다.[36] 이런 정치, 사회적 특성들은 유럽처럼 고급문화의 전통을 확립하는 데 적합하지 않고, 결과적으로 계급과 취향 간의 관계가 프랑스와 다를 수밖에 없다.

한편, 문화의 소비에만 초점을 맞추어 문화의 분화를 논의하는 경향에 대해 생산의 측면에서 볼 것을 제안하는 학자들도 있는데, 이는 특히 후기산업사회에서 문화가 중요한 산업으로 생산을 주도하고 있고, 이들이 생산하는 방식이 소비에 영향을 주고 있기 때문이다. 이런 관점에서 본다면 문화는 그 내용에 의해 분화되기보다는 그것이 생산되고 소비되는 환경에 따라 구분되어야 한다.[37] 사회연결망 서비스를 통해 빠르게 전파되고 소비되는 대중음악이나 고가의 그림을 공동구매하는 미술품 경매시장을 보면 현대사회에서 계급에 기초한 부르디외의 문화 개념이 갖는 제한점이 드러난다.

35) Peterson, R. A. & R. M. Kern(1996). Changing highbrow taste: From snob to omnivore. *American Sociological Review*, 61(5). pp. 900-907.

36) Lamont, M. & A. Lareau(1988). Cultural capital: Allusions, gaps and glissandos in recent theoretical development. *Sociological Theory,* 6. pp. 153-168.

37) 양종희(2009). 문화적 취향의 분화와 계급, 한국사회학, 43(5). pp. 170-209.

높은 사회이동성, 약한 고급문화의 전통 외에 오랫동안 미국식 민주주의와 평등주의의 영향을 받은 한국사회에서 문화적 취향은 계급과 다른 기반에 의해 형성되고 구분될 가능성이 있다. 부르디외의 문화자본론이 한국사회에서 경험적 근거에 기초해 지지되는지 2005년 시행된 실태조사 자료를 분석한 한신갑과 박근영의 연구에 따르면, 한국사회에서 문화적취향의 구조는 상층계급과 하층계급, 고급취향과 대중취향같이 어느 하나의 축을 중심으로 위계적으로 구성되어 있다기보다는 다양한 사회적 구분의 축들에 의해 동시 복합적으로 영향을 받는 것으로 나타난다. 또한 기존 연구에서 문화적 취향을 결정하는 것으로 보고된 계급, 경제자본, 문화자본 등의 독립변수들이 사회적 구분의 축이 될 수 있는 다른 변수들, 즉 성별, 연령, 거주지역 등을 함께 고려했을 때 대부분 설명력이 사라졌다.[38] 따라서 부르디외가 문화의 계급적 취향에 대한 자신의 이론이 매우 프랑스적임을 밝힌 것과 같이, 문화의 보편성과 특수성 사이의 긴장관계에 주의하면서 연구가 이루어져야 한다.

부르디외가 사용한 직업구분이나 여가활동 항목들은 모두 프랑스라는 독특한 역사적, 사회적, 문화적 맥락 속에서 나온 것들이어서, 이것을 한국적 상황에 맞추어 적용하는 것은 쉽지 않은 일이다. 또한 시대적 차이에도 주목할 필요가 있다. 즉, 부르디외가 활용한 자료들은 1963년에 이루어진 설문조사 자료로 지난 60년 동안 일어난 변화들을 감안한다면, 부르디외의 문화 개념을 한국사회에 적용하는 작업은 이러한 시간적, 공간적 차이를 고려해 매우 조심스럽게 이루어져야 한다. 따라서 미리 정해진 틀에 맞추어 사회적 위계와 문화적 위계의 지표들을 연결시킬 것이 아니라, 실제 자료에서 드러나는 결과들을 토대로 하여 사회적, 문화적 구분의 축 자체를 새로 구성할 필요가 있다. 일례로 서구사회의 경험적 연구에서는 고전음악과 대중음악의 축, 그리고 상층계

38) 한신갑, 박근영(2007). 「구별짓기」의 한국적 문법: 여가활동을 통해 본 2005 한국사회의 문화지형, 한국사회학, 41(2). pp. 211-239.

급과 하층계급의 축을 기준으로 음악적 취향과 사회적 공간의 차별화가 이루어지지만, 한국의 음악취향 구조는 고전음악과 대중음악보다는 외국음악과 한국음악을 구분의 축으로 한다.[39]

계급과 계층의 구분에 있어서도 한국사회의 역사적 특수성, 특히 급속한 사회변화를 고려하면 프랑스 상황과는 매우 다르다. 계급이 일상생활에서 구체적인 삶의 양식으로 표현되기 위해서는 생산양식 내에서의 위치뿐 아니라 사회적, 문화적 제도화 과정을 거쳐야 한다는 계급형성의 역사성에 관한 주장은 부르디외 이론의 근간을 이룬다. 따라서 한국사회에서 계급이 어느 정도로 문화적 정체성을 형성하고 있는지에 관한 연구가 필요하다. 무엇보다도 산업화와 함께 이루어진 대규모의 교육기회 확대와 소비사회의 도래 같은 사회변화를 감안하여 문화자본이나 경제자본이 생활양식에서의 위계적 차이로 얼마나 뚜렷하게 나타나고 있는지 고려할 필요가 있다. 그리고 빠른 구조적 변화와 높은 사회이동으로 인해 한국사회의 계급체계가 아직 유동적이라는 점도 고려할 부분이다. 즉 계급 간 차별화가 진행 중이긴 하지만, 아직 생활양식을 뚜렷이 차별화시킬 만큼 문화적 구분이 형성되지는 않았다는 해석을 할 수 있다.

이런 관점에서 보면 문화자본의 영향이 상대적으로 낮거나 잘 나타나지 않는다는 연구결과들이 부르디외 문화자본론에 대한 반증은 아니다. 계층 간 문화적 취향의 구분은 존재하며 문화는 계급 혹은 계층의 표지자로 기능한다. 최근의 경향은 문화적 선호가 다변화하고 있고 후기산업사회에서 문화적 취향과 소비는 사회구조와 관련되어 층화되기보다는 개인적 자기실현의 문제로서 포스트모던 문화의 발전과 밀접히 관련된 것으로 해석된다.[40] 이런 입장도 두 가지로 갈리는데, 문화적 취향이 전적으로 개인적 문제가 되어 어떤 위계서

39) 장미혜(2002). 예술적 취향의 차이와 문화자본. 홍성민 편. 「문화와 계급: 부르디외와 한국사회」. 동문선. pp. 87-120.

40) 양종희(2009). 문화적 취향의 분화와 계급, 한국사회학, 43(5), pp. 170-209.

열이나 집단으로 층화되지 않는다는 관점과 과거처럼 계급구조나 지위구조에 상응하는 방향으로 구조화되지는 않지만, 다른 사회인구학적 요인, 즉 성별, 연령 혹은 세대, 종교, 인종 등에 의해 구분되며 새로운 형태의 정체성 형성을 반영한다는 관점이다.

탈계급화, 개인화, 포스트모더니즘 등의 경향은 문화적 취향이나 소비에 계급과 지위의 효과가 아직 남아있지만 다른 요인에 비해 영향이 적고 점차 약화되는 경향을 보이고 있다는 주장을 뒷받침한다. 그리고 최근에는 고급문화와 대중문화의 구분 대신 미디어문화와 도시문화의 구분이 필요하다는 주장들도 제기되고 있다. 이것은 문화의 내용에 의한 구분이 아니고 그것이 창조되고 생산되고 전파되는 환경에 의한 구분이다. 소위 한류를 주도하는 K팝의 세계적인 인기는 문화적 취향의 분화가 소비생활에 의해 이루어지기보다는 생산되는 환경에 의해 이루어진다는 주장에 설득력을 실어준다. 계급이 문화적 취향의 분화를 결정하기보다는 문화에 의해 규정된 집단의 분화가 나타나고 있다고 볼 수 있다. 따라서 앞으로의 연구방향은 이러한 변화의 흐름을 고려해야 한다.

요약 및 쟁점

개인의 생활양식을 결정하는 것은 문화적 소비이고, 문화적 소비는 문화적 취향에 의존한다. 취향은 평가하고 구별하기를 통해서 차이를 만들고 감추는 획득된 성향이며 계급의 표시로 기능한다. 따라서 계급은 상이한 생활양식을 특징으로 하는 지위집단이다. 부르디외는 문화를 강조함으로써 사회적 불평등이 학교와 같은 거대한 사회구조와 기관들을 통해서만 발견되고 재생산되는 것이 아니라, 저녁식사 자리와 같은 일상의 장소들과 거기서 이루어지는 활동들을 통해서도 발견되고 재생산되고 있다는 점을 인식하도록 해주었다. 다양한 불평등을 생산하고 재생산하는 서로 연결되어 있는 제도들, 즉 국가, 경제, 대학, 대중매체, 광고, 스포츠, 교회 같은 제도들과 이 제도들을 통해 형성된 지배문화로 인해 사회적 질서의 변화는 불가능하진 않지만 매우 더디게 진행된다.

부르디외는 미시적 수준과 거시적 수준이라는 양극단의 분석적 관점을 넘어서 미시적 차원의 행위들이 어떻게 거시적 차원의 구조를 만드는지, 그리고 거시적 구조가 어떻게 개인의 일상적인 선택에 영향을 주는지를 보여주고자 하였다. 그러나 일상 속 개인들의 전략적 선택에 대해 논하였음에도 불구하고, 결국 개인의 선택이 그의 계급적 지위에 따라 조건화된 문화적 관습 내에서 결정되고, 특정한 사회적, 경제적, 문화적 맥락에 의해 구조화된다고 설명하였다.[41] 이런 점에서 구조와 행위를 연결하고자 하는 그의 의도에도 불구하고, 부르디외의 이론은 구조주의로 기울었다는 비판을 받는다.

문화게임을 통해 강조하고자 한 것처럼 부르디외는 사회질서의 변화 가능성을 완전히 배제하지는 않았으나 행위자의 행동과 가치관의 변화가 어떻게 발생하는지에 대해서는 설명하지 않고 있다. 특정한 위치를 차지하는 행위자들은 우세한 게임을 하기 위해 다양한 전략을 쓰기도 하지만, 그들이 취하는 행위는 장의 구조, 위치의 특성, 그리고 거기에 얽힌 이해관계에 의해 통제되고 사회계급의 장이 이 게임을 할 수 있는 능력에 중대한 영향을 미친다.[42] 부르디외는 사람들이 자신이 위치한 사회적 공간에서 세계를 인식하고 구성한다는 사실, 즉 행위자의 주관성과 의도성을 그의 이론에 포함하는 것이 중요하다는 점을 알고 있었고 이를 아비투스의 개념으로 연결시키고자 했지만 의식구조가 사회구조의 제약을 받는다는 관점으로 기울었고, 행위와 구조를 통합하는 문제는 여전히 사회학의 중요한 이론적 과제로 남아있다.

41) Dillon, M.(2010). 전게서. p. 424.

42) Ritzer, G.(1992). *Contemporary Sociological Theory*. McGraw-Hill. p. 438.

제6장

상징적 상호작용론과 교실의 질서

최근 '자아'를 강조하는 학술적 개념을 활용한 연구와 논의들이 많아지고 있다. 자아존중감(self esteem), 자기정체성(self identity), 자기파편화(self fragmentation), 자아탄력성(self resilience) 등의 개념들은 자신이 소중하다는 것을 일깨워준다. 자아에 문제가 생기면 인간관계와 역할 수행에 영향을 미친다. 일반적으로 자아에 대한 탐구는 심리학과 상담심리의 영역으로 생각되지만, 사회학에서도 관심을 두는 주제이며, 특히 상징적 상호작용론은 사회적 상호작용과정에서 자아를 해석하는 작업에 초점을 둔다. 앞에서 살펴본 여러 관점의 이론들이 거시적인 차원에서 사회구조와 제도를 바라보면서 교육을 다른 사회제도들과의 관계 속에서 설명하고자 했다면, 상징적 상호작용론과 같은 미시적 관점의 이론들은 교실과 같은 교육현장에서 일어나는 일상적인 개인들 간의 상호작용과 경험의 의미에 관심을 갖도록 해주었다.

상징적 상호작용론은 개인들 간의 역동에 초점을 두며, 개인들이 각자 속한 환경에서 자신들의 삶을 사회적으로 구성해간다고 가정한다. 우리가 사용하는 언어적, 비언어적 상징들은 우리의 상호작용의 틀을 만드는 개념이나 생각들이다. 이러한 상징들은 우리가 속한 집단과 사회에서 만들어지고 통용되는 것으로 사회적 맥락에 의존적이다. 이런 관점에서 교육현상을 설명하는 학자들은 교실생활의 역동성에 주목하여 학생과 교사가 학교에서 무엇을 하는지,

예를 들어 왜 어떤 학생이 특정 범주로 분류되고 명명되는지, 그럴 경우 교실상호작용은 어떻게 달라지며 어떤 결과를 초래하는지에 관심을 둔다. 학생들은 그들의 위치를 파악하기 위해 다른 학생들과 교사를 주시한다. 그리고 그들이 다른 학생들과 어떻게 다른지를 상호작용을 통해 배운다. 이 장에서는 상징적 상호작용론의 기본 전제와 개념들을 소개하고, 이런 관점에서 교육을 이해하고 설명하는 방식은 어떤 것인지 살펴보기로 한다.

사회적 상호작용을 통한 자아의 발달

상징적 상호작용론은 미드(George Herbert Mead)의 통찰력에 많이 의존하고 있다. 잘 알려진 저서인 「정신, 자아, 그리고 사회」는 미드의 수업내용을 학생들이 적은 강의노트에 기초한 것이라고 하는데, 이 책은 상징적 상호작용론과 현대 사회학의 발전에 큰 영향을 미쳤다.[1] 1863년에 미국 매사추세츠주에서 태어난 미드는 1883년에 자신의 아버지가 교수로 있던 오벌린대학(Oberlin College)에서 학사를 받았고, 이후 하버드대학, 라이프치히대학, 베를린대학에서 주로 철학과 철학을 사회심리학에 응용하는 훈련을 받았다. 존 듀이(John Dewey)의 영향을 많이 받은 미드는 1894년에 듀이의 초청으로 시카고대학에서 강의를 시작해서 1931년에 작고할 때까지 평생 시카고대학에 몸담았다. 1900년부터 사회심리학 강의를 시작한 미드는 이 강의를 통해 사회학, 심리학, 교육학을 공부하는 학생들에게 큰 영향을 미치게 된다.[2]

행위자가 세상을 해석하는 능력이 중요하다고 강조한 듀이의 시각은 상징적 상호작용론의 발전에 영향을 끼쳤다. 듀이는 마음이 고정되어 있는 대상이나

1) Mead, G. H.(1934). *Mind, Self, and Society*. Chicago: University of Chicago Press.
2) Ritzer, G.(1992). *Contemporary Sociological Theory*. McGraw-Hill, Inc. p. 193.

구조라고 생각하지 않고, 일련의 단계를 거치는 사고과정이라고 생각했는데, 이러한 생각을 바탕으로 미드는 우리가 완성된 자아를 지니고 태어나지 않았다는 것을 핵심명제로 삼았다. 자아는 사회적 상호작용에 의해 생겨나고 상호작용에 영향을 준다는 것이다. 이러한 관점은 미국의 철학사조인 프래그머티즘(pragmatism)과도 관련이 깊다.

프래그머티즘은 행위가 일어나는 실제 조건과 그 결과를 강조한다. 프래그머티즘의 기본전제는 첫째, 실제 현실이란 우리가 살고 있는 현실 세계에 이미 존재하고 있는 것이 아니라 우리가 살아가면서 적극적으로 창조해가는 것이다. 둘째, 사람들은 자신들에게 유용하다고 입증된 경험들을 기억하고, 그것에 근거하여 세상에 대한 지식을 형성해간다. 그리고 자신들에게 유용하지 않은 것은 바꾸어 나간다. 셋째, 사람들은 살면서 만나는 사회적인 혹은 물질적인 대상들을 그 유용성에 따라 정의한다. 넷째, 우리가 행위자들을 이해하려면, 그들의 실제 생활을 이해해야만 한다. 이러한 프래그머티즘의 이론적 전제 중 특히 상징적 상호작용론에 영향을 준 관점은 행위자와 그들이 사는 세상 간의 상호작용에 초점을 맞춘 점, 행위자와 세상 양쪽 다 고정적인 구조가 아니라 동적으로 변화한다고 생각한 점, 그리고 행위자가 세상을 해석하는 능력이 중요하다는 점을 강조한 것이다.[3]

미드는 '자아'는 능동적이고, 주변에서 일어나는 일들을 언제나 반성적으로 처리하는 존재라고 보았다. 우리는 자신과 계속해서 내적 대화를 하며 자아를 모니터하고 평가하기 위해 자아를 이용한다.[4] 혼자 있을 때조차도 우리는 우리가 어떻게 보이는지, 다른 사람이 한 말이나 다음에 다시 만나면 할 얘기를 계속 생각한다. 동시에 다른 사람이 우리에게 하는 말에 대해 어떻게 대응할지 등을 생각하는데, 이런 것이 우리에게 자아가 있다는 것을 의미한다. 우리는

3) Ritzer, G.(1992). 전게서. pp. 188-189.
4) Mead, G. H.(1934). *Mind, Self, and Society*. Chicago: University of Chicago Press. p. 137.

스스로에게 주관적이며 동시에 객관적이다. 우리가 거울을 볼 때 일어나는 일을 생각해보면 미드의 통찰이 무엇인지 명확해진다. 거울을 볼 때, 거울을 보는 나(I)는 주체(subject)이고, 내가 거울에서 보는 나(Me)는 객체(object)이다. 내가 나를 보며 어떻게 보이나 질문할 때, 그때그때 답은 다를 수 있는데, 미드는 이 모든 반응들이 사실은 나에 대한 다른 사람들의 반응을 내가 해석한 것이라고 주장한다.[5)]

이것이 우리가 객체로서의 자아에 대한 감각을 발달시키는 방법이다. 이것은 지속적인 사람들 간의 상호작용의 일부로서 사회적으로 형성된다. 내가 보는 나는, 다른 사람들이 나에게 일반적으로 보기 좋은 것이 무엇인지, 그리고 내가 어떻게 보이는지에 관해 말해주는 것들에 기초해 내가 보고 평가하도록 배운 나이다. 이런 점에서 미드는 정신(mind)이 먼저고 그 다음에 사회인 것이 아니라, 사회가 먼저이고 그 다음에 그 사회 안에서 발생하는 것이 정신이라고 생각했다. 전통적인 사회심리학은 사회적 경험을 설명하기 위해 개인심리학에서 출발하지만, 미드에게 있어서 사회적 총체는 논리적으로나 시간적으로 개인에 선행하는 것이다. 따라서 개인의 행위는 오직 그가 구성원으로 있는 전체 사회집단의 행위와 관련해서만 이해될 수 있다고 보았다.[6)]

미드는 자아의 본질이 개인들이 자신에 대한 타인의 태도를 내면화하고 이에 대응해 가는 인지적인(cognitive) 과정이라고 보았다. 자아가 존재할 수 있는 것은 내가(I) 나를(Me) 내면화하기 때문이다. 나는 내가 누구인지 알고, 다른 사람들이 나를 대하는 태도나 비슷한 상황에서 하는 행동들로부터 배웠기 때문에 특정 상황에서 어떻게 반응하고 행동해야 하는지 알 수 있다. 따라서 개인은 사회적 상호작용과 경험을 통해서만 자아를 발달시킬 수 있다. 자아가

5) Mead, G. H.(1934). 상게서. pp. 173-175.

6) Coser, L.(2003). *Masters of Sociological Thought: Ideas in Historical and Social Context*. 신용하, 박명규 역(2016). 사회사상사. 한길사. p. 478.

그것의 객체가 되도록 하는 것은 다름 아닌 상호작용이다.[7)]

이와 같은 자아에 대한 이해과정을 보여주기 위해 쿨리(Charles Horton Cooley)는 거울자아(looking glass self)라는 비유를 사용한다. 거울자아는 자아의 이미지가 다른 사람에게 비쳐지는 자신의 모습에 대한 상상, 그 모습에 대한 다른 사람의 평가에 대한 상상, 그리고 자부심이나 굴욕 같은 자기감정이라는 세 가지 요소를 지니고 있다는 것을 보여주는 개념이다.[8)] 우리가 솔직한 사람 앞에서 얼버무리거나 용감한 사람 앞에서는 비겁하게 행동하는 것을 부끄러워하는 것은 우리가 항상 다른 사람의 판단을 상상하고 그 상상을 공유하기 때문이다. 결국 자아는 타인과의 지속적인 상호작용 속에서 형성되고 유지되는 것이다. 이와 같이 주체로서의 나와 객체로서의 내가 계속해서 역동적으로 상호작용을 하면서 자아는 만들어진다.

자아가 사회적 상호작용을 통해 발현된다는 것은 우리가 완성된 자아를 지닌 채 태어나지 않는다는 것을 의미한다. 개인들은 사회화를 통해서 사회적으로 되는 방법, 상징과 언어를 사용하고 해석하는 방법, 타인과 상호작용하는 방법을 습득하게 된다. 타인의 관점을 수용하는 것을 배우지 못해 발달적 문제행동을 보이는 자폐증을 보면 사회적인 것의 중요성을 잘 알 수 있다.[9)] 사회화는 다른 사람의 관점을 취하고 내면화하는 것을 가르치는 수단일 뿐 아니라, 우리를 개별화하고 고유한 자아를 개발하는 수단이다. 미드는 자아가 생득적인 것이 아니며, 사회적 경험과 활동을 통해서 개발되는 것이라고 보았다. 즉, 개인이 사회적 경험과 활동의 전 과정을 통해서 그러한 과정 및 타인들과 맺는 관계의 산물이다.

가족은 일차적이고 가장 중요한 사회화를 위한 행위자이다. 가족이 일차적

7) Mead, G. H.(1934). 전게서. pp. 138-142.

8) Cooley, C. H.(1902/1998). *On Self and Social Organization*. Chicago: University of Chicago Press. pp. 164-165.

9) Dillon, M.(2010). 전게서. p. 260.

인 사회화 기제라고 보는 이유는 일반적으로 아동의 사회화를 가장 먼저 담당한다는 점과 그 영향이 오랫동안 지속된다는 점에서 그렇다.[10] 사회화는 우리의 사회 환경 속에 있는 모든 것들을 어떻게 인식하고 해석할지 가르쳐준다. 가족들의 기대와 사회에서 일반적으로 사람들이 기대하는 것이 무엇인지 알게 한다. 한마디로 사회화는 사회가 개인들에게 부과한 사회적 행위에 관한 일반적인 정의를 가르친다. 따라서 개인의 욕망에 대한 사회적 규제를 강조한 뒤르케임과 같이 사회구성원이 내린 상황의 정의와 사회가 그 구성원에게 부과하는 정의 사이에는 경쟁관계가 존재한다.[11]

미드와 쿨리는 일반화된 타자가 사회에서 집단적으로 공유하는 합의된 의미를 대표하는 것을 당연하게 생각했다. 일반화된 타자(generalized other)란 전체 공동체의 태도를 의미한다. 일반화된 타자의 역할을 취할 수 있는 능력은 자아의 발달에 있어서 필수적이다. 사람들이 개별적인 타자뿐 아니라 일반화된 타자의 입장에서 스스로를 평가할 수 있는 것은 매우 중요하고 자아의 완전한 발달을 위해 필요하다. 즉, 자아를 갖기 위해서는 공동체의 일원이 되어야 하고 공동체의 공통적인 태도를 따라야 한다. 미국사회에서는 일반적으로 개인적 성취와 경제적 성공을 가치 있게 생각한다. 그러나 문화적 다양성과 경제적 불평등이 커진 사회에서 개인과 집단의 일상생활에 많은 변화들이 생겨났고, 이러한 변화들은 개인과 집단의 기대와 태도에 영향을 주어 상이한 태도와 가치관을 만들어냈다. 예를 들어 도시 빈곤지역의 아이들은 학교에서 그들도 성공할 수 있다는 생각을 내면화하는 것이 어렵다.[12] 젠더, 인종, 사회계급 등과 관련한 개인의 사회적 배경의 차이는 자아의 발달에 상이한 맥락을 제공한다.

프래그머티즘과 함께 미드는 그를 현실적이고 경험적인 방향으로 이끌어준

10) Cooley, C. H.(1902/1998). 전게서. p. 157.

11) Dillon, M.(2010). 전게서. p. 261.

12) MacLeod, J.(1995). *Ain't No Makin' It: Aspirations and Attainment in a Low Income Neighborhood*. Boulder, CO: Westview Press.

행동주의 심리학의 영향을 받았다.[13] 20세기 초반에는 미국의 존 왓슨(John Watson)과 러시아의 이반 파블로프(Ivan Pavlov)로 대표되는 행동주의 심리학이 대세였다. 행동주의자들은 관찰 가능한 개인의 행동에 관심을 가지고 있었고, 자극에 대한 반응이 일어나기까지의 인간의 정신적 과정에 초점을 맞추기보다는 자극 자체에 초점을 맞추었다. 그리고 인간도 동물처럼 외부 자극에 대해 예측할 수 있는 반응을 하도록 조건화할 수 있다고 주장하였는데, 이와 같이 조건화된 행동은 개인이 자아를 지니고 있다고 가정하지 않고서도 설명할 수 있는 것이다. 밥을 주기 전에 종을 울리기를 반복하여, 종소리가 들리면 반사적으로 침을 흘리는 파블로프 실험의 개처럼, 인간의 행동도 외부적 힘에 의해 조건화 내지는 통제할 수 있다고 가정한 것이다.

그러나 행동주의자들과 달리 미드는 인간이 자신을 객체로 인식할 수 있는 자아를 가지고 있기 때문에 인간의 상호작용이 동물의 행동과 질적으로 다르다고 주장한다. 미드는 자신의 행동주의에 대한 관심을 왓슨과 같은 급진적인 행동주의와 구별하기 위해 사회적 행동주의로 불렀다.[14] 현재는 동물 행동에 관한 견해도 달라져서 일부 영장류는 인간처럼 섬세한 사회구조와 네트워크를 갖추고 있고, 전략적이며 사회적인 행동을 한다는 것이 밝혀지고 있다. 그러나 동물들이 그런 행동을 하는 이유를 지각하고 있는가에 관해서는 아직 명확하지 않다. 동물과 인간 행동의 유사점이 발견되고 있지만 차이 또한 크고, 이러한 차이 중 하나는 의미에 관한 것이다. 인간은 의사소통을 할 때 특별한 의미를 가지고, 이러한 의미는 여러 상징체계와 언어를 만들고 해석하고 사용하는 인간의 의식과 능력에서 나온다.

우리는 일상의 상호작용 속에서 우리의 말과 제스처(gesture)에 대해 다른 사람들이 어떤 반응을 할지 미리 예측할 수 있도록 배운다. 친구와 식당에

13) Ritzer, G.(1992). 전게서. p. 189.
14) Ritzer, G.(1992). 전게서. pp. 189-190.

갔을 때 바로 메뉴를 집어 들고 고르기 시작하면, 친구도 이런 행동의 의미를 바로 이해하고 메뉴에 주목한다. 이것은 일반적으로 수용되는 '상황에 대한 정의(definition of situation)'이고 우리가 사회화를 통해 습득한 능력이다. 물론 의도적으로 기대와 다르게 행동하는 경우도 있지만, 제스처는 상호작용하는 개인들 간에 의미가 공유된 중요한 상징의 하나이다.[15] 주어진 상황에서 의미가 공유된 상징과 언어가 없다면 의사소통은 불가능하다. 상징의 보편성은 그 상징들이 일정한 방식으로 이해되고 반응을 불러일으킨다는 것을 의미한다. 예를 들어 올림픽 경기장에 입장하는 선수들이 들고 들어오는 국기는 그 나라 전체를 상징하며, 그 국민들에게 동일한 감정을 불러일으킨다. 그러나 상징의 의미는 집단에 따라 다르게 해석될 수도 있다. 최근 한 편의점의 광고 포스터에 등장한 손가락 모양이 남성혐오의 상징으로 해석되면서 사회적 논란이 된 것은 젠더 갈등의 한 단면을 보여주는 현상으로, 상황에 대한 정의가 집단에 따라 달라질 수 있다는 것을 보여준다.

상징적 상호작용론의 전제

사회생활을 하면서 우리는 계속해서 신호 혹은 메시지 등의 단서들에 응답하고 해석한다. 상징적 상호작용론은 상징적 교환(symbolic exchange)을 인간의 사회생활과 자아발달의 중심에 둔 미드와 쿨리의 통찰에 기초해 정립되었다. 상징적 상호작용론의 초점은 상징의 교환이고, 상징의 교환은 사회적 상호작용을 특징짓는 자아와 타자 사이의 지속적인 해석 과정(interpretive processes)에 내재되어 있다.[16] 상징적 상호작용론은 그 명칭 자체에서 이론의 관점이 잘

15) Dillon, M.(2010). 전게서. pp. 262-263.
16) Dillon, M.(2010). 상게서. p. 263.

드러나는데, 블루머(Herbert Blumer)가 명명했다고 하는 상징적 상호작용론은 사회생활과 인간의 행동을 연구하는 독특한 사회학적 접근으로, 블루머는 사회를 상호작용에 참여하는 인간의 집단생활이라고 정의했다.[17]

이와 같은 관점에서 상징적 상호작용론자들은 제도와 사회체제도 조직적 구조나 관료적 합리성과 같은 규범의 관점에서 보지 않고, 조직 내에서 각자 위치와 상황에 따라 행동하고 상호작용하는 사람들의 연결방식이라고 보았다. 따라서 마르크스, 뒤르케임, 베버 등과 같이 거시적인 사회구조, 예를 들면 자본주의체제, 사회적 분업, 관료주의 등에 관심을 두었던 사회학자들과 달리, 상징적 상호작용론자들은 미시적 수준에서 일어나는 사회적 상호작용의 과정과 결과에 관심을 두었다. 그러나 미시적 수준의 상호작용은 구조화된 사회적 상호작용의 맥락에서 일어나고, 불평등의 재생산과 같은 광범위한 거시적 수준의 결과를 가져온다. 이런 점에서 미드나 블루머는 거시적인 구조의 존재와 중요성을 인정하고 있었음에도 불구하고, 거시적인 사회구조가 갖는 억압적인 힘에 관해 중요하게 다루지 않았다는 비판을 받기도 한다.[18]

미드에게서 배우고 그의 사상을 발전시킨 블루머는 역시 미국 시카고대학의 사회학과 교수로 시카고학파의 최고 전성기를 이끌었다. 블루머가 생각하는 사회는 거시적인 구조로 구성되어 있는 것이 아니며, 사회의 본질은 행위자와 그의 행위 속에서 발견될 수 있는 것이다. 블루머는 상징적 상호작용론의 기본 전제를 다음과 같이 설명한다.[19] 첫째, 인간은 대상이 그에게 지니는 의미를 바탕으로 그 대상에 대해 행동을 취하고, 둘째, 대상의 의미는 사회적 상호작용으로부터 도출되며, 셋째, 이러한 의미들은 그것을 다루고 해석하는 과정에서 수정된다. 의미는 사회적 상호작용으로부터 나오기 때문에 미리 주어진 것이

17) Blumer, H.(1969). *Symbolic Interactionism: Perspective and Method*. Englewood Cliffs, NJ: Prentice Hall.

18) Ritzer, G.(1992). 전게서. p. 228.

19) Blumer, H.(1969). 전게서. p. 85.

아니며 사회적 맥락에 의존한다. 따라서 우리는 어떤 대상의 의미를 당연시할 수 없고 의미가 영구불변인 것도 아니다. 의미가 상호작용과 상황에 대한 행위자의 지속적인 정의와 재정의로부터 나오기 때문에 우리가 상징성을 부여한 의미들은 시간과 사회적 맥락에 따라 달라진다.

거시적인 구조는 인간행위의 조건이 되며, 그 한계를 설정하기는 하지만 행위 자체를 결정하지는 않는다. 인간은 사회로 일컬어지는 구조 속에서 행위를 하는 것이 아니라, 상황 속에서 행위를 한다. 거시적인 사회구조는 개인들이 행동할 수 있는 상황을 만들어 준다는 점에서, 그리고 행동을 가능하게 하는 상징들을 제공해 준다는 점에서 중요하다.[20] 사람들은 자동차, 옷, 친구, 결혼 등과 같은 대상의 의미에 기초하여 행동하기 때문에 대상의 세계에서 변화가 일어나면 그들의 생활과 행동도 변하게 된다. 서로 다른 사회적 환경에서 우리는 타자와 다른 방식으로 상호작용을 하는데, 이는 사회적 맥락을 특징짓는 의미와 기대가 다르기 때문이다. 즉, 같은 대상을 봐도 서로 다른 정의를 내릴 가능성이 있기 때문에 대상의 본질은 그 대상을 인식하는 사람이 그 대상에 대해서 갖는 의미이다.

의례적 상호작용으로서의 사회적 교환

많은 사회이론가들이 사회적 역할(social role)에 대해 논의하였지만, 사회적 역할은 상징적 상호작용론에서 가장 관심을 갖는 개념이다.[21] 어빙 고프먼(Erving Goffman)은 복잡한 사회적 역할들 사이에서, 우리가 어떻게 자신들의 특정한 이미지를 표현하도록 사회가 강제하는지에 관심을 두었다. 연극의 비

20) Blumer, H.(1969). 상게서. p. 87.
21) Dillon, M.(2010). 전게서. p. 265.

유를 통해 고프먼은 일상생활에서 면대면 상호작용의 수많은 요소들을 정교하게 설명한다. 고프먼에게 일상생활에서 '자아'의 표현은 각기 다른 무대장치와 소품들로 꾸며진 다양한 무대에서 상이한 역할과 배역을 맡은 사회적 행위자의 연기이다. 극장에서와 마찬가지로 성공적인 연기는 배우가 전달하는 단서에 반응하는 청중에 달려있다. 이런 점에서 고프먼의 관점은 사회생활에 대한 연극학적 접근이라고 할 수 있다.[22]

고프먼은 1922년에 캐나다 알버타에서 태어나 토론토 대학에서 사회학을 전공하고 시카고대학에서 학위를 받았는데, 이런 배경으로 시카고학파로 불렸다. 오랜 기간 버클리대학 사회학과에서 교수 생활을 하였고, 1982년 그의 명성이 절정에 달했을 무렵 사망하였다. 그가 사망한 해에 고프먼은 미국 사회학회 회장에 선출되었는데, 어떤 취임연설을 할지 궁금해하는 사람들에게 그의 부고가 알려져, 전통적인 방식이 어울리지 않는 고프먼다운 매우 극적인 메시지라는 이야기가 회자되었다고 한다. 고프먼은 폭넓은 일상의 사회적 환경에서 면대면의 상호작용을 묘사하는 풍부한 어휘와 개념들을 제공해 상징적 상호작용론뿐만 아니라 대화분석과 민속방법론을 만들어내는 데 기여한 학자로 평가받고 있다.[23]

고프먼은 자아를 행위자의 소유물로 보지 않고, 행위자와 청중 간의 연기를 통한 상호작용의 산물로 인식하였다.[24] 사회적으로 대본이 쓰이면 우리는 사회화를 통해 어떻게 대본대로 연기할지, 즉 사회적 역할을 수행할지 배운다. 우리 모두는 다양한 사회적 역할을 수행하며, 주어진 지위에 따른 권리와 의무에 부합하는 행동을 한다. 학생, 딸, 친구, 형제자매, 연인 등과 같은 모든 사회적 역할은 이미 사회적으로 확립된 것이다. 딸로서 우리는 효심 지극한 딸의 역할

22) Dillon, M.(2010). 상게서. pp. 265-266.
23) Ritzer, G.(1992). 전게서. p. 218.
24) Goffman, E.(1959). *The Presentation of Self and in Everyday Life*. New York: Doubleday. p. 252.

을 연기하고 때로는 못된 딸의 부분을 연기한다. 비록 모든 사회적 역할과 다양한 역할의 정례화된 루틴들이 대본에 쓰여 있다고 하더라도, 우리의 역할 수행이 가짜라거나 인위적인 것이라는 의미는 아니다. 우리는 확실히 어떤 역할을 다른 역할보다 더 즐기고 동일시하지만, 모든 사회적 행동은 불가피하게 역할을 수행하기 위한 행동이다. 미리 규정된 사회적 역할은 집, 학교, 회사, 시장, 법원, 지하철 등 일상생활에서 요구되는 사회적 상호작용의 구조를 제공한다.

사회적 역할에서 중요한 세 가지는 첫째, 우리가 연기한 몇 가지 역할과 무관한 자아 혹은 정체성을 갖는 것을 상상하기 어렵다는 점, 둘째, 항상 우리가 자신의 역할을 하는 누군가와 상호관계 속에서 행동한다는 점, 셋째, 우리는 언제나 어떤 역할을 하고 있고 역할 수행을 하지 않는 때는 없다는 점이다. 우리는 여러 가지 역할을 수행하면서 다른 사람의 청중이 된다. 사회생활은 계속해서 역할을 수행하는 것이고, 이를 통해 사회관계의 구조가 만들어진다.[25] 일반화된 타자(generalized other)에 관해 논의한 미드와 같이, 고프먼은 적절한 행동은 규범적인 사회질서를 유지하기 위해 이미 확립되어 있는 역할의 유형과 기대라고 보았다. 그러므로 개인이 다른 사람 앞에 나설 때, 그의 연기는 사회에서 공식적으로 승인된 가치를 구체적으로 보여주는 것이다. 고프먼은 연기자가 청중들이 기대하는 부분을 연기하지 않거나 아주 과장되게 하여 사회적 역할을 망칠 수도 있다는 것을 인정했지만, 예를 들어 전통적인 성별 분업의 경계를 넘는 개인들이 있다는 것을 알고 있었지만, 이 문제를 진지하게 다루지는 않았다.[26]

고프먼은 개인들이 다양한 역할을 수행하며 일상생활에서 자아를 드러내는 것이 상징적 교환이고 상호작용과정임을 강조한다. 우리는 우리가 타인에게 보내는 단서를 통제하고자 하며 그렇게 함으로써 자신이 원하는 방식으로 정

25) Goffman, E.(1959). 전게서. p. 16.
26) Dillon, M.(2010). 전게서. p. 267.

의되기를 바란다. 또한 청중이 자발적으로 자신이 원하는 방식에 따르기를 원한다. 이를 위해 행위자는 청중들에게 비춰지는 자신의 인상을 관리하는데, '인상관리(impression management)'는 행위자들이 문제에 부딪쳤을 때 인상을 유지하기 위해 사용하는 기술과 방법을 포함한다.[27] 인상관리는 우리의 다양한 역할 수행을 조화롭게 하기 위한 전략적 방편이기도 하다. 무대 위의 배우가 엉망으로 연기하기를 원하지 않는 것처럼 우리는 좋은 인상을 주어 사회적 역할 수행을 성공적으로 마치기를 원한다. 그러나 역할 수행으로서의 사회생활을 강조한 고프먼은 개인들이 역할 수행에서 느끼는 압력, 즉 개인의 느낌과 감정의 문제에 대해서는 상대적으로 주의를 기울이지 않았다는 점 때문에 비판을 받고 있다.[28]

역할 수행을 가장 효과적으로 하는 방법은 상황 정의에 영향을 주는 것이다. 상황이 어떻게 정의되는가는 이후에 그 상황 속에서 일어날 일들, 그리고 그러한 행동이 적합한 것인지를 판단하는 데 매우 중요하다. 상황을 잘못 판단할 경우, 예를 들어 모임에 적절하지 않은 복장을 하고 갔을 때처럼 당황할 일이 생길 수도 있고, 경우에 따라 쫓겨나기도 할 것이다. 우리가 청중들에게 처음에 전달하는 상황 정의에 대한 정보는 매우 중요하다. 좋은 인상을 줄 수 있는 방식으로 상황 정의를 하는 일에 실패하면, 예를 들어 판사 앞에서 죄를 뉘우치고 있다는 인상을 주지 못하면 형량이 늘어날 수 있고, 취업 면접에서 좋은 인상을 주지 못하면 장기적으로 경력 관리에 영향을 줄 수 있다.

고프먼은 연극에서 유추하여 '무대전면(front stage)'이라는 개념을 사용한다. 무대전면에서 하는 연기는 훨씬 고정적이고 일반화된 방식으로 진행된다. 그리고 관객들은 이러한 방식으로 상황을 정의하게 된다. 무대전면에 있는 무대장치들은 행위자들이 연기를 할 때 일상적으로 거기에 있어야 하는 물리

27) Ritzer, G.(1992). 전게서. p. 220.
28) Dillon, M.(2010). 전게서. p. 268.

적 세팅을 의미하는 것으로, 특정한 세팅과 연극의 소도구들은 면대면의 상호작용에 타당성을 부여하고 펼쳐질 연기에 대해 예측할 수 있게 한다. 무대장치가 없다면 행위자들은 연기를 할 수 없을 것이다.[29] 예컨대 우리가 공항의 검색대에서 그 상황에 맞게 행동할 수 있는 것은 직원들의 차림새나 어투, 소리 나는 보안 장비들, 대기선 등과 같은 장치들이 전달하는 메시지를 통해 정신을 바짝 차리게 되기 때문이다. 의사의 진료실 상황도 마찬가지다. 의사의 흰색 가운, 가구와 의료장비들, 벽에 걸린 의사 면허증은 우리가 신뢰할 수 있다는 메시지를 전달한다. 초등학교 입학 첫날 천방지축의 아이들이 교사의 언행에 주의를 기울이며 조용히 집중할 수 있는 것도 정렬된 책상과 칠판 앞 교단 위에서 내려다보는 교사의 차분한 눈길이 전달하는 메시지를 감지하기 때문이다.

이와 같이 고프먼은 일상생활이 '상호작용의 의례(interaction rituals)'로 구성되어 있다고 보았다. 이러한 의례는 행동, 외양, 몸짓 등으로 이루어진다. 고프먼에게 의례는 뒤르케임이 강조한 사회적 연대와 질서를 강화하기 위한 집단적 이벤트가 아니다. 고프먼이 주목한 것은 의례적인 자기표현 행동으로, 이러한 일상의 상호작용이 어떻게 사회질서를 유지하는가 하는 점이다. 즉, 의례란 다양한 상호작용 상황에서 사회적 지위와 특정한 감정을 드러내는 단순화되거나 과장된, 혹은 전형화된 행동들을 의미한다. 의례적인 행동들은 개인의 정체성, 기분, 의도, 기대, 그리고 상호관계에 관한 단서들을 전달한다. 고프먼의 관심은 미시적 수준에서의 면대면 상호작용과 이것이 상황에 대한 정의를 확립하는 기능에 대한 것이지만, 이러한 미시적 수준의 상황 정의가 큰 사회질서를 유지하는 바탕이라고 보았다.[30]

상호작용의 의례는 사회에서 제도화된 행동 양식이다. 우리는 매우 다양한

29) Ritzer, G.(1992). 전게서. p. 217.
30) Dillon, M.(2010). 전게서. p. 270.

방식으로 상호작용을 한다. 예를 들어 작별 인사를 할 때 상대가 얼마나 가까운 사람인가에 따라 눈인사, 악수, 포옹 등 인사의 의례는 달라진다. 이러한 관계의 규칙을 실수로 어길 경우 상당히 당황스러운 상황이 발생할 수 있다. 사회적 만남은 어떤 특별한 눈짓이나 말, 그리고 말을 하는 목소리의 억양 등으로 그 만남을 시작하려는 누군가에 의해 시작된다. 이를 상대편이 알아채서 다양한 신호로 되돌아오면 관계가 시작된다. 우리가 늘 의식하지 않는다고 하더라도 이와 같은 상징적 교환은 일상적인 행동에서 핵심적이다.

상호작용의 의례는 면대면 상호작용에서 관찰되지만, 보다 큰 사회질서를 반영하고 이러한 질서를 미시적 수준의 상호작용에 강요하는 기능을 한다. 고프먼은 젠더, 인종, 사회경제적 지위 등에 따라 계층화된 사회에서 사회적 지위가 다른 개인들 간의 상호작용을 '복종의 의례(rituals of subordination)'로 표현하였다.[31] 예를 들어, 광고 속에 등장하는 남성과 여성의 상호작용은 전형적으로 여성의 남성에 대한 종속적 지위를 보여준다. 남성과 여성이 서로 지나칠 때 여성들은 남성들보다 더 많이 웃는다. 또한 장유유서, 군사부일체의 유교적 문화 전통이 남아있는 사회에서 학생들이 교사에게 고개를 숙여 인사하는 것 또한 일종의 복종의 의례라고 할 수 있다.

상호작용의 의례는 비언어적 수단으로도 이루어진다. 교실, 카페, 거리, 어디에 있든지 우리는 우리의 의사와 관계없이 의사소통을 멈출 수 없다. 말하는 것은 멈출 수 있지만, 우리의 몸짓은 계속해서 우리 주변의 사람들과 소통한다. 지하철에서 시끄럽게 전화를 하는 사람이 있으면 우리는 그를 응시하고, 불편한 대화내용을 듣게 되면 고개를 돌리게 된다. 어떤 경우라도 우리는 메시지를 전달하고 있는 것이고, 그 의미는 상대에게 우리의 반응에 응하라는 메시지를 보내는 것이다. 응시는 사회적 통제의 제도화된 수단이다. 상대편이 응시하면 우리는 행동을 바꾸거나 뭔가를 숨기려는 경향이 있다. 교사가 학생을 말없이

31) Dillon, M.(2010). 전게서. p. 271.

응시하는 상황을 생각해 보면, 응시 자체가 부정적인 제재의 수단으로 널리 활용되는 것을 알 수 있다.

사회적 역할을 수행하는 사람의 모습과 태도에 일관성이 없다면 개인이나 팀의 연기는 불안정할 수 있다. 정치인들은 다른 어떤 직업보다 계속해서 무대 전면을 유지해야 하는 직업이다. 항상 다양한 상황, 다양한 청중들 앞에서 일관성 있게 무대전면을 유지해야 하고 좋은 인상을 주어야 한다. 심지어 여가를 보내는 동안에도 사진 기자들 앞에서 좋은 인상을 주기 위해 무대 위에서의 모습을 연출해야 한다. 대부분의 경우, 우리가 수행하는 특정 역할의 청중들은 우리의 다른 역할수행 과정을 볼 수 없다. 예를 들어 부모들은 자녀가 학교에서 친구들과 사회화되는 과정을 지켜보지 않는다. 이와 같이 분리된 청중 앞에서 연기하는 것은 상황 정의에 대한 혼란과 역할 정보에 대한 모순의 가능성을 줄여준다. 한 번에 한 청중에게 한 가지 역할만을 하는 것은 우리가 숨겨야 할 것이 적어진다는 의미이다. 이와 대조적으로 정치인들은 다양한 청중들과 중복적으로 마주쳐야 하기 때문에 역할 수행의 딜레마를 겪기 쉽다.

고프먼은 역할 수행이 연기자의 주요 관객에게 달려있다는 것을 강조하기 위해서 무대의 전면과 뒷면을 구분하였다. 이것은 가족의 거실과 침실, 회사의 경영자 사무실과 직원 사무실, 축구 경기장과 탈의실의 구분과 같은 것이다. 무대의 전면은 역할 수행이 이루어지는 장소이고 무대 뒤의 대기실은 준비하는 공간이다. 무대 뒤에서 배우는 긴장을 풀고 수행 압력을 덜 받는다. 고프먼은 연기자가 무대 뒤에서 앞으로 등장할 때, 그리고 연기를 마치고 무대 뒤로 돌아올 때가 가장 흥미로운 지점이라고 보았다. 그러나 무대의 뒷면 역시 청중과 역할 수행에 대한 기대가 존재한다. 무대의 전면과 뒷면 외에 세 번째 영역으로 바깥이 있는데 어떤 영역도 늘 이 세 영역 중 하나가 되어야 하는 법은 없지만, 어떤 영역은 여러 시점에서 세 영역 모두가 될 수도 있다. 교수의 연구실은 학생이 방문할 때는 무대전면이며, 학생이 떠날 때는 무대 뒷면이다.

그리고 교수가 대학에서 농구경기를 관람하고 있을 때는 바깥인 것이다.[32)]

상호작용에서 어느 정도의 '허위진술(misrepresentation)'은 불가피하다. 예의를 지키기 위해 요령껏 진실을 감추는 것은 인간관계를 유지하기 위해 중요하다. 이것은 친구관계, 정치, 기업경영, 국제외교 등 모든 영역에서 적용되며, 다양한 방식으로 인상관리를 하는 것이 제도화되고 있다.[33)] 공손함과 예절은 특히 서비스 산업에서 많이 요구되는데, 알리 혹실드(Arlie Hochschild)는 직업적으로 감정을 통제하고 인상관리를 해야 하는 노동을 감정노동이라고 개념화하였다.[34)] 혹실드는 이론적으로 고프먼으로부터 출발하였지만 개인들이 역할 수행에서 느끼는 압력에 대해 주의를 기울이지 않았던 고프먼과 달리 행위자의 내적 감정에 주목하여 감정을 사회학의 주제 영역으로 발전시켰다.

우리가 보통 혹은 평범하다고 분류하는 범주를 벗어나는, 바람직하지 않은 차이를 보여주기 때문에 사회적으로 낙인이 찍힌 사람들에게 인상관리는 특히 중요한 문제이다. 고프먼은 낙인(stigma)의 세 가지 원인으로 첫째, 겉으로 보이는 장애와 같은 신체적 혐오, 둘째, 정신병, 수감, 중독, 동성애, 실업, 자살시도, 과격한 정치적 행동과 같이 행동으로부터 유추되는 성격적 결함, 셋째, 혈통을 통해 전이되는 인종, 국가, 종교 등에 따른 부족의 낙인을 들고 있다.[35)] 오늘날에도 사회적으로 낙인이 찍힌 사람들의 특성은 크게 달라지지 않았다. 그러나 비정상에 대한 낙인은 사회적으로 규정되는 것인 만큼, 사회에 따라 낙인의 유형이 다를 수 있다. 예를 들어 동성애에 대한 인식은 최근 상당히 달라지고 있다.

우리는 일상생활에서 많은 차별적 언어와 행동을 하고, 종종 무의식적으로

32) Ritzer, G.(1992). 전게서. p. 220.

33) Dillon, M.(2010). 전게서. p. 276.

34) Hochschild, A.(1979). Emotion work, feeling rules, and social structure. *American Journal of Sociology,* 85. pp. 551-575.

35) Goffman, E.(1963). *Stigma: Notes on the Management of Spoiled Identity*. New York: Simon & Schuster.

낙인찍힌 사람들의 삶의 기회를 빼앗는다. 낙인찍힌 사람들이 인간답지 못하다고 믿고 그런 생각대로 그들을 대하는데, 낙인이 찍힌 사람들은 남들이 보이는 이러한 부정적인 태도를 내면화한다. 낙인은 사회적으로 규정되고 상호작용을 통해 만들어지며 강화된다. 이러한 상호작용의 한 유형으로 리스트(Rist)는 교실에서 교사와 학생의 상호작용 과정에서 교사가 학생의 계급, 인종, 민족성과 같은 특징들을 바탕으로 학생들을 어떻게 차별적으로 대우하고 명명하여 낙인을 찍는지, 그리고 이러한 낙인이 학생들의 자기충족예언(self-fulfilling prophecy)을 통해 학업에 어떤 부정적인 결과를 가져오는지를 보여주었다.[36)]

낙인이 찍힌 사람들은 보통 사람들로부터 인정과 존중을 받기 위해 훼손되지 않은 정체성을 보여주려고 한다. 예를 들어 매춘부가 고객과 흥정을 할 때는 매춘부로 행동하지만, 가족이나 경찰관 등 다른 사람들 앞에서는 이런 역할과 관련된 정체성을 숨긴다. 오명을 쓴 사람들은 사회적으로 수용되는 정체성과 역할수행에 대한 단서를 가지고, 그들의 낙인을 교정하기 위한 방법을 배운다. 장애를 지닌 퇴역 군인이 새로운 운동을 열심히 배우는 것 같은 행동이 그것이다. 낙인이 찍힌 상태가 신체적으로 혹은 다른 방식으로 교정되지 않는다면, 낙인이 찍힌 개인은 그 낙인을 감추거나 정상인 것처럼 지나치는 방법을 배운다. 고프먼이 '통과하기(passing)'라고 부르는 이러한 행동은 학습된 것이다.[37)] 그러나 어떤 개인들은 좋은 인상을 주기 위해 남들이 넘어야 하는 기준보다 훨씬 높은 장벽을 가지고 있다. 미국에서 피부색은 교육수준, 영어 구사력, 출생국가 같은 변인들을 통제한 후에도 임금에 영향을 주는 요인이다. 자아를 드러내기 위한 다양한 역할수행 전략에 대한 고프먼의 분석은 다른 인종 혹은 낙인을 지닌 누군가와 상호작용하는 개인들의 무대전면을 볼

36) Rist, R. C.(1977). On understanding the process of schooling: Contribution of labeling theory. in *Power and Ideology in Education*. Edited by J. Karabel & A. Halsey. New York: Oxford University Press. pp. 292-305.

37) Goffman, E.(1963). 상게서. p. 73.

수 있게 해준다. 그러나 이러한 통찰은 일상생활에서 이루어지는 상호작용의 기저에 구조화된 사회적 불평등을 인식하기 위한 보다 광범위한 분석으로 이어질 필요가 있다.

면대면 상호작용에 대한 상징적 상호작용론의 초점은 거시적인 구조와 과정 분석을 위한 시사점이 명확하다. 가족, 대학, 기업, 정부 등 모든 제도의 순조로운 기능 수행은 개인들의 역할 수행에 달려있다. 상황에 대한 정의를 내리는 것은 개인뿐만 아니라 조직, 제도, 사회도 마찬가지다. 그러나 매일의 생활을 극장에 비유한 것의 한계를 인식하여, 고프먼은 개인들이 그들 주변에서 동시다발적으로 일어나는 일들을 단순하고 통합된 방식으로 이해하기 위해 '분석틀(frame)'을 사용한다고 보았다.[38] 분석틀은 행위자들의 사고와 행위를 지배하는 보이지 않는 일상적인 해석의 구조로, 주요 사건과 정보를 선정, 강조, 배제하는 기준이며 많은 양의 정보를 빠르게 일상적으로 처리할 수 있게 한다. 즉, 분석틀은 매일매일의 사회생활에 질서를 부여하고 견고하게 만드는 기제이다.

고프먼의 분석틀 개념에 기초해 사회학자들은 어떻게 언론매체와 같이 규모가 큰 사회적 행위자가 독자와 시청자들에게 뉴스로 전달할만한 가치가 있는 사건을 선별하는지를 검토하였다.[39] 개인들이 현실에서 일어나는 일들에 대응하고 관리하기 위해 그들의 분석틀에 맞게 정보를 선별하는 것처럼, 언론기자들은 관행에 따라 정보를 선별적으로 수집하여 사회면, 정치면, 경제면 등과 같은 영역구분에 맞게 많은 양의 정보를 조직적으로 쉽게 배치한다. 이렇게 언론의 분석틀에 맞춰져서 독자들에게 전달된 기사들은 우리의 상황정의로 제공되어, 독자들이 해당 사건이나 이슈를 해석하고 행동하는 데 중요한 영향을 미치게 된다.

38) Ritzer, G.(1992). 전게서. p. 223.
39) Dillon, M.(2010). 전게서. p. 279.

상징적 상호작용과 문화기술지

행위자들의 면대면 상호작용과 특정 상황에서 역할 수행의 의미에 주목한 상징적 상호작용론은 질적 연구와 관찰연구에 큰 영향을 미쳤다. 일상적인 상호작용에 관심을 가지고 이해하기 위해서는 먼저 사회생활의 실제 영역에서 무슨 일이 일어나는지를 관찰해야 한다. 상호작용의 역동성은 설문조사나 인구조사 같은 방식으로 파악하기 어렵고, 가까이에서 주의 깊게 사람들이 서로 관여하고 반응하는 방식을 들여다보아야 하기 때문이다. 집단생활에 대한 우리의 인식을 확장하고 심화하기 위해서는, 그리고 개인들이 상호작용하는 사회적 상황에서 일어나는 일을 정확하게 알기 위해서는 직접적인 현장 관찰이 무엇보다 중요하다. 문화기술지(ethnography) 같은 현장에 근거한 방법론은 상징적 상호작용론의 통찰에 기초한 것이다.

교육연구에서도 참여관찰을 활용한 질적 연구들이 꾸준히 이루어져 왔는데, 잘 알려진 필립 잭슨(Phillip Jackson)의 「교실 생활」은 학교에 관한 대표적인 초기 문화기술지다.[40] 잭슨은 미국 시카고의 초등학교에 대한 현장연구를 토대로 초등학교에서 아동들이 학교의 공시적인 교육목표와 다른 여러 가지 감정과 태도, 즉 잠재적 교육과정을 학습한다는 것을 보여준다. 교실은 권력을 가진 교사가 평가를 통해 아동들의 생활을 구조화하는 공간이며, 교사는 단순히 가르치는 사람이 아닌 학생들의 일상적인 활동을 관리하고 학생들의 특권과 자원을 배분하는 관리자로, 수업에서 누가 발언할지 결정하는 역할을 한다. 아동들에게 교실은 단체생활을 하는 복잡한 장소이며, 학생들이 처음으로 배우는 것은 욕망을 통제하고 욕구 충족을 지연시키는 훈련이다. 아동들은 제한된 공간에서 기다림과 인내심을 배우면서 이런 환경에 적응하는 한편, 많은

40) Jackson, P.(1968). *Life in Classrooms*. New York: Holt, Rinehart and Winston.

학생들이 함께 생활하는 공간에서 옆에서 일어나는 일에 무관심해지는 법을 배운다. 교사가 평가의 권한을 가지고 있는 교실은 불평등한 인간관계를 바탕으로 한 사회적 장소이고, 아동들은 교사의 관심을 끌고 칭찬을 받기 위해 자신에게 유리한 행동을 하면서 거짓말과 고자질 같은 부정적인 행동을 학습하기도 한다.

이러한 학교의 묘사는 고프먼이 개념화한 '총체적 기관(total institution)'을 닮았다. 총체적 기관은 정신병원이나 감옥처럼 개인들의 일상적인 기능, 즉 먹고, 일하고, 잠을 자는 등의 여러 기능들을 구분하는 통상적인 장치들이 제거되어 모든 활동들이 동료 수감자들과 감독관들 앞에서 이루어지는 장소이다.[41] 비슷한 원칙들이 군대, 요양원, 수도원 같은 제도적 환경에도 적용되는데 잭슨은 학교도 이러한 특성을 갖고 있다고 보았다. 총체적 기관은 모두 고도로 구조화되어 있고, 규제가 많은 환경으로 수감자들과 감독관들에게 특수한 역할 수행을 요구한다. 그리고 굴욕감을 주거나 특권을 배제시키는 것과 같은 다양한 전략을 활용해 개성이 드러나는 모든 것들을 제거한다. 유니폼을 입고 머리를 짧게 자르는 것은 이런 이유이다. 여기서 자아는 엄격한 기관의 권위구조에 맞춘 역할 수행의 측면에서 정의되고, 일시적으로라도 잠깐 쉴 수 있는 무대의 뒷면이 존재하지 않는다.

총체적 기관 밖에서의 일상생활은 개인의 다양한 사회적 역할이 특정한 청중에게만 목격되도록 구조화되어 있다. 그러나 다른 근대적 제도나 생활세계와 달리 총체적 기관은 자신의 공식적 목표를 충족하기 위해 고안된 것으로 수용자들에게 다양한 활동을 강제한다. 개인에게 기관에 대한 총체적인 헌신을 요구하는 것이다. 대부분 총체적 기관은 바깥 사회와 다른 상호작용의례의 규칙과 기준을 가지고 있고, 다른 조직이나 제도의 규칙과 기준에 거의 영향을

41) Goffman, E.(1961). *Asylums: Essays on the Social Situation of Mental Patients and Other Inmates*. Chicago: Aldine. 심보선 역. 수용소(2018). 문학과 지성사.

받지 않는다.[42] 고프먼의 영향을 받은 여러 학문 분야의 연구자들은 다양한 형태의 총체적 기관을 분석하면서 총체적 기관 안에서 벌어지는 사회적 상호작용이 근대시민사회에서 벌어지는 사회적 상호작용과 어떻게 다르며, 이러한 사회적 상호작용이 수용자의 자아에 어떤 영향을 미치는지를 중요한 분석대상으로 삼고 있다.[43]

총체적 기관은 상징적 폭력뿐만 아니라 물리적 폭력을 활성화하고 조장한다. 입소 자체가 수용자의 자아에 대한 심대한 훼손인 경우가 많다. 외부의 사회적 규칙이 통용되지 않는 총체적 기관의 특성, 그리고 관리자와 수용자의 구분을 통한 위계구조의 확립과 강화 등은 총체적 기관 내부에서의 약자에 대한 괴롭힘을 강화한다. 이러한 괴롭힘에서 관리자가 중요한 역할을 한다. 관리자가 수용자의 생활 전반을 감시하고 통제하며 상징적, 물리적 폭력을 행사할 수도 있고 관리자의 묵인 아래 수용자가 수용자를 괴롭히는 상황이 벌어질 수도 있다.[44]

필립 잭슨의 통찰에서 출발한 김영천은 1990년대 한국의 초등학교 교실에 대한 관찰 자료에 근거하여 상호작용분석을 시도하고 이를 통해 초등학교에 존재하는 잠재적 교육과정을 복종, 성차별, 비교와 실패 세 가지로 요약하였다.[45] 1990년대의 상황과 30년 가까이 세월이 흐른 현재 초등학교의 상황은 상당히 달라졌지만, 당시의 풍경을 현재의 모습과 비교하여 살펴보는 것도 흥미롭다. 다음은 김영천의 네 학교 이야기의 사례이다.[46]

---

42) Goffman, E.(1961). 전게서. pp. 12-29.

43) 곽기병(2019). 총체적 기관에서 나타나는 폭력의 미시사회학. 민주주의와 인권. 19(2). pp. 191-233.

44) Collins, R.(2008). *Violence: A Micro Sociological Theory*. Princeton University Press.

45) 김영천(1998). 초등학교의 잠재적 교육과정이 밝혀진 후: 교사와 행정가에게 주는 시사점, 교육인류학연구, 1(2). pp. 49-99.

46) 김영천(1998). 네 학교 이야기: 한국 초등학교의 교실생활과 수업. 문음사.

김영천은 학교생활의 모든 분야에 복종을 중심으로 한 바른생활의 중요성이 강조되고 있다는 것을 다음과 같은 상호작용 장면에 대한 기술을 통해 보여주고 있다. 초등학교에는 교사의 독립적인 교실 공간, 교사가 사용하는 앞문과 같이 복종의 가치를 강화시키는 물리적인 배열이 존재한다. 교사는 학생에게 윗사람에게 어떻게 인사하고 말해야 하는지 계속해서 강의한다. 이와 같이 존경과 복종을 강조하는 학습 분위기는 초등학교 첫날부터 시작된다.

(상호작용 단편 1)

여러분은 목을 90도로 구부려서 정중하게 선생님께 인사해 보세요. 또 여러분의 허리도 함께 90도로 굽히세요. 인사할 때 팔은 몸에 붙여야 해요. 움직여서도 안 돼요. 그리고 “선생님, 안녕하세요?”라고 말해야 해요. 이해할 수 있겠죠? 좋아요. 그럼 함께 해볼까요. 자, 그럼 다시 해봅시다. (선생님은 1학년 학생들에게 20번 이상 인사연습을 시킨다.)

(상호작용 단편 2)

선생님: 준이, 이리 나와 보렴.(준이가 교실 앞으로 나오자 선생님은 자신의 오른쪽 팔을 준이의 어깨에 놓는다.)

선생님: 여러분 준이가 인사하는 모습을 자세히 보세요. 그리고 준이가 인사하는 모습이 바른 자세인지 아닌지 살펴보세요.(준이가 학급 전체에게 인사를 한다.)

선생님: 여러분, 준이가 잘 했나요?

학생들: 아니오.(매우 큰 목소리로 동시에)

선생님: 준이의 자세에서 뭐가 잘못됐죠?

학생들: 준이의 팔이 몸에 완전히 붙지 않았어요.

김영천은 아동들이 가정에서 하던 자유로운 말하기에서 벗어나 교사가 청취자가 되는 교실 상황에서 계속 존칭으로 말하는 것을 배워야 한다는 것을 보여준다. 아동들은 자신을 낮추고 교사의 존재를 높여주는 사회적, 심리적 공간을 만들어가야 한다. 이를 통해 장유유서의 사회적 실재를 창조하기 위해 적극적으로 참여한다. 아동은 존댓말을 사용하지 않으면 심한 질책과 부정적인 평가로 이어진다는 사실을 경험함으로써 나름대로 문화적 지식을 쌓아가고, 교사는 감시자의 역할을 성실히 수행한다.

교사에게 존댓말 쓰기는 교과 지식을 이해하는 것과 함께 수업에 참여하기 위한 지식으로 아동의 수업활동에 영향을 끼친다. 존경과 복종을 강조하는 초등학교에서의 생활문화와 참여자의 적극적인 수용은 위계적이고 지시적인 교사 중심의 수업을 만들어내고 있다. 초등학교에서의 권위적인 학습세계는 교사가 사용하는 통제적이고 명령조의 언어와 체벌이라는 두 가지 방식을 통해 만들어진다. 교사의 반말과 명령어는 교실 수업을 교사의 지시와 통제, 학생의 무비판적인 수용과 추종의 상응적인 참여관계로 구성하는 데 기여한다.

이어서 김영천은 교사의 우월적 권력이 아동의 교실수업 경험을 어떠한 것으로 만드는지 보여주기 위해 교사가 관찰한 권위적인 교사에 대한 기술을 소개하고 있다. 교사의 기대나 교육자의 이상과 달리, 아동들에게 교실은 불안과 회피의 장소로 다가갈 수 있다. 그리고 이런 복종의 학교문화는 교사 중심의 통제적인 수업분위기를 만들고, 교사가 체벌과 폭력 사용의 유혹을 느끼기 쉽게 만든다.

> 수학시간이다. 모둠별로 만들어진 책상배치를 일제식으로 바꾸고 한 치의 흐트러짐 없이 줄을 맞추게 한다. 그리고 거의 사용하지 않지만 긴 나무 회초리를 오른손에 불끈 쥔다. 그리고 공연히 칠판을 한 번 꽝 하고 치는 것이다. 그 소리만으로 아이들이 움찔하게 만든다. "이번 시간은 매

우 중요한 내용을 배우게 됩니다. 여기에서 선생님의 설명을 놓쳤다가 나중에 큰코다치게 될 것입니다." 역시 아이들이 얼마 못 가서 부스럭댄다. 이것을 놓칠 리 없는 C교사는 "흠. 좋아. 승윤이 아는 게 많은 모양이군. 그럼 어디 질문을 해볼까." 승윤이는 손톱을 물어뜯으며 바짝 긴장하고 있다. C교사는 일부러 매우 어려운 용어를 써가며 승윤이를 몰아세운다. 당연히 대답을 하지 못하는 승윤이다. 이때 C교사는 앞에 놓인 책상을 나무 회초리로 한번 또 내리친다. 아이들은 감히 눈을 떼지 못하고 과연 선생님이 승윤이에게 어떤 벌을 내릴 것인지 지켜보고 있다.

교실은 긴장감이 흐르고, 아이들은 선생님과 눈이 마주치지 않을까 두려워한다. 비로소 C교사는 회심의 미소를 지으면서 수업에 들어간다. 산만한 아동 없이 모든 개념을 완벽하게 설명했다고 자부하면서 말이다. 그리고 선심 쓰듯 말한다. "음. 오늘은 좀 어려운 공부를 하는 것이므로 잘 이해가 안 되는 것은 당연합니다. 한 번 더 설명을 해주었으면 하는 어린이는 손을 들어보세요." 그리고 이제 교과서에 나오는 응용문제를 풀게 한다. 교실을 전체적으로 순시하는 C교사. 아이들은 책상에 바짝 엎드린 채 문제를 푼다. C교사는 만족해하며 "모르는 사람은 손을 들면 선생님이 다시 설명해줍니다. 모르는 것은 부끄러운 것이 아닙니다. 모르는 것을 숨기는 게 부끄러운 거죠." 한층 밝아진 교사의 음성에서 비로소 한두 명씩 손을 들기 시작한다. 몇몇은 어찌할지 모른 채 선생님의 눈치만 보면서 앉아 있다.

교실의 상호작용과 질서

학교에서 일어나는 상호작용을 분석한 또 다른 대표적인 문화기술지 중 하나는 메리 메츠(Mary Metz)의 저서, 「교실과 복도(Classrooms and Corridors:

The Crisis of Authority in Desegregated Secondary Schools)」이다.[47] 메츠는 교실에서의 상호작용을 '원칙에 입각한 갈등(principled conflict)'으로 묘사하고 있다. 교실의 질서는 항상 깨지기 쉽지만, 언제나 혼란스러운 것은 아니며 오히려 대부분의 교실은 예의 바르고 집중하는 모습을 보인다. 이러한 평화는 교사는 물론 학생들에 의해 만들어지는 것으로 교실은 매우 친밀하면서도 강제적인 장소이다. 일 년 내내 같이 지내야 하는 교사와 학생들은 서로가 용인할 수 있는 적당한 수준에서 갈등을 유지할 필요가 있다. 그럼에도 종종 아주 첨예한 갈등 상황이 발생하는데, 그 원인은 주로 학생들이 학업과 무관하게 자신들이 하고 싶어 하는 일을 하려 하고, 교사가 이를 제지하는 과정에서 발생한다. 이런 유형의 갈등은 다반사로 일어나고 교사가 경험이 부족할 경우 상당히 애를 먹기도 하지만, 교사와 학생 관계에 근본적인 문제가 있어서 그런 것은 아니다.

학교에서 종종 발생하는 보다 심각한 갈등은 학생들이 그들의 관계에 대한 교사의 정의를 거부하는 경우에 나타난다. 이런 유형의 갈등은 주의 산만한 학생들로 인한 문제보다 심각하고 오래 지속된다. 그러나 이런 갈등이 교실의 권위에 대해 학생과 교사가 서로 다른 개념을 지니고 있기 때문인 것은 아니다. 그보다는 교사가 그의 권위를 세우기 위한 의무를 다하지 않는다고 학생들이 인식할 때 갈등이 커진다. 그리고 특정한 학생과 교사의 조합, 예를 들어 통합적인(incorporative) 교사와 학급의 대다수의 학생들이 통합적인 성향을 지닌 학급의 조합이 가장 매끄러운 관계를 형성하고, 위기나 갈등 없이 수업이 이루어진다. 반면에 가장 그렇지 못한 조합은 권위적인 교사가 성취도가 낮은 하위 그룹 학생들과 만났을 때이다. 이 경우 교사가 부정적인 제재나 경고를 보내는

47) Metz, M.(1978). *Classrooms and Corridors: The Crisis of Authority in Desegregated Secondary Schools*. CA: University of California Press. 이 절의 내용은 이 책에서 'Classroom Interaction: Principled Conflict'를 발췌하여 구성한 것이다.

것이 다반사지만, 학생들의 소리 없는 아우성에도 불구하고 직접적인 도전이나 갈등 없이 지나가기도 한다.

그러나 메츠의 연구에서 학생들은 장유유서의 문화에서 복종을 강요받던 1990년대 한국 초등학교 풍경 속의 학생들과 달리, 끊임없이 교사가 요구하는 권위관계에 대해 평가하고 교사가 감독관의 역할을 유능하게 수행할 수 있을지를 시험하려 든다. 그리고 학생의 역할에 대해 교사가 어떤 개념을 가지고 있는지 알아내려 한다. 나아가 그들에게 복종을 요구하는 것을 정당화할 수 있을 만큼 교사의 행동이 실제로 교육목표를 실현하는 데 적합한 것인지 판단한다. 메츠는 이런 관점에서 학생들이 일방적으로 질서를 강요받기보다는 교사가 자신들의 목표를 실현시켜주는 행위자로서 필요한 지식과 기술을 지니고 있는지 확인하기 위해 교사에게 도전하는 존재이며, 교사가 이런 능력을 갖추지 못하고 있다고 간주될 경우, 감독관으로서의 역할 수행을 거부한다고 보았다. 다음은 이러한 과정에 대해 메츠의 연구에 인용된 교사의 인터뷰 내용이다.

> 똑똑한 학생들은 본능적으로 교사가 그들을 가르칠 만큼 스마트한지 검증하려고 해요. 예를 들면, 딕이라는 학생은 우리가 영어수업 첫 시간에 문학이 무엇인지, 우리가 문학을 배우는 목적이 무엇인지에 대해 이야기하고 있었는데, '트리스트럼 샌디'[48]에 관해 이야기를 꺼내는 거예요. 그래서 저는 대답을 해주고, 이 책이 어떻게 주제와 관련되는지 빠르게 의견을 교환했답니다. 이후 딕과의 문제는 해결됐죠. 잘 지냈어요. 그렇지만 딕은 여러 선생들을 바보로 만들고 어렵게 했어요. 특정 분야에서는 진짜 아는 게 많았거든요. 그렇지만 고작 열네 살일 뿐이잖아요.

48) 영국의 소설가 로런스 스턴(Laurence Sterne, 1713~1768)의 작품이다. 목사였던 스턴이 교회 내 분쟁에서 반대파를 야유하기 위해 쓴 풍자적 색채의 소설로 작가의 성적인 관심과 형식 파괴로 비판을 받다가 현대에 와서 재평가되었다고 한다.

학생들은 실력이 없거나 학생들을 통제하지 못하는 교사에 대해 적대감을 갖지 않지만, 교사가 강압적인 방식으로 학생들의 행동을 통제해 그의 취약점을 만회하려고 할 때에는 분위기가 급반전하여 심각하게 나빠질 수 있다. 이런 교사들은 학교의 가치를 대표하여 학생을 통제할 수 있는 권리를 상실한다. 이런 교사들이 권위적인 통제의 보조 수단으로 간주되는 강압적인 방법을 사용하는 것은 정당화되지 않는다.

학생들이 교사와 갈등하면서 교사가 규정하는 '학생 역할'에 대한 정의를 거부하는 상황은 교사가 가르치기 위한 진지한 노력을 하지 않는 것으로 학생들에게 비춰질 때이다. 하위반 학생들은 교사의 이러한 행동을 그들의 학업능력에 대한 불신으로 받아들여 상처를 받고 교사에게 적대감을 갖는다. 이 학생들은 구조화된 필기가 많은 수업에 익숙하고 그러한 수업을 좋아하기 때문에 좋은 의도로 비지시적인 수업을 하는 교사들을 진지하지 않다고 평가하기도 한다.

면담자: 가장 좋아하지 않는 교사는 누군가요?

학생: 문트 선생님이요.

면담자: 어떤데요?

학생: 교실에서 아무것도 하질 않아요. 그저 이것저것 말로 끄적거리기만 하고. 그는 말만 하고 글로 쓰는 과제를 내주지 않아요. 종종 영화를 보여주고. 그가 아무 말도 안 하면 아무도 얘기를 안 해요. 그리고 누가 등을 돌려 누군가에게 뭘 물으면 화가 나서 조용히 하라고 하죠.

반면, 상위권 학생들은 교사가 자신들을 경솔한 어린애 취급을 할 때 학생 역할에 대한 교사의 기대를 거부하는 경향이 있다. 하위반 학생들처럼 이 학생들도 교사가 자신들을 진지하게 취급하길 바라며 요구도 더 많다. 이러한 교사에 대해 한 학생은 "그 선생님은 아이들을 유치원 애들처럼 취급해요··· 그녀는 학급에서 열세 살 아니면 열네 살인 우리들을 항상 애들이라 부릅니다. 우리는 이런 게 거슬리고, 아무 말은 안 해도 분위기가 안 좋죠. 그녀는 초등학교 교사가 잘 맞을 것 같아요." 이 교사는 학급의 무질서를 버릇없는 개구쟁이들의 소란으로 말한 유일한 교사였다.

가장 심각한 교실에서의 갈등상황은 학생들이 교사가 교육목표 달성에 실패한 것이 명확한데도, 자신의 권리로 복종을 요구한다고 인식할 때 발생한다. 학생들은 교사의 교육적 신념을 자신들의 교육목표에 대한 정의에 따라 판단한다. 이러한 교육목표에 대한 규정의 불일치는 학생들에게 교사가 자신의 사명을 저버린 것처럼 비춰진다. 또한 교사들이 자신들의 지위를 방어하려는 것처럼 보일 때 학생들은 교사가 자의적이라고 생각한다. 이런 상황에서 상위권 반에서 전형적으로 학생과 교사가 주고받는 대화는 이런 것이다. 즉, 학생이 "왜 이걸 해야 하죠?" 하고 묻는데, 교사가 "내가 그렇게 하라고 했으니까."라고 대답하는 식이다. 이런 교사의 반응은 개인적인 복종을 강요하는 것처럼 보이고, 더 화가 난 학생은 "그게 우리가 배워야 하는 것과 무슨 상관이 있는 거죠?" 하고 따진다. 그러면 교사는 "선생님이 관련이 있다고 하면 너는 그냥 하면 되는 거야."라고 답한다. 이런 교사는 설명을 해주는 것이 그의 우월한 지위에 기초한 권위를 떨어뜨리는 것이라고 생각하고, 반대로 학생은 교사가 설명을 제대로 하지 않는 것은 교사가 스스로 그의 우월한 지위의 기반인 교육목표의 해설가라는 주장의 근거를 무너뜨리는 것이라고 생각한다.

하위권 반의 학생들은 교사가 가르치려는 노력을 하지 않거나 학생들에게 벌을 주면서 그 이유를 설명해주지 않고, 학생의 변명도 들으려 하지 않을 때 주로 교사가 교육목표 이행에 실패하고 있다고 인식한다. 예를 들어, 수업 중 교사가 한 학생을 지목하여 책을 두고 교실 뒤로 가서 서있도록 지시한다. 그런데 그 학생은 머뭇거리며 그대로 있다가 계속되는 교사의 지시에 이유를 묻는다. 교사는 이유를 말하는 대신 나중에 얘기하자며, 이번에는 교실 밖으로 나가 벌을 서라고 말한다. 교실 구석에 있는 것보다 교실 밖으로 나가는 것은 더 큰 벌이지만, 학생은 이유를 말해주지 않는 교사에게 화가 나 조용한 방식으로 교사에게 저항을 한다. 이렇게 되면, 실제로 이 학생이 교사가 지목할 만한 수업 방해 행동을 했는가와 별개로, 벌을 받는 이유를 정당화하려는 학생의 권리와 말없이 복종을 요구할 교사의 권리가 충돌하는 문제로 이슈가 전환된다.

교실처럼 친밀한 분위기에서는 개인적인 싫은 감정이 섞인 어투나 표정 또한 학생들의 지시 불이행의 이유가 된다. 이런 교사의 언행은 교실질서와 수업을 위한 정당한 행동으로 비춰지지 않고 개인적인 공격으로 간주되기 때문이다. 교사는 물론 학생들도 교육을 이행하는 과정에서 교사와 학생의 관계가 일반적인 공정과 존경의 원칙에 기초한 규범에 따른다고 생각한다. 이 중 가장 근본적인 것은 권위를 구성하는 목표, 역할, 관계와 관련된다. 이러한 규범들은 매우 다른 사고들을 포함하는 포괄적인 언어로 정의된다. 따라서 교사와 학생이 이런 차이에 민감하지 않으면 갈등이 발생한다. 장기적으로 교사들은 학생들이 자신들에게 적응하는 것처럼 학생들에게 적응한다. 어떤 교사들은 학생과 그들의 필요 및 행동에 대한 분석을 통해서 의식적으로 적응하고, 다른 교사들은 보다 점진적인 방식으로 그때그때 발생하는 사건에 적응해 간다.

하위권 학생들의 반에서는 대체로 받아 적도록 하는 필기수업 방식을 많이 사용하고, 학업 성취를 진작하는 것보다는 조용히 시키기 위한 통제에 더 많은 자원을 사용한다. 동일한 트랙을 다루는 방식에 교사마다 차이가 많이 있지만, 서로 다른 트랙에서 한 교사의 행동 양식의 차이 또한 중요하다. 학교에서 질서유지는 학습이 이루어지기 위한 전제조건이다.

교사가 교실통제와 질서유지에 대해 느끼는 압박은 강하다. 학생들의 흥미와 관심을 유발하기 위해 권위의 유형을 바꾸는 것이 도움이 되지만 충분하지는 않다. 권위의 정의, 역할의 특성, 교사와 학생의 관계, 학습의 도덕적 질서

등에 대해 의견 불일치가 있을 때, 어떤 교사들은 학생들의 주장과 요구를 분석해 그들의 정의에 맞춰간다. 반면 어떤 교사들은 학생들이 자신들과 전혀 다른 권위에 대한 규범을 가지고 있다는 사실을 지각하지 못한 채 학생들과 계속 갈등을 겪는다. 교사의 경직된 태도는 교사의 노력이 학생들에게 잘 전달될 수 있는 분위기를 조성하는 데 지장을 준다. 교사의 노력이 학생들에게 전달되도록 하고 이를 유지하는 것은 실제로 복잡하고 어려운 일이다. 교사와 학생이 서로 맞지 않을 때, 한쪽 혹은 서로가 맞춰 가려고 노력하지 않으면 갈등은 지속된다. 교사가 학생에게 적응하도록 하는 압력은 학교의 특성을 이해하는 것뿐 아니라 가르치는 일과 교사 자신을 이해하는 데 중요하다. 교사가 그들이 만나는 학생들에게 맞추려고 할 때 다른 교사와 차별화되는 독특한 관점과 전망을 개발할 수 있다.

요약 및 쟁점

미드, 블루머, 고프먼 등 상징적 상호작용론자들은 각자 강조점이 다르지만 다음과 같은 기본 원칙들을 공유하고 있다.[49] 첫째, 인간은 다른 동물과 달리 고등한 사고능력을 지니고 있고, 둘째, 이 능력은 사회적 상호작용에 의해 형성되며, 셋째. 상호작용을 통해 인간은 고유한 사고능력을 가능하게 해주는 의미와 상징을 배운다. 넷째, 의미와 상징은 인간 고유의 행위 및 상호작용을 수행하게 해주고, 다섯째, 사람들은 상황에 대한 그들의 해석에 근거해 행동하고 상호작용할 때 사용하는 의미와 상징을 수정, 변경할 수 있으며, 여섯째, 이러한 수정, 변경 능력 덕분에 사람들은 가능한 여러 가지 행위의 경로를 검토하고 그 유불리를 평가하여, 하나의 행위를 선택할 수 있다. 그리고 마지

49) Ritzer, G.(1992). 전게서. p. 209.

막으로 행위와 상호작용이 뒤얽힌 유형이 집단과 사회를 구성하는 것이다.

이와 같은 행위자의 정신적 능력과 상호작용에 관한 상징적 상호작용론의 관심은 구조기능주의와 같은 거시적인 이론들과 대비된다. 상징적 상호작용론자들은 행위자를 내면적인 심리상태나 거시적인 구조의 힘에 강제당하는 존재로 보지 않는다. 미드의 자아는 자신을 객체로 취급할 수 있는 능력이다. 즉, 스스로를 타인의 위치에 놓을 수 있는 능력, 남들이 그들을 보듯이 자신을 볼 수 있는 능력이다. 그러나 상징적 상호작용론은 이러한 이론의 독창성과 이후 문화기술지 발전에 미친 영향, 그리고 현상학과 포스트모더니즘 같은 다양한 이론들과 폭넓게 결합되면서 발전해왔다는 점에도 불구하고, 거시적인 구조가 행위에 미치는 영향을 무시한다는 점에서 비판받아왔다. 또한 의미, 상징, 행위, 상호작용에 대한 미시적 접근을 하면서 행위자를 구속하는 개인의 욕구, 의도, 열망과 같은 심리적인 요인들을 무시한다는 점에서도 비판을 받았다.

상징적 상호작용론을 계승한 여러 학자들은 1920년대와 1930년대 시카고대학에서의 전성기 이후 현재에 이르기까지 상징적 상호작용론에 극적인 변화가 있었다는 것을 강조한다. 이러한 변화의 핵심은 사회구조와 개인을 연결시켜 행위자 수준에서 보다 큰 사회구조의 수준으로, 그리고 다시 행위자 수준으로 이동할 수 있는 이론적 틀을 고안하는 것이다. 이와 같은 미시와 거시의 통합, 구조와 행위의 통합 문제는 1990년대 이후 사회학의 가장 중요한 이론적 이슈가 되었고, 상징적 상호작용론의 발전과 깊이 관련되어 있다. 상징적 상호작용론과 같은 미시적 관점의 사회학이론들은 거시적 관점의 이론에 치우쳐있던 교육사회학 연구자들이 교육현장의 생생한 모습에 관심을 갖게 해주었고, 학생의 경험과 교실에서 일어나는 학생과 교사의 상호작용의 의미를 이해할 수 있는 유용한 개념들을 제공해주었다.

제7장 현상적 다양성과 실재의 사회적 구성

사회학에서 현상학은 개인들이 일상생활의 현실과 경험을 이해하는 방식, 그리고 사회에 대한 지식을 형성하는 방식과 그 지식을 세계를 이해하는 데 적용시키는 방식에 관심을 갖는 사회학이론으로 나타났다. 사회학의 일차적인 관심을 사회구조와 제도에 둔 마르크스, 뒤르케임, 베버, 파슨스 등과 달리 슈츠(Schutz)와 같은 현상학자들은 매일매일의 생활세계에 대한 분석에 초점을 두었다. 현상학은 개인들이 어떻게 그들의 현실을 특징짓는 경험들을 지각하고 이해하는지 주목한다. 이러한 접근을 현상학으로 부르는 이유는 특별한 경험 혹은 우리가 지각하는 현상이 연속적인 경험의 흐름으로부터 어떻게 선별되고 주목받는지 탐구하기 때문이다.[1] 이와 같은 관점에서 볼 때 사회는 사회를 구성하는 개인들이 경험하는 수많은 개별적인 실재들로 구성되기 때문에, 사람들이 사회적 실재 혹은 질서에 대해 말하는 것은 단지 특정 상황에 관여하고 있는 사람들의 현실감을 지칭하는 것일 뿐이다.

이런 점에서 현상학적 관점의 사회학자들은 기존 사회학이 사회구성원의 행위가 상황에 의존적이라는 사실을 무시하고, 보통 사람들의 일차적인 언어와 개념을 소홀히 하는 것을 비판한다. 그리고 이런 문제를 극복하기 위해 행위자의 주관적 의미에 주목할 것을 강조한다. 또한 사회학자들이 학술적

1) Dillon, M.(2010). *Introduction to Sociological Theory*. Wiley-Blackwell. p. 286.

언어를 가지고 체계화한 이론들이 보통 사람들의 상식적 지식에 부합해야 한다고 주장한다. 이 말은 사회학자의 이론이 그것이 만들어진 원래의 상식적 지식으로 다시 번안될 수 있어야 한다는 것을 의미한다. 이 장에서는 현상학과 현상학적 인식론에 기초한 민속방법론의 기본 전제와 개념들을 살펴보고, 이와 같이 급진적인 성찰성을 바탕으로 교육적 질서의 생성과 변화를 설명하는 것이 기존의 이론적 접근과 어떻게 다른지, 그리고 교육현장의 문제를 해결하는 데 어떤 실천적 유용성이 있는지 살펴보기로 한다.

사회적 행위에 대한 현상학적 접근

현상학은 20세기 초에 철학자 에드문트 후설(Edmund Husserl, 1859~1938)로부터 시작되었다. 현상학은 하나의 이론이라기보다는 공통적인 접근방식을 가진 하나의 사상적 관점이라고 할 수 있는데, 현상학적 관점을 취한 학자들이 공통적으로 지향한 네 가지 요소는 다음과 같다.[2] 첫째, 자연과학적인 접근만으로 세계와 인간을 설명하고자 하는 입장에 반대하고, 모든 종류의 환원주의에 반대하며, 역사적이고 사회문화적인 개인의 삶에 관심을 가진다. 둘째, 사태를 있는 그대로 직관적으로 보고자 하며 사건이나 대상을 분석할 때 사용하는 언어도 개인의 언어와 보편적인 언어를 모두 사용한다. 셋째, 의식이 대상을 향하게 되는 과정에 주목하고, 이러한 과정을 살펴보기 위한 반성적인 접근방식을 택한다. 넷째, 기존의 철학이 몰두하였던 초월적인 관념에 대해서는 판단을 유보한다.

후설은 인간의 의식이 지향적(intentional)이라고 주장하였다. 이 말은 인간의 의식이 개인의 사회문화적 환경 속에 있는 대상들을 향하고 있다는 것을

2) Craig. E.(2000). *Concise Routledge Encyclopedia of Philosophy*. New York: Routledge.

의미한다. 즉, 개인의 경험 밖에 있는 보편적이고 외재적인 것이 아닌 특정한 개별 경험들을 지향한다는 것이다. 후설의 제자인 알프레드 슈츠(Alfred Schutz, 1899~1959)는 1930년대 미국으로 망명한 오스트리아 철학자이자 사회학자로, 후설의 현상학적 아이디어에서 출발하여 일상적인 경험을 통해 특정한 사회적 현실에서, 또 그 사회적 현실을 기반으로 개인이 어떻게 행동하는지에 대해서 연구했다. 현상학적 사회학의 창시자로 평가받는 슈츠는 사회학에 일반적으로 적용될 수 있는 방법론을 구축하고자 했으며, 상호작용에 관한 많은 연구들을 남겼다.[3] 그가 1932년에 발표한 저서인 「사회세계의 현상학(The Phenomenology of the Social World)」은 1967년에서야 영어로 번역돼 널리 읽히게 되지만 이후 중요한 사회학의 업적으로 손꼽히게 된다.[4]

일상의 생활세계란 우리의 행동과 상호작용이 일어나는 공간이자 그 대상으로, 개인들은 사회적 행위자로서 생활세계에 주관적으로 참여하며 일상의 삶을 살아간다. 앞 장에서 설명하였듯이 베버도 사회학을 '주관적으로 의미 있는 행위'에 대한 연구로 정의하였다. 그러나 베버가 여러 다른 역사적, 문화적 맥락들과 사회구조들이 어떻게 사회적 행위를 구성하는지에 관심을 가졌다면, 현상학에서는 일상생활에서 개인들이 겪는 경험과 현실에 대한 개인들의 해석에 관심을 갖는다.[5] 상징적 상호작용론도 사회를 구성하는 면대면 상호작용에서 일어나는 의미의 교환과 해석 과정을 강조하지만, 상징적 상호작용론의 관심은 역할 수행을 하는 개인들의 경험 자체보다는 사회적으로 구조화된 상호작용 방식, 상징과 언어, 역할 수행의 성격에 초점이 있다는 점에서 차이가 있다.

현상학은 우리가 무심히 거리를 두고 세계를 바라보는 것이 아니라는 사실을 강조한다. 우리는 일상생활에서 직면하는 일을 수행하기 위해 지금, 여기서

3) 고영복(2000). 사회학사전. 사회문화연구소.
4) Schutz, A.(1967). *The Phenomenology of the Social World*. Northwestern University press.
5) Dillon, M.(2010). 전게서. p. 287.

일어나고 있는 일상의 현실에 대해 완전히 깨어있어야 한다. 슈츠에게 '완전히 깨어있기(wide awakeness)'란 삶과 그 필요조건에 대해 충분히 주의를 기울이는 것을 의미한다.[6] 우리는 '지금, 그리고 여기'라는 당면한 현실에 대해 가장 관심이 많고 가장 깨어있다. 사회, 학교, 교실에서는 항상 크고 작은 일들이 일어나지만 우리에게 가장 상관이 있는 문제는 지금, 그리고 여기서 내게 일어나는 일이다. 이 현실이 바로 우리의 자연스러운 일상인 것이다.

아침에 간단히 식사를 하고 지하철을 타고 강의실에 도착해 수업을 들으며 친구와 팀 프로젝트 계획을 짜고 저녁 약속을 하는 것은 우리의 일과 중 일부이다. 이런 일들은 우리에게 아주 익숙하기 때문에 별다른 주의를 기울이지 않아도 자연스럽게 내면화된 방식으로, 그리고 우리 주변 사람들도 정상적인 방법이라고 간주하는 방식으로 할 수 있다. 컴퓨터가 고장이 났을 때 컴퓨터를 고치는 것은 내가 알아야 하는 나의 일상적인 지식이 아니지만, 컴퓨터를 사용하고 메일을 보내는 것은 알아야 한다. 이것은 우리가 자연스럽게 자신의 일과를 수행하기 위해 요구되는 '실용적인 지식(practical knowledge)'으로, 우리의 사회세계는 이 실용적인 지식들로 구성되고, 이 지식은 사람마다 다르다.[7] 즉, 내가 컴퓨터 수리기사가 아니라면 컴퓨터의 기계적 장치에 대해 자세히 알 필요는 없다. 컴퓨터 수리기사의 일상을 움직이는 지식과 나의 지식은 다른 것이다. 우리는 일상생활의 실용적인 맥락들로부터 우리의 경험을 적절하게 확인하고 분류하는 것을 배움으로써 이러한 지식을 형성한다.

우리가 새로운 경험을 해석하고 이해하는 데 사용하는 축적된 지식과 경험은 일종의 '참조틀(scheme of reference)'로서 기능을 하며, 바로 쓸 수 있는 지식으로서 우리가 어디로 나아갈지 방향을 알려준다.[8] 각 개인들이 어느 정

6) Schutz, A.(1970). *On Phenomenology and Social Relations: Selected Writings*. Chicago: University of Chicago Press. Helmut Wagner (ed.). p. 69.

7) Dillon, M.(2010). 전게서. p. 288.

8) Schutz, A.(1970). 상게서. p. 72.

도 현실을 공유하고 있다 하더라도 그들의 주관적인 경험은 매우 다른 것이다. 예를 들어 같은 강의를 듣는 학생들이라도 그들이 수업에 대해 주관적으로 느끼고 경험하는 것은 서로 다를 것이다. 그러나 개인들의 주관적인 경험이 다를지라도, 이것이 그들만의 현실을 창조한다거나 현실이 그들이 생각하는 그대로일 거라는 것을 의미하지는 않는다. 주관적 경험의 고유성에도 불구하고, 우리의 현실은 언제나 사회적이고 타인과 공유된다. 미드(Mead)는 이러한 생각을 자아가 사회적 상호작용 속에서 나온다고 표현하였다. 마찬가지로 슈츠가 '생활세계(life world)'라고 부른 일상생활의 세계는 나의 사적인 세계이기도 하지만 동시에 타인에 의해서 공유되고 경험되고 해석되는 '간주관적인 세계(intersubjective reality)'이다.[9]

우리는 특정한 사회적 삶을 살면서 축적된 일상적인 지식과 경험을 가지고 구체적인 상황 속으로 들어온다. 현상학자들은 우리가 일상의 사회적 현실을 자연스런 것으로 알고 경험한다는 것을 강조하기 위해 '상식적 지식(commonsense knowledge)'이라는 개념을 사용한다.[10] 상식적 지식은 우리가 속한 사회에서 자연스럽고 명백하게 보이는 지식으로, 특정한 공동체 안에서 당연하게 받아들여지는 행동양식과 더 이상의 정당화나 설명이 필요 없는, 무언가를 하는 데 있어서 이미 정해진 방법들을 제공해준다. 한편 '전형화(typification)'는 우리가 일상의 현실을 경험하는 또 하나의 방법이다.[11] 전형화는 개인들의 간주관적인 사회적 환경이 조직되는 방식으로, 우리가 경험을 통해서 얻은 지식들은 전형화를 거친 것이다. 우리는 다른 사람들에게 그들의 다양한 역할과 지위에 따라, 예를 들어 의사, 정치인, 학생에게 맞는 전형화된 기대를 갖는다. 마찬가지로 학교, 교회, 법원 같은 제도들이 어떤 기능을 하는 곳인가에 대해

9) Dillon, M.(2010). 전게서. p. 289.
10) Schutz, A.(1970). 전게서. p. 80.
11) Schutz, A.(1970). 전게서. p. 119.

전형적인 지식을 가지고 있다. 이러한 전형화는 우리가 사회에서 통용되는 방식으로 다른 사람들과 대상들을 받아들일 수 있게 해 준다.

생활세계와 현실의 질서

슈츠의 아이디어를 대중적으로 전파한 사회학자는 피터 버거(Peter Berger)와 토마스 루크만(Thomas Luckmann)이다.[12] 버거와 루크만은 잘 알려진 저서, 「실재의 사회적 구성(Social Construction of Reality)」을 통해서 사회는 인간 의식의 산물이지만 개인 역시 사회적 산물임을 강조하며, 개인들이 주관적으로 현실을 경험하면서 그것을 이해할 수 있는 방식으로 정렬하여 객관적인 현실을 집단적으로 만들어 간다고 주장하였다.[13] 사회적 실재는 객관적으로 존재하는 사회제도, 언어, 개인의 사회화 과정 등을 포함하는 객관적인 현실이다. 개인들은 이 현실을 지속적으로 경험하고 협상하면서 사회적 실재를 만든다. 결국 제도화된 세계는 객관적인 현실로서 경험된다. 즉, 사회적 현실은 인간의 사회활동의 산물이 객관화된 것이고, 내면화 과정을 통해 개인들에게 수용된다.

버거와 루크만은 개인과 사회 사이에 지속적이고 생산적인 관계가 존재한다고 보았다.[14] 개인은 사회적 현실을 내면화하여 자신의 주관적인 현실로 만드는 한편, 사회적인 현실에 영향을 미치기도 한다. 주관적 현실은 외적이고

12) 사회학자인 피터 버거는 1929년에 오스트리아의 비엔나에서 태어났지만 2차 세계대전 이후 미국으로 이주하여 러트거스대학(Rutgers University)과 보스턴대학(Boston University)에서 활동하였다. 토마스 루크만은 1927년에 독일에서 태어났고 콘스탄츠대학(University of Konstantz)의 교수로 활동하였다.

13) Berger, P. & T. Luckmann(1966). *Social Construction of Reality: A Treatise in the Sociology of Knowledge*. New York: Anchor Books.

14) Berger, P. & T. Luckmann(1966). 상게서. p. 61.

객관적인 현실에 대한 개인의 주관적인 경험과 해석이다. 따라서 객관적인 현실은 주관적인 현실로 전환되고, 역으로 주관적 현실은 객관화된다. 개인들이 외재적인 객관적 현실을 주관적으로 경험된 현실로 해석하고, 자신의 것으로 만들기 때문에 이 내면화 과정은 개인의 사회적 지위와 같은 특성에 따라 영향을 받고 그 가족의 현실을 반영하게 되는 상대적인 것이다.

개인의 해석에서 가장 중심적인 매개체는 언어로, 우리는 언어로 일상적인 환경에 있는 모든 것에 이름을 붙이고, 이 명명행위를 통해서 현실을 구성하며 질서를 유지한다. 우리의 언어로 더 이상 우리의 경험을 명명할 수 없을 때, 우리는 새로운 단어를 만들고 우리의 경험을 명명할 방법을 찾는다. 그리고 이를 통해 현실의 일부로서 이런 경험들의 정당성과 타당성을 객관화하고 새로운 현실을 구성한다. 언어와 모든 사회제도들은 인간이 창조한 현실이고 사회적으로 구성된 것이며, 따라서 그 정의는 사회가 변화되면 함께 변한다. 이러한 생각은 지식의 상대성을 강조한 교육과정사회학자들에게 영향을 주어 학교에서 다루는 교육과정 지식의 성격과 타당성에 대한 비판적 탐구영역으로 발전되기도 하였다.[15] 교육과정사회학자들은 특정한 현실에 대한 지식은 항상 그 현실이 알려지고 경험되는 구체적인 사회적 맥락에서 결정된다는 것을 강조한다.

그러나 현실이 사회적으로 구성된 것이고 사회가 변화되면 사회에 대한 지식과 정의도 변화된다고 하는 주장이, 인간이 만든 언어와 사회제도들이 모두 실재가 아니라는 것을 의미하지는 않는다. 현상학자들은 객관적인 현실이 분명히 존재하지만 인간이 만들어낸 산물로서 물상화된 것이 아님을 강조한다.[16] 물상화(reification)란 우리가 사회적 제도와 대상들을 우리와 독립적인

15) 오욱환(2003). 교육사회학의 이해와 탐구. 교육과학사. p. 308.

16) Berger, P. & Luckmann, T.(1966). *Social Construction of Reality: A Treatise of the Sociology of Knowledge*. New York: Anchor Books. p. 89.

객체로 여기는 것을 의미한다. 물상화는 본래 마르크스가 자본주의사회에서 상품이나 화폐가 사람들을 지배하는 현상을 설명하기 위해 사용한 물신숭배(fetishism)에서 나온 개념이다. 언어를 비롯하여 우리가 만든 사회제도들이 물상화되어 우리와 대립하게 되면 세계는 비인간화되고, 우리는 세계에 대해 통제권을 상실하여 그것이 우리가 만들어낸 것이라는 점을 잊게 된다. 현상학자들은 우리가 사회세계를 만들었고, 다시 만들 수 있다는 사실을 깨닫는 것이 중요하다는 것을 일깨운다.

현상적 다양성과 상징적 우주

우리는 일상의 현실을 너무나 당연하게 받아들여서 그것이 사회적으로 구성된 것이라고 생각하지 못하는데, 이처럼 우리가 일상세계를 당연하게 받아들이고 있다는 사실을 깨닫기 위해서는 우리의 현실에서 벗어나 보면 된다. 즉, 우리의 일상적인 현실인 가족, 이웃, 학교 같은 내부집단에서 우리와 다른 전형화 방식과 경험을 가진 외부집단의 일상세계로 나가보면 알 수 있다. 사소해 보일 수 있는 식탁예절과 같은 일상적인 것들의 차이는 우리가 어떻게 일상생활을 경험하고 서로 의미가 통하도록 만드는지 보여준다.

내부집단은 우리가 소속된 공동체로, 우리는 이 공동체의 습관을 물려받고 이곳을 '집' 또는 '고향'이라고 여긴다. 반면, 외부집단은 우리의 일상적인 습관과는 다른 현실을 경험하는 사람들로, 우리에게 낯설게 보이는 집단이다. 이렇게 우리가 상식이라고 생각하는 것에서 벗어날 때 우리는 여러 개인과 집단이 경험하는 다양성을 인식할 수 있고, 그 결과 모든 사람의 경험에 보편적으로 적용되는 지식에 대해 문제를 제기할 수 있게 된다. 이와 같은 현상학적 통찰은 자연스럽게 받아들여졌던 남성 중심적 세계관에 반대하는 페미니스트 이론가

들에게도 중대한 영향을 주었다.[17]

슈츠는 '이방인(stranger)'과 '귀환자(homecomer)'의 예시를 통해 일상생활에서 대비되는 현실, 지각, 경험에 관해 설명한다. 이방인은 공동체의 일상적인 습관이 낯설고, 그의 습관이 그 공동체에 속한 사람들에게 이상하게 보이는 사람이다. 오늘 왔다가 내일 갈 사람이 아니라 앞으로도 머물 사람이다. 따라서 여행자가 아니며, 특정 집단에 일원이 되고 싶어 하는 사람이다. 이민자가 이방인인 것처럼 어떤 폐쇄적인 모임의 구성원이 되고 싶어 하는 사람은 이방인이다. 예를 들어, 대학을 졸업한 노동계층의 신랑과 결혼한 중산층 신부는 신랑의 가족에게 이방인이고, 농촌으로 내려간 도시인은 시골 사람들에게 이방인이다. 이방인은 새로 접한 공동체의 지배적인 문화와는 다른 역사와 습관을 가졌기 때문에 처음에는 새로운 사회적 환경의 전형화와 행동방식에 다양하게 도전하고, 객관성에 대한 자신의 특정한 태도를 가지고 접근하며, 자신이 원래 가졌던 사고방식을 통해서 새로운 사회적 환경을 해석한다. 이후 사회적인 적응과정을 거치면서 점차 새로운 공동체에 대한 지식을 얻어서, 새로운 사회적 세계의 이상했던 방식들에 대해서 충분한 일관성과 정합성을 지닐 수 있게 된다.[18]

반면, 귀환자(homecomer)는 고향을 떠나 있다가 다시 영원히 머물기 위해서 돌아온 사람이다. 이들에게 집은 많은 의미를 함축한다. 집을 떠나본 적이 없는 사람에게 집이 의미하는 것은 집을 멀리 떠나있는 사람, 그리고 떠났다가 다시 돌아온 사람이 느끼는 집과 매우 다르다. 귀환자는 자신이 전에 알고 있던 환경으로 되돌아가고자 하나, 자신도 가족을 떠나서 다른 경험을 했고, 가족들도 이 사람이 없는 일상을 경험했기 때문에 귀환자가 가지고 있는 참조틀과 이전의 전형화 방식은 돌아온 집에서 작동하지 않는다. 귀환자의 사례는

17) Dillon, M.(2010). 전게서. pp. 292-293.
18) Dillon, M.(2010). 전게서. p. 293.

일상적인 경험이 철저하게 주관적으로 경험된 사실이라는 점을 이방인보다도 더 잘 보여준다. 귀환자의 딜레마는 귀환한 퇴역군인의 사례에서 잘 나타난다. 퇴역군인은 전쟁터와 집 모두에서 아노미적 상황을 겪는다. 전쟁터에서는 엄격한 규율은 있지만 전쟁의 공포와 위협 때문에 아노미적 상황이 발생하고, 돌아온 집에서는 자신의 부재 기간 동안에 새로운 질서가 생겼기 때문에 아노미적 상황을 겪게 된다. 더욱이 집에서의 경험과 전쟁터에서의 경험은 서로 너무나도 이질적이기 때문에 각각의 상황에 적응하는 데 별 도움이 되지 않는다. 집에 있던 가족들은 전쟁과 군인의 경험에 대해서 왜곡된 이미지를 갖기 쉽고, 주로 대중매체를 통해 이상화된 이미지를 가지거나 불편한 진실에 관해서는 알고 싶어 하지 않는다. 따라서 부재중이었던 군인과 그의 가족은 서로에게 이방인이 된다.[19)]

사람들은 자신들의 일상적인 경험의 본질을 정당화하고 설명하기 위해서, 일상적인 현실을 더 큰 의미체계인 '상징적 우주(symbolic universes)'에 통합시키려 한다. 상징적 우주는 모든 것을 포함하는 의미체계로, 개인들의 일상적인 현실을 통합하고 질서를 부여한다. 종교와 과학은 일종의 상징적 우주로 개인들이 전쟁과 지진 같은 비극적 현실의 경험을 이해할 수 있도록 해주고, 결혼이나 이혼처럼 삶의 전환점에 뒤따르는 혼란을 질서정연하게 해석할 수 있도록 하는 전체를 아우르는 의미체계이다. 우리는 교회를 가거나 다양한 사회적 활동에 참여할 때 의미의 하위우주(subuniverse of meaning)를 공유하는 사람들과 함께한다. 이 집단들은 현실을 해석하는 우리의 주관적인 경험과 의미를 객관적으로 정당화해준다.[20)]

따라서 비슷한 경험과 해석의 틀을 가진 사람들과 함께 행동하는 것은 우리의 특정한 감정, 경험, 정체성을 설득력 있게 만들어준다. 그리고 이러한 집합

19) Dillon, M.(2010). 전게서. pp. 294-295.
20) Berger, P. & Luckmann, T.(1966). 전게서. pp. 97-102.

체는 개인의 일상적 현실과 경험의 사실성을 정당화하는 구조를 제공해준다. 예를 들어, 일부 국가에서 동성결혼을 허용하는 법안을 통과시킨 것에서 볼 수 있듯이, 사회적 소수집단은 객관화되고 제도적으로 정의된 현실에 대해서 계속 의문을 제기하면서 사회적, 제도적인 변화를 이끌어내는 사회운동을 만들어낸다. 그 결과 법이 바뀌고, 새로운 객관적 현실이 탄생한다. 그리고 이 새로운 객관적 현실은 집단적으로 공유한 의미, 전형화, 제도적 관행에 주관적이면서 객관적인 타당성을 제공한다.[21)]

민속방법론과 사회적 현실의 달성

일상의 현실에 대한 슈츠의 관심은 민속방법론(ethnomethodology)의 발전에 큰 영향을 주었다. 민속방법론의 창시자인 해롤드 가핑클(Harold Garfinkel)은 미국의 사회학자인 파슨스의 제자로 UCLA에서 오랫동안 교수생활을 하며 UCLA를 민속방법론 연구의 중심지로 만들었다. 민속방법론은 문자 그대로 사람들이 일상적인 생활을 하기 위해 매일 사용하는 방법을 의미한다. 가핑클은 사회학이 사회질서를 당연시하기보다는 모든 것이 진행 중이고 달성되는 것이라는 관점에서 접근해야 한다고 보았다. 그리고 뒤르케임과 마찬가지로 사회적 사실을 객관적인 현상으로 보았지만, 뒤르케임이 사회적 사실을 개인들 외부에 존재하며 개인을 구속하고 억압하는 것으로 본 것과 달리, 사회적 사실의 객관성이 구성원들의 성취, 즉 그들의 활동의 결과라고 보았다.[22)]

민속방법론자들은 사회구성원들이 일상적인 경험을 통해 질서정연한 사회적 현실을 만들어 내거나 달성하는 방식을 들여다보고 자세히 기록하는 데

21) Dillon, M.(2010). 전게서. p. 297.

22) Ritzer, G.(1992). *Contemporary Sociological Theory*. New York: McGraw-Hill. p. 254.

관심을 갖는다. 이것은 사회구성원들이 사회적으로 공유되는 규범과 합리성에 부합하는 방식으로 그들의 경험을 인식하고 이해하면서 질서를 만들어간다고 전제하기 때문이다. 따라서 실제로 일어난 일에 관해 설명하기 위해서는 그 일이 일어난 이유와 방식에 대해 그 사회에서 예상하거나 기대하는 바를 사회구성원들이 어떻게 해석하는지 주목해보아야 한다. 민속방법론자들은 행위자들을 판단력 없는 수동적인 존재로 보는 것을 거부하지만, 사람들이 늘 자의식을 가진 성찰적이고 계산적인 존재는 아니라고 생각했다. 오히려 슈츠의 주장처럼 행위가 성찰적이라기보다는 습관적인 것이라고 보고, 행위자나 개인 자체보다는 상호작용의 구조들을 만들어내는 사회구성원으로서의 행위와 실천들에 관심을 갖는다.[23)]

가핑클은 평상시에 하는 조직적인 관행들을 관찰함으로써 사회구성원들이 어떻게 그들의 사회적 현실을 성취해내는지 알 수 있다고 보았다.[24)] 다양한 제도적 환경에서 개인들이 일과를 수행하기 위해서 따르는 관례들은 질서정연하고 연속적인 방식으로 조직화되는데, 이 연속적인 방법은 개인들로 하여금 과거에 비추어 설명을 만들어내게 한다. 개인들은 일상생활에서 경험을 분류하고 경험에 대한 설명을 만들어냄으로써 질서정연한 사회적 현실을 만든다. 예를 들어 학교, 병원, 법원, 실험실같이 다양한 제도적 맥락에서 개인들이 따르는 통상적인 절차와 방법은 질서정연하게 조직된다. 사회구성원들은 실제로 일어난 일, 실제로 일어난 일을 우리가 아는 방법에 대해 합리적인 설명을 할 수 있어야 한다. 이러한 설명은 개인들이 주어진 사회적 맥락 안에서 이해되고 믿을 수 있는 현실을 만들도록, 사건, 경험, 일상적인 현실을 분류하는 방식이다. 개인의 모든 행동과 결정은 연속적이고 그에 따른 결과를 가지고 있기

23) Ritzer, G.(1992). 전게서. p. 255.
24) Garfinkel, H.(1967). *Studies in Ethnomethodology*. Englewood Cliffs, NJ: Prentice Hall. p. 11.

때문에, 사회적 현실도 그 결과로서 등장한다.[25)]

사회구성원들은 무슨 일이 실제로 벌어지고 있는지, 그리고 어떻게 우리가 그 일을 아는지에 대해서 합리적인 설명을 구성할 수 있다. 가핑클은 검시관과 배심원에 관한 두 가지 예시를 통해 어떻게 현실이 달성되는지 설명한다. 이 예시에 따르면, 검시관의 사무실은 개인의 삶과 죽음에 대해 증명하는 장소이다.[26)] 사체 검시관은 목격자가 없는 고인의 죽음을 설명하기 위해, 즉 그의 죽음이 자연사인지, 자살인지, 타살인지 혹은 사고사인지 결정하기 위해 모든 가능한 증거들을 이용한다. 몸에 남아있는 상처와 같은 물리적인 단서는 물론 사망자에 관한 주변의 평판 같은 사회적인 단서들을 수집하고, 사망자의 일상적인 일과와 사회적인 레퍼토리를 믿을만하게 재구성하여, 그가 어떻게 살았고 어떻게 죽게 되었는지를 설명한다.

그런데 사회적인 단서의 정합성, 물리적인 단서가 갖는 의미는 인종, 젠더, 이민 여부 등에 따라 다르다. 예를 들어, 만일 사망자가 흑인 여성 이민자라면 이런 정보가 다른 어떤 정보들보다도 문화적으로 논리적인 설득력을 갖는 가정이나 해석을 가능하게 만든다. 성별 또한 설명의 차이를 만드는 요소여서, 자유분방하다고 알려진 여성 연예인은 동료 남성들보다 더 부정적인 언론의 주목을 받는다. 즉, 현실을 분류하는 것은 현실에 질서를 부여하는 것인데, 그 질서는 어떤 사람들이 무슨 일을 해야 하는지에 대한 지배적인 사회적 기대에 의해서 알려지고 다시 그 기대를 재확인시키는 역할을 한다.[27)]

한편, 사회적 현실이 어떻게 만들어지는지 보여주는 다른 예로, 가핑클은 배심원의 사례를 들고 있다.[28)] 어떤 일이 실제로 일어났는지 알아볼 때, 각자가 신뢰하는 근거는 사회적으로 다르다. 빈민가에서 자랐기 때문에 소년이

25) Dillon, M.(2010). 전게서. p. 299.
26) Garfinkel, H.(1967). 전게서. pp. 13-14.
27) Dillon, M.(2010). 전게서. pp. 300-301.
28) Garfinkel, H.(1967). 전게서. pp. 104-115.

유죄라고 확신하는 배심원들과 그의 무죄를 주장하는 다른 배심원의 이야기는 사건에 얽힌 모든 사람들의 배경과 맥락이 그 사건에 대한 설명과 결과를 결정하는 데 중요하다는 것을 보여준다. 우리도 배심원들처럼 다양한 일상적인 경험에 대해서 추론적인 판단을 하고, 우리의 현실에 대한 여러 시나리오와 설명 중에서 하나를 선택한다. 그리고 이 판단은 우리가 이미 경험하고 배운 상식적 지식을 기반으로 이루어진다. 우리는 이 일상적인 지식을 기반으로 현재의 경험을 분류하고, 또 어떻게 분류할지를 안다. 그래서 우리는 실제로 일어난 일과 일어난 것처럼 보이는 일 사이에서 가장 그럴듯한 설명을 제공하는 해석을 선택한다. 결국 우리가 택한 해석이 실제로 일어난 일이 된다.[29)]

이와 같이 사회적 현실을 달성하는 과정에서 설명의 역할은 무엇인가. 우리 사회에는 실제로 어떤 일이 일어났는지를 알아내는 검시관이나 배심원 같은 사람들이 있는데, 이들의 설명을 다른 구성원들이 참조함으로써 사회적 현실은 달성된다. 이러한 설명은 모든 실용적인 목적에 맞게 적절하게 제공되고 충분히 상세해야 한다. 또한 설명은 어떤 결정의 기대되는 결과에 비추어보았을 때, 질서정연한 현실을 만들기 위해서 수정될 수 있다. 설명을 수정한다고 해서 신뢰성이 떨어지지는 않는데, 현실에 질서를 다시 부여하는 그 과정이 수정된 추론과 행동을 적절하게 보이게 만들기 때문이다. 따라서 현실에 대한 설명은 실용적인 의미를 갖는다. 설명은 그 설명이 만들어지는 사회의 기준에서 믿을만한 것이어야 하고 합리적이어야 한다.[30)]

사람들의 말과 글, 그리고 행동양식은 현실에 대한 설명의 신뢰성에 핵심적인 요소이다. 가핑클은 사회적 현실을 구성하는 젠더와 다른 권력의 불평등에 대해 인정하지 않았지만, 젠더가 다른 것과 마찬가지로 성취되는 것으로 인식하고 있었다.[31)] 성별(sex)과 젠더(gender)가 다르고, 젠더가 일상적인 사회적

29) Dillon, M.(2010). 전게서. p. 302.
30) Dillon, M.(2010). 전게서. p. 302.

삶을 통해서 생겨나고 달성된다는 것은 이제 사회학에서 일반적인 주장이다. 가핑클은 성전환자인 아그네스(Agnes)의 예시를 통해 적절한 젠더 행동이라고 여겨지는 것이 자연스러운 것이 아니라 사회적으로 학습되는 것임을 보여준다.[32] 아그네스는 신체적으로는 정상적인 남성의 모습으로 태어났지만 사춘기 무렵부터 여성적인 특성들이 발달했고, 결국 스스로에게 자연스럽고 정상적인 자아라고 생각되는 여성의 신체를 갖기 위해 성전환 수술을 받는다. 가핑클은 연구를 마치고 나서 신체적으로 아무 문제가 없는 남성이었다는 아그네스의 말이 거짓말이었다는 것을 알게 되는데, 이로 인해 연구의 신뢰도에 대한 문제가 제기되었지만 아이러니하게도 이런 상황이 생물학적인 성과 사회적 젠더의 관계에 대한 이해를 심화시키는 계기가 되었다.[33]

아그네스는 사회가 여성에게 기대하는 것이 무엇인지 알고 있었고, 그녀가 여성이라고 주장할지라도 과거 남성의 신체를 가지고 한 경험들이 보통 여성들이 하는 경험에 부합하지 않는다는 것을 알고 있었다. 따라서 아그네스는 사회적으로 기대되는 여성의 태도와 행동양식을 통해 자신의 현실을 달성해야 했고, 이를 계기로 젠더역할이라는 것이 자연스런 것이 아니라 사회적으로 학습되는 것이라는 점을 보여주었다. 고프먼의 상징적 상호작용론의 관점에서 보면, 아그네스는 젠더역할 수행이 무너져서 자신의 오명이 드러나는 일이 생기지 않도록 인상관리를 한 것이다. 그러나 가핑클의 민속방법론의 입장에서 보면 배경지식은 관리될 수 있는 것이 아니라 그 경험 자체에 내재한 것이다.[34] 따라서 아그네스에게 젠더역할 수행은 전략적인 행동이 아니라 본인이 지속적으로 달성해야만 하는 끊임없는 과정이고, 그녀는 자연스러운 여성이 되기 위해 적극적으로 참여하고 있는 것이다.

31) Dillon, M.(2010). 전게서. p. 303.
32) Garfinkel, H.(1967). 전게서. pp. 119-121.
33) Dillon, M.(2010). 전게서. p. 303.
34) Dillon, M.(2010). 전게서. p. 304.

민속방법론자들에게 사회란 상징적 상호작용론의 관점처럼 대본에 적힌 역할에 의해서 구성되거나 혹은 뒤르케임의 전제처럼 미리 주어진 사회적 사실이 아니라 지속적으로 달성해가는 과정이다. 그리고 이러한 성취과정은 개인들이 적극적으로 만들어내는 행동에 대한 설명과 그 결과에 의해서 이루어진다. 그 설명은 확립된 문화적, 사회적 기대의 측면에서 인식 가능하고 믿을만하며 합리적으로 옹호할 수 있는 것이어야 한다. 이러한 관점을 확장시켜서 민속방법론자들은 사회학자들이 하는 일도 설명을 제공하는 것이라는 점을 강조한다.[35] 이것은 사회학적 연구 역시 설명의 하나이며 다른 설명들을 연구하는 것과 같은 방법으로 분석될 수 있다는 의미이다. 이러한 시각은 사회학자의 연구에 대한 환상을 깨는 데 일조하며, 모든 사회학자들의 일상적 실천들 역시 민속방법론의 관찰대상이 될 수 있음을 의미한다.

위반실험과 대화분석

민속방법론의 주제는 일상생활의 무수한 다양성이다. 민속방법론의 다양한 연구 주제 중에서도 주목할 만한 몇 가지로 우선 제도적 환경에 대한 연구를 들 수 있다. 초기에 가핑클은 집과 같이 일상적인 환경에 대해 연구하였지만 나중에는 법정이나 경찰서와 같이 다양한 제도적인 환경에서 일어나는 일상적인 실천에 관한 연구들을 하였다.[36] 이러한 환경에서 어떻게 사람들이 공적인 업무를 수행하고 이 과정을 통해 업무가 수행되는 제도들이 만들어지는가를 보려는 것이다.

제도를 연구하는 전통적인 사회학의 방식들은 주로 특정 환경에서 사람들이

35) Ritzer, G.(1992). 전게서. p. 256.
36) Ritzer, G.(1992). 전게서. p. 257.

무엇을 하는가를 설명하기 위해 구조나 공식적인 규칙, 그리고 절차에 초점을 맞춘다. 그러나 민속방법론자들은 외부적인 제약만으로는 내부에서 실제로 어떤 일이 일어나는지 설명할 수 없다고 보았다. 사람들은 실천적인 절차를 수행함으로써 그들의 일상생활을 영위할 뿐 아니라 제도적인 산물들을 만들어 낸다.[37] 예를 들어 학교별로 기초학력미달 학생에 대한 통계를 수집할 때 이 수치는 단지 공식적인 기준에 따른 결과물이 아닌, 기초학력미달에 대한 교육 전문가들의 판단과 해석의 결과이며, 이러한 공식적인 통계들은 그 자체로 연구해볼만한 가치가 있는 실천적 행위라는 것이 민속방법론자들의 관점이다.

다음으로 '위반실험(breaching experiments)'은 일상적인 현실의 질서와 관례의 취약성을 보여주기 위해서 가핑클에 의해 고안된 실험이다. 이 실험은 배경지식이 작동하지 않도록 익숙하고 상식적인 환경의 객관적인 구조를 수정하여, 실험 대상자가 일상생활의 배경지식을 위반하게끔 만드는 실험으로, 역할을 바꾸어보거나 대화에서 말꼬리를 붙잡는 방식으로 이루어진다.[38] 이러한 연구의 전제는 사회적 현실을 조직적으로 생산하는 일이 항상 일어나는 것일 뿐 아니라, 참여자들이 그러한 행위에 참여하고 있다는 것을 인식하지 못한다는 것이다. 가핑클은 학생들을 대상으로 한 위반실험에서 학생들에게 각자 집에서 하숙생이라고 상상하고 이런 가정하에 1시간 정도를 보내라고 했다. 학생들은 신중하고 공손한 태도로 행동하도록 지시를 받았는데, 대부분 가족들은 이런 행동에 놀라고 당혹해했다고 한다.[39] 이러한 반응들은 사람들이 특정한 방식으로 행동해야 한다는 상식적인 전제들에 따라 행동하는 것이 얼마나 중요한지, 그리고 현실을 만들어내고 통제하고 인식하는 데 배경지식이 어떻게 작동하는지를 보여주는 증거이다. 그러나 이 실험은 연구윤리의 문제

37) Ritzer, G.(1992). 전게서. p. 258.
38) Dillon, M.(2010). 전게서. p. 305.
39) Ritzer, G.(1992). 전게서. p. 259.

를 피하기 어렵고, 실험의 여파가 실험의 장점보다 클 수 있다는 점에서 비판을 받았다.

민속방법론의 중요한 또 하나의 연구 분야는 '대화분석(conversation analysis)'이다. 대화는 사회생활의 여러 가지 일들이 수행되는 방식 중 하나로, 대화분석은 일상적인 대화에서 질서와 의미를 만들어내기 위해 언어와 발화가 사용되는 방식을 구체적으로 기록하고 분석한다.[40] 특정한 사회적 맥락에서 의사소통하기 위해 언어와 발화가 사용되는 방식들은 상호작용의 구조를 이해하는 데 유용하다. 대화에는 규칙과 절차들이 존재하는데 대화분석의 초점은 대화를 결정하는 외적인 힘들이 아니라 대화 그 자체에 내재하는 규칙들이다. 대화의 규칙에 대한 해석행위를 통해 개인들은 효과적으로 대화를 할 수 있다. 우리가 누구와 있는지에 따라서 사용하는 말투와 단어, 어법은 달라지는데, 이처럼 특정 맥락에 대한 가정과 세부사항들에 대해 우리가 하는 해석을 통해서 우리는 현실에 질서를 부여하고 실용적인 목적에 맞게 세상에서 일어나는 일들을 이해하게 된다.

사회적 상호작용은 매우 복잡하기 때문에 그 언명에 대한 이해나 해석도 다양하고 복잡하여 사회계층, 젠더, 인종 등 일상적이고 문화적인 수많은 차이에 따라 달라질 수 있다. 이러한 차이는 단순히 대화적인 차이일 뿐 아니라 거시적이고 사회적인 차원의 불평등을 재생산하는 차이이기도 하다. 그리고 이러한 차이는 미시적인 수준에서 일상적인 대화를 통해서 더 커지기도 한다. 민속방법론이 미시적인 차원에 관심을 갖고 있지만, 이 입장의 통찰력은 설명과 대화가 달성되는 특정한 미시적인 맥락을 넘어서 거시적으로 적용될 수 있는 가능성을 내포한다.[41] 그러나 구성원의 실천행위들, 즉 민속방법들에 관심을 갖고 있는 민속방법론은 어떤 의미에서 보면 미시 혹은 거시구조에

40) Ritzer, G.(1992). 전게서. p. 258.
41) Dillon, M.(2010). 전게서. pp. 306-307.

대한 관심을 초월한다. 이것은 민속방법론이 미시와 거시의 통합을 전제로 미시구조와 거시구조 모두를 생산하는 구성원들의 사회적 실천에 관심을 갖고 있기 때문이다.[42] 즉, 민속방법론의 관점에서 볼 때 미시구조와 거시구조는 동시에 만들어지기 때문에 구별되지 않는다는 것이다.

클래런던 하이츠의 십 대들

제이 매클라우드(Jay MacLeod)는 미국 매사추세츠주의 서머빌에 위치한 저소득계층 주거지역인 클래런던 하이츠에 사는 두 집단의 소년들의 생활세계를 소상히 묘사하였다. 이들은 가난과 인종차별의 현실에 직면하여 미래에 대한 부정적인 인식과 싸우면서 집단적으로 그들만의 생활세계를 구축해 가는데, 이들의 경험은 실재가 사회적으로 구성된다는 현상학적 사회학의 명제를 그대로 보여준다. 매클라우드는 오랜 기간 이들을 추적해가면서 미국사회에서 빈곤과 사회적 불평등이 어떻게 만들어지고 세대를 넘어 재생산되는지 밝히고 있다.[43]

어느 날이든지 추운 겨울 몇 달 동안 클래런던 하이츠의 저녁 시간은 활기로 가득 차 있다. 주거단지의 한끝에는 할머니들이 나무벤치에 앉아서 수다를 떤다. 그 주거단지의 중앙에서는 계절에 따라 아이들이 길거리 하키, 킥볼, 스틱볼, 풋볼을 하고 논다. 다른 쪽 끝에는 십 대 남자아이들이 층계참과 #13이라는 출입구 앞 계단에 모여 있다. 이 문과 바로 인접한 그 바깥 공간은 홀웨이

42) Hilbert, R.(1990). Ethnomethodology and the micro-macro order. *American Sociological Review* 55. pp. 794-808.

43) MacLeod, J.(1995). Teenagers in Clarendon Heights: The Hallway Hangers and the Brothers. In *Ain't No Making' It: Aspirations & Attaninment in a Low Income Neighborhood*. Westview Press. pp. 25-49. 이 절의 내용은 매클라우드가 이 책에서 묘사한 클래런던 하이츠의 십 대들의 생활세계를 옮긴 것이다.

행어스가 노는 중심지이다. 홀웨이 행어스는 8명에서 10명 정도가 오고 가는 그룹이다. '부부'라는 흑인 아이와 혼혈인 '크리스'를 제외하고는 모두 백인 남자아이들이다. 이들 중 다섯은 학교를 중퇴하였고 둘은 작년에 졸업했고 한 명은 계속 고등학교를 다니고 있다.

이 아이들은 모두 흡연을 하고 술을 마시고 마약을 한다. 이들은 둘을 제외하고 모두 체포된 경험이 있다. 이들은 거칠고 거리의 지식을 포함한 하위문화를 갖고 있다.[44] 홀웨이 행어스의 하위문화는 '나쁜 것'이 곧 좋은 것이 되는 세계이다. 나쁜 것에 대한 강조는 남성성, 신체적인 강인함이다. 그리고 학교에서 좋은 성적을 받는 것은 놀림을 받는 것이고 교도소에서 보낸 시간은 존경을 받는 것이며 명성을 얻는 것이다.

(개별 면담에서)

슬릭: 스스로 명성을 얻어야 해요. 나쁜 것이든지, 터프하든지, 무엇이든지 간에 말이에요. 그러니까, 그 '내부' 그룹 안에 있어야 해요. 무슨 말인지 알겠어요? 이게, 결국 이 동네에서 자란다는 것의 일부분인데, 어떤 짓을 해야만 한다고요. 당신이 해야만 하는 짓은, 음, 때때로, 싸워본 적이 없으면, 고등학교에서 싸움을 해보면, 당신은 나쁜 애라고 여겨져요. 무슨 소린지 알겠어요? 만약에 저기 위에서 누굴 두들겨 패면, 특히 걔가 흑인이면, 이런 식으로요, 당신이 나쁜 아이라면, 체포도 되어야 해요. 적어도 교도소가 어떤지는 알아야죠.

44) 누가 마약을 팔고, 어디에서 마약을 구할 수 있는지 등 하위문화에서만 통용되는 지식을 의미한다.

(그룹 토론에서)

저자: 그러면 이곳에서 좋다는 것, 존중받는다는 것은 어떤 것이지요?

슬릭: 나쁜 짓을 해야 돼요.

프랭키: 네, 만약에 모범생이면, 놀림받아요.

슬릭: 그런 애는 아주 이상한 애가 되는 거예요. 그러면 애초에 여기에서 살면 안 되는 거죠.

쇼티: 아니야, 여기도 술 안 마시고 담배 안 피우는 애들 있어.

슬릭: 누구? 이름 대봐.

쇼티: 크레인. 브루스 크레인.

프랭키: 그래, 하지만 우리가 걔에 대해서 어떻게 생각하는데?

쇼티: 병신이지. (모두 웃음)

홀웨이 행어스는 일상적으로 술을 마시고 마약을 한다. 이 아이들 대부분 12세나 13세 때 마리화나를 피우기 시작했고, 13세나 14세에 맥주를 일상적으로 마시기 시작했다. 계속 술에 취해 있는 것은 아니지만, 프랭키, 쇼티, 슬릭, 그리고 크리스는 모두 스스로를 알코올 중독자라고 생각한다. 범죄 행위로는 마약소지, 장물거래, 차량절도, 살상무기로 인한 폭행 기록 등이 있다. 홀웨이 행어스의 주변인물 중 더 나이가 많은 십 대 중 한 명은 성폭행으로 유죄 선고를 받은 적이 있다. 이들의 범죄행위는 실제로 훨씬 더 만연하다. 클래런던 하이츠의 십 대 지하세계는 약탈적인 절도를 특징으로 하며, 홀웨이 행어스 중 몇몇은 마약밀매, 장물거래 등 불법적인 일에 연관된 돈을 주로 다룬다. 그리고 더 어리거나 약한 남자아이들에게 그들의 불법적인 수입을 나눌 것을 강요한다. 이러한 종류의 절도가 전통적인 절도보다 도덕적으로 더 변명의 여지가 있다는 것이다. 더 중요한 것은 정부가 연관될 가능성이 적기 때문이다.

(그룹 토론에서)

쇼티: 내 생각에, 네가 나처럼 알코올 중독자면, 너는 빌어먹을 직장도 하나도 다니지 못할걸. 씨발 자꾸 까먹는 것만 말한단 말이야.

프랭키: 알았어, 알았어, 네 말 맞다고.

쇼티: 아니, 그러니까 내 말은, 내가 우리 형을 뒤에서 칼로 찌르려고 한 것도 난 기억 못해. 내 다른 형이 날 잡았단 말이야. 그때 내가 딱 알았지, 아 씨발 내가 심각한 중독자구나. 그리고 난 다른 세 명을 찔렀어.

저자: 처음에 어떻게 알코올 중독자가 되었나요?

쇼티: 이 망할 새끼들이랑 같이 다녀서요. (모두 웃음) 그러다 보니 마시게 되었어요. 프랭키가 저보다 먼저 항상 술을 마시곤 했어요. 저는 밤에 맥주 한 캔 정도만 마시고 매일 밤 좀 알딸딸해졌어요. 그런데 그게 이제 6팩이네요. 월요일부터 금요일까지. 금요일에는 한 박스고, 여름이 오면.

모두: 비어 볼!![45]

프랭키, 쇼티, 스티브가 있었던 적응 학급의 경험 많고 통찰력 있는 교사인 지미 설리번은 이 홀웨이 행어스의 범죄 경력에 대해서 좋은 묘사를 해준다. 위험부담이 없는 범죄 산업을 통해서 쉽게 돈을 벌 수 있기 때문에 이 아이들은 일을 하지 않는다. 그들의 관심사는 맥주, 마약이다. 17세가 되기까지 이 아이들에게는 위험이 없지만 18세가 되면 이 또래 집단을 더 이상 받아주지 않는다. 그래서 18세가 되면 취직을 하는 방법과 더 위험한 거래를 하는 방법이 있다. 더 위험한 거래를 하면 감옥에 갈 가능성이 높아지기 때문에 성인이 되기 전에 더 많은 범죄를 저질러 돈을 벌어야 한다고 생각한다.

45) 비어볼: 직경 2피트 정도의 플라스틱 볼에 압축되어 들어간 맥주

JS: 이 아이들에 대해 한 가지 말할 것은요, 범죄가 돈이 된다는 것을 이 아이들도 알고 있어요. 대학교 캠퍼스에 들어가서 길에 있는 자전거 하나 집어 나오는 것은 쉬워요. 괜찮은 자전거 한 대에, 아무것도 묻지 않고, 30달러에서 40달러를 쳐주는 상점들을 저도 서너 군데 알고 있어요. 그들은 그 자전거를 150 또는 200달러를 받고 넘겨요. 이 아이들이 돈을 가지고 뭘 하냐고요? 얘들이 무엇에 관심이 있을까요? 맥주, 운동화, 마약이죠. 이처럼 사실상 위험부담이 없는 범죄 산업을 통해서 쉽게 돈을 벌 수 있기 때문에, 이 아이들은 일을 하지 않아요. 오직 '병신들'만 일하러 가는 거죠. 이 아이들의 기대가 계속 낮고, 이들이 오직 일주일에 백 달러만 필요하다면, 스티브가 말한 것처럼 '그냥 맥주 마실 돈만 있으면 돼요'라면, 이 아이들에게는 모든 것이 다 갖추어져 있어요. 17세가 되기까지 이 아이들에게는 위험이 없죠. 하지만 이 아이들이 18세가 되면, 이 또래집단은 더 이상 받아주지 않아요. 만약 평생 자전거를 훔쳐서 계속 살 수 있으면, 제 생각에 이 아이들은 그러고 살 거예요. 하지만 17세나 18세가 되면, 누군가 말하죠. '야, 너 그 돈 어디에서 났어?' 하고요. 그리고 '아, 나 자전거 훔쳤어'라고 말하는 것은 통하지 않죠. 이제 자동차를 훔치고, 마약을 거래하고, 사람들을 인질로 잡아야 돼요. 바로 그때 위험과 공포가 다가오기 시작하는 거죠. 이 아이들 중 대다수에게, 가장 쉬운 길은 직업을 얻는 거예요. 물론, 몇몇은 그러지 않을 것이고, 결국 감옥에 가겠죠.

엄격한 법과 질서 감각을 가지고 자란 사람들에게, 이러한 태도는 이해하기 어려운 것이다. 그러나 홀웨이 행어스는 상류층이 그들의 삶의 방식에 대해서 보이는 경멸과 모욕을 이해할 수 없고, 그들만의 반격을 시작한다.

(그룹 인터뷰에서)

슬릭: 좋아, 너는 사람들이 5만 달러 이상을 벌게 하는데, 그런데 그들은 씨발 우리가 왜 거기서 놀고 있는지 묻는다는 거지? 무슨 개소리야?

크리스: 그럼 우리가 대체 다른 걸 뭘 해?

징크스: 걔들은 걔들끼리 놀라고 해.

크리스: 걔네도 마약 사고 싶으니까 우리가 마약 팔길 원하는 거 아냐.

슬릭: 있지, 걔네는 거래가 뭔지 몰라. 걔들도 우리가 하는 거랑 똑같은 걸 하는데, 단지 좀 더 존중받는 방식으로 하는 거야. 걔들도 서로 저 위에서 뺏잖아. 그게 걔들이 하는 거야. 단지 합법적인 방식으로 하는 거지.

프랭키: 어, 이거 봐.

쇼티: 우린 누구 뒤에서 하진 않아.

프랭키: 다 그 사업가들, 뉴욕에 있는 주식 중개인들이야. 그 망할 것들이 사람들을 착취하고 있어. 저 위에는 사기 치는 것들도 더 많아. 그들은 합법적으로 모든 사람을 착취하는 거지.

슬릭: 우린 그저 불법적으로 하는 거고.

불완전하긴 하지만, 이는 사회질서에 대한 통찰력 있는 비판이다. 상류층에서 마약이 필요하기 때문에 거래를 할 수 있다. 상류층도 그들과 똑같은 것을 하지만 단지 좀 더 존중받는 방식, 합법적인 방식으로 할 뿐이라고 생각한다. 그러나 홀웨이 행어스가 이에 대해서 특별하게 화가 나 있는 것은 아니다. 오히려 이들은 순종적인 태도로, 이를 삶의 단순한 사실로 받아들인다.

이들은 돈을 나누고 범죄행위의 위험을 나눈다. 이러한 충성심은 그룹을 유지시켜주는 것이고 이러한 공동의 가치를 지녔다는 점을 자랑스러워할 뿐 아니라, 자신들의 '형제애'를 중산층이나 상류층의 태도와 상반된다고 여긴다.

많은 아이들이 가족과 함께 이 주거단지를 영원히 떠날 수 있을 만큼 충분한 돈을 벌고 싶어 한다. 불법을 행하는 것도 돈을 모아 이곳을 떠나려고 하는 것이다.

(개별 면담에서)

슬릭: 여기 있는 대부분의 아이들은, 돈을 벌어서 가족들을 돕고 스스로 이곳에서 나갈 수 있게 되길 원해요. 제 주된 관심사는 저희 가족을 이 주거단지에서 데리고 나가는 거예요.

크리스: 저는 그냥 엄마랑 이 주거단지에서 나가고 싶어요. 그게 다예요.

쇼티: 제가 하는 모든 짓은요, 다 충분한 돈을 벌려고 하는 거예요. 충분한 돈을 저축해서 엄마랑 같이 이 빌어먹을 곳을 뜨려고요.

이러한 언급들은 공동주거단지의 거주자로서 당연하게 느끼는 홀웨이 행어스의 오명에 대한 증거이다. 지배적인 문화로부터 받는 부정적인 평가는 이들이 자신들의 삶의 방식에 대해 갖는 자신감을 관통한다. 지배문화의 성취 이데올로기는 낮은 사회경제적 지위가 개인적으로 문제라는 것을 함축한다. 이러한 부정적인 평가와 홀웨이 행어스가 이러한 부정적인 평가로부터 스스로를 방어하지 못한다는 점은 모두 이 아이들이 스스로와 그들의 공동체를 향해 갖는 양면성을 만들어낸다.

클래런던 하이츠에서 자라는 것은 정말로 고된 일이고, 이 주거단지의 삶에서 느끼는 좌절은 이 아이들이 가진 인종차별주의적인 태도를 통해서 표출된다. 홀웨이 행어스 사이에서 인종차별주의는 매우 심하다. 프랭키와 쇼티는 흑인에 대한 편견에 있어서 폭력적이다. 반면 슬릭, 스티브, 스토니는 덜 불쾌한 스타일의 인종차별주의자다. 오직 징크스만 흑인들에 대한 어느 정도의 공감과 존중을 가지고 있다. 홀웨이 행어스에 따르면, 흑인에 대한 그들의 반감은 1970년대 초반의 한 사건으로부터 시작되었다. 당시에 전면적인 폭동이 클래런던 하이츠에서 일어났었는데, 이는 그 주거단지의 대다수인 백인 거주자들과 흑인 거주자가 대부분이었던 반 마일 떨어진 에머슨 타워 공동주거 단지의 흑인 젊은이들 사이에서 일어난 일이었다. 이 갈등은 며칠이나 계속되었고, 주 방위군과 폭동 진압 경찰관도 관련되었다. 프랭키는 이 사건으로 인해 어떻게 자신이 인종차별적인 태도를 갖게 되었는지 설명한다.

저자: 그러면 왜 백인과 흑인 사이에 이러한 긴장이 있는 건가요?

프랭키: 제가 이곳에서 자랄 때는, 제가 그, 한 2학년, 3학년이었을 때, 매일 밤 바로 제 방 창문 앞에서 인종 시위가 일어났어요. 제 형제들은, 저는 7명의 형제가 있는데요, 다들 밖에 나갔어요. 깜둥이들 찌르고 두들겨 패려고요. 저는 깜둥이들이 짜증 난다고 생각하면서 컸어요. 후버 스쿨에 다니면서, 거긴 빌어먹을 깜둥이가 하나도 없는 곳이었는데, 3학년 때, 흑인 애가 하나 왔어요. 그 애 이름은 소니였는데, 뭐 당연히, 모두 다 걔를 깠어요. 그러니까 이게 다 그 인종 시위 때문이에요. 전 깜둥이를 싫어하면서 컸으니까요.

홀웨이 행어스가 그들의 인종차별주의적인 태도를 그들의 유년기에 일어났던 클래런던 하이츠의 폭동 탓으로 여길지라도, 그러한 설명은 애초에 그 폭동이 일어나게 된 인종차별주의적인 적개심을 설명해주지 못한다. 클래런던 하이츠의 인종차별주의는 복잡한 현상으로, 설명하기 쉽지 않다. 그럼에도 불구하고 홀웨이 행어스의 태도와 말에서, 우리는 단서를 찾아낼 수 있다. 그 단서는 하위계층 공동체의 인종차별주의는 희소한 경제적 자원으로 인한 경쟁에서 비롯된다는 것을 뒷받침한다. 흑인들이 홀웨이 행어스에게 보이는 현저한 경제적인 위협은 그들의 인종차별주의에 영향을 미친다. 홀웨이 행어스가 갖는 인종차별주의적인 편견은 그 자체로 학문적인 관심사일 뿐 아니라, 사회적인 재생산에 대한 중요한 시사점을 지닌다. 이러한 태도는 흑인들에게 해로울 뿐 아니라 궁극적으로 자기파괴적이다.

반면, 홀웨이 행어스와 달리 브라더스는 지배문화의 가치관을 받아들이고 일반적인 사회적 기대에 따라 행동한다. 이들은 클래런던 하이츠의 흑인 또래 집단이고 오직 한 명만 백인이다. 이들의 핵심적인 구성원은 7명이고, 때때로 12명까지도 확장된다. 브라더스는 규칙적으로 학교를 다니고 술, 담배, 마약을 하지 않는다. 그리고 체포된 적이 없다. 이들은 스스로를 통용되는 행동 기준에 적응시키고, 사회적으로 인정받는 규칙들을 지키기 위해서 노력한다. 담배, 술, 약물을 거부하고 교도소는 명성을 올리는 곳이 아니라고 생각한다. 그리고 집이나 학교에서 겪었던 징계문제를 열거할 때 불편해하거나 부끄러워한다. 브라더스는 스스로 대부분의 도시 흑인 미국인들에게 익숙한 방식으로 행동한다. 그러나 흑인이 대다수인 도시에서 십 대들 사이에 유행하는 야구모자, 목걸이, 셔츠를 잠그지 않고 입기와 같은 것을 따라 하지 않는다. 이들의 말투와 행동은 클래런던 하이츠의 다른 거주자들과 구별된다. 이들에게는 옷보다 백인 이웃이 있는 자신들의 거주지가 훨씬 더 중요한 의미를 지닌다.

홀웨이 행어스의 인종차별적인 경멸과 모욕의 대상이 되는 것 외에도, 브라더스는 더 심각한 인종적인 학대를 겪는다. 수퍼는 그의 가족의 자동차 유리창이 어떻게 매년 깨지고 있는지, 지난 봄 어느 날 아침에 그가 일어나서 어떻게 자동차 옆면에 스프레이로 'KKK'가 쓰인 것을 발견했는지 말해준다. 후안은 분노와 동시에 사실적으로 수용하는 태도를 보이면서, 어떻게 그의 어머니가 홀웨이 행어스 몇몇으로부터 모욕을 받았는지에 대해서 이야기한다. 이 사건은 후안의 아버지가 그들과 맞서는 결과를 가져왔다. 그는 다행스럽게도 이어지는 다툼에서 해를 입지 않고 탈출할 수 있었다. 후안은 홀웨이 행어스를 어느 정도는 이해한다. “그들이 나를 깜둥이라고 부를 때, 저는 그것에 대해서 하나도 신경 쓰지 않아요. 그들은 술에 취했거나 약에 취했으니까요. 그들은 자기가 무슨 짓을 하고 있는지 몰라요.” 그러나 고등학교 1학년 때, 후안은 쇼티에게 아무런 이유 없이 두들겨 맞았다. 그는 여전히 그 싸움에서 생긴 흉터를 입술 위에 가지고 있다.

(모두 개별 인터뷰임)

후안: 저는 그들의 태도, 규칙 위반, 그들이 하는 짓이 싫어요. 그들은 거기 있을 거예요, 하이츠를 돌아다니고, 싸우고 말다툼하고. 제가 ‘깜둥이’라는 단어를 들은 건 여기 이사 온 후예요. 이 주거단지에 사는 사람들에 대해서 들어본 적은 있었고, 그들이 때때로 골칫거리라는 건 알고 있었어요. 장담하는데, 그들 중 누군가가 우리 엄마를 건드리거나 내 차에 무슨 짓을 하면, 난 상관 안 하고 그 애들을 다 죽일 거예요. 왜냐하면 나는 그들 중 누구도 좋아하지 않으니까요. 전 제가 그들 중 누구를 진짜 심하게 다치게 할까 봐 두려워요. 그들이 저를 깜둥이라고 부르는 걸 들을 때마다, 저는 그냥 아무 말도 안 해요. 하지만 매번 사람들의 압력을 견딜 수는 없다고요.

크레이그: 전 왜 걔네가 그렇게 미쳐서 술을 마시고 사람들을 괴롭히면서 돌아다니는지 모르겠어요. 어쩌면 관심이 필요하거나 뭐 그렇겠죠. 그들은 좋은 짓은 하나도 안 하고, 사람들이 그들이 나쁘다고 생각하게끔 문제를 일으켜요. 걔들은 그냥 게으른 거예요. 그냥 쉽게 살고 싶은 거죠. 매일 밖에서 놀면서.

제임스: 그 애들은 지금 있는 곳을 제외하고 어디도 못 갈 거예요. (매우 멍한 상태를 흉내 내며) “야, 마리화나 가진 거 있어? 야 프랭크, 마약하자.”

데릭: 우린 그저 다른 태도를 가진 것뿐이에요. 우리는 가능한 한 이 주거단지로부터 멀리 떨어지고 싶어요. 그렇지 않으면 그 아이들이 우리에게 문제를 일으킬 거예요. 그게 그들이 하는 거잖아요, 문제 일으키기.

수퍼: 걔네는 마리화나도 피고, 술도 마시고. 걔네는 다른 사람들처럼 친절하지 않아요. 무슨 말인지 알죠? 그들은 거리를 돌아다니면서 사람들을 놀리고, 사람들을 못살게 굴어요. 그들은 그저 사람들을 존중하지 않아요.

마이크: 그냥 병신들 한 무더기예요.

브라더스의 일상은 운동, 여자친구, 여가활동으로 이루어진다. 운동은 브라더스가 그들의 에너지를 쏟는 한 가지 활동이다. 그들은 일상적인 즉흥적 게임뿐 아니라 청년 조직, 교회, 학교 농구리그에서 뛰어나다. 여자아이들도 브라더스의 시간 중 많은 부분을 차지한다. 브라더스는 싸움 실력에 따른 서열이나 위계가 없다. 그리고 신체적으로든 언어적으로든 재미 삼아 서로를 놀리지도 않는다. 이들 사이에는 느슨하고 이동 가능한 파벌이 있고, 때때로 외부인도 넘나든다. 우정은 계절과 교외활동, 그리고 이들의 책임감에 따라서 생겼다 사라진다. 홀웨이 행어스들이 갖고 있는 유대감은 브라더스에서는 찾아보기 어렵다. 홀웨이 행어스가 자랑스럽게 여기는 내적인 응집력과 공동체적 가치는 브라더스에게 없다. 브라더스는 스스로를 상류층과 비교하지 않고, 공동거주지역에 사는 것과 관련된 치욕이나 오명을 예민하게 느끼지도 않는다.

요약 및 쟁점

인종주의는 미국사회의 고질적인 문제지만 이를 개인적인 관점에서 보는 사람들은 인종주의의 시작과 확산에 기여하는 사회경제적인 조건들을 간과한다. 클래런던 하이츠의 청소년들의 일상에 대한 문화기술지를 통해 매클라우드는 경쟁적인 자본주의체제에서 하위계층의 삶이 그들의 생활세계를 통해 구축되어가는 과정을 잘 보여주었다. 이와 같이 현상학은 개인들이 그들의 일상적인 현실과 경험들을 인식하고 조직하는 방식에 주목한다. 그리고 현상학의 인식론에 기초한 민속방법론은 개인들이 자신이 속한 집단의 규범과 합리성에 따라 경험을 인식하고 해석하면서 자신들의 생활세계를 구축해가는 과정을 구체적으로 보여준다.

다양한 제도적 환경에서 개인들이 일과를 수행하기 위해 따르는 관행들은 질서정연하고 연속적인 방식으로 조직되는데, 이 연속적인 방법은 개인들로 하여금 과거에 비추어 설명을 만들어내게 한다. 개인들은 자신들의 경험에 대한 설명을 만들어냄으로써 질서정연한 사회적 현실을 만든다. 홀웨이 행어스 사이에서 통용되는 말투와 어휘들, 자신들의 현실에 대한 언명들은 그들의 세계에서 실제로 일어나는 일들을 보여준다. 그러나 이와 같은 사회적 상호작용은 매우 복잡하기 때문에 그 언명에 대한 이해나 해석도 복잡하며, 사회계층, 젠더, 인종 등 일상적이고 문화적인 수많은 차이에 따라 달라질 수 있다. 이러한 차이는 거시적이고 사회적인 수준의 불평등을 재생산하는 차이이기도 하다.

따라서 민속방법론의 통찰력은 설명과 대화가 달성되는 특정한 미시적인 맥락을 넘어서 거시적으로 적용될 수 있는 가능성을 내포한다. 그러나 폴 윌리스(Paul Willis)가 묘사한 영국 노동계층 사내아이들의 저항문화에서도 나타나듯이[46] 개인들이 일상생활을 통해 자신들의 지위를 스스로 성취, 즉 재생산하고 있는 것이라면, 모든 사회적 행위가 성취되는 것이라는 행위자 중심의 급진적인 관점에도 불구하고 현실을 변화시키기 위한 가능성은 제시하지 못하였다는 비판에 직면할 수밖에 없다.

46) Willis, P.(1977). *Learning to Labour: How Working Class Kids Get Working Class Jobs*. Farnborough: Saxon House.

제8장 페미니즘과 여성 교육의 미래

여학생들의 학업성취도가 남학생들을 능가하고 있다는 언론보도와 이를 뒷받침하는 연구결과들이 잇따라 발표되고 있다. 서구국가들의 경우 이러한 현상은 1990년대 중반부터 시작되었다. 이후 마치 여학생들의 성과가 남학생들을 희생시킨 결과라도 되는 것처럼 교육계의 화두가 여학생들이 경험하는 불평등 문제에서 남학생들의 성취부진 문제로 옮겨가고 있다. 우리나라에서는 남학생들의 학부모가 남녀공학을 기피하는 현상을 통해 이런 변화를 체감할 수 있다. 남학생 학부모들이 학교 내신성적 경쟁에서 불리하다는 이유로 남녀공학을 기피하는 현상이 나타나고 있는 것이다. 뿐만 아니라 각종 고시에서 여성들의 합격률이 높아지고 각 분야에서 유리천장을 깨는 여성들이 등장하면서, 미래는 여성들의 시대라는 선언이 곳곳에서 들리고 있다.

이와 같은 여성들의 성취는 필연적으로 더 많은 남성들의 실패로 귀결되는 것일까? 1960년대와 70년대에 페미니즘이 서구사회에서 정치운동의 한 갈래로 퍼져나갈 당시에는 상상하기 어려웠던 일들이 현재 일어나고 있는 것만은 분명하다. 그리고 이러한 변화를 가능하게 한 동인은 무엇보다도 지속적으로 여성들의 교육기회가 확대된 것이라고 볼 수 있다. 그렇다면 이러한 교육의 극적인 변화가 여성들의 미래에 함의하는 것은 무엇인가? 이 장에서는 사회학에서 여성들이 경험하는 불평등에 대한 논의가 어떻게 발전되어 왔는지 살펴보고, 젠더 이슈에 관한 교육적 담론의 현주소와 교육체제가 젠더 불평등을 매개하는 방식에 관해 교육사회학 분야에서 발전시켜 온 다양한 주제영역들에 대해 살펴보기로 한다.

여성의 불평등에 대한 자각

페미니스트이론의 핵심은 미시적, 그리고 거시적인 차원에서 여성들이 겪는 불평등의 경험과 그 구조를 연구하는 것이다. 남성 사회학자들을 중심으로 발전한 사회학은 오랫동안 페미니스트들이 제기한 이론적 도전을 받아들이지 않았다. 지금도 여전히 많은 페미니스트 사회학자들이 젠더가 사회학의 주변 영역에 머물러 있다고 개탄한다. 젠더에 관한 주목할 만한 경험적 연구들이 이루어지고 있지만, 페미니스트이론은 사회학이론의 핵심적인 부분으로 자리 잡지 못하고 있다. 그러나 이런 상황에서도 여성들은 사회적으로 약진하고 있고 주목받는 페미니스트 사회학자들도 등장하고 있다.

페미니스트이론은 서로 다른 여러 관점으로 갈리고 연구하는 주제도 매우 다양하다. 일찍이 1830년대에 해리엇 마티뉴(Harriet Martineau) 같은 페미니스트 사회학자는 평등과 같은 사회이념과 여성의 자유와 평등을 거부하는 사회구조 및 관습 사이의 모순을 지적하였다. 미국의 페미니즘은 19세기 말에 여성의 참정권, 경제적 기회균등을 주장하며 본격화하는데, 이때 가장 영향력 있는 페미니스트 사회학자가 샬럿 퍼킨스 길먼(Charlotte Perkins Gilman)이다.[1] 길먼은 여성들이 남자가 만든, 남성 중심적 문화로 채워진 세상에 사는 종속적 인종(sub-species)이고, 산업경제와 일의 세계에서 배제되어 집이라는

1) Dillon, M.(2010). *Introduction to Sociological Theory: Theorist, Concepts, and their Applicability to the Twenty-First Century*. Wiley-Blackwell. p. 315.

공간과 여성에게 허용되는 일부 직업만을 가질 수 있는 열등한 지위를 갖고 있다고 주장하였다.[2] 길먼은 일할 권리가 인간존재의 핵심으로, 노동이 단지 생활 수단이 아닌 인간의 삶 그 자체라고 보았다. 그런데 남성 중심적인 사회에서 경제활동을 하는 여성은 존재하지 않는다는 것이다. 따라서 길먼은 남성 중심적인 비정상적인 분업을 없애고 여성들이 모성과 일을 병행할 수 있어야 한다고 주장한다. 이러한 주장은 생물학적 차이를 근거로 사회적 차이를 설명하는 것을 거부하는 현재의 페미니스트들에게 다소 모순적으로 들리지만, 길먼은 산업의 뿌리가 여성의 생산력에 근원을 둔다고 보았다. 그리고 여성들이 자유롭게 일을 하게 될 때, 가정에서 사적인 노동을 하는 존재가 아닌 인류의 다음 세대를 생산하는 더 효율적인 어머니가 될 것이라고 주장한다. 모성은 가장 숭고하고 가치 있는 직업이기 때문이다.

페미니스트 사상이 본격적으로 사회적 불평등에 대한 의식의 전환으로 이어진 것은 1960, 70년대 서구사회의 정치적 저항운동의 결과였다. 비로소 여성운동은 사회적 불평등이 남녀의 생물학적인 차이 때문이라는 생각에 도전하였고, 젠더 불평등에 대한 정치적 관심에 힘입어 여성 사회학자들이 사회학 자체의 남성 중심성에 대한 문제제기를 시작했다. 마르크스, 뒤르케임, 베버, 파슨스, 고프먼 등 사회학의 창시자들은 물론 사회학 교재에 등장하는 대다수의 학자들은 거의 모두 남성이다. 남성이 지배하는 사회학은 남성 중심적 교육과정은 물론 남성 교수와 연구자들을 배출해 왔다. 두말할 것도 없이 교육사회학 영역도 상황은 비슷했다. 비교적 여성 전공자가 많은 교육학 분야에서도 대학의 교수와 전문 인력들은 여전히 남성이 압도적으로 많다.

2) Gilman, C.(1911). *Man-made World or Our Adrocentric Culture*. New York: Charlton.

가부장사회에서의 지배 텍스트

페미니스트 사회학자들은 가부장(patriarchal) 사회에서 사회학이 구조적, 일상적 젠더 갈등을 확고하게 만들어 왔다고 주장한다. 사회학적 지식은 남성에게 특권을 부여하는 방식으로 결정되고 여성을 제외시켰다. 우리가 어떻게 사회를 정의하고 생각할지에 관한 모든 글, 즉 텍스트(text)는 모두 남성 작가의 것이다. 예를 들어, 지배적인 텍스트인 성경은 남성들에 의해 쓰였다. 가톨릭 교구의 교황, 추기경, 비숍, 사제는 모두 남성이고, 종교개혁가인 루터와 칼뱅도 남성이다. 대부분 남성 법관들이 작성하는 대법원의 판결문은 법적 권리가 남자들에 의해 정의되고 있다는 것을 보여준다. 이처럼 텍스트는 사회적 지배를 실천하는 중요한 기반으로 지배관계라고 부르는 것의 총체이다. 텍스트는 누가 무엇을 할지, 어떤 방식으로 해야하는지, 어떻게 평가받아야 하는지를 규정한다. 그리고 이러한 실행들이 결과적으로 텍스트가 만들어지고 타당화되는 것을 결정한다. 이러한 텍스트는 지배관계의 핵심이다. 지배적 텍스트는 성경, 법전과 같은 인쇄된 문헌에 국한된 것이 아니며, 다양한 시각적 이미지, 즉 거리의 상점, 텔레비전의 광고, 잡지 등 매일 밤낮으로 겪는 우리의 일상세계를 지배하는 사회적 관계와 관행들을 반영하고 조직하고 상기시키는 이미지들을 포함한다.[3)]

지배 텍스트 중에서도 강력한 이데올로기를 가진 텍스트들은 여성성 담론(discourse of femininity)을 포함한다. 여성성에 대한 지배 텍스트는 사회에서 여성을 대상화[4)]하는 젠더관계를 구조화한다. 텍스트는 개인들 간의 행위와 관계에 침투하고, 여성 잡지, 텔레비전, 광고, 화장품 가판대, 패션쇼 등 모든

3) Smith, D.(1990). *Texts, Facts, and Femininity: Exploring the Relations of Ruling*. New York: Routledge.

4) 개인의 자율성, 의지, 감정, 경험, 주체성 등을 부정하고, 개인을 소유하거나 다른 것으로 대체할 수 있는 물건처럼 인지 및 취급하는 것을 의미한다.

곳에서 여성성을 지시한다. 드라마와 시트콤, 티브이 쇼, 영화에서 드러나는 여성성 이데올로기는 공적으로 말해지고 쓰인다. 사회는 여성성뿐 아니라 남성성의 기준도 같이 정의하는데, 대중문화 속의 거친 남성의 이미지는 남성성의 문화를 상징하며 모두 젠더관계에 영향을 준다. 사회학자들은 실천적 학문으로서 사회학의 과학적 객관성을 주장하며 교수, 연구자, 작가로서 지배관계에 참여한다.[5] 이들의 연구는 정부, 산업체, 연구비 지원 기관 같은 지배기관들의 이해와 얽혀있지만, 지식의 중립성과 객관성을 주장하며, 여성 및 다른 하위주체의 경험을 특정한 맥락과 특정한 상황에 놓인 사람들의 경험으로 제외시킨다. 결과적으로 사회학의 지식은 사회적 과정을 설명하기보다 왜곡시킨다. 즉, 사회학자가 당연하게 여기는 객관적인 지식은 여성을 여성이 밀접한 맥락으로부터 제외시킨다.

사회학을 포함한 학문, 법, 의학, 경영 그리고 정치는 공적세계(public world)이며 남성의 현실이다. 공적세계는 사적세계(domestic world) 위에 군림하는 우월하고 지배적인 세계이며, 유급노동의 세계이고, 가부장적인 '진짜 세상'으로 여성에 대한 지배담론을 생산한다. 반면 사적세계는 가정, 자녀들, 이웃들로 상징되는 집 안의 세계이고 여성들의 현실이다. 여성들은 공적세계의 이미지와 언어를 통해 자신들의 현실을 공적세계보다 열등한, 종속적이고 의존적인 세계로 경험한다. "난 그냥 전업주부야" 하는 자아상은 여성을 주변화하는 지배담론의 결과이다. 이와 같이 젠더관계는 공적세계와 사적세계의 분리를 기반으로 구성된다. 여성들의 공적세계 참여는 남성의 규칙과 규율에 의해서 구조화된다. 그 결과, 여성은 남성보다 성적이 좋아도 적은 임금을 받고, 남성들이 만든 임금과 승진 기준을 따르며 성공하기 위해서 사적세계의 경험을 중단해야 한다.

스미스에 따르면 공적세계와 사적세계를 이동하는 여성들은 '의식의 분리'를

5) Dillon, M.(2010). 전게서. p. 318.

직접적으로 경험한다. 의식의 분리란 객관화된 지식(공적세계)과 지역화된 경험(사적세계) 사이의 분열을 의미한다. 직업인으로서의 역할과 어머니로서의 역할 간의 모순을 경험하면서도 여성들은 두 세계와 타협하며 그러한 모순을 부정한다.[6] 이러한 스미스의 생각은 남성과 여성의 성역할이 기능적으로 상호보완적이고, 사회질서를 유지하기 위해 성역할 분리가 필요하다고 보았던 파슨스의 관점과 상반된 것이다. 기능주의자인 파슨스는 성별에 따른 역할의 차이를 공적세계에서 여성 경험의 배제와 비가시성이라는 관점에서 보지 않았다. 그러나 공적세계에 진입한 여성은 여전히 사적세계에 대한 책임도 져야 하는 이중적이고 모순적인 요구를 받고 있다.

페미니스트 사회학은 여성의 입장과 관점에서 출발한다. 기존 사회학에 대한 대안으로 여성의 입장을 통해 여성들의 경험과 문제를 확인하며, 여성의 경험으로부터 도출된 지식을 활용하여 사회생활과 사회제도를 다시 정리하고자 한다. 많은 문화기술지 연구들이 사회적 불평등의 단편들을 드러내주었지만, 이것만으로는 불충분하다. 스미스는 사회적으로 구성된 세계를 아는 방법은 그 내부에서 시작해야 한다고 보았다. 그리고 특정한 장소와 지역에서 행해지는 사람들의 행위들을 이해하려면, 이것이 다른 사람들이 다른 장소와 시간에서 하고 있거나 해온 것들과 어떻게 얽혀 있는지, 그 관계 속에서 파악해야 한다고 보았다. 이런 관점에서 스미스는 제도적 문화기술지(institutional ethnography)를 주장한다.[7]

문화기술지가 사람들의 일상생활과 경험의 실제에서 출발하여 경험을 넘어서는 사회를 발견하는 연구방법이라면, 제도적 문화기술지는 자신의 입장을 가지고 제도에 참여하여 각자의 입장에서 사회관계를 연구한다. 여성들은 자

6) Smith, D.(1990). *The Conceptual Practices of Power: A Feminist Sociology of Knowledge*. Boston: Northeastern University Press. pp. 17-19.

7) Smith, D.(2005). *Institutional Ethnography: A Sociology for People*. Rowan & Littlefield. 김인숙 역(2014). 「제도적 문화기술지: 사람을 위한 사회학」. 나남.

신이 주체가 되어, 자신의 위치에서 사회를 재구성하기 때문에 사람들의 일상 생활에서 시작하는 사회학 연구에서 여성의 입장에 초점을 맞추는 것은 제도적 문화기술지 연구의 필수요소이다. 제도적 문화기술지 연구자는 사람들의 삶 속에 실재하면서 지역적 일상을 넘어 조직화되어 있는, 사람들의 경험 속에 들어 있는 사회를 발견하고 그려내고자 한다.[8)]

스미스는 여성을 종속적 위치에 놓는 사회구조와 지배관계는 여성뿐만 아니라 사회 전체를 예속한다고 보았다. 현상학에 기초해 스미스는 여성을 포함한 사회에서 배제된 집단들의 일상의 경험에 주의를 기울여, 이들의 목소리와 경험이 사회학자들, 그리고 지배집단이 객관적 현실이라고 주장한 세상과 어떻게 다른지를 인식해야 한다고 주장한다. 또한 마르크스의 구조적 불평등에 관한 분석에 기초해서, 사회의 권력구조가 어떻게 여성의 불평등을 유지시키는 제도적 텍스트(여성성 담론)와 관행(가정과 일에서의 분리)에 의존하고 있는지를 강조했다. 스미스는 페미니스트 관점이 해방적인 지식, 여성의 경험에서 시작해서 사회평등을 실현할 수 있는 변혁지향적 지식을 추구한다고 생각했다.

감정사회학

사회학이 남성 중심적 학문이었다는 주장은 사회학이론에서 감정(emotion)이라는 요소가 상대적으로 중요하게 다뤄지지 않았다는 사실을 보더라도 설득력이 있다. 물론 막스 베버는 감정을 사회적 행위의 주요 동인으로 인식했다. 예컨대, 현대 자본주의를 가속화한 합리화 과정에서 사후세계에 대해 칼뱅주의자들이 느끼는 두려움에 주목했다. 그러나 베버는 전반적으로 감정을 합리

8) Dillon, M.(2010). 전게서. p. 326.

적 행동의 부차적인 요인으로 보았다. 프로테스탄트 윤리의 문화적 기여는 감정을 억제하고 체계적으로 통제하는 것이었다. 뒤르케임은 감정에 보다 세심한 주의를 기울였다고 할 수 있는데, 의례를 통해 발산되는 집단적 활기를 강한 사회적 힘으로 보았다. 그럼에도 불구하고 노동 분업에 대한 분석에서 뒤르케임의 초점은 감정적 유대가 아닌, 개인을 결속시키는 도덕적, 기능적 상호의존성에 있었다.

한편, 면대면 상호작용의 결과에 초점을 두었던 미드가 해석적 이해의 인지적 측면을 강조하면서도 감정의 중요성을 무시했다는 점은 놀라운 일이다. 파슨스의 유형변수 역시 감정을 가정의 영역에 제한하였고, 공적영역에서 감정을 표출하는 것은 사회적 행위에 대한 비합리적인 압박으로 간주했다. 요컨대 주류 사회학에서는 대체로 감정을 통해서 중요한 사회현상을 설명하지 않았다는 것이다.[9] 사회학에서 처음 감정에 주목한 것은 알리 혹실드(Arlie Hochschild)이다. 현재 감정사회학은 사회학의 하위분야로 정립되어 있다. 그리고 이러한 변화는 혹실드를 비롯한 페미니스트 사회학자들의 선구적인 노력에 힘입은 것이다.[10]

감정은 흔히 어떤 현상이나 일에 대해 자연스럽게 촉발되는 느낌이나 기분이라고 생각하지만, 혹실드는 감정이 자연적인 반응이 아닌 사회적으로 구조화된 방식이라는 것을 강조한다. 사실 우리는 상황을 어떻게 인식하고, 어떻게 받아들이고, 어떤 감정을 가져야 하는지 배워서 안다. 적절하게 감정을 표현했는지 확인할 수 있고 평가할 수 있다. 감정도 사회화된다는 의미이다. 산업사회에서 여성과 남성 모두 감정노동을 하지만, 우리는 여성이 남성보다 더 감성적이라고 생각하는 문화에서 살고 있다. 직장에서 남성들은 공격적으로 행동할 것을 요구받지만, 여성들은 잘 웃고 타인에게 친절하며 더 공감적인 태도를

9) Dillon, M.(2010). 전게서. p. 336.

10) Stets, J. & J. Turner(2006). *Handbook of the Sociology of Emotion*. New York: Springer.

요구받는다. 감정노동을 하는 여성들이 공격적으로 행동하거나 화를 내면 그들의 여성성과 신뢰도는 타격을 입는다. 반면, 전형적인 여성의 특성이라고 간주되는 울음을 보이면 그들의 직업적 전문성을 의심받는다. 그리고 대체로 남성들에게 예속된 취약한 지위 때문에 감정적인 공격의 대상이 되기 쉽다.

그러나 이러한 문화적 편견은 캐럴 길리건(Carol Gilligan)과 같은 심리학자들에 의해 깨졌다. 길리건은 기존의 주류 심리학이 놓쳤던 여성의 심리, 특히 여아의 발달 특성을 연구하면서 남녀의 발달적 특성의 차이를 발견하고 남성적 특성이 우월하다는 일반의 편견과 남성 중심적 심리학의 오류를 지적한다. 여성은 남성보다 감정적이고 관계지향적인 반면, 남성들은 추상적, 전략적, 규율 중심적인 과업에 잘 맞고 감정과 관계를 등한시한다.[11] 그러나 이런 차이를 우열의 문제로 해석해서는 안 된다는 것이다. 길리건은 여성의 도덕 발달 기준으로 '돌봄의 윤리'를 제시하며, 가부장제가 여성과 남성 모두의 고유한 목소리를 막고, 감정과 이성, 몸과 정신, 관계와 자아를 분리하여 각각의 성별에 맞는 것을 지향하도록 인류를 억압하고 있음을 지적한다. 가부장제하에서 여성뿐 아니라 남성 역시 억압받고 있다는 것이다.

감정은 심리적이고 생물학적 과정과 관련되지만 사회문화적으로 구성되는 특성이기도 하다. 따라서 감정노동에서 젠더는 생물학적 성차를 반영할 뿐 아니라 성차에 따른 사회적 평가를 포함한다.[12] 사회적으로 구성된 성별 차이는 여성을 비이성적이고, 감정적으로 과잉된 존재이며, 그래서 투표권을 행사하거나 승진의 대상이 되기 어렵다는 프레임에 가둔다. 그리고 주로 남성들에게 경제적으로 의존적인 중산층 여성들의 감정노동은 경제적 의존에 대한 빚을 갚는 다양한 방식 중 하나로 간주된다. 중산층 여성들의 감정관리는 다른 사람들의 행복과 지위를 확인시켜주고 강화하며, 집안일을 잘 하는 것과 마찬

11) Gilligan. C.(1982). *In a Different Voice*. Cambridge. MA: Harvard University Press.
12) Dillon, M.(2010). 전게서. p. 338.

가지로 눈에 잘 띄지 않지만 모든 일이 제대로 돌아가게 하는 데 중요한 요소이다. 아내와 어머니로서 여성들은 계속해서 감정노동을 수행한다.

혹실드는 이와 같이 여성들이 자신의 역할로서 특정한 감정을 생산하고 통제할 뿐 아니라, 일을 하면서 그들의 감정을 상품화하는 것에 주목하였다.[13] 감정노동은 가정에서 친밀한 관계에 있는 배우자, 부모, 자녀 등과 상호간에 지속적으로 깊은 관계를 맺으며 감정을 관리하는 일은 물론 직장에서 임금을 받는 노동에도 적용된다. 이러한 감정노동은 승인과 존경, 사용가치를 얻기 위한 관계에서 이루어지는 것으로, 고용된 노동자는 시장에서 요구되는 친절한 응대와 상냥한 말투 같은 감정의 지속적인 생산을 강요받는다. 감정노동은 그 대가로 임금을 받고 판매되는 것이기 때문에 교환가치(exchange value)를 갖는다. 그러나 사적영역에서 이루어지는 감정관리는 교환가치가 아닌 사용가치(use value)를 지닐 뿐이다. 가정에서 여성들의 노동이 평가받지 못하는 이유도 이런 관점에서 이해할 수 있다.

감정노동과 인간소외

감정노동에 대한 혹실드의 정의는 마르크스의 영향을 받았다.[14] 우선 마르크스의 노동의 상품화에 대한 아이디어로부터 혹실드는 상품으로서의 감정이라는 개념을 구축하였다. 노동과 감정은 돈으로 교환될 수 있고, 시장에서 사고팔 수 있다. 공장의 임금노동자가 고용주에게 그들의 육체적 노동력을 팔듯이, 전문직과 서비스직의 노동자들은 자본가에게 그들의 감정노동을 판매

13) Hochshield, A.(1983). *The Managed Heart: Commercialization of Human Feelings*. Berkeley: University of California Press. p. 11.
14) Dillon, M.(2010). 전게서. p. 339.

한다. 노동자들의 감정노동은 노동자에게 돌아가는 교환가치와 자본가가 차지할 잉여가치의 차이를 통해 이윤을 창출한다. 마르크스가 노동으로부터의 소외를 이야기했던 것처럼, 항공기 승무원이나 식당의 웨이트리스 같은 감정노동자의 미소는 온전히 그들 자신의 것이 아니다. 감정노동을 요구하는 직업은 면대면 혹은 목소리를 통한 접촉이 필요한 직업들이고, 일을 수행하면서 감정을 자신의 것이 아닌 것처럼 통제할 수 있도록 훈련과 감독을 받는다.

현재 탈산업사회, 지식사회에서 사실상 전문직, 사무직, 서비스직 할 것 없이 대부분의 직종의 사람들이 감정노동자라고 할 수 있다. 우리는 지식과 정보, 그리고 서비스를 사고판다. 이런 역할을 수행하기 위해서는 매일같이 직장에서 감정 표현을 절제하고 통제할 수 있는 것이 중요하다. 특히 고객을 직접 대해야 하는 호텔 접수원, 웨이트리스, 항공 승무원, 심지어 유치원 선생님 같은 서비스 직종에서 미소와 친절은 그 자체로 노동력이다. 이들은 자신의 감정관리 능력을 판매하고 있다. 이제 감정을 상품화하는 것은 하나의 산업이다. 예를 들어, '친구가 되어 드립니다.' '일일 커플' 등 영화를 같이 보거나 저녁식사를 함께 할 동행자를 구매하는 일이 낯설지 않은 세상이 되어 가고 있다.

한편으로 감정관리에 대한 혹실드의 강조는 어빙 고프먼(Erving Goffman)의 상징적 상호작용론과 유사점이 많다. 면대면 상호작용을 하는 개인들은 상황에 대한 특정한 정의를 제시하기 위해 무대의 전면(front)을 유지해야 한다. 혹실드는 고프먼의 상징적 상호작용론의 영향을 받았지만, 두 가지 점에서 이 이론을 넘어선다.[15] 우선 사회적 행위에 대한 고프먼의 분석은 행위자의 내적 감정에 주의를 기울이지 않았다. 고프먼의 이론에서는 특정 상황에서 도출된 감정을 연기하는 능력만 있을 뿐, 그러한 감정을 지닌 개인은 존재하지 않는다. 자아는 타인에게 인상을 주기 위해 적극적으로 감정을 연기한다. 그러

15) Dillon, M.(2010). 전게서. pp. 340-341.

나 고프먼은 사회적 행위자가 자기표현을 하기 위해 감정을 관리하는 것을 당연하게 생각할 뿐, 그 역할 수행 이면의 실제 감정에 대해서는 주목하지 않는다. 다음으로 고프먼의 분석은 감정노동이 자본주의사회에서 왜 필요한지 검토하지 않았고 감정노동이 어떻게 만들어지고 통제되는지 설명하지 않았다. 그리고 주로 상호작용의 사회적 규칙에 관심을 두어 자기표현의 의례가 그들의 상업적 가치에 의존해 달라질 수 있다는 점에 관심을 두지 않았다. 반면에 혹실드는 개인들이 감정관리를 하면서 습득하는 습관이 젠더, 계급, 나이, 종교 등 사회문화적 위치에 따라 달라질 수 있음을 강조한다. 그리고 사회문화적인 규범에 따른 감정관리 행동 이면에 있는 사회적 행위자의 내면의 감정을 들여다보았다.

감정노동은 자기소외 현상을 초래한다. 혹실드는 미국의 델타항공사의 직원 연수를 관찰하고 승무원과 회사 간부들을 인터뷰하여 승무원의 일이 전형적인 감정노동임을 분석하였다. 승무원들은 승객들에게 서비스를 제공하면서 특정한 감정 상태를 서비스의 한 부분으로 제공한다. 미소와 친절한 태도를 유지하면서 자신들이 승객에 대한 서비스 제공을 정말로 좋아하는 것처럼 보이도록 행동한다. 이는 승객들이 즐겁고 안전한 곳에서 충분한 배려를 받고 있다는 느낌을 받도록 하려는 것으로, 서비스를 제공하는 동안 피로감이나 짜증을 드러낼 경우 승객의 만족도가 떨어지기 때문에 감정을 최대한 억제해야 한다. 결국 승무원의 일은 육체노동에 정신노동(mental labor),[16] 그리고 감정노동이 더해진 것이다.

한마디로 감정노동은 다른 사람들의 기분을 좋게 하려고 자신의 감정을 고무하거나 억제하는 것이다. 감정노동을 할 때 감정노동자의 기분이나 감정은 일의 일부로 포함되고, 자신의 것이 아니라 이익을 창출하는 수단이 되기 때문에 외부의 감독과 통제를 받는다. 승무원의 이미지는 회사가 추구하는 이미지

16) 비상착륙이나 비상탈출에 대비하거나 실제로 그런 상황이 발생하는 경우에 하는 노동

에 따라 섹시하거나, 친근한 이미지로 규정되고 활달하고 온화한 중산층의 사교성을 드러내야 한다. 승무원의 연수 프로그램은 이러한 감정 훈련을 주로 실시한다. 승무원 연수생들은 자신이 일하는 비행기 객실이 마치 일을 하는 공간이 아닌 개인의 집인 것처럼 행동하도록 요구받는다. 그리고 승객을 자신의 집에 초대된 손님처럼 대하도록 교육받는다. 승무원과 마찬가지로 다른 서비스 직업군의 감정노동자들 역시 무례한 손님에 대해서 감정을 조절할 수 있도록 요구받고 있다.[17)]

혹실드는 기성 사회학에서 다루지 않았던 감정의 중요성과 감정노동을 재조명함으로써 페미니스트 사회학과 노동이론의 발전에 기여하였다. 감정은 가정과 같은 사적영역에서만 아니라 일터에서도 중요하다. 감정은 계속 확장되고 있는 서비스 경제에서 생산되고 판매되는 상품의 본질적 요소이다. 혹실드는 여성들이 대표적인 감정노동인 서비스직에 기형적으로 많이 종사하고 있다는 것을 지적하면서, 여성들의 일상의 경험은 물론 노동시장 참여구조의 특성을 보여주었다. 현재 모든 직종의 삼분의 이가 상당한 정도의 감정노동을 요구한다고 볼 수 있는데, 남성의 44%, 여성의 89%가 이런 직종에 종사한다.[18)] 이런 상황에서 여성들은 생산과정으로부터 객관적인 소외를 경험하는 것은 물론, 정당하게 인정받지 못하고 대가를 받지 못하는 감정노동을 하면서 보다 심한 자기소외를 경험하게 된다.

페미니스트 사회학은 기성 사회학이 여성들의 현실을 주변화한 것을 비판한다. 여성의 일상 경험에서 파생된 지식은 다른 억압받는 사람들이 사용할 수 있는 지식이다. 그러나 여성성을 구성하는 구조들은 남성성 또한 구성한다. 남성성 역시 사회적으로 구성된 것으로 문화, 역사, 그리고 일상의 맥락에 따라 달라진다. 또한 특정한 남성의 행동을 저평가하거나 두드러지게 한다.

17) Hochschield, A.(1983). 전게서. pp. 97-98.
18) Hochschield, A.(1983). 전게서. p. 11.

'헤게모니적 남성성(hegemonic masculinity)'은 여성을 예속시키고 다른 범주의 남성을 지배한다. 이성애가 정상적이고 자연스런 규범으로 통용되는 사회에서 동성애자인 남성은 헤게모니적 남성성에 예속된다. 이와 같이 사회문화적으로 구성된 젠더의 권력관계는 학교, 직장, 일상의 사회적 실천이 일어나는 공간에서 불평등을 재생산한다. 개인들은 인종, 계층, 젠더, 그 밖의 또 다른 상황적 요인에 따라 상이한 경험을 하며, 개인의 경험을 다양하게 만드는 이와 같은 요인들은 '상호교차성'을 갖는다. 예를 들어 미국사회에서 인종, 계층, 젠더라는 세 체계의 억압은 아프리카계 미국인 여성에게 제일 큰 영향을 준다. 백인 여성이 그들의 젠더로 차별받을 때, 백인 여성은 그들의 인종에 의해 특권을 가진다. 사회적 맥락에 따라 개인들은 타자를 억압할 수 있고, 다른 한편으로 억압받는 집단의 구성원일 수도 있다. 즉, 억압하면서 억압받을 수 있다.

젠더 불평등에 대한 교육담론

미국에서 성차별금지법이 제정된 1970년대에는 여성들의 교육적 성취 부진에 대한 논의가 활발했다. 1960년대 후반부터 미국과 유럽의 서구국가들에서 일어난 인권운동은 여성운동으로 확산되었고, 자연스럽게 여성교육에 대한 관심으로도 이어졌다. 그러나 여학생들의 교육 성취도가 남학생들을 능가하고 있다는 언론보도와 이를 뒷받침하는 연구결과들이 잇따라 발표되면서 여성교육에 대한 논조는 달라졌다. 이러한 현상은 서구국가들의 경우 1990년대 중반 이후 시작되었다. 이후 마치 여학생들의 성과가 남학생들을 희생시킨 결과라도 되는 것처럼, 교육계의 화두가 여학생에서 남학생들의 성취 부진에 맞춰지고 있다.

우리나라에서는 남학생 학부모들이 남녀공학을 기피하는 현상을 통해 이런 변화를 체감할 수 있다. 미디어가 보도하는 '남성의 불리함'에 대한 논의들은 정말로 실질적인 근거를 가지고 있는가? 젠더관계는 정말 변화하고 있는가? 확인이 가능한 변화가 있다면, 그 변화들은 평등을 증진시키고 폭넓은 문화적, 사회적 조건들과 기존의 고용패턴을 바꾸기 위한 정책결정과 노력에서 비롯된 것인가? 이러한 질문의 답은 교육의 불평등과 젠더 불평등에 대한 담론이 어떻게 변화되어 왔는가를 통해 확인할 수 있다.

담론은 우리의 일상적인 행위 속에 깊이 내면화되어서, 우리가 그 존재조차 알아차리지 못하는 세계에 대한 사고방식이다. 푸코는 '담론'이 지식과 권력의 관계가 형성되는 방식을 이해하게 해준다고 하였는데, 예를 들어 교육과정 지식은 그것을 만들고 통제하고 전수하는 사람들의 권력을 반영한다. 이런 관점에서 시대의 변화에 따른 젠더담론을 분석하면 젠더 권력관계의 특성을 알 수 있다. 누가 어떠한 근거로, 그리고 어떤 의도로 젠더 평등 혹은 불평등에 대한 지배적인 교육담론을 만드는지 이해하면, 왜 '동등한 기회'나 '젠더 평등'이 시대와 장소에 따라서 서로 다른 의미를 지니는지 알 수 있고 교육 불평등에 대한 이해가 심화될 수 있다.

젠더와 관련된 강조점은 여성운동뿐 아니라 역사적 시기마다 서로 다른 특정한 교육담론에 의해서 만들어지고 제한되었으며, 그 자체로 더 큰 사회문화적 변화의 산물이다. 이런 관점에서 와이너(Weiner)와 동료들은 영국에서 교육과 젠더 불평등에 관한 담론이 시대에 따라 어떻게 변화되어 왔는지 분석하였다.[19] 우선 1940년대부터 1950년대까지 영국에서 노동당 정부가 집권한 기간에 젠더에 관한 교육적 이슈는 거의 언급되지 않았다. 1944년의 교육개혁으로 확립된 교육기회 균등의 개념은 지능검사 결과에 기초해 교육접근 기회를

19) Weiner, G., M. Arnot, & M. David(1997). Is the future female? female success, male disadvantage, and changing gender patterns in education. In *Education: Culture, Economy, Society*. A. Halsey, H. Lauder, P. Brown & A. Wells (eds.). pp. 620-630. 이 절은 이 논문의 내용을 바탕으로 정리한 것이다.

제공하는 것에 맞추어져 있었다. 즉, 측정된 지능에 따라서 노동계층의 아이들이 다양한 종류의 학교에 갈 수 있도록 기회를 넓히는 데 주안점을 두었을 뿐이다. 전후 젠더에 대한 가장 중대한 이슈는 제대한 군인들을 일터에 복귀시키고 여성들을 직장에서 집으로 돌려보내는 것이었다. 따라서 영국에서 1944년의 교육개혁은 대중교육의 제도적 확장에 대한 개혁론자들의 이념에 기반하고 있음에도 불구하고, 여성교육의 목표는 훌륭한 아내나 어머니가 되는 것일 뿐 대다수의 여학생들에게 새로운 전망이나 가능성을 열어주지 않았다. 이러한 상황은 1970년대 후반까지 지속되어, 구체적인 여성주의적 목표들에 대한 가시적 지원은 거의 이루어지지 않았다.

젠더는 인종이나 장애와 같은 인권에 관한 정치적 이슈들과 함께 1970년대 이후 서구사회에서 논의되기 시작하였다. 그러나 여전히 젠더담론은 보편적인 교육기회와 사회계층 간 격차 완화라는 교육담론 안에서 부차적인 문제로 간주되었다. 1960, 1970년대의 진보주의 교육담론은 특히 초등교육에 많은 영향을 주었는데, 여전히 교육에서의 젠더 불평등을 확인하는 것은 뒷전이었다. 유년기의 성장과 발달을 위해 아이들을 가능한 한 자유롭게 놔두어야 한다는 진보주의 교육담론에서 여학생들의 이른 성공은 관습을 거스르는 것, 비정상적인 것, 그리고 진정한 학습이 아닌 것으로 간주되었다. 여학생들의 성공을 그들의 수동성, 바른 행동, 규칙준수, 암기하기 같은 낡은 학습방법과 결부시켜서 진정한 학습이 아니라고 평가했기 때문이다. 또한 중등교육에 계층과 학업성취도에 따른 계열 구분을 없애는 종합교육체제(comprehensive education)를 도입하면서 혼성학급은 주목을 받지 못하였고, 결과적으로 여학생들의 성취도에 부정적인 영향을 미쳤다.

교육에서 젠더 이슈가 본격적으로 논의되기 시작한 것은 1975년 성차별금지법이 통과된 이후부터다. 영국의 페미니스트들은 1970년대부터 80년대 중반까지 여학생들이 겪는 학교교육의 불평등에 대한 논의를 촉진시키고자 입법 활동을 통해 교육학, 교육과정, 정책, 행정 등의 변화를 촉구하였다. 당시 페미니스트들의 교육적 요구는 신보수주의(New Right) 정책에 대한 도전의 일환으로, 여학생들의 불리함을 밝혀 기회균등을 실현하려는 것이었다. 처음으로 젠더정책 형성의 여러 측면들을 규명하고 통합하기 위한 시도들이 이루어졌다. 그리고 젠더, 인종, 계층, 민족의 문제가 연결된 다양한 페미니즘이 교육에 영향을 끼치기 시작했다. 이후 정치적 좌파와 우파가 경합하는 가운데 시장경쟁을 강조하는 신자유주의 정책을 표방하는 1988년의 교육법과 그 후속 조치들로 좌파 성향의 지방교육청(LEA)의 영향력은 약화된다. 그리고 페미니즘은 여성성, 남성성, 흑인, 소수민족집단 등 여러 다른 형태의 정체성 정치학(identity politics)의 등장과 함께 정치적으로 분열된다.

영국에서는 1980, 90년대를 지나면서 교육에서 젠더 불평등에 대한 이슈를 다루는 방식에 다시 변화가 나타났다. 그것은 여학생들의 성취도가 높아지면서 이를 격려하기보다는 남학생들의 실패를 부각시키려는 새로운 담론이 형성된 것이다. 여학생들의 성과가 남학생들을 희생시킨 결과라는 근거가 없음에도 불구하고, 1990년대 중반 이후 교육계의 화두는 남학생들의 성취 부진으로 바뀌었고, 많은 미디어들이 이런 관점에서 새로운 젠더담론을 생산하였다. 이는 1980년대 후반부터 세계적인 교육개혁의 흐름이라고 할 수 있는 성취기준 강화와 표준화에 대한 정부의 강조가 확고해진 것과 흐름을 같이한다. 이러한 정책 방향에서 젠더에 대한 관심도 시험 성적, 남학생과 여학생 성취도 차이의 패턴 등으로 옮겨간다. 이 기간은 젠더 평등과 불평등에 대한 국가교육과정의 효과에 관심이 높아진 시기이며, 학교 효율성, 학교 개선, 감시와 통제, 책무성 강화 등을 통해 좋은 학교와 나쁜 학교를 가려내는 방법 등에 주목한 시기이다.

이러한 교육개혁의 방향은 학교교육 내에서, 그리고 학교교육을 통한 평등화 전략을 바꿈으로써 새로운 교육담론을 형성하는 데 영향을 미쳤다. 젠더 이슈와 관련해서는 세 가지 분명한 방향이 나타났는데, 그것은 여학생들의 성취도 향상, 기회평등정책 형성, 그리고 공평한 학교문화 형성이다. 그렇다면 실제 지난 30년간 무엇이 변화되었나? 이에 관해 와이너(Weiner)와 동료들은 다음과 같이 이어간다. 우선 1970년대 중반의 학교문화와 성취도, 그리고 젠더 차이를 보여주는 체계적이고 방대한 자료는 부족하지만, 젠더 차이에 대한 일관된 패턴들은 발견된다. 초등학교에서 교사들은 여학생과 남학생들을 전형적인 성역할에 따라 대하고, 학교 교육과정에서 여학생들은 고려되지 않았으며, 여학생들과 남학생들 모두 성차별적인 문헌을 읽고, 몇몇 과목은 따로 수업을 받고 다른 규율을 경험하였다. 여학생들은 독해를 잘하고 남학생들은 수학을 잘한다는 고정관념이 발견되고, 이러한 고정관념이 자연스러운 것으로 여겨지는 문화였다. 그리고 중등학교에서는 대부분의 학생들이 공통교과를 공부하였으나, 체육시간과 스포츠 활동에서는 남학생들과 여학생들이 따로 수업을 받았다. 13세 이상의 학생들의 시간표는 성별 고정관념을 잘 반영하였는데, 과목 선택은 학교에서 사용 가능한 자원과 학생들의 성별에 따른 목표를 보여준다. 남학생들은 물리학과 지리를 듣고 여학생들은 생물, 프랑스어, 독일어를 선택하는 식이다.

1988년 국가교육과정을 도입하여 모든 학생들이 수강하는 핵심교과를 강화하고, 공식적인 시험과 평가를 강화한 이후 1990년대에 영국에서 나타난 변화의 두드러진 양상은 여학생들이 전반적으로 더 높은 성취도를 보이고 남학생들은 아주 잘하거나 아주 못하는 학력의 양극화 현상이 나타났다는 점이다. GCSE(General Certificate of Secondary Education)[20]가 1985년에 도입되어 1988년에 첫 평가를 치른 16세 이상 학생들의 경우에도 여학생들의 성적이 높아져 거의 대부분의 과목에서 성별 격차가 좁혀지고 여학생 응시자수가 증가하였다. 그러나 A-level에서는 시험 응시자와 성적에 있어서 성별에 따른

20) 영국의 중등교육자격시험으로 중등교육을 제대로 이수했는지 평가하는 국가검정시험

전형적인 패턴이 다시 나타난다. 수학과 과학교과에 남학생 응시자가 더 많고, 영어와 현대외국어 과목의 남학생 응시자 수준도 이전보다 높아졌지만, 예술과 인문학에서는 여학생 응시자가 더 많았다. 남학생들이 거의 모든 과목에서 더 높은 성적을 받았고, 특히 수학, 화학, 기술, 역사, 영어, 현대외국어에서 이런 경향이 두드러졌다. 그러나 이런 남학생들의 우위현상은 분명히 점차 퇴색되고 있다.

우리나라의 경우에도 성별에 따른 성취도 격차의 변화 패턴은 영국의 경향과 유사하다. 즉, 성별에 따라 정형화된 성취도의 패턴이 나타나다가 최근 성별 격차가 모든 교과에서 감소하고 있다. 그렇다면 이러한 변화 동향을 설명하는 교육담론은 어떻게 만들어지는가? 이 질문은 여성 혹은 남성이 불이익을 받고 있다는 주장이 어디까지 사실에 근거한 것인지, 그리고 누가 왜 이러한 담론을 형성하는지에 관한 질문이다. 우선 1970, 80년대의 여성 불이익에 대한 담론은 교육 분야에 관심을 가진 페미니스트 운동가들과 이에 동조하는 정치인들이 중심이 되었다. 그리고 여학생들의 낮은 성취도와 불리한 교육환경에 대한 연구들이 주장을 뒷받침하였고, 1975년 성차별금지법에 교육이 포함되는 성과를 가져왔다. 당시 여학생들에게 보다 공정한 교육을 제공하라는 요구에 대한 저항은 특정 교과에서 여학생들이 성취도가 낮은 원인을 여성들의 생물학적 특성과 정형화된 직업 전망에 결부시키려는 교사와 학부모들로부터 나타났다.

한편, 1990년대 남성의 불이익에 대한 담론은 매우 다른 이유에서 비롯되었다. 그것은 9세와 10세 남아에게 2세 유아가 납치되고 살해당한 사건에서 시작되었는데, 영국 전역에 충격을 준 이 사건은 미디어의 주도 아래, 문화적 변화가 노동계층의 남성성과 가정, 학교, 노동시장의 관계에 미친 영향에 대해 재평가하도록 하는 계기가 되었다. 이를 계기로 학교교육 안팎에서 다양한 형태의 남성성과 남성성이 다양한 형태의 여성성에 대해서 갖는 관계를 검토하는 많은 연구가 이루어졌다. 그리고 이러한 연구결과들은 시험 성적의 패턴이 변하는 것에 대한 미디어의 인식을 강화시켰다. 남성들의 성취 부진에 대한 설명은 남학생들의 관심과 동기 부족과 함께 노동계급의 일자리 붕괴에 초점을 맞추었다. 그러나 적당한 직업과 가족생계에 매달리는 것은 소년들과 노동계층 남성들만이 아니다. 전통적인 중산층 남성들의 일자리도 구조조정으로 취약해지고 있고, 남성의 불이익에 대한 교육담론에 불을 지핀 것은 중산층 남성성의 위기일 수 있다. 적당한 일자리가 나타나지 않을 때, 남학생들은 학교에서 비행과 반문화로 도피한다. 윌리스(Willis)의 노동계급 청소년에 대한 연구에 등장하는 것처럼 젊은 남성들의 문화는 성차별적이고 여성을 폄훼하는 문화이다.[21)]

가장 최근의 남성들의 불리함에 대한 담론은 마치 모든 남학생들이 뒤처지고 있는 것처럼 모든 학교를 문제 삼고 있다. 그러나 이런 담론들은 학교교육의 종점인 직업교육과 노동시장에서의 명백한 계층 차이, 젠더 차이를 무시하고 있다. 노동시장에서는 여전히 남성이 기득권을 가진다. 성별에 따라 엄연히 존재하는 임금격차가 무시되는 것은 물론이고, 여성이 고위직으로 승진하지 못하는 유리천장 효과도 여전히 존재한다. 그러나 공공부문과 민간부문 모두 고용에서 남성들이 유리하다는 사실은 남성의 불리함에 대한 교육담론에서 다루어지지 않는다. 그럼에도 교직처럼 여성이 과다하다고 인식되는 직종에서는 남성교사를 보다 더 충원해야 한다는 요구가 높다. 이와 같이 남성의 이슈를 우선적으로 취급해야 한다는 주장은 페미니스트들의 성공에 위협을 느끼고 반발하는 것이라고 볼 수밖에 없다.

이와 같은 담론이 간과하고 있는 것은 여학생들의 성취도가 높아진 것이 사실이나, 고학년으로 올라가면 그 패턴이 뚜렷하지 않고, 특히 수학같이 대학진학에 필수적인 교과에서 성별 격차가 여전히 존재한다는 점이다. 여학생들

21) Willis, P.(1977). *Learning to Labor: How Working Class Kids get Working Class Jobs*. New York: Columbia University Press.

이 수학과 과학을 기피하는 현상도 여전하며 이러한 태도는 대학의 전공 선택에도 영향을 준다. 이런 경향은 국내 연구들에서도 다양하게 확인되고 있는데, 이와 같은 차이는 결국 노동시장에서 여성들이 저임금, 비정규직 일자리에 더 많이 몰려있는 사실과 연결된다.[22] 또한 여학생들이 앞지르지 않았더라면 시험을 더 잘 볼 수 있었을 것이라고 기대되는 남학생들의 성취 부진에 대해서는 주목하고 있지만, 아예 시험에서 성과가 낮은 남학생들에 대해서는 주목하지 않고 있다는 사실 또한 강조되어야 한다.

그나마 긍정적인 것은 문화적 변화가 여성들에게 일과 가정 사이에서 선택을 하기보다 그 둘의 균형을 맞추기를 기대하고 있다는 것이다. 남성들도 이전 세대보다 양성평등 문제에 대한 인식이 높아졌다. 그러나 교육의 경영방식과 학교의 제도적 문화는 여전히 남성지배적이다. 그리고 이러한 경향은 직업의 위계구조와 노동패턴에서 더 일반적으로 나타난다. 새로운 교육담론은 여성들의 공정과 정의에 대한 요구를 잠재우고, 여학생과 여성들을 위한 정책과 실천에 저항을 불러일으켰다. 따라서 여학생들의 교육적 성취를 근거로 여성이 미래의 주인공인 것처럼 단정하는 것은 섣부르며, 학교는 성 정형화된 교육과정을 없애야 하고 남녀 불문 야망과 열정이 없는 학생들에 대해 관심을 가져야 한다. 그리고 여학생들에게 비전통적인 직업에 대한 기회를 확대하고, 새로운 담론에 도전할 수 있도록 젠더담론과 평등에 대한 담론을 수정할 필요가 있다. 남성의 성취 부진을 강조하는 오늘날의 헤게모니적인 담론은 과거 페미니스트들이 이룬 것에 대한 반발일 뿐이다.

이와 같은 반발의 예로 근래 교직에 여성이 많이 진출하면서 증폭되고 있는 교직의 여성화에 대한 우려를 들 수 있다. 교직의 여성화를 문제시하는 이유 중 하나는 이것이 남학생들에게 불리하게 작용하여 이들을 여성화시키고 성취

22) 이신영, 김안나(2018). 과학교과에 대한 태도의 성별차이와 영향요인. 교육과학연구, 49(4). pp. 47-69.

수준을 떨어뜨릴 것이라는 우려와 연관된다. 그러나 과거 교사들의 성비가 정반대였을 때, 즉 남성교사가 많았던 시절에 여학생들의 낮은 성취도가 불균형적인 교사성비 때문이라는 주장이 제기되지 않았었다는 사실에 비추어 본다면, 우리 학교와 사회가 여학생들의 실패보다 남학생들의 실패를 더 심각한 문제로 인식하고 있음을 알 수 있을 뿐 아니라, 여학생이 남성화되는 것보다 남학생이 여성화되는 것, 즉 여성성의 결핍보다 남성성의 결핍을 문제시하는 남성 중심적 문화규범을 보여주는 것이라 할 수 있다.

학교에서의 성역할 사회화 기제

1990년대 이후 세계적으로 경쟁과 책무성 기제를 통한 학교 개선 정책이 확대되는 가운데 남학생들의 낮은 성취도는 국가적 교육과제로 부각되었다. 여학생과 남학생의 성공과 실패를 다른 기준으로 해석하는 이와 같은 교육담론은 젠더 불평등이 어떻게 재생산되는지 보여준다. 여학생의 높은 성취도는 지적 능력보다는 주로 학교 규범에 순응하여 근면성실하게 노력하는 태도 때문이라고 해석되는데, 이는 여학생들의 성공을 관습을 거스르는 비정상적인 것으로 보는 사회적 통념이 투영된 것이다. 젠더 불평등 문제를 다루는 교육사회학의 연구들은 여학생들이 교육제도 안에서 어떻게 사회가 요구하는 방식으로 사회화되는지 밝히고자 해왔다.[23]

우선 여성의 관점에서 교육문제를 분석하고 변화시키고자 하는 페미니스트 교육사회학자들은 지식이 사회적으로 구성된다는 명제로부터 출발한다. 앞에서도 논의하였듯이 지식은 그것을 생산하는 권력체계의 일부이기 때문에 여성의 관점에서 지식을 구성하기 위해서는 어떻게 젠더담론이 만들어지고 재생산

23) 김안나(2007). 교육사회학에서의 성 불평등 논의. 교육사회학연구, 17(2). pp. 49-66.

되는지 살펴야 한다. 이런 관점에서 페미니스트 교육사회학자들은 교실에서 교사와 학생 간의 상호작용이나 교과지식이 젠더에 기초한 사회적 불평등을 재생산하는 방식에 관해 탐구해왔다. 개인은 자신이 속한 문화가 제시하는 실재에 대한 규정을 의심 없이 수용하도록 사회화되지만, 사회란 모두가 동일하게 인식하는 객관적인 실재가 아니며, 지배적인 권력관계에 따라 왜곡되고 조건지어진다. 학교지식은 이와 같은 권력관계를 반영하고 재생산하는 기제이기 때문에 불평등한 계급관계뿐 아니라 젠더관계를 반영한다.

교육에서 남성의 패권은 여성들의 경험을 교육과정지식에서 배제시킨다. 이에 관해 켈리(Kelly)는 물리학자와 교사 등 과학 분야에 종사하는 사람들 중에 압도적으로 남성이 많고, 교수방법과 과학수업 혹은 실험실에서의 상호작용이 남성 중심적이며, 물리학의 논리구조 자체가 남성적 사고와 세계관을 반영하고 있음을 지적한 바 있다.[24] 같은 맥락에서 여학생들의 수학문제는 줄넘기하기, 쇼핑하기, 바느질하기, 요리하기, 식료품 대금 지불하기와 같이 수학이라는 학문의 유용성에 대한 여학생들의 관점을 제한하는 내용들로 가득하다.[25] 이와 같은 지식의 구조와 그것이 전달되는 방식은 수학과 과학을 남성의 영역으로 인식하게 하여 여학생들의 태도를 소극적으로 만들고 스스로 능력을 과소평가하게 하며, 교사의 기대를 낮추어 결과적으로 학업성취도를 떨어뜨린다. 그리고 엔지니어링, 생화학, 생명공학과 같은 첨단 과학기술 분야의 직종으로 여성들이 진출하는 것을 어렵게 한다.[26]

점차 개선되고는 있지만, 교육과정의 남성 중심성은 여전히 거의 모든 영역

24) Kelly, A.(1985). The construction of masculine science. *British Journal of Sociology of Education,* 6(2). pp. 133-154.

25) Ballantine, J.(1997). *The sociology of education: A systematic analysis*. New Jersey: Prentice Hall.

26) Mendick, H.(2005). Mathematical stories: Why do more boys that girls choose to study mathematics at AS-level in England. *British Journal of Sociology of Education*, 26(2). pp. 235-251.

에 걸쳐 남아있다. 새드커(Sadker)는 이를 언어적 편견, 성역할 고정관념, 불가시성, 불균형성, 비현실성, 분절화 등으로 개념화하여 제시하고 있다.[27] 언어적 편견은 '아들과 딸', '여교사'같이 남성을 우선하거나 중심에 둔 표현에서, 성역할 고정관념은 태도, 행동, 성향, 직업 등에서 전통적인 기준을 적용하는 데서, 불가시성(invisibility)은 예문이나 삽화 등에서 여성이 자주 등장하지 않는 것에서 나타난다. 그리고 불균형성이란 남성의 관점만이 제시되는 것이고, 비현실성은 변화되고 있는 현실을 반영하지 못하는 내용들이 많다는 점이며, 분절화(fragmentation)는 여성과 관련한 내용을 다룰 때 본문의 주요 내용과 분리시켜 부수적인 내용이라는 인상을 갖도록 하는 방식이다. 결국 교육과정은 성역할 사회화의 기제로서, 성역할에 대한 편견을 반영한 지식으로 구성된다. 따라서 교과지식의 성격에 대한 분석과 함께 교과서의 제작과정에 대한 분석, 즉 누가 제작에 참여하고, 어떤 절차를 통해 내용이 선정, 조직되는가를 보면 사회의 권력구조를 이해하는 단서가 될 수 있다.

교과지식과 함께 교사와 또래집단의 기대와 상호작용의 특성은 학교에서 성역할 사회화가 이루어지는 방식과 학업성취에 미치는 영향이 무엇인지 보여준다. 일례로 델라몬트(Delamont)는 대체로 교사들이 남학생들에게 더 많은 관심과 주의를 보내고 더 많은 대화를 나누며, 이러한 상호작용 패턴이 여학생들의 학업성취에 불리하게 작용하고 있음을 보여주었다.[28] 한편, 켈리는 교사와 학생 간의 상호작용 방식에 관한 81편의 연구를 종합적으로 분석한 후에 교사가 일관되게 여학생보다는 남학생과 더 많은 상호작용을 한다고 결론지었다. 이 연구에 따르면 일반적으로 학생들이 15,000시간을 학교에서 보낸다고

27) Sadker, D., M. Sadker & L. Long(1997). Gender and educational equality. In J. A. Banks and C.A. Banks(eds.), *Multicultural Education: Issues and perspectives*. MA: A Viacom Company.

28) Delamont, S.(2002). Gender and Education. In D. Levinson, P. Cookson & A. Sadovnik (eds.), *Education and sociology: An encyclopedia.* New York: Routledge Falmer.

할 때, 남학생들은 여학생들보다 평균 1,800시간 더 많은 교사의 관심과 주목을 받는다.[29)]

교사와 학생 간 상호작용의 특성이 학생들의 학업성취도나 태도 변화에 미치는 영향에 초점을 맞춘 연구들은 남녀공학과 단성학교의 학교특성을 비교하는 연구로 확장되었다. 이러한 연구경향은 남녀공학이 일반적인 미국에서 여학생들의 학업성취도를 높이기 위해 여학교가 좋다는 일반적인 신념이 확산되고 있는 것과도 연관이 깊다. 하나의 학급에서 평등한 조건을 만들어주는 것이 어렵다면 분리하여 교육하는 것이 대안이라고 보는 것이다.[30)] 여학교에 다니는 소녀들은 남녀공학의 또래들보다 수학이나 물리학과 같은 전통적으로 남성적인 과목을 더 좋아하고, 이러한 경향은 교사가 여성일 경우, 그리고 저학년일수록 높게 나타나며, 반면에 남학교의 남학생들은 음악이나 미술과 같이 전통적으로 여학생들이 선호하는 과목을 남녀공학의 또래들 보다 더 좋아하는 것으로 나타나고 있다.[31)]

그러나 많은 연구들이 이와 같은 상관관계를 보여주고 있음에도 불구하고, 학교의 유형과 젠더 정형화의 정도에 대한 연구 결과들이 일관된 결론을 내리고 있는 것은 아니다. 단성학교를 찬성하는 연구들은 여학교가 학생들의 수학과 과학의 성취도를 높여줄 뿐 아니라, 학생들 사이의 결속과 경쟁심, 그리고 교사의 감독수준을 강화하고, 교육적 포부수준을 높여 남녀공학에 다니는 또

29) Kelly, A.(1988). Gender difference in teacher-pupil interaction: A meta analytical review. *Research in Education*, 3. pp. 1-23.

30) Haag, P.(1998). Single sex education in grades K-12. In *Separated by sex.* Washington D.C.: American Association of University Women Educational Foundation. / Willis, R., S. Kilpatrick & B. Hutton(2006). Single sex classes in coeducational schools. *British Journal of Sociology of Education,* 27(3). pp. 277-291.

31) Mallam, W.(1993). Impact of school type and sex of the teacher on female students' attitudes toward mathematics in Nigerian secondary schools. *Educational Studies in Mathematics,* 24(2). pp. 223-229.

래 여학생보다 4년제 대학 진학률이 높아지고 있다고 주장한다.[32] 반면, 교과 선택과 학업성취도에 미치는 영향이 없거나 적어도 장기적으로 학급유형에 따른 차이가 없음을 보여주는 연구들도 있다.[33] 이와 같이 엇갈리는 연구결과들은 실제 교육내용과 교수법, 상호작용, 학급풍토 등 남녀공학과 단성학교의 차이를 만드는 요인들에 대한 보다 풍부한 경험적 연구의 필요성을 보여주는 것이라 할 수 있다.[34]

한편, 일반적으로 상호작용에 대한 연구들은 남학생과 여학생의 문화가 서로 다르다는 점을 전제하고 있는데, 이러한 전제에 기초한 연구들은 대체로 아동의 발달 초기부터 형성되는 정형화된 행동 양식이 학교에서 또래집단의 영향과 교사의 기대에 의해 강화되고 있음을 보여주고 있다. 즉, 여학생들은 조용하고, 순종적, 협조적, 동조적으로 길러지고, 반면에 남학생들은 공격적, 위계적, 경쟁적으로 길러진다는 것이다. 그러나 교실 상호작용에 대한 질적 연구들은 주요 인물 중심의 연구(big man bias)에 치우쳐, 절반의 소년과 소녀들의 경험이 무시되고 있다. 이러한 연구에서 묘사하는 것은 지배적인 남성성(hegemonic masculinity)과 강조되는 여성성(emphasized femininity)으로 보편적인 유형이 아니라는 것이다. 따라서 배제되었던 소녀들의 경험을 재평가하는 것이 오히려 성차에 대한 이분법적인 관점을 키우지 않도록 신중한 접근이 필요하다.

32) Lee, J.(2002). More than ability: Gender and personal relationships influence science and technology involvement. *Sociology of Education,* 75(4), pp. 349-374. / Lee, V. and H. Marks(1994). Sexism in single sex and coeducational independent secondary school classrooms. *Sociology of Education,* 67(2). pp. 92-120.

33) Lepore, P. & J. Warren(1997). A comparison of single sex and coeducational Catholic secondary schooling: Evidence from national longitudinal study of 1988. *American Educational Research Journal,* 34(3). pp. 485-511.

34) Campbell, P. & E. Wahl(1998). What's sex got to do with it. *In Separated by Sex.* American Association of University Women Educational Foundation (ed.). Washington D.C.: AAUWEF.

요약 및 쟁점

한 여류 시인의 '그 많던 여학생은 어디로 갔을까'라는 시에서는 한국사회에서 여성들의 모습을 다음과 같이 그리고 있다.[35]

"학창 시절 공부도 잘하고, 특별 활동에도 뛰어나던 그녀, 여학교를 졸업하고 대학 입시에도 무난히 합격했는데 지금은 어디로 갔는가. 감잣국을 끓이고 있을까, 사골을 넣고 세 시간 동안 가스불 앞에서 더운 김을 쏘이며 감잣국을 끓여 퇴근한 남편이 그 감잣국을 15분 동안 맛있게 먹어치우는 것을 행복하게 바라보고 있을까. 설거지를 끝내고 아이들 숙제를 봐주고 있을까, 아니면 아직도 입사 원서를 들고 추운 거리를 헤매고 있을까. 그 많던 여학생들은 어디로 갔을까, 저 높은 빌딩의 숲, 국회의원도 장관도 의사도 교수도 사업가도 회사원도 되지 못하고, 개밥의 도토리처럼 이리저리 밀쳐져서 아직도 생것으로 굴러다닐까. 크고 넓은 세상에 끼지 못하고 부엌과 안방에 갇혀 있을까. 그 많던 여학생들은 어디로 갔는가."

'알파걸'이라는 신조어가 등장할 정도로 여성들의 활약상이 두드러지고 있지만, 정작 사회적으로 성공한 여성은 많지 않고 유리천장과 임금격차는 여전하다. 이러한 현상의 이면에서 작동하는 젠더담론의 성격을 밝히는 것은 페미니스트 교육사회학의 중심 과제이다. 여성의 관점에서 사회와 교육을 이해하기 위해서는 무엇이 여성의 관점과 경험을 구성하는지 생각해야 한다. 남성이 지배하는 사회학의 전통 속에서 인간의 사회적 행위를 이해하기 위해 감정의 중요성을 강조한 여성학자들의 공로는 그래서 더욱 주목할 만하다. 그러나 여성들의 관점은 남성 중심적인 사회와 학문세계의 주류이론들을 교정하면서도, 여성의 관점으로 남성의 관점을 대체하는 상대주의의 함정에 빠져서는 곤란하다.

35) 문정희(2001). 그 많던 여학생들은 어디로 갔는가. 「오라, 거짓 사랑아」 중에서. 민음사.

이러한 문제를 해결하기 위해 사회학자들이 제안하는 것은 여성이나 남성이 특정 개인으로서 혹은 그가 속한 집단의 관점과 지식에서 벗어나 사회학적 설명이라는 일반화로 옮겨가야 한다는 것이다. 이것은 사회학이론이 지식과 이론 형성에 미치는 특정한 사회적 위치의 영향을 분명히 하는 것을 의미한다. 개인의 사회적 위치는 성별, 인종, 연령, 빈곤상태, 식민지적 지위 등과 같은 다양한 사회적 조건과 역사적 유산의 상호교차성에 의해 만들어진 것이다. 정의로운 사회란 기본적인 물질적, 교육적 필요를 충족할 수 있을 뿐 아니라 다양한 위치의 개인들이 자신들의 정체성을 인정받고 권리를 주장할 수 있는 억압과 폭력의 공포가 없는 사회이다. 사회학과 교육에서 페미니스트 관점은 이러한 사회를 구현하기 위한 기획의 일부이다.

제9장

포스트모더니즘과 거대담론에 대한 교육비평

서구사회에서 1970년대는 정치, 문화적 격변 속에서 여성과 흑인 및 그 밖의 문화적 소수자들의 권리가 신장되고, 사회평등의 큰 진전이 이루어진 시대였다. 한편, 정보통신기술과 컴퓨터공학의 발전으로 시간과 공간에 대한 우리의 개념에 변화가 시작된 시대이기도 하다. 비디오 영상기술은 우리가 때와 장소에 구애받지 않고 원하는 것을 선택해서 보는 것을 가능하게 해주었다. 시간과 공간을 경험하는 새로운 방식들은 우리의 문화와 정치경제적 삶을 근본적으로 변화시켰는데, 이러한 변화는 '포스트모더니티의 조건'을 형성하기에 충분한 것이었다.[1] 학자에 따라 '포스트모던(postmodern)'이라는 개념을 사용하는 방식은 다르지만, 1970년대 이후의 변화, 즉 질서와 진보가 지배적인 이념이었던 이전 200여 년간에 비해, 경험과 현실이 '탈중심화'되고 있다는 인식을 공유한다는 점은 같다.

20세기 전반을 특징짓는 아인슈타인의 상대성이론, 민주주의의 확대, 산업화와 자동화, 모더니즘 문학과 큐비즘 미술 같은 과학, 정치, 문화, 예술을 포함한 사회 전반에 걸친 변화들은 모두 계몽주의 원리에 기반을 둔 것이다. 계몽주의는 인간의 이성과 이성의 산물인 지식에 기초해 근대사회를 창조했다. 이성에 기초한 지식, 정치, 경제, 사회조직이 사회의 점진적인 진보를 가져

1) Harvey, D.(1990). *The Conditions of Postmodernity*. Oxford: Blackwell.

올 것이라는 믿음이 근대성(modernity)의 핵심적인 생각이다. 그러나 포스트모더니스트들은 이러한 근대성의 개념을 반박하며, 유일한 진리나 진실이란 것은 없고 예술, 문학, 건축, 정치, 사회 모두 우리의 상상의 산물임을 강조한다. 이 장에서는 포스트모더니즘의 특징이 무엇인지, 그리고 이와 같이 탈중심적인 사고가 교육의 방향 설정에 주는 시사점이 무엇인지 살펴보기로 한다.

근대성에 대한 비평

포스트모더니즘은 1960년대에 일어난 문화운동이면서 정치, 경제, 사회의 모든 영역과 관련된 시대적 이념이다. 서구에서 근대는 18세기 계몽주의로부터 시작된 이성중심주의의 시대를 일컫는다. 종교나 외적인 힘보다 인간의 이성에 대한 믿음을 강조했던 계몽사상은 합리적인 사고를 중시했으나 지나치게 객관성을 강조한 탓에 20세기에 들어서면서 도전을 받기 시작하였다. 니체(Nietzsche), 하이데거(Heidegger)의 실존주의를 거친 후 데리다(Derrida), 푸코(Foucault), 라캉(Lacan), 리오타르(Lyotard) 같은 학자들이 포스트모더니즘을 이끌었다. 니체와 프로이트(Freud)의 영향을 받은 이들은 계몽주의 이후의 서구 합리주의를 되돌아보며 하나의 논리를 주장하기 위해 어떻게 반대논리가 억압받아왔는지를 밝히고자 했다.

포스트모더니즘은 하버마스(Habermas), 아도르노(Adorno), 마르쿠제(Marcuse)와 같은 프랑크푸르트학파의 이성과 과학에 대한 비판과는 전혀 다른 관점에서 이성을 비판한다. 프랑크푸르트학파는 사회적 통제와 조종을 위해 도구적 목적으로 과학과 이성을 사용하는 것에 대해 비판한다. 즉, 이성을 도구적 합리성을 비판하고 사회적 행위의 이면에 전제된 가치와 가정들을 검토하기 위한 합리적인 논증을 하는 데 사용해야 한다는 관점이다.[2)] 따라서 이성을 사회적 통제와 지배를 위한 수단이 아닌 해방적 목적을 위해 이용할 수 있다고 본 계몽주의적 관점과 결합된다.[3)]

독일의 비판이론가인 하버마스는 현재 포스트모더니즘과 관련한 논쟁을 촉발한 인물 중 하나이다. 1980년에 발표한 논문에서 그는 포스트모더니즘의 개념을 부정하고 그것을 단지 반모더니즘적 정서로 표현했다.[4)] 하버마스는 18세기 계몽주의 사상가들이 근대성을 그 내적 논리에 따라 세 가지 영역, 즉 객관적인 과학, 보편적인 도덕과 법률, 그리고 자율적인 예술로 구분했다고 주장하면서, 계몽주의 사상가들이 세계의 도덕적 진보와 정의, 그리고 인간의 행복을 이해하는 데 기여할 수 있는 일상생활의 합리적 조직화라는 '계몽주의 프로젝트'를 계획했다고 보았다. 비록 이 프로젝트가 성공을 거두지는 못했지만, 하버마스는 근대성 프로젝트의 이상과 대의는 여전히 유효하다고 보았다. 하버마스의 뒤를 이어 많은 논쟁적인 문헌들이 발간되었는데, 교육 분야는 이러한 논의에서 상대적으로 중요한 역할을 하지 못했다. 그것은 포스트모더니즘에 관한 논의가 유럽과 미국에서 집중적으로 이루어졌다는 점과 함께 교육학계에서 포스트모더니즘 논쟁에 관심을 가지고 참여하기 시작한 것이 얼마 되지 않았기 때문이다.[5)]

근대성에 대한 포스트모더니즘의 비판은 진실과 지식의 성격에 대한 푸코의 논의에서 잘 드러난다. 푸코는 서로 다른 사회적 맥락에서 규제와 정당화가 어떻게 진실이나 지식을 구성하고 창조하는지에 관해 설명하면서 과학과 과학적 합리성이 진리의 발견을 가져온다는 계몽주의적 사고에 대해 의문을 제기한다. 푸코는 지식이 권력에 저항해왔다는 계몽주의 이후의 발전논리가 갖는

2) 윤평중(1997). 푸코와 하버마스를 넘어서: 합리성과 사회비판. 교보문고. p. 140.
3) Habermas, J.(1971). *Knowledge and Human Interests*. Boston, MA: Beacon Press.
4) Habermas, J.(1981). Modernity versus postmodernity. *New German Critique* 22. pp. 3-14.
5) Giroux, H.(1988). Postmodernism and the discourse of educational criticism. *Journal of Education*, 170. pp. 5-30.

허상을 보여주고, 지식과 권력은 적이 아니라 동반자라고 말한다. 인간에 내재된 본능으로 권력은 위에서의 억압이 아니라 밑으로부터 생겨나는 것이어서 이성으로 제거되는 것이 아니라는 것이다.[6)]

이러한 인식은 푸코 이전에도 있었는데, 철학자이자 과학사학자인 토머스 쿤(Thomas Kuhn)은 1962년에 발표한 「과학혁명의 구조(The Structure of Scientific Revolution)」에서 과학의 진보가 계몽주의자들이 예상한 것처럼 선형적이며 누적적인 방식으로 이루어지는 것이 아니라, 과학자의 다양한 비합리적 가정에 의존해 왔다는 것을 보여주었다.[7)] 이것은 과학적 진실이 이미 존재하는 객관적 사실들을 발견하는 과정이라는 전통적 견해와는 달리, 무엇이 과학적 지식으로 간주되고, 어떤 지식이 추구할 만한 가치가 있는지 정하는 것은 과학을 하는 사회적, 역사적, 정치적 맥락에 의해 형성된다는 것을 의미한다. 이를 설명하기 위해 쿤은 천동설에서 지동설로 패러다임의 전환이 일어난 것이 이전까지 지배적이었던 신학이 아닌, 경험적 증거에 기초한 새로운 세계관의 등장과 관련이 있음을 주장한다.

푸코는 이러한 관점을 모든 지식에 적용하여 지식이 많은 결함과 불확실성을 지니고 있다고 주장한다. 푸코에게 지식은 총체적인 통일성과 일관성을 갖는 대신 유동적인 성격을 갖는 것이다. 또한 개념은 본래적으로 자명한 것이 아니며 역사를 지니고, 이 역사는 사회의 다른 모든 것들과 마찬가지로 다양한 정치적 이해에 따라 형성된다. 진리라고 정립된 지식은 지적으로 순수한 것이 아니다. 지식의 사회적, 정치적 오염에 대한 푸코의 주장은 우리가 진리라고 받아들이고 존중하도록 사회화되었던 모든 것들을 불안정하게 만든다. 그의 분석은 우리가 배움과 지식을 추구하는 이유를 균열시키고, 진실을 찾을 수

6) Sarup, M.(1993). *An Introductory Guide of Poststructuralism and Postmodernism*. Prentice Hall. 전영백 역(2005). 후기구조주의와 포스트모더니즘. 조형교육. p. 125.

7) Kuhn, T.(1970). *The Structure of Scientific Revolutions*. Chicago: Chicago University Press.

있고 그 진실을 추구하는 것은 가치가 있다는 신념을 꺾는다. 푸코에 따르면 진실은 정치와 권력에 사로잡혀있고 순수와는 거리가 멀다.[8]

앞서 살펴보았던 현상학자인 버거(Berger)와 루크만(Luckmann)도 우리가 진리라고 여겼던 것들을 불안정하게 만들었다. 그렇다면 이들도 하나의 진실, 지배적인 텍스트에 도전한다는 점에서 포스트모더니스트라고 보아야 할까? 그렇지는 않다. 이들은 모든 현실과 지식을 의심하는 포스트모더니스트와 달리, 공식적인 규범처럼 우리가 당연한 것으로 생각해 의심하지 않았던 지식을 비판한다.[9] 즉, 진리가 가능하다는 생각을 부정하지 않는다는 점에서 포스트모더니즘과 근본적인 차이가 있다. 이들은 우리가 사실로 받아들였던 다양한 내러티브가 이야기 전체를 전달해주지 않는다는 것을 주지시킨다. 그리고 공식적인 내러티브들을 보완하기도 하지만 반대되는 대안적인 이야기들이 있다는 것을 상기시켜준다. 사회적, 역사적 맥락들이 지식과 진리를 창조하고 자각하는 데 중요하기 때문에 지식의 사회적 구성에 주의를 기울여야 한다는 것이다.

계몽적 이성과 지식의 해체

푸코와 같은 포스트모더니스트들은 모든 지식이 권력에 의해 영향을 받고 왜곡된다고 주장한다. 그렇기 때문에 진실이 불가능하다는 것이다. 푸코는 어떻게 사람들이 지식의 생산을 통해 자신과 다른 사람들을 지배하는지에 관심을 가졌다. 지식은 사람들을 주체로 구성하고 그 주체들을 지배하는 권력을 생산한다. 그는 지식의 위계화에 비판적이었는데, 특히 가장 큰 권력을 지닌

8) Foucault, M.(1984). Truth and Power. pp. 51-75. In *The Foucault Reader*. P. Rabinow(ed.). New York: Panteon.

9) Dillon, M.(2010). *Introduction to Sociological Theory: Theorists, Concepts, and their Applicability to the Twenty-First Century*. Wiley-Blackwell. p. 431.

과학적 지식과 여기서 나온 기술이 어떻게 다양한 제도들을 통해 사람들에게 권력을 행사하는지에 관심을 두었다. 예를 들어 푸코는 정신이상자들의 치료에 과학적, 의학적 진보가 있었던 것이 아니라 정상인과 그의 대리인인 의사들이 정신병 환자를 억압하는 능력이 발전한 것이라고 주장한다. 르네상스시기에 광인들은 태평하게 유랑하며 살았다고 한다. 그러나 이후 광인들은 감금되어 격리되는데, 이는 광기가 빈곤, 실업, 게으름과 무능력처럼 국가의 책임 영역에 속하는 사회문제로 인식되기 시작한 것과 연관이 있다는 것이다. 정신병원은 광인들의 죄를 벌하기보다 그 죄 자체를 조장하여 스스로를 통제하도록 하는 장소였다는 것이 푸코의 설명이다.[10] 따라서 푸코의 관점에서 볼 때 정신의학은 과학적 노력의 결실이라기보다는 자신들을 방어할 수 없는 광인들을 표적으로 하는 도덕적 억압과 통제 수단이다.

한편, 리오타르는 '마르크스주의를 추모하며(A Memorial of Marxism)'에서 마르크스주의의 이상주의적 가치와 이론적 관점을 옹호하라는 동료들의 권고를 무시한 채, 1960년대 급진적인 프랑스 마르크스주의와 결별하고, 자신의 경험과 더 부합하는 이론적 구조를 발전시키기 시작했다.[11] 마르크스주의의 전체주의적 성격을 인식한 리오타르는 포스트모더니스트들이 제기한 가장 핵심적인 이슈 중 하나인 거대담론에 반영된 근대성의 인식론적 기초에 도전한다. 그리고 모든 거대서사(metanarrative)를 의심할 것을 요구한다.[12]

과학적 지식은 완전한 지식이 아니며, 리오타르가 서사라고 부른 또 다른 종류의 지식과 항상 갈등관계에 있다. 전통사회에서는 신화와 전설 같은 서사

10) Sarup, M.(1993). *An Introductory Guide to Poststructuralism and Postmodernism*. Prentice Hall. 전영백 역(2005). 후기구조주의와 포스트모더니즘. 조형교육. pp. 105-107.

11) Lyotard, J.(1982). A Memorial of Marxism. In Lyotard's *Peregrinations: Law, Form, Event*. Translated by C. Lindsay. New York: Columbia University Press.

12) Lyotard, J.(1984). *The Postmodern Conditions: A Report on Knowledge*. Minneapolis: University of Minnesota Press.

가 사회제도에 정당성을 부여했다. 즉, 서사는 해당 문화에서 어떤 것이 말해지고 행해질지를 결정한다. 그런데 기술의 변화가 지식에 엄청난 영향을 미치고 있는 현대사회에서 지식을 습득하고 활용하는 방식은 크게 달라지고 있고, 리오타르는 지식의 본성이 이와 같은 거대한 사회변화 속에서 변하지 않고 살아남는다는 것이 불가능하다고 보았다. 지금과 같은 컴퓨터공학의 시대에 지식의 문제는 통치의 문제이기도 하다. 국가는 많은 돈을 들여서 과학이 일종의 서사인 것처럼 보이도록 하는데, 이는 대중의 동의를 얻기 위한 것이다. 즉, 과학이 인간을 해방시킬 것이라거나 완전한 지식이 가능하다는 식의 신화는 과학적 지식을 정당화하기 위한 서사들이다.[13] 결국 리오타르는 과학적 지식 또한 마르크스나 파슨스의 이론 같은 단일한 거대담론이라고 비판하면서 지식에 대한 포스트모더니즘의 관점이 차이와 다양성에 대한 우리의 감각을 길러줄 수 있을 것이라고 보았다.

거대서사에 대한 회의와 함께 포스트모더니스트들은 언어의 이분법적 구조에 주목한다. 이분법적 구조(binary structure)란 사물이 항상 그 반대되는 개념을 통해 정의되는 것을 의미한다. 포스트모더니스트들은 다양한 색의 스펙트럼이 존재함에도 흰 것 아니면 검은 것이라는 식의 임의적인 이분법적 언어구조에 반대한다. 그리고 언어의 기반이 되는 규칙과 단어에 특정한 의미를 부여하는 사회문화적 참조체계, 상징과 이미지들이 문화적 의미를 갖도록 짝지어주는 기호학을 해체하고자 한다. 기호학(semiology)은 기호를 만들고 추론하는 체계 안에서 어떤 기호와 대상이 짝을 이루는지 분석하는 학문이다. 우리는 사진, 광고, 영화, 드라마 등의 콘텐츠에서 기호화된 의미를 해독하는 것을 배운다. 그리고 기호분석을 통해 특별한 의미를 만들고, 그 의미가 사회문화적 현실에서 자연스럽게 보이도록 상징과 기호들이 결합되는 패턴을 식별한다. 예를 들어, 콜라 없이 햄버거를 먹는 것을 생각하기 어렵고, 올림픽 출전 선수

13) Sarup, M.(1993). 전게서. pp. 220-223.

들의 국적과 국기를 함께 떠올린다. 이것은 인지적, 문화적으로 각인된 기호체계이다. 이런 결합은 문화적으로 정의된 것으로 기호와 그 기호가 상징하는 것 간에는 선험적인 관련성이 있다고 생각하기 쉽지만, 그렇지 않다.[14)]

데리다는 이와 같은 기호체계에 의해 부여된 질서를 해체할 것을 주장한다. 데리다의 관점에서 보면 기표와 기의는 직접적인 관계가 없고, 언어는 매우 불안정한 것이다. 우리는 말하거나 쓰는 것을 통해 우리 자신이 충분히 드러날 수 있다고 생각하지만, 기호의 사용은 언제나 분산되고 분리되며, 결코 그 자체와 일치하지 않는 의미가 수반된다. 언어는 우리가 사용하는 편리한 도구라기보다는 우리를 구성하는 것이기 때문에 우리가 안정되고 통일된 실재라고 생각하는 것 자체가 허구이다.[15)] 이런 관점에서 데리다는 텍스트의 해체를 통해 저자의 개념들이 전체 텍스트 안에서 일관성이 없고 역설적으로 사용되고 있다는 것을 드러내고자 한다. 또한 데리다는 후기구조주의 관점에서 형이상학의 모든 개념적 이항대립에 문제를 제기한다. 이항대립은 대상을 지각하는 방식으로 일종의 이데올로기와 같아서 진실과 허위, 의미와 무의미, 중심과 주변 같은 대립개념들 사이에 뚜렷한 구별을 짓는다. 우리는 이러한 대립개념들을 통해 생각하도록 길들여져 있기 때문에 이것을 무너뜨려야 한다. 데리다는 인간이 이와 같이 위계적인 대립항들을 만들어내는 것은 중심적 존재를 설정하고 싶은 욕망 때문이라고 보고, 글보다 말을, 감성보다 이성을, 여성보다 남성을 더 우월하게 생각하는 사회조직과 지식에 내장된 언어코드와 의미들을 해체해야 한다고 주장한다.[16)]

의미를 형성하는 기본 원칙들은 보통 그것이 배제한 것에 의해 정의된다. 예를 들어 남성이 지배하는 사회에서 남성은 원칙을 세우는 사람들이고, 여성

14) Dillon, M.(2010). 전게서. p. 433.
15) Eagleton, T.(1983). *Literary Theory: An Introduction*. Oxford: Basil Blackwell. p. 130.
16) Sarup, M.(1993). 전게서. pp. 66-69.

은 여기서 배제된다. 해체는 이러한 대립을 약화시키기 위한 작업이다. 여성은 남성의 타자로서 남성이 아닌 결함이 있는 존재라는 대립개념을 해체해야 한다는 데리다의 주장은 페미니스트들의 주장과 유사하다. 시몬 드 보부아르(Simone de Beauvoir)는 「제2의 성(Le Deuxieme Sexe)」에서 남성에 대해 부차적인 지위를 갖는 여성의 타자성에 대해 설명한 바 있다.[17] 그러나 페미니스트들은 젠더 불평등을 영속화하는 구조를 해체하자고 주장하는 것이지, 젠더를 포함한 모든 사회적 관계를 규정하는 언어체계를 해체하자는 것은 아니다. 페미니스트들의 관심은 정치적인 이슈에 있다. 반면 해체주의자들은 남성과 여성, 선과 악, 생명과 죽음, 구조와 해체 같은 모든 이분법을 문제시한다.[18]

데리다와 같은 해체주의자들은 대안적인 의미의 재구성 없이 언어를 분해하고 해체한다는 비난을 받는다. 이러한 비판에 반박하여 데리다는 플라톤이나 아리스토텔레스 같은 고전들은 해체할 필요가 없고, 대신 지식의 정전들이 어떻게 확립되었는지 분석하고 우리가 지식으로 인정한 것들의 불확실성에 대해 끊임없이 다시 생각하라고 주장한다. 이에 대한 구체적인 예시로 데리다는 국제연합(United Nations)의 해체를 주장한다. 유엔의 이념은 플라톤이 처음으로 상세하게 다루고, 미국을 비롯한 민주주의국가들에 영향을 준 정치철학에 기초한 것이지만, 오늘날의 정치, 경제, 문화적 딜레마는 유엔의 설립 당시와 매우 달라졌다. 데리다는 유엔과 같은 국제기구들이 강대국을 포함한 모든 나라에 동일하게 제재를 가할 수 있는 힘을 가져야 하고, 이러한 힘이 다시 새로운 이분법적 구조, 즉 강대국과 약소국의 구분을 만들지 않아야 한다는 것을 강조한다. 그러나 서구사회가 동남아시아나 아프리카 국가들보다 우월하다는 이분법적 사고에 대한 두려움은 정작 유엔이 인권과 민주주의를 위해 개입해야 할 상황에서도 이를 주저하게 만들어, 결과적으로 2008년 미얀마

17) Beauvoir, S.(1949). *Le Deuxieme Sexe*. 조홍식 역 (1994). 제2의 성. 을유문화사.
18) Dillon, M.(2010). 전게서. p. 435.

사태 때 보여준 무능력과 같이 유엔의 필요성에 의문을 제기하는 일들이 벌어지고 있다.[19)]

기존의 제도, 구조, 텍스트의 한계를 드러내서 그 구조적 결함과 모순들을 보여주는 것이 해체주의자들의 강점이다. 그러나 이분법적 사고에 익숙한 우리가 유엔의 문제에 대한 데리다의 해법이 구체적으로 어떤 것인지 상상하는 것은 쉽지 않다. 데리다는 자신의 해체전략을 '탈구성(deconstruction)'이라고 했는데, 이는 해체가 '구성(construction)'의 작업과 병행하는 '파괴(destruction)'의 작업이며, 체계를 세우면서 그 체계 밖으로 벗어나려는 작업임을 뜻한다. 이분법적 사고에 대한 총체적인 거부의 결과는 해체뿐이다. 그러나 이것이 해체주의자들의 핵심적인 한계이다. 즉, 해체주의자들은 이분법적이지 않은 사고체계가 어떤 것인지 명확하게 제시하지 못하였다.

포스트모던 문화

문화예술 분야에서 포스트모더니즘은 20세기 전반에 나타난 모더니즘(modernism)에 대한 반발로 등장했다. 그리고 모더니즘은 19세기의 사실주의에 대한 반발에서 나타난 사조이다. 사실주의는 작가가 객관적으로 실재를 묘사할 수 있다는 생각을 바탕으로 하는데, 이런 생각은 20세기에 베르그송(Bergson)의 시간의 철학, 실존주의, 아인슈타인(Einstein)의 상대성이론과 같이 객관적인 진리에 대한 회의가 생겨나면서 도전을 받게 된다. 미술에서 인상주의는 대상이 보는 사람의 주관에 따라 다르다는 전제로부터 시작되었고, 이는 입체파 등 구상화에서 추상화로 넘어가는 전환점이 된다. 우리는 이야기의 시작, 중간, 결말과 같은 플롯이 있는 소설의 형식에 익숙한데, 포스트모던

19) Dillon, M.(2010). 전게서. pp. 436-437.

문학은 이러한 질서에 반대하고 소설의 구조와 일관성을 버린다. 그리고 복잡한 방식으로 장들의 배열과 문장, 문단의 제시 방식을 흐트러뜨려 무엇에 관한 이야기인지 파악하기 어렵게 만들어버린다. 포스트모던 작가들은 의미를 창조하는 것보다 있는 그대로의 단어와 언어에 주목하여 그 임의성을 드러내려고 한다.

한편, 포스트모던 문학에서는 작가와 독자의 역할도 극적으로 달라져서 작가의 중요성이 사라지고 텍스트와 독자의 중요성은 커졌다. 독자는 더 이상 수동적인 대상이 아니며, 독자와 텍스트의 상호작용 속에서 의미가 존재한다. 포스트모던 작가는 애매모호하고 수수께끼 같은 방식으로 열려있는 텍스트를 써서 다양한 해석을 끌어내려고 한다. 이야기를 질서정연하게 이해할 수 있는 방식으로 설명할 작가가 없기 때문에 독자들은 자유롭게 자신의 의도대로 텍스트를 해석할 수 있다. 이와 같은 작가의 부재는 작가의 책임 또한 면제시켜서 노닉석 권위의 공백을 만든다. 포스트모던 해석에서 작가는 자신의 말에 대해 책임지지 않으며 책임을 지는 것은 해석을 하는 독자들이다. 이것은 우리가 텍스트에 관해 읽고 해석하고 상상하는 것에 대해 작가에게 책임을 물을 수 없다는 의미이다. 이것을 확대해석하면 우리의 말과 행동이 다른 사람이나 집단에 미치는 영향을 알지 못한 채 우리가 하고 싶은 대로 할 수 있도록 허락해주는 것처럼 보인다.

이와 같이 포스트모더니즘은 과격하고 급진적인 가능성을 열어두는 것처럼 보이지만, 우리가 알고 있는 대부분은 그렇게 급진적이지 않고, 오히려 꽤 익숙한 것들이다. 포스트모던 문화는 다른 시대, 전통, 원천으로부터 나온 음악이나 비디오, 이미지 등을 변형시켜 서로 혼합하는 경향을 보인다. 다양한 미디어 영상을 보여주는 TV 브라운관으로 탑을 쌓은 백남준의 비디오아트에서 볼 수 있듯이, 이러한 포스트모던 리믹스는 모든 종류의 가능성을 열고 어떤 것이든 어떤 방법으로든 혼합하고 연결시킬 수 있는 큰 자유를 주었다. 그러나 그 결과 무엇이 진짜였는지, 무엇이 원본이고 무엇이 모조품인지 더 이상 알 수 없게 되었다. 이러한 리믹스는 진실의 탈중심화와 불안정성, 비일관성에 대한 포스트모더니스트들의 강조를 보여주는 전형적인 예이다.[20)]

신마르크스주의 문화이론가인 프레드릭 제임슨(Fredric Jameson)은 포스트모더니즘이 현실에 존재하는 자연적인 요소들을 이익을 창출할 수 있는 문화상품으로 만들고, 평범하고 사실적인 것들을 호화로운 것으로 재포장하는 것을 '실재의 심미화(aestheticization of reality)'라고 표현하였다. 제임슨에게 포스트모더니즘은 후기자본주의의 문화논리이다.[21)] 경제적 이윤과 평범한 일상의 문화를 구성하는 이미지와 사물의 방정식은 모든 것을 상품화한다. 이것은 이전까지는 상품이라고 생각하지 않았던 것들의 상품화가 일어난다는 의미이다. 미국의 라스베이거스는 이러한 상품화 과정을 선명하게 보여준다. 이 도시가 인기 있는 관광지인 것은 여기서 제공하는 무한한 가능성에 있다. 예를 들어 이탈리아의 베니스를 옮겨놓은 것 같은 호텔 베네시안(Venetian)에서 우리는 베니스를 경험할 수 있다. 이와 같이 세계 각지의 명소들을 호화롭게 재창조하여 사람들이 즐기고 소비하게 만든 초현실적인 도시가 라스베이거스이다.

포스트모더니즘의 관점에서 볼 때 무엇이든 우리가 선택한 것들은 원본을 능가하는 실재가 될 수 있다. 또 다른 예로 사막도시인 두바이는 실내에 스키점프대가 있는 화려한 세계적 메트로폴리스이다. 세계지도 모양의 인공 섬과 거대한 테마파크 등 환상적인 랜드마크를 가진 초현대적 도시국가이다. 전통적인 아라비아의 윈드타워를 혁신적인 디자인으로 계승한 호텔들은 역사와 문화의 포스트모던적 심미화를 상징한다. 이미 흥미로운 역사를 가진 원본을 더 흥미로운 테마파크로 개조하여 상품화한 것이다.[22)]

사람들은 자신의 따분한 일상생활이 항상 테마파크에서의 하루와 같기를

20) Dillon, M.(2010). 전게서. p. 439.

21) Jameson, F.(1991). *Postmodernism or the Cultural Logic of Last Capitalism*. Durham, NC: Duke University Press.

22) Dillon, M.(2010). 전게서. pp. 441-443.

바라고 있다. 라스베이거스나 두바이처럼 미화된 실재는 무절제한 소비를 부추기고, 의미 있는 삶의 본질을 추구하는 것을 막는다. 소비를 목적으로 하는 소비에 지나치게 가치를 부여하는 것은 이제 부유한 모든 국가들의 문제가 되었다. 그리고 소비과잉의 현실은 실제로 존재하는 빈곤의 문제를 잊어버리게 한다. 실재와 환상의 경계가 모호해지면서 소비자들은 실제 베니스보다 라스베이거스의 베니스에 더 끌리고, 이러한 경계의 부재는 포스트모더니즘이 강조하는 지식의 불안정성을 보여준다. 이러한 맥락에서 포스트모더니스트들은 사회학의 개념들이 환상이며 허구라고 주장하고 있다.

장 보드리야르(Jean Baudrillard)는 사회가 그것을 만들어 낸 매체나 정보에 의해 파괴되고, 역시 그것이 만들어 낸 대중에 의해 다시 흡수되는 실체가 없이 비어 있는 개념이라고 주장한다.[23] 정보는 점점 많아지고 의미는 점점 적어지고 있다. 보드리야르는 현대사회처럼 정보의 과부하로 신음하는 사회에서는 의미를 거부하는 것만이 저항의 유일한 방식이라고 제안한다.[24] 이런 관점에서 보면 사회는 단순히 추상적인 개념에 지나지 않고, 단지 사회라는 효과로 보이는 환상에 불과하다. 보드리야르는 사회학이 실재를 이해하기 위해 사용하는 사회, 계급, 젠더, 지위, 권력 같은 개념들이 근본적으로 무의미하다고 주장한다. 라스베이거스의 베니스처럼 모조된 세계에서 이런 개념들은 의미가 없기 때문이다. 모든 사회적 실재가 부재하므로 사회학은 그 목적을 잃었을 뿐 아니라 실재에 기반하고 있지 않은 사회학의 개념들이 오히려 사회 질서를 혼란스럽게 만들 것이라는 주장이다. 그러나 이러한 보드리야르의 관점은 도덕적, 정치적 허무주의로 귀결될 수밖에 없다.

개성, 자율성, 다양성, 대중성을 중시하는 포스트모더니즘 문화는 절대이념

23) Baudrillard, J.(1991). *America*. London: Verso. Dillon, M. (2010). 전게서. p. 442에서 재인용

24) Sarup, M.(1993). 전게서. p. 269.

을 거부하기 때문에 탈이념이라는 시대정신을 낳기도 했지만, 후기산업사회의 문화논리라는 비판을 받아왔다. 산업사회가 분업과 대량생산으로 수요에 의해 공급이 결정되던 시대였다면, 현재 정보화시대는 공급이 넘치고, 이를 소비하도록 부추기는 광고가 쏟아지는 사회이다. 과도한 소비를 조장하는 현대사회에서 포스트모더니즘의 실험적이고 긍정적인 측면들은 무력화되고 있다.

교육담론으로서의 포스트모더니즘

러스트(Rust)는 포스트모더니즘을 기존 서구의 문화적, 정치적 생활과 아주 단절된 것으로 보기보다 현대세계에 관해 경쟁하는 하나의 담론과 이론적 경향으로 볼 것을 주장한다. 그러나 1960년대를 기점으로 모더니즘과 근대성이 불안정해지기 시작하고 새로운 세계적 질서가 가시화되었다는 점 또한 강조한다. 새로운 시대가 시작되었다는 주장에 교육학자들이 주목해야 하는 이유는 현대교육체제를 설명하는 이론적 토대가 근대성과 근대화 시대를 바탕으로 하고 있기 때문이다. 특히 교육을 통한 사회의 근대화를 주장하는 근대화이론(modernization theory)은 구조기능주의, 인적자본론, 체제이론 등에 기초한 사회발전 모형으로 서구사회의 교육체제를 저개발 신생국가들에 전파하는데 큰 영향을 미쳤다. 그러나 근대화를 주장하는 이론가들은 1970년대 초반부터 비판에 직면하게 되는데, 이러한 비판은 서로 반대되는 두 가지 관점에서 시작되었다. 우선, 세계체제론(world system theory)은 근대화이론이 단일국가 연구에 기초한다는 점을 비판하고 어떤 국가라도 세계 자본주의체제의 맥락에서 이해되어야 한다는 점을 강조한다. 반면, 문화기술지 연구자들은 근대화이론이 국가 혹은 국제적 맥락만을 고려하여 개인과 지역문화에 기반한 연구를 소홀히 한다는 점을 문제시하였다.

이러한 도전의 결과로 근대화이론은 인기가 시들해졌지만, 교육사회학 분야에서 근대성에 대한 새로운 이론적 논의들은 별반 주목을 받지 못하였다. 포스트모더니즘에 관한 논의들은 근대화가 근대성의 일부 국소적인 측면에만 관련된다는 것을 보여주고 있다. 종속이론(dependency theory)이나 세계체제론은 이 이론들이 비판하는 근대화이론과 근대(modern age)에 대한 기본가정이 같고, 이 점에서 포스트모더니스트들은 근대화이론과 마찬가지로 이들 이론에 대해 문제를 제기한다. 이런 맥락에서 러스트(Rust)는 포스트모더니즘이 교육에 주는 중요한 시사점을 네 가지로 정리하고 있다. 첫째, 거대담론의 전체주의적 본성에 대한 비판, 둘째, 타자화의 문제들, 셋째, 기술을 통한 정보사회의 발전, 넷째, 매일의 사회적 삶에서 예술과 미학의 가치 등이 그것이다.[25] 러스트는 포스트모더니즘의 복잡한 개념들을 교육문제에 적용하여 교육적 시사점을 상당히 설득력 있게 논의하고 있다. 다음의 내용은 러스트가 제안한 네 가지 시사점을 그의 논문을 중심으로 정리한 것이다.

19세기의 주요 사회학자들의 근대성에 대한 패러다임은 사실상 근대성과 전통을 양극단에 배치하는 양분된 사회구조를 전제로 하고 있다. 예를 들어, 스펜서는 사회가 사회적 동질성으로부터 분화로, 베버는 전통주의에서 합리주의로, 뒤르케임은 기계적 연대에서 유기적 연대로, 퇴니스는 게마인샤프트에서 게젤샤프트로 변화한다고 설명한다. 마르크스 역시 사회가 선형적인 진화의 단계를 거친다고 보았다. 리오타르와 같은 포스트모더니스트들은 앞서 소개하였듯이 이와 같은 거대담론을 비판하며 사회의 진보와 고유한 운명에 대한 서구사회의 거대담론이 갖는 전체주의적 성격을 비판한다. 리오타르와 같이 푸코도 전체주의적 이론에 대항하는 것을 예속된 지식의 반란으로 묘사했다. 전체주의적인 이론은 폭력적인 보편주의를 뛰어넘는 지역적 비평과 탈중

25) Rust, Val D.(1991). Postmodernism and its comparative education implications. *Comparative Education Review*. 35(4). pp. 610-630.

심화에 취약하다.[26] 포스트모더니즘을 지지하는 사람들은 근대사회의 구속과 관습의 제약이 없는 탈중심화된 사회를 추구한다. 한마디로 포스트모더니스트들은 거대담론이 문명을 전체주의와 이성 중심적 사고체계에 고정시킨다고 비판한다.

러스트는 이러한 포스트모더니즘의 관점에서 교육학자들이 만들어내는 거대담론의 문제를 명확히 인식해야 한다는 것을 강조한다. 우리는 거대담론이 어떻게 우발적인 사건, 가치투쟁, 행위자를 부정하는 이론적인 폭력주의를 형성하는지 의문을 제기해야 한다. 현재 학생들은 사회학과 교육학의 고전은 물론 불과 이삼십 년 전의 저술들을 이해하는 데도 어려움을 겪는다. 이 문헌들이 그들의 정의감이나 균형감각을 위배하기 때문이다. 그러나 러스트는 모든 거대담론을 부정하는 것이 해결책은 아니라고 보았다. 이것은 일반적인 타당성이 없는 지엽적인 틀 안에 갇히게 하여 비교는 물론 문화적 통합이나 가치의 조화를 불가능하게 만들기 때문이다. 타당한 거대담론은 차이를 표현할 수 있고, 비판적인 사고를 독려하는 분석의 형식을 개인과 사회에 제공해야 한다. 이를 위해 이론의 보편적인 적용과 타당성에 관해 논쟁하기보다는 앎의 다양한 방법을 인정하는 것이 필요하다.

타자화의 문제에 대한 교육적 시사점

러스트가 제기한 타자화의 문제는 서구국가들이 세계의 중심이라는 근대의 환상에 관련되어있다. 서구중심주의는 그들의 우위가 계몽주의 프로젝트의 결과라는 인식에 기초한다. 그러나 역사적으로 확인된 바와 같이 이 프로젝트

26) Foucault, M.(1980). Two lectures. In *Power and Knowledge: Selected Interviews and Other Writings*, 1972-1977. C. Gordon (ed.). New York: Pantheon.

는 제국주의를 낳았다. 1960, 70년대 유럽과 북미의 인권운동은 이와 같은 계몽주의 프로젝트에 대한 반감에서 비롯된 것이다. 다양한 민족, 소수집단, 대안적 삶을 추구하는 집단들은 물론 단일한 이슈를 가진 성소수자, 페미니스트, 비핵화와 종교적 부흥을 주장하는 집단들이 이 운동을 주도했다. 교육도 예외가 아니어서 학부모연합과 학생권리를 주장하는 사람들이 학교운영과 정책결정에 참여를 주장한다. 글로벌한 관점에서 이러한 이슈들을 보면 전 세계의 억압받는 사람들이 모두 포함된다. 이러한 사회운동의 핵심적인 요구사항은 소수의 목소리를 인정하고 그들의 이익을 고려할 수 있도록 정치체제를 재건해야 한다는 것이다.

이러한 정치체제에서 다수결의 원칙은 다양성, 개방성, 포괄성을 약화시키는 진부한 것이다. 다수결의 원칙은 소수자의 관점을 대표하지 못하는 다수의 독재에 기반을 둔다. 이런 사실은 미국에서 유색인종과 여성이 의회에서 차지하는 좌석의 수를 보면 명확히 드러난다. 그럼에도 불구하고 미국은 대의민주주의가 가장 발전한 나라로 평가받고 있다. 포스트모더니즘의 지지자들은 의사결정기구가 다수의 법칙이 아닌 다양성의 법칙에 기초한 체제를 기반으로 바뀌어야 한다고 주장한다. 이러한 변화는 혼돈이나 독재정치를 초래할 위험이 따르는 것이 사실이지만 새로운 가능성도 열려있다. 러스트는 현대 정치체제의 정통성에 대한 신념이 쇠퇴하고 있지만, 보편주의에 대한 신념체계가 다양성의 신념체계로 변화되는 것일 뿐 신념체계 자체가 흔들리는 것은 아니라고 보았다. 즉, 합의를 이루는 것은 어렵지만, 차이가 중요하다는 것을 새롭게 인식하는 것일 뿐 신념의 부재를 의미하지 않는다고 주장한다.

정치체제의 변화는 전통적인 국가의 권위가 초강대국을 포함해서 쇠락하고 있는 것에서도 나타나고 있다. 포스트모더니스트들은 서구중심주의가 오랫동안 세계를 지배해왔지만, 이제는 그러한 능력을 내부적으로나 외부적으로 상실했다고 지적한다. 과거 소련은 물론 미국의 영향력도 약화되고 있는 것이 사실이다. 점차 세계질서는 다극화되고 있고, 이러한 틀 안에서 강대국들도 더 이상 그들의 권력을 일방적으로 다른 나라에 강요하는 것이 용이하지 않다. 즉, 초강대국들도 여러 타자들 중 하나의 타자일 뿐이다. 그러나 러스트는 이와 같은 변화가 양날의 검과 같다고 보았다. 즉, 한편으로는 삶의 다양한 형식에서 비주류의 참여를 통해 집단 간 연대를 발전시킬 가능성이 열려있지만, 다른 한편으로는 합리적인 정책결정의 종말을 볼 가능성 또한 증가할 수 있다는 것이다. 국제적이고 보편적인 관심이나 관점이 아닌, 특정 집단의 정체성에 근거한 의사결정이 이루어질 수 있기 때문이다.

교육학에는 타자의 문제와 관련된 수많은 이슈들이 있다. 우리의 학교체제는 근대적인 목적에 따라 구조화되었다. 즉, 사회화를 위한 기관으로서 학교는 이상을 단일화시키고 국가주의나 시민으로서의 자부심을 촉진시키는 역할을 해왔다. 러스트는 포스트모더니즘이 교육의 이러한 목적에 대해 의문을 제기하고 있고, 이러한 문제제기가 타당하다고 주장한다. 그러면서 하위문화에 대한 관심은 물론 세계적인 경향을 모두 다루는 학교가 미래에 어떤 형태가 될지 아직 미지수지만, 분명한 것은 학교가 타자의 목소리에 조응하는 것이라고 강조한다. 이를 위해 교육자, 교육과정개발자, 교과서 집필자들이 타자의 목소리를 보다 주의 깊게 들어야 한다는 것이다.

포스트모더니즘은 타자들을 위한 희망과 정당성을 제공하는 것은 물론 감옥, 정신병원, 군대, 학교와 같은 총체적 기관으로부터의 해방과 저항의 조건들을 제안하고 있다. 그러나 러스트는 타자들이 모든 논의에서 완전하고 평등한 파트너로 참여하여 그들의 의견을 주장할 수 있다고 생각하는 것은 비현실적임을 강조한다. 포스트모던 담론분석과 문화연구는 근본적으로 권력에 대한 연구이다. 누가 권력을 행사하고, 누구의 이익에 따라 권력이 행사되며, 어떠한 영향을 가져오는지 밝혀내고자 한다. 포스트모더니즘은 집단 간에 차별적 우열관계가 존재한다는 인식을 가지고, 어떻게 제도와 사회운동이 강자로부터 약자를 지켜내는지에 관심을 가질 수 있도록 한다. 이런 관점에서 러스트는 교육학자들이 주변부의 소수집단을 위해 의미 있는 기여를 하고 있는지 자문하고, 불평등을 극복하기 위한 프로그램과 도구를 제공하면서 교육공동체 안에서 변화의 옹호자가 되어야 한다고 주장한다.

기술변화에 따른 학교의 새로운 정의

포스트모더니즘이 교육에 주는 세 번째 시사점으로 러스트가 제시한 것은 포스트모더니즘이 등장하게 된 기술적 배경과 관련된 것이다. 1970년대 초반에 다니엘 벨(Daniel Bell)은 산업화시대가 끝났고 지식과 정보가 공산품의 생산을 대체하는 새로운 사회질서가 출현하고 있다고 선언했다. 근대사회를 노동가치설로 특징지을 수 있었다면, 후기산업사회는 지식과 정보가 무엇보다 중요한 가치의 원천이다. 이러한 변화의 의미는 엄청난 것이다. 이러한 변화는 부유한 사람과 가난한 사람, 북반구와 남반구에 대한 모더니스트들의 범주를 없애고, 세계를 속도를 기준으로 분할하였다.[27] 정보를 생산하고 분배하는 시간을 단축시키는 기술의 발전이 포스트모던 상황에서는 가장 중요한 선진화의 요소가 된 것이다.

그러나 러스트는 기술세계에서 최첨단을 달리는 사회가 모든 면에서 긍정적인 것은 아니라고 경고한다. 기술이 인간의 통제로부터 벗어나 스스로를 위해 봉사할 것이라는 인식은 이미 1960년대부터 생겨났다. 물론 아직까지 인간의 통제를 벗어나는 기술사회는 출현하지 않았지만, 대신 기술발전에 대한 두 가지 상이한 관점이 등장했다. 첫 번째 관점은 기술이 원흉은 아니라고 주장하는 비판이론가들로부터 나왔다. 이들에게 기술은 단지 자본주의를 위한 도구일 뿐이다. 이 관점에서 보면 기술이 이전 시대보다 훨씬 큰 역할을 하고 있는

27) Toffler, A.(1990). *Power Shift*. New York: Bantam.

것이 사실이지만, 기술자본주의는 여전히 전 세계의 수억 명의 사람들을 비참하게 하는 계급지배와 불평등을 강화하는 자본주의의 한 형식일 뿐이다.

반면, 다른 관점은 통신혁명을 보다 긍정적으로 바라보는 관점으로 기술이 우리 스스로의 한계를 넘어서 주도적이고 자율적 창조자가 될 수 있게 할 뿐 아니라, 보다 광범위하게 확장되어 우리에게 더 넓은 세계를 열어줄 것이라고 본다. 이 과정에서 정보의 확산을 차단하는 인위적인 경계가 무너지고, 어떤 특정 집단이나 기관에 의해 독점되거나 통제될 수 없게 될 것이라고 전망한다. 현재 교육현장에는 다양한 정보통신기술들이 학교를 정의해왔던 구조적 경계를 넘나들고 있고, 각종 장비와 소프트웨어들이 교육을 대체하는 수단이 되고 있다. 그러나 이러한 발전이 새로운 이슈와 딜레마를 제기한다는 사실 또한 간과해서는 안 된다.

러스트는 전자기기를 통한 의사소통이 확산되면서 우리가 가공의 세계에 직면해있다는 점을 상기시킨다. 이것은 실제 세계가 아닌, 실제와 이미지를 분리하는 것이 불가능한 시뮬레이션의 세계이다. 원래 이미지는 현실을 반영하는 것이지만, 현실을 감추거나 왜곡하고 나중에는 현실의 부재를 감춘다. 그리고 어떤 현실과도 관계없는 순수한 시뮬레이션만 남게 된다. 코로나 팬데믹으로 교육을 포함한 모든 대면활동이 컴퓨터 화상의 비대면 활동으로 대체되면서 이제 이런 경고가 현실화되고 있음을 실감하게 되었다. 근대 산업화시대에 맞춰진 공장과도 같은 학교는 정보화시대에는 더 이상 쓸모가 없는 것이 되어 가고 있다. 포스트모더니즘은 미래사회에 부합하는 학교에 대한 새로운 정의를 내려야 할 때라는 것을 상기시켜 준다. 우리는 신기술이 가져다줄 수 있는 자유와 함께 이러한 기술이 상업적 이해와 결합되어 나타날 수 있는 문제들에 대해 검토해야 한다. 교육이 어떻게 시장을 확장하고, 잠재적 구매자들의 마음을 사로잡고, 경제적 이익을 위해 교육기관에 침투하는 자본주의의 전체주의적 영향을 차단할 수 있을지 탐구해야 한다.

일상의 사회적 삶에서 예술과 미학

러스트는 포스트모더니즘이 교육에 주는 또 다른 시사점으로 예술과 미학에 대한 강조를 들고 있다. 사회과학자들이 근대성을 설명할 때 예술과 미학을 간과해왔다는 점을 지적하면서, 러스트는 포스트모던 논쟁이 사회적 영역과 문화적 영역을 연결시켰다고 설명한다. 프레드릭 제임슨(Fredric Jameson)의 표현을 빌리면, 지금까지 상당히 자율적이던 두 영역 간에 '비판적 거리'가 사라진 것이다.[28] 예술은 포스트모더니즘과 정치적으로 공명하는 부분이 있다. 포스트모더니즘의 반근대적인 성격은 특히 1960년대 근대에서 벗어나던 과도기 동안에 더욱 분명하게 드러났다. 이 시기는 예술에서 사이키델릭아트[29], 애시드록[30], 전위연극, 거리공연의 시대였고, 여러모로 반체제적인 문화 운동이 일어났던 때이다. 비록 시대적인 분위기가 바뀌었지만 당시의 지향성은 오늘날에도 여전히 남아있다. 새로운 예술품을 만들어낼 때조차 문화와 예술적 해체를 촉진하려는 의도를 드러내는 포스트모더니즘은 본질적으로 체제 전복적이며, 무정부주의적이다.

이와는 다른 관점에서 문화를 지배의 수단으로 보는 비판이론가들은 문화와 정치경제학의 연관성에 초점을 맞춘다. 이들은 고급문화와 하위문화가 모두 극단적인 표준화, 순응, 합리화라는 형식으로 전락하고, 예술작품이 공산품과 같이 글로벌 경제체제의 지배를 받고 있다고 비판한다. 급이 떨어지는 TV쇼, 할리우드 영화들, 공항대기실에서 팔리는 연예인들의 전기, 추리소설, 공상과학소설 등 값싼 문화상품화의 예는 우리 주변에 무수히 널려있다. 반면, 보다

28) Jameson, F.(1984). Modernism or the cultural logic of late capitalism. *New Left Review*, 146.

29) 회화, 댄스, 영화, 텔레비전, 음악, 그래픽, 공학 등의 효과를 활용하여 감각기관을 동시에 자극하는 심리적 황홀, 환각 상태를 연출하는 예술

30) 강렬한 비트의 환각적인 록 음악

균형적인 시선으로 포스트모더니즘을 해석하는 사람들은 시간과 공간, 역사와 지리를 초월하여 과거와 현재를 결합시키고, 다양한 전통을 종합하며, 지역 간 거리를 압축하는 동시성을 보여주는 포스트모던 예술의 새로운 가능성을 높게 평가한다.

이와 같이 포스트모더니즘의 잠재력은 긍정적인 측면과 부정적인 측면을 모두 가지고 있다. 그러나 학계는 고급문화와 동일시되는 문화적 기준의 수호자와 규정자로서의 지위를 잃을지 모른다는 불안감을 마주하게 되었다. 포스트모더니스트들은 종종 근대적 형태의 고급문화가 전통 혹은 대중문화보다 우수하거나 그렇지 못할 수 있다고 주장한다. 대중문화는 이미 정통성을 인정받았고 근대에는 생각할 수 없었던 방식으로 고급문화에 영향을 미치고 있다. 우리는 대량생산에서 다양한 취향의 문화로, 정부와 비즈니스의 중앙집권적인 통제로부터 주변의 의사결정으로, 동일한 제품의 대량생산에서 다품종 소량생산으로, 국가적 정체성에서 글로벌한 동시에 지역적인 정체성으로 이동하고 있다.

이러한 변화 가운데 예술을 거의 다루지 않았던 교육학자들이 마주한 질문은 교육담론과 탐구에서 예술이 담당해야 할 역할이 무엇인가 하는 점이다. 러스트는 예술과 미학을 우리 자신의 의제로 끌고 와야 한다고 주장한다. 이는 미학이 가치가 있을 뿐 아니라 우리의 사회와 교육의 역할에 대한 동시대의 담론을 이해하려면 문화와 예술을 포함하는 것이 반드시 필요하기 때문이다. 어느 정도까지 학교가 고급문화의 관리자가 되어야 하는지, 또 대중문화를 어디까지 제공해야 하는지를 평가해야 한다. 미국은 휘트먼 같은 인물들이 보여주는 민주적인 생활양식에 자부심을 갖는 반면, 유럽은 대중문화를 미국적 취향을 반영한 불온한 것으로 본다. 이러한 이슈는 선진국에 국한된 것은 아니다. 개발도상국에서는 대중문화와 고급문화 간의 대립보다는 전통문화와 근대화에 대한 요구 사이의 문제가 더 우선적이다. 근대화라는 종교는 전통사회에 강요되어 왔다.

전통문화를 말살하는 데 근대적인 학교가 중요한 역할을 한 것을 성공적인 근대화의 과정으로 평가하는 견해가 아직도 팽배하다. 그러나 포스트모던 학자들은 이를 다르게 본다. 그들은 근대학교가 전통적인 지역의 토착예술에 해로운 것이었다고 지적한다. 러스트는 이러한 예로 젊은 사람들이 학교에서 긴 시간을 보내게 되면서 인도네시아의 문화체계가 무너지기 시작했다는 것을 지적한다. 왜냐하면 어린이들이 더 이상 전통적인 사회적 경험이 제공하는 미적 삶과 예술을 통합하지 못하기 때문이다. 따라서 예술이 다른 전통생활의 차원들로부터 자율적이지 않은 곳에서 문화교육에 관한 정책의 영향에 관심을 기울여야 한다. 이와 동시에 러스트는 학교가 어느 정도까지 문화산업에 기여하고 있는지, 그리고 경제적 이익을 위한 사회통제의 도구로서 어떤 역할을 하는지 민감하게 생각할 것을 강조하고 있다.

요약 및 쟁점

포스트모더니즘은 1980년대 학계에서 가장 논쟁적인 이슈 중 하나였다. 많은 사람들이 포스트모더니즘을 지나가는 유행으로 생각하지만, 포스트모더니즘의 교육적 시사점은 여전히 중요하다. 포스트모더니스트들의 생각은 이미 1950년대부터 사회과학은 물론 문화예술 분야에서 찾아볼 수 있었다. 사회과학 분야에서 포스트모더니즘의 논의는 다소 이질적이고 다양한 명칭들, 즉 탈산업사회, 지식정보사회, 네트워크사회 등으로 지칭된 변화들과 같이 이루어졌다. 이러한 논의들은 1970년대에 잠잠해졌다가 1980년대 다시 등장해 1980년대 중반 이후부터는 학계에서뿐만 아니라 대중적인 토론의 주제가 되었고 한국의 학계에서도 주목을 받기 시작했다.

포스트모더니즘은 근대과학과 사회적 지식에 의문을 제기한 프랑스 후기구조주의에 합류한 미국의 프래그머티즘(pragmatism) 학자들의 등장과도 관련이 깊다.[31] 프래그머티즘은 형이상학적, 사변적 철학에 반대하여 미국에서 형성된 철학사조로 인간의 지식이 가지고 있는 실천적 유용성을 중시하는 철학적 태도라고 할 수 있다. 포스트모더니스트들의 비판이 중요한 것은, 그들이 제기한 근대성의 기본 교리에 대한 의문이 학교의 의미와 같이 우리가 의존해온 현대사회의 사회문화적 기초에 도전하는 것이기 때문이다. 포스트모더니즘을 큰 소리로 지지하는 사람들은 근대의 시대가 끝났고 새로운 시대에 진입했다고 주장한다. 그러나 다른 학자들은 포스트모더니즘의 사고체계가 전적으로 맥락에 의존한 편협한 지역주의라고 비판한다. 따라서 다른 사고체계와 양립이 어렵고 비교가 불가능하다는 것이다.

그러나 러스트가 주장한 것과 같이 포스트모더니즘의 이점은 그 위험성보다 크다. 개념적인 어려움에도 불구하고 포스트모더니즘은 전혀 새로운 방식으로 현존하는 체제보다 더 정확하게 현실을 들여다볼 수 있게 한다. 우리는 새로운 시대가 가져다줄 기회를 탐색해야 한다. 우리 분야를 이끄는 거대담론을 보다 명확하게 정의하고, 비판적으로 해체하는 일에 참여해야 한다. 우리가 발견한 것이 교육에서 수용할 수 있고 바람직하며 효율적인 것인지를 정의하는 것은 이 담론들이다. 동시에 우리는 보다 작은 담론들에 주의를 기울이고, 세계 먼 곳의 타자들에게 관심을 가져야 한다. 통신기술의 위험성과 함께 잠재적 가능성에 주목해야 한다. 또한 예술을 우리 삶의 영역에 포함시켜 고급문화와 대중문화의 균형을 잡는 법을 배워야 한다. 포스트모더니즘은 지식, 합리주의, 의사소통, 미학, 그리고 권력 등 교육학의 핵심적인 문제들에 초점을 맞추고 있다.

31) Rust, Val D.(1991). 전게서. p. 613.

제10장 세계화와 교육

21세기 교육에 영향을 미치는 환경은 급변하고 있다. 이런 변화를 가장 잘 함축하고 있는 단어가 세계화이다. 세계화는 국가 간의 경계가 약화되는 새로운 지정학적 개념으로 자유무역체제에 기초한 경제적 상호의존성이 정치, 경제, 문화 제반영역에 걸쳐 확산되는 현상을 지칭한다. 대외무역에 크게 의존하고 있는 우리나라는 이러한 환경변화의 영향에서 자유로울 수 없다. 교육분야에서 세계화가 정책적 논의와 연구의 주제로 등장하기 시작한 것은 1990년대 초 자유무역협상의 의제로 교육시장개방의 문제가 포함되면서부터인데, 당시 이러한 결정은 정서적으로 국민들의 큰 반발을 불러일으켰다. 그러나 불과 일이십 년 만에 교육시장개방에 대한 입장은 확연히 달라졌다. 인천의 송도와 제주 자유무역특구의 예에서 보듯이 국제학교와 외국대학의 분교설립이 적극적으로 추진되었고, 이에 대한 여론도 달라진 것이다.

세계화는 개별국가의 교육문제에서 국가와 시장, 공급자와 수요자, 정부와 민간의 역할 및 관계를 바꾸고 있다. 시장 중심의 경제논리에 기초한 신자유주의 교육개혁들은 기존 공교육의 이념에 근본적인 변화를 가져오고 있고, 이와 관련된 다양한 정책적 쟁점들을 제기하고 있다. 이러한 쟁점들을 풀어나가기 위해서는 세계화가 무엇인지, 그리고 세계화로 인해 나타나는 교육적 변화의 성격이 어떤 것인지 체계적으로 이해하기 위한 노력이 필요하다. 이 장에서는 경제, 정치, 문화의 다양한 영역에서 진행되고 있는 세계화 현상과 그 성격에 대한 이론적 논의들을 검토하고, 이러한 광범위한 사회변화가 가져올 교육적 영향에 관해 살펴보기로 한다.

근대화에서 세계화로

근대화의 개념은 대체로 17~19세기 서구와 북미사회를 특징짓는 근대적 사회구조로의 점진적 전환을 의미하는 것이다. 즉, 저개발사회가 경제성장과 사회문화적 변동을 거쳐서 서구사회와 유사한 모습으로 전환되는 것을 의미한다. 근대화를 주장하는 사회과학자들은 경제발전이 전통적인 사회구조와 가치에 미치는 영향, 그리고 역으로 전통적인 사회구조와 가치가 경제발전에 미치는 영향에 관해 연구하였다.[1] 이러한 관점은 두 차례의 세계대전을 치른 후 인류의 미래에 대한 낙관적인 전망을 바탕으로 1950년대에 근대화이론으로 정립되었고, 이미 근대화, 산업화된 서구사회가 거쳐 온 발전경로를 따라서 남미, 아시아, 아프리카의 신생국들이 사회, 정치, 경제체제를 전환하도록 독려하는 이념적 정당성을 제공했다.[2]

1) Parsons, T.(1964). Evolutionary universals in society. In J. T. Roberts & A. Hite (eds.). *From Modernization to Globalization*. MA: Blackwell Publishing. / Rostow, W.(1960). The stage of economic growth. In J. T. Roberts & A. Hite (eds.). *From Modernization to Globalization*. MA: Blackwell Publishing. / Inkeles, A.(1969). Making men modern: On the causes and consequences of individual change in six developing countries. In J. T. Roberts & A. Hite (eds.). *From Modernization to Globalization*. MA: Blackwell Publishing. / Huntington, S.(1971). The change to change: Modernization, development, and politics. In J. T. Roberts & A. Hite (eds.). *From Modernization to Globalization*. MA: Blackwell Publishing.

2) 이 장의 내용은 저자가 2015년에 이화여자대학교 교육과학연구소의 교육총서 시리즈 중 하나로 발간한 「세계화와 교육」을 바탕으로 재구성한 것이다.

근대화는 근대적인 생산과 분업구조에 대한 적응, 친족집단의 제약과 구속에서의 탈피, 촌락 집단의 개방과 도시화의 진행, 직업조직의 관료제화 등을 특징으로 한다. 이러한 근대화 과정을 설명하는 근대화이론은 일반적으로 다음과 같은 전제에 기초하고 있다. 첫째, 사회의 일반적인 진화는 단계적인 발전의 과정이다. 둘째, 각 단계는 분업화와 같은 사회분화의 정도와 통합방법의 특징적인 결합이다. 각 단계에서 사회의 구조적, 문화적 요소들은 상호양립 가능하다. 셋째, 서유럽과 북아메리카의 근대사회는 역사적인 사회진화의 과정에서 앞선 형태라고 할 수 있다. 넷째, 개발도상국은 전근대적인 진화단계에 있는 사회이다. 다섯째, 개발도상국이 현대사회의 경제제도들(화폐, 시장, 산업주의 등)을 채택하기를 원한다면, 근대사회의 특징적인 사회, 정치, 문화형태를 수용하여야 한다.[3)]

이러한 가정들을 바탕으로 근대성의 개념을 검도한 학자 중 한 사람인 매클렐런드(McClelland)는 한 사회의 경제성장과 기술적 진보가 개인의 인성특성 중 하나인 성취동기에 달려있고, 성취동기는 사회화시킬 수 있는 것으로 보았다.[4)] 한편, 사회학자인 인켈스(Inkeles)와 스미스(Smith)는 근대화를 근대적인 제도, 근대적인 가치, 근대적인 행동, 근대사회, 경제성장이라는 다섯 가지 변인 간의 인과관계로 설명하였다.[5)] 이러한 변인들 간의 인과관계나 전통과 근대적 가치가 양립할 수 없다는 이론적 가정, 그리고 개인의 가치와 태도가 변화되면 사회가 변화될 수 있다는 주장, 나아가 서구사회의 자민족중심주의(ethnocentrism)의 문제 등 근대화이론은 여러 측면에서 비판을 받게 되지만, 많은 비판에도 불구하고 이론적인 논의의 수준에서 벗어나, 개발도상국들의 경제개발정책을 이끄는 실질적인 역할을 하였다. 우리나라의 경우에도 1960,

3) 고영복(2000). 사회학사전. 사회문화연구소.

4) McClelland, D.(1961). *The Achieving Society*. New York: The Free Press.

5) Inkeles, A. and D. Smith(1974). *Becoming Modern*. London: Heinemann Education Books.

70년대에 추진된 경제발전5개년계획이나 새마을운동은 전통사회의 제도, 관습, 의식, 규범 등을 개혁의 대상으로 삼았다.

근대화이론에 대한 평가에서 특히 중요하게 언급되어야 할 부분은 근대적인 가치와 태도를 육성하기 위한 근대적인 제도, 즉 학교교육의 중요성을 강조한 부분이다. 학교는 전통사회를 근대적인 사회로 전환시키는 가장 중요한 역할을 하는 사회제도로서 사회경제적 발전에 필요한 가치, 태도, 행동적 특성을 형성한다. 이러한 특성들은 정해진 일정을 지키고, 규칙을 준수하며, 객관적인 근거에 기초해 판단을 내리고, 전통보다는 업적에 의해 정당화되는 권위를 따르며, 복잡한 분업체제를 수용하여 다른 사람과 조율하여 작업할 수 있는 능력을 의미한다. 근대화를 이루기 위해 사회구성원들이 이러한 특성을 갖추는 것이 필수적이라는 인식, 그리고 이러한 특성을 갖추었다는 징표로서 졸업장과 학위에 대한 노동시장의 요구는 학교교육을 대중적으로 확대시키는 계기가 된다. 결국 국가가 운영하는 대중교육은 국가의 정치제도, 경제수준, 문화적 유산에 관계없이 세계적으로 확대되었고, 모든 아이들이 교육을 받아야 한다는 이념을 확산시켰다.

현대사회에서 학교는 거의 모든 국가에서 기본적인 사회제도의 하나이다. 이것은 지구상의 대부분의 인구가 삶의 일정 기간을 학교에 머문다는 것을 의미한다. 19세기 초까지만 해도 대부분의 인구는 교육을 받지 않았다. 그 이전의 수 세기 동안 공식적인 교육을 받는 것은 그럴만한 시간과 돈과 자격, 즉 신분적 지위를 지닌 소수의 사람들에게만 가능한 것이었다. 이런 의미에서 교육은 소수의 특권이었다. 대부분의 사람들에게 교육이 별로 필요하지 않았던 것도 사실이다. 중요한 사회적 지식과 규범은 구술을 통해 전수되었고, 성인이 되어 살아가는 데 필요한 실용적인 지식과 기술은 일상생활을 통해 기성세대를 모방하는 가운데 습득할 수 있었다. 대부분의 아동들은 10대에 생산노동에 참여하고 평생 지역사회를 벗어나는 일 없이 일생을 보냈다. 그러나 산업경제와 시민사회의 발달을 통한 근대로의 이행은 전문적이고 보편적인 교육에 대한 수요를 크게 확대시켰다.[6)]

경제력과 정치적 권력, 그리고 사회적 지위를 독점하던 소수의 사람들에 의해 공식 교육이 독점되던 시절과 달리 누구나 전문적인 교육을 받을 기회가 허용되는 사회가 되면서, 교육이 개인의 삶에 미치는 영향은 상상할 수 없을 정도로 커졌다. 교육이 특권층의 전유물이 아니라 특권층을 형성하는 하나의 수단이 되었기 때문이다. 우리 사회의 학력경쟁은 이러한 변화의 단면이다. 그러나 여전히 학력경쟁이 소모적인 양상으로 계속되는 가운데 산업구조와 노동환경은 급변하고 있고, 산업화와 근대화에 맞춰진 우리 교육제도의 모순들이 드러나고 있다.

21세기의 경제와 사회의 변화는 세계화라는 말로 압축할 수 있다. 어떻게 하면 전통적인 사고에서 벗어나 근대화를 이룰 것인가를 고민하던 20세기에서 벗어나 전 세계를 하나로 연결하는 변화가 진행되고 있다. 물론 세계화가 특정 시점을 기준으로 새롭게 나타난 현상은 아니다. 그러나 인구의 대부분이 세계화로 인한 변화의 영향권에 놓였다는 점에서 21세기는 근대화에서 세계화로 이행한 시대라고 할 수 있다. 세계화의 특성은 그 산업적 기반의 변화를 지칭하는 다양한 용어들, 즉 탈산업화, 후기산업사회, 지식정보사회, 4차 산업혁명의 시대 등으로 설명되기도 한다. 앞 장에서 살펴본 포스트모더니즘의 등장과도 연관이 있는 컴퓨터공학과 정보통신기술의 발전은 시공간을 압축하여 국가 간의 물리적인 경계를 허물고 사람과 자본의 자유로운 이동을 가능하게 만들었다. 그리고 이러한 변화는 교육을 비롯한 정치, 경제, 사회문화의 모든 영역에서 이전 시대와는 확연히 다른 규범과 제도의 변화를 촉발하고 있다.

---

6) Giddens, A.(2001). *Sociology*. Cambridge: Polity.

세계화의 정의

세계화는 1990년대 이후 국제정치경제 질서에 대한 담론에서 가장 빈번하게 등장하는 개념이다.[7] 그러나 세계화에 대한 논의가 시작된 것은 1960년대로 거슬러 올라간다. 사회학자들이 '지구촌사회'라는 용어를 사용하면서 통신기술의 발달이 대중매체의 영향력을 증대시켜 세계를 문화적으로 더욱 가깝게 하고 있음을 분석한 바 있고, 동시에 경제적 측면에서 다국적기업의 성장과 국제무역 및 노동 분업의 확장은 세계체제이론의 등장을 가져오게 하였다.[8] 그러나 세계화가 본격적으로 논의되기 시작한 것은 1990년대 이후라 할 수 있다. 이때부터 세계경제를 규제하는 World Bank, IMF, WTO와 같은 국제기구의 영향력이 가시화되고, 개별 국가의 자율성과 통치권이 제약을 받기 시작하였다.

이러한 배경에서 세계경제의 상호의존성은 계속 증대되어 왔고, 지속적인 다자간 자유무역협상으로 경제의 지역화와 세계화가 진행되면서 새로운 경제 질서가 형성되어 가고 있다. 새로운 경제 질서는 금융거래의 세계화를 통해 이루어지고 있고, 생산과 분배, 소비의 세계화를 특징으로 한다. 거대한 전자금융거래시장이 24시간 가동되고, 모든 무역거래가 직간접적으로 국제무역의 형태를 띠게 되었다. 거대기업들이 전 세계의 농업과 제조업 부분의 생산을 담당하고, 세계 단위에서의 마케팅과 분배를 책임지고 있다. 이들 거대기업들은 다국적기업이라기보다는 무국적 혹은 초국적기업의 특성을 지니고 있으며, 국제경쟁력을 강화함으로써 이윤을 극대화하는 데 집중하고 있다. 이러한 세계경제의 또 다른 특징의 하나는 제조업기반에서 지식정보기반으로 이동하고

7) Sklair, L.(1995). *Sociology of the Global System*. Baltimore: Johns Hopkins University Press.

8) Abercrombie, N., S. Hill & B. Turner(2000). *Dictionary of Sociology*. New York: Penguin Books.

있다는 것이다.[9] 지식기반경제체제에서는 공장 혹은 농장에서 하던 방식과 같이 정보를 저장하고 통제할 수 없다. 따라서 통제영역이 산업사회와 다르다. 기술의 발전, 특히 정보통신기술의 발전을 통해 지식기반사회는 급속도로 국경을 초월해 확대되고 있다.

이와 같이 세계화는 새로운 지정학적 개념으로, 시장에 대한 접근, 지식생산과 유통능력, 새로운 기술과 인적 자원의 개발능력이 영토에 대한 통제보다 중요한 시대가 되었다는 것을 의미한다.[10] 이러한 변화는 21세기가 자유무역체제에 기초한 경제적 상호의존성, 지식의 중요성, 정치적 민주화 등과 같은 새롭고 강력한 힘에 의해 형성되어 가고 있다는 신념을 바탕으로 세계화에 대한 낙관적인 기대를 확산시키고 있다. 물론 자유무역의 확산과 같은 세계화에 수반하는 일련의 변화들에 대한 상반된 견해들이 존재한다. 이는 세계화 과정이 국가 간의 힘의 불균형 때문에 통합보다는 분열, 보편주의보다는 개별주의, 문화적 동질화보다는 차별화를 초래할 것이라는 전망에 기초하고 있다.[11] 그럼에도 불구하고 세계화가 보편적인 현상으로 확산되고 있는 것이 현실이며, 이에 따라 각국은 이러한 변화에 대응할 수 있는 역량을 육성하는 일에 관심을 기울이고 있다. 이러한 새로운 발전은 지난 200여 년간 민족국가를 단위로 형성된 경제체제의 변화뿐 아니라 국가의 정치, 문화적 정체성에 있어서도 커다란 변화를 초래할 것으로 예상된다.

한마디로 세계화란 일련의 경제, 정치, 문화적 요인들이 복잡하게 얽혀 있는 현상을 일컫는 개념이다. 정치, 경제적 측면에서 세계화는 경제적 장벽이

9) Toffler, A.(1990). *Powershift*, New York: Bantam.

10) Sadlak, J.(1998). Globalization and concurrent challenges for higher education. In Scott, P.(ed.). *The Globalization of Higher Education*. UK: The Society for Research into Higher Education and Open University Press.

11) Held, D. & A. McGrew(1993). Globalization and the liberal democratic state. *Government and Opposition,* 28(2). pp. 261-288.

줄어들고 동시에 국제교류와 초국가적 상호작용이 증대되는 것을 의미한다. 세계무역의 확산으로 국가와 개인들은 정치, 경제적 상호의존성을 더 많이 경험하고 있다. 새로운 기술공학은 세계화의 등장에 필수적인 것으로 간주되며, 경계를 넘나드는 경제적 교류는 궁극적으로 돈과 사람, 이미지, 가치, 사상 등이 신속하게 국가의 경계를 넘나드는 세계적인 연결망이 형성되도록 이끈다. 경제적 힘이 국경을 넘나들고 문화가 새롭게 형성되어 의사소통을 증진시키면서 이러한 상호교류의 중재자로서 국가의 역할도 변화하게 될 것이다.

경제와 불평등의 세계화

경제적 측면에서 세계화는 상품, 노동, 자본시장의 세계적인 확장과 통합을 통해 매우 가시적으로 나타났다. 기술의 발전과 함께 상품교역은 물론 정보의 교환이 더욱 신속하고 저렴하게, 즉각적으로 이루어지고 있다. 세계시장은 상품, 서비스, 자본, 아이디어 등 모든 영역에서 발전되고 있고, 이 과정에서 초국적기업들(transnational corporations)이 핵심적인 역할을 담당하고 있다. 초국적기업들은 국경의 제약 없이 활동할 수 있는 기반이 형성되어, 다양한 국가에 기반을 두고 전 세계에 걸친 투자자들을 확보하고 있으며, 국제적인 노동력을 활용하면서 세계 여러 나라를 상대로 그들의 상품과 서비스를 판매한다. 가장 많은 이익을 창출하고 있는 기업들은 수많은 국제적인 자회사, 계열사, 가맹점들을 보유하고 있어, 한 국가에 본부를 두고 있을 수는 있지만 특정 국가에 소속될 필요는 없다.

초국적기업의 상품에 여러 국가의 투입이 복합적으로 이루어지고 있는 사례로 라이히(Reich)는 스웨덴에서 설계되고, 캐나다에서 자금이 공급되며, 클리블랜드와 덴마크에서 조립되어 북아메리카와 유럽에서 판매되는 아이스하키를 들고 있다. 이 장비에 쓰인 금속은 미국의 델라웨어에서 연구되고 특허를 받은 것이며, 일본에서 제작된다. 따라서 하나의 제품이 어느 곳에서 만들어졌고 어떤 나라가 이윤을 가져가는지를 결정하기가 점점 어려워지고 있다. 라이히는 이러한 변화가 21세기의 정치와 경제를 재배열할 것이라고 결론짓는다. 더 이상 국가기업, 국가산업이 존재하지 않을 것이라는 주장이다. 모든 부는 국제적으로 이동이 가능하기 때문에 국가의 경쟁력은 고부가가치의 지식과 기술을 세계시장에 판매할 수 있는 능력에 달려있다. 이러한 관점에서 봤을 때 통합되어 가는 세계경제체제에서 국가의 역할은 이러한 서비스를 세계시장에 판매할 수 있고, 그 대가로 경제적 이득을 취할 수 있는 시민들을 최대한 양성하는 것이다.[12)]

세계체제론을 주장한 임마뉴엘 월러스타인(Immanuel Wallerstein)은 세계화가 자본주의의 역사만큼이나 오랜 기간에 걸쳐 발전해왔다고 주장한다. 월러스타인에 따르면 세계 자본주의체제는 16세기 유럽에서 형성되었다. 세계체제에 대한 월러스타인의 관심은 세계화에 대한 이후의 논의보다 앞선 것이고, 자본주의가 농업자본주의로 태동하여 유럽국가 중심의 중상주의로 공고화되었다가 산업자본주의 단계에 이르러 세계적인 경제체제로 확대된 과정을 역사적으로 설명하고 있다.[13)] 신마르크스주의자인 그가 주목한 것은 노동의 기능적, 지리적 분업화의 결과로, 세계체제 내의 개별국가들이 중심부, 반주변부, 주변부로 나뉘어 노동의 분업화가 세계화되면서, 생산과 자본 축적의 불평등이 세계체제 내에서 구조적으로 확대, 재생산되고 있다는 점이다.

월러스타인에 따르면, 높은 수준의 기술과 자본이 축적된 중심부와 중심부에서 생산한 값비싼 공산품의 소비시장이자 값싼 원자재의 공급지로서 주변부

12) Reich, R.(1992). *The Work of Nations: Preparing Ourselves for the 21st Century Capitalism.* New York: Vintage Books.

13) Wallerstein, I.(1979). *The Capitalist World Economy*. Cambridge: Cambridge University Press.

식민지 국가들 간의 부등가교환은 세계체제 내에서 국가 간의 불평등 관계가 형성된 역사적 조건이 되었다. 국가 간 불평등의 근원이 자본주의체제라는 점에서 월러스타인은 세계체제를 정치적으로 다른 국가를 지배하는 제국주의와 구분하고 있다. 즉, 세계체제 내의 부분들을 연결하는 고리는 경제로, 세계경제는 서로 다른 형태의 정치제도를 지닌 다양한 국가들을 포괄한다. 부등가교환이란 다른 노동량이 투입되는 상품이 같은 가격으로 교환됨에 따라 나타나는 불평등한 교환으로 기술과 자본에 의해 영향을 받는다. 고부가가치의 상품을 생산하는 중심부와 중심부에 원자재와 값싼 노동을 제공하는 주변부 간에는 사회경제적 격차가 커질 수밖에 없다. 우리가 매일 즐기는 스타벅스 커피를 생각해 보자. 아프리카, 남미, 동남아시아 등 주로 저개발국에서 생산되는 커피원두의 생산은 매우 고된 장시간의 노동을 필요로 하지만, 커피원두의 가격은 우리가 카페에서 즐기는 음료가격과 비교할 수 없을 만큼 싸다. 이렇게 노동의 분업화가 이루어지면 시간이 지날수록 중심부와 주변부 간의 격차는 확대될 수밖에 없다.

월러스타인은 세계체제가 마르크스가 주장한 내부적 긴장과 모순을 가지고 있는 자본주의체제로서, 이익의 극대화를 위한 과잉생산은 공급과 수요의 불일치를 가져와 주기적인 경기 침체와 변화를 반복할 것으로 보았다. 이 과정에서 지리적 경계가 팽창되면서 새로운 주변부나 반주변부가 나타날 수 있고, 중심국 역시 주변부나 반주변부가 될 수 있다고 보았다. 그리고 마르크스의 예언과 같이 체제의 붕괴도 올 것이라고 보았다. 예를 들면 생산비용의 증가, 시장 투기, 환경오염 등과 같은 문제들은 체제 내에서 해결할 수 없고, 이 체제를 벗어나야만 해결이 가능하기 때문이다.

경제의 세계화는 국가 간 불평등의 세계화를 의미한다. 체제적 모순으로 인한 자본주의 경제체제의 붕괴 가능성에 대해 최근 월러스타인은 물론 많은 사회학자들이 불평등의 심화를 지적하고 있다.[14] 기술 발전에 따라 이전 시대와는 비교할 수 없을 만큼 전 세계적으로 생활수준이 향상된 것이 사실이지만, 이러한 발전은 계급 불평등을 완화하기보다 오히려 심화시키고 있다. 이러한 불평등이 현재의 체제 안에서 해결 가능한 것인가에 관해 학자마다 견해가 다르지만, 자본주의 경제체제가 세계화의 본질적인 차원이라고 보는 학자들은 이에 대해 부정적이다.[15] 계급 불평등은 기업이 이윤을 추구하는 과정에서 노동자가 생산수단으로부터 분리된 채 자신의 노동력을 상품화하면서 발생하는데, 지역경제가 세계화되면서 이러한 계급 불평등이 세계적 차원으로 확대되어 왔다. 세계화로 인한 불평등의 양극화는 경제 영역뿐 아니라 교육, 보건, 인터넷 접근성 등 여러 영역에서 관찰되고 있다. 자본가, 기업경영인, 국제기구의 리더들, 국제 전문가들, 주류 언론 등으로 구성된 초국적 자본가계급은 이러한 불평등의 영속화를 받아들이고 이에 결탁한다. 이들은 초국적기업 활동으로 제공되는 물질적 기반을 바탕으로 정치, 문화적 관행을 지배하기 위한 투쟁에서 가장 영향력 있는 단일 세력으로, 계급 불평등이 교정되기 힘들다는 것을 보여준다.

결국 세계화는 노동, 상품, 자본시장이 통합되는 역사적, 지정학적 과정으로 지역 간, 국가 간의 불평등이 내재한다. 초국적기업의 영향력 확대와 함께 진행되는 경제적 세계화는 사회경제적 불평등으로 특징지어지는 새로운 형태의 계층화를 수반한다. 이러한 맥락에서 사센(Sassen)은 세계화가 직업 조건과 생활방식이 다른 새로운 형태의 계층화를 만들고 있음을 지적한 바 있다.[16] 예를 들면 사센은 런던, 뉴욕, 동경과 같은 도시의 글로벌 금융센터들을 돌아다니며 일하는 초국가적 전문가와 경영인들, 초국가적 정부 관료와 중간 전문가

14) Wallerstein, I., R. Collins, M. Mann, G. Derluguian & C. Calhoun(2013). *Does Capitalism Have a Future?* 성백용 역. 지본주의는 미래가 있는가. 창비.

15) Sklair, L.(2002). *Globalization: Capitalism and its Alternatives*. Oxford: Oxford University Press.

16) Sassen, S.(2007). *A Sociology of Globalization*. New York: Norton.

집단 같은 새로운 계층의 부상을 예견하였다. 이러한 변화는 계층의 정치적 중요성이 실질적으로 감소하고, 현대사회의 정치, 경제, 사회현상을 해석하는 변인으로서 설명력이 줄어들고 있다는 본 사회학자들의 주장을 다시 생각해보게 한다.[17)]

한편, 경제가 세계화되면서 초국적기업의 본사가 위치하고 금융, 기술, 자본 등 경제력이 집중된 세계도시(global city)들이 성장하고 있다. 뉴욕과 비교해 더블린이 그런 것처럼 역사적인 의미의 세계적 도시들이 모두 새로운 경제활동의 중심지가 되는 것은 아니다. 세계도시들은 경제활동을 유지하기 위해 전 세계에서 노동자들을 불러들이는 조직적이고 제도적인 공간으로 세계경제의 방향을 제시한다. 세계도시들이 발전하고, 이들 경제활동의 중심지로 광범위한 인구이동이 일어나면서 국가는 더 이상 개인들의 사회적 정체성을 형성하는 유일한 원천이 아니다.[18)] 사람들이 국경을 넘나들며 일하고 생활할 곳을 선택할 수 있기 때문에 그들의 충성심이 배타적으로 태어난 나라에 고정되지 않기 때문이다. 이런 문제는 유학생들의 경우에도 마찬가지다. 특히, 일찍 유학을 시작하여 유학기간이 길어지면 이들의 사회적 정체성, 연대의식, 애국심은 초국가적 성격을 띤다. 구조적으로 취약한 노동자들, 여성, 유색인종, 이민자들은 세계적인 도시에서 활동하며 새로운 문화를 형성하고 사회적 평등과 새로운 정치체제, 초국가적 정체성을 형성할 수 있다. 이러한 변화가 보다 수평적인 민주적 정치체제를 형성하는 데 기여할지 아니면 계층 간 불평등의 세계화로 이어질지, 그 가운데 국가의 정치적 역할은 무엇일지 쟁점이 되고 있다.

---

17) 김안나(2003). 사회계층 연구동향 분석. 한국교육, 30(3). pp. 5-30.
18) Dillon, M.(2010). *Introduction to Sociological Theory*. Wiley-Blackwell. p. 478.

정치의 세계화와 국가의 역할 변화

세계화의 다른 차원으로 정치적 영역에서의 세계화를 들 수 있다. 정치적 차원에서 세계화는 동유럽에서 일어난 혁명과 소련의 붕괴에 따른 공산주의의 몰락에 의해 촉진되었다. 공산주의의 몰락 이후 과거 소련의 국가들이 서구식의 정치, 경제체제로 옮겨감에 따라 과거 냉전시대의 체제 간 장벽이 무너지고 세계화가 촉진되었다. 그러나 공산주의의 몰락은 세계화를 촉진시킨 원인이기도 하지만 세계화의 결과라고도 볼 수 있다. 중앙에서 계획된 공산당의 경제적, 문화적 통제는 세계적인 미디어의 영향과 통합된 경제체제에서 유지될 수 없었다. 이런 경향은 국가의 통치권과 자치권이 새로운 세계질서 속에서 어떻게 침식되고 있는가와 관련된 논쟁으로 연결된다.

생산의 세계화가 국가경제의 미래에 대한 각국 정부의 통제력을 약화시킨 것처럼 정치적 영역에서의 세계화는 국방과 국제관계에서 국가의 자율적인 통치권을 약화시키고 있다. 핵무기가 군사행동의 범위를 감소시키고 있고, 많은 국가들이 다양한 지역적, 국제적 방어와 안보조약에 가입되어 있어서 정치적 차이를 전쟁을 통해 해결하려는 경향이 줄어들고, 외교관계가 점차 타협과 조정의 문제가 되고 있기 때문이다. 역사적으로 군사적 갈등이 국가의식과 정체성의 자극제가 되어 온 만큼, 이와 같은 새로운 평화는 민족적 일체감과 국가가 지닌 정당성의 원천을 소멸시킬 가능성을 내포한다.[19)]

이런 상황에서 각국 정부가 내부적으로 통제권과 권위를 상실하고 있다는 여러 징후들이 나타나고 있다. 높은 비용으로 복지에 대한 수요를 충족시키기 어려워지고 개인의 안전과 보호에 대한 대책이 민간회사 등을 통해 개인화되면서, 국가가 개인과 재산을 보호하는 가장 기본적인 기능조차도 유지할 수

19) Held, D. et al.(2004). *Global Transformations: Politics, Economics and Culture*. Cambridge: Polity.

없게 된 지역들이 생겨나고 있다.[20] 한편, 지역적(EU, EFTA, NAFTA, ASEAN)이고 세계적인(OECD, UN, IMF, World Bank, WTO) 초국가적 기구들이 많아지면서 국가의 통치권과 자치권이 침식되고 있다. 이와 함께 국제적인 비정부조직들의 수도 급속히 증가하고 있어서 국가의 자치권은 확실히 줄어들고 있고, 국제정치는 수많은 조약과 기구들, 그리고 권력의 혼재로 인해 더욱 복잡해지고 있다.

이러한 변화 속에서 세계화에 대한 분석의 초점이 새로운 국제질서 속에서 민족국가의 역할에 맞춰지는 것은 자연스런 일이다. 막스 베버는 현대사회에서 합리적인 법적 권한을 지닌 관료조직의 전형으로 국가의 중요성을 강조한 바 있다. 국가와 국가의 다양한 하위조직들은 경제를 포함한 사회를 규제하고 질서와 치안, 안보를 담당해 왔다. 그러나 세계화로 국가 간 경계가 약화되면서 학자들 사이에 국가의 역할에 대해 상이한 견해들이 제시되고 있다. 스클레어(Sklair)와 같은 마르크스주의 학자들은 국가의 중요성과 자치권에 회의적인 입장으로, 세계화 시대에 중요한 정치적 행위자는 국가가 아닌 초국적 자본가계급, 특히 가장 강력한 자본주의 국가의 자본가계급이라고 보았다. 국민국가를 무시할 수는 없지만, 국가에 초점을 맞출 경우 영토 개념이 약화되고 국가와 초국적기업 같은 비국가적 행위자 간의 역학관계가 변화하는 것을 제대로 파악할 수 없다는 것이다.[21]

주권국가의 역할이 제한될 것으로 보는 또 다른 학자로 바우만(Bauman)은 초국가적인 힘, 즉 세계무역, 세계통화, 나토와 같은 초국가적 군사동맹, 유럽연합 같은 정치경제적 연합이 점차 세계사회를 지배하고 있는 상황에서, 국가의 자치권은 줄어들고 정치, 경제, 군사적 행위자로서 자국민과 국가 이익을

20) Hobsbawm, E.(2007). *Globalization, Democracy and Terrorism*. London: Little Brown.
21) Sklair, L.(2002). *Globalization: Capitalism and its Alternatives*. Oxford: Oxford University Press.

대표하는 국가의 역할은 축소될 것이라 주장한다. 이러한 측면에서 그는 정부가 스스로의 이익을 위해 세계화의 노선을 취한다고 본 스클레어와 달리, 국가를 세계화의 희생물로 보았다.[22] 한편 사센은 지금과는 다른 형태의 국가, 근대 이후 성립된 민족국가가 아닌, 세계화된 경제, 세계화에 따른 다양한 과제들을 다룰 제도적 장치로서 새로운 형태의 국가가 출현할 것이라고 예견하였다. 이러한 형태의 국가는 세계자본의 권리를 보장하기 위한 장치가 될 것이다.[23]

그러나 기든스(Giddens)와 같은 학자들은 국가를 세계화 과정에서 핵심적인 플레이어로 본다. 국가의 영토와 공권력은 국가의 고유권한이다. 기업은 아무리 영향력이 크다고 해도 군대를 소유할 수 없고, 특정 영토를 다스리는 정치적, 법적 독립체를 설립할 수 없다. 비록 세계화의 정치적 차원과 경제적 차원이 중복되는 측면이 있더라도 각 영역은 고유한 제도적 자치권을 지니고 있다고 본 것이다.[24] 구글, 아마존과 같은 초국적기업들이 자국 내에서는 물론 세계적으로 막강한 영향력을 행사하고 있지만, 국가가 지닌 힘에는 미치지 못한다. 또한 세계경제에서 차지하는 위상은 낮지만 군사적으로는 약체가 아닌 파키스탄이나 북한 같은 나라들은 세계의 지정학적 질서를 복잡하게 만들고 있다.

국가의 정치적 이해와 자본주의의 경제적 이해는 서로 일치하는 경우도 있지만 반드시 그런 것은 아니다. 세계화 과정에서 국가는 경제적, 영토적 이익뿐 아니라 문화적인 정체성을 지켜야 하기 때문에 초국가적 경향성과 국가의 고유한 통치권 간에 밀고 당기는 변증법적 관계가 형성된다. 유럽연합 국가들 간의 긴장은 이런 세계화 과정의 특성을 잘 보여준다. 유럽연합은 한편으로는

22) Bauman, Z.(2000). *Liquid Modernity*. Cambridge: Polity.
23) Sassen, S.(2007). *A Sociology of Globalization*. New York: Norton.
24) Giddens, A.(1990). *The Consequence of Modernity*. Stanford: Stanford University Press.

회원국 간의 통화를 단일화하고 자유무역을 촉진하는 관세 및 무역정책을 도입하면서도 회원국 각자의 이익에 위협이 되는 정책에 반대한다. 유럽연합 공통의 이익보다 자국의 통치권을 우선하는 태도는 2008년의 세계금융위기에 대한 유럽 각국의 대응방식에서 여실히 드러났다.[25)]

이러한 국가의 역할 변화가 교육에 시사하는 것은 무엇인가? 세계화론자들은 국가경제, 정치조직의 기초 단위로서의 민족국가의 기능이 약화될 것이라고 예견하고 있다. 이것이 교육에 대해 지니는 의미는 매우 방대하다. 개별 국가가 자국의 교육에 대해 갖는 통제력이 줄어들고 교육이 보다 세계적인 규범에 의해 영향을 받게 된다면, 교육을 통해 드러나는 개별 국가의 특성은 줄어들 수밖에 없다. 이와 같은 변화의 이면에 초국적기업들의 성장과 이들의 시장지배력을 통제하지 못하는 정부, 초국적 엘리트계층의 등장과 이들의 전유물로서의 교육, 세계적인 노동의 불평등성 심화와 같은 문제들은 세계화가 초래할 수 있는 위기의 일부이며, 보편적 복지로서 교육의 기능 상실과도 관련된 문제이다.

이런 주장은 공교육제도의 유래와 발전과정에 비추어 볼 때 국가, 시장, 교육 사이에 전혀 새로운 관계가 설정될 수 있음을 시사한다. 과연 이와 같은 급진적인 변화가 일어날 것인가에 대한 논의가 진행 중인 가운데, 세계화의 영향으로 지난 30여 년간 우리 교육체제에서 나타나고 있는 변화의 특성들을 확인하는 것은 어렵지 않다. 세계화 과정에서 국가의 역할과 힘에 대해 평가는 여전히 분분하다. 그러나 세계금융위기 상황 혹은 최근의 코로나 팬데믹 상황에서 각국 정부가 취한 대응방식들을 보면 개별 국가의 영향력이 조만간에 상실되지는 않을 것으로 보인다.

25) Dillon, M.(2010). 전게서. p. 470.

문화의 세계화와 반세계화 운동

정보통신기술이 쉽고 빠르게 새로운 아이디어와 문화상품을 전 세계로 확산시키고 있다는 것은 의심의 여지가 없다. 이에 따라 세계는 기술적, 상업적, 문화적 동시성을 통해 점점 비슷해지고 규격화되고 있다. 이런 현상을 가장 잘 보여주는 사례가 현재 세계적으로 주목받고 인기를 끌고 있는 K팝이다. 과거와 달리 각국의 정부는 국민들이 새로운 정보나 이미지에 접촉하는 것을 통제하기 어렵다. 반대로 개인들은 제한을 받지 않고 텔레비전, 컴퓨터, 스마트폰을 통해 국제적인 문화에 접근할 수 있다. 이처럼 새로운 매체와 문화의 침투는 문화적 동질화를 가속화시킨다. 특히 초국적기업들의 광고는 세계인들의 소비문화와 성향을 서구화시키는 일종의 문화적 식민주의(cultural imperialism)를 강화한다. 서구의 아이디어와 상품이 일방적으로 흘러들어 가는 경향이 높기 때문이다.[26)]

그러나 헌팅턴(Huntington)이 '문명의 충돌'로 표현한 것과 같은 세계문명 간의 역사적, 이념적 차이는 문화의 세계화가 단순한 동질화 과정이 될 수 없다는 것을 시사한다.[27)] 헌팅턴의 관점에 따르면, 이러한 차이는 간극을 메우기 어렵고 폭력적인 갈등을 일으키기 쉽다. 현재도 세계 곳곳에서 충돌과 갈등이 발생하고 있고, 막스 베버가 지적하였듯이 상이한 문화가 상이한 세계관을 만들고 상이한 정치, 경제구조를 만들 수 있기 때문이다. 우리는 다양한 문화적, 인지적 장벽, 즉 인종, 종교, 젠더, 계급 등에 의한 장벽과 경계를 가지고 있다. 따라서 세계화 과정은 서로 다른 문화의 전달과 해석의 역동성을 통해

26) Sklair, L.(2002). *Globalization: Capitalism and its Alternatives*. Oxford: Oxford University Press. / Ritzer, G.(2000). *The McDonaldization of Society*. Thousand Oaks, CA: Pine Forge Press.

27) Huntington, S.(1996). *The Clash of Civilization and the Remaking of World Order*. New York: Simon and Schuster.

다양한 문화적 혼합물을 만들어낼 것이다. 이 과정은 분열과 통합을 모두 가져올 수 있다. 즉, 정치적 차이를 인식하는 만큼 공통적인 정체성을 인식하게 할 수 있으며, 초국가적 정체성과 지역적 정체성을 동시에 강화할 수 있다. 이런 점에서 로버트슨(Robertson)은 문화의 세계화가 전통적으로 세계와 지역으로 불리던 것의 동시성과 상호침투를 포함하는 '글로컬라이제이션(glocalization)'을 의미하는 것으로 보았다.[28)]

한편, 자본주의의 세계화로 인해 양극화와 생태환경의 지속성이라는 두 가지 문제가 급부상하였는데, 울리히 벡(Ulrich Beck)은 이와 같은 현대사회의 문제를 강조하기 위해 '위험 사회(risk society)'라는 표현을 사용한다.[29)] 사람이 세계를 쉽게 여행하는 것처럼 질병을 비롯한 다양한 위험들이 쉽게 국경을 넘나들고 있다. 과학기술의 발전은 핵무기와 같은 위기를 만들기도 하고, 정보에 대한 접근성을 높여 위기를 더 잘 인식할 수 있게 해주기도 한다. 그러나 이러한 위기들을 통제하는 것은 어렵기 때문에 언제나 사회적 위험과 불확실성이 끊이지 않는다. 현대사회의 위기는 보편적인 것이다. 코로나 팬데믹으로 경제적인 양극화가 전 세계적으로 확산되고 있는 상황에서 이러한 주장은 더욱 설득력을 얻고 있다.

반세계화 운동은 이 두 가지 문제와 연관되어 있다. 반세계화주의자들은 초국적기업의 관행들, 국가와 초국적기업의 자본가계급, 소비주의 문화와 이데올로기에 도전한다. 인간의 권리와 사회정의의 실현을 주장하는 반세계화 운동은 빈곤, 에이즈, 여성권리, 환경과 관련된 이슈들에서 어느 정도 성공을 거두고 있다. 이러한 성공은 전 세계 지지자들의 연대를 가능하게 하는 네트워크의 중요성을 상기시키는데, 마뉴엘 카스텔(Manuel Castells)은 네트워크사회(network society)라는 개념으로 세계화로 인한 문제들을 해결하기 위한 대안

28) Robertson, R.(1992). *Globalization: Social Theory and Global Culture*. London: Sage.
29) Beck, U.(1992). *Risk Society: Towards a New Modernity*. London: Sage.

의 가능성을 제시한다.[30] 자본, 노동, 지식, 정보, 상품 같은 것들이 네트워크를 통해서 흐르고 얽혀있는 사회가 네트워크사회이다. 사회는 이러한 네트워크의 집합이고 사회 안에서 지식과 정보 같은 것들은 자유롭게 이동한다. 이런 사회에 국경은 없고 국적이 다른 자본과 노동의 결합이 자유롭다. 카스텔은 네트워크사회가 모든 사회적 관계에 있어서 탈중심화를 가능하게 할 것이라고 보았다.

세계화 시대의 교육과 일의 관계

산업화시대의 생산방식인 포디즘(Fordism)은 자동차회사인 포드의 혁신에서 유래한 것인데 다른 부문의 제조업에서도 신속하게 채택되었다. 그 특징은 한마디로 대량소비를 위한 표준화된 상품의 대량생산에 적합한 것이다. 이러한 생산조직은 자본집약적인 대규모 공장, 고정된 생산과정, 엄격한 관료적 관리구조, 반복적이고 단조로운 업무를 수행하는 노동자, 국내시장에 대한 보호주의 등을 특징으로 한다. 이와 같은 생산방식을 특징으로 하는 산업사회에서 교육과 직업세계의 관계는 명확해서, 학교는 능력에 맞게 일의 세계에 사람들을 배분하는 역할을 해왔다. 개인의 직업지위가 사회경제적 성공을 의미하는 현대사회에서 능력주의에 기초해 학생들을 선발하고 배치하는 기능을 하는 학교는 평등과 사회적 효율성이라는 두 가지 목표를 달성하기 위한 합리적 장치로 여겨졌다.

그러나 세계화에 따른 노동시장의 유연화는 근로자들에게 많은 부담을 떠넘기고 있는데, 근로자들은 더 이상 평생직장이 보장되지 않기 때문에 언제든 직장을 바꾸어야 할 가능성에 대비해야 할 뿐 아니라, 고용가능성을 높이기 위해 더 많은 교육과 훈련을 받아야 한다. 평생직장의 개념이 유효했던 산업사

30) Castells, M.(1997). *The Rise of Network Society*. Malden, MA: Blackwell.

회에서는 육체노동자나 사무직노동자가 대체로 비슷한 인생 경로를 경험했다. 대부분 안정적인 직장과 보수, 그리고 복지혜택으로 비교적 높은 생활수준을 유지할 수 있었다. 그러나 탈산업사회에서 경제구조의 중심을 이루는 서비스업은 제조업과 달리 고용이 안정되지 못하고 임금도 낮다. 세계화는 과학기술 집약적인 산업과 이를 보조하는 서비스산업을 선진국에 남겨두고 나머지 제조업을 제3세계로 이전시키는 결과를 낳았는데, 이와 같은 산업구조의 재편은 이들 지역에서 임금을 보장하고 실질소득의 상승을 유도했던 산업의 구조조정과 고용의 유연화를 가져왔다.[31)]

산업사회의 생산방식과 대비되는 이러한 특징들이 나타나는 사회경제적 변화를 어떻게 이해하고 대응할 것인가를 두고 네오포디즘(Neo-Fordism)과 포스트포디즘(Post-Fordism)의 두 가지 대안적인 발전모델이 제시되고 있다.[32)] 먼저 산업사회의 위기에 대한 네오포디즘의 해법은 복지를 줄이는 데 있다. 서구국가들의 과도한 복지비 지출을 높은 인플레이션, 실업, 경기침체의 원인으로 보고, 케인스(Keynes)의 유산과 평등주의에 기초한 재분배정책, 보편적 복지정책을 중단할 것을 제안한다. 이러한 주장은 지식경제에서 국가의 생존이 적자생존 방식을 따른다는 전제하에, 임금수준을 낮추고 노동조직의 유연성을 확보해야 생산성 향상과 국가발전이 가능하다는 것을 강조한다. 이와 같은 네오포디즘은 세계화에 대한 신자유주의자들의 관점을 반영하고 있다. 교육에 관한 신자유주의자들의 표적은 국가가 관여하는 공교육이다. 관료주의적, 규제 중심적, 독점적 공교육체제는 시장, 경쟁, 탈규제, 개인주의를 강조하는 신자유주의 이데올로기와 정면으로 대립하기 때문이다. 이들의 해법은 공립학교를 민영화하는 것이다.

31) 고형일 · 이두휴(2013). 글로벌라이제이션과 교육사회학 탐구영역의 변화-Esping-Andersen의 사회이론을 중심으로. 교육사회학연구 23(2). pp. 1-28.

32) Brown, P. & H. Lauder(1996). Education, globalization and economic development. *Journal of Education Policy*, 11. pp. 1-24.

이러한 시장 지향적 개혁은 학교에 대한 학부모와 학생의 요구에 힘을 실어 주고 학교 간의 경쟁을 강조한다. 대표적인 신자유주의자인 첩(Chubb)과 모에(Moe)는 교육시장이 특정 지역에 제한되거나 관료적 지배를 받아서는 안 된다고 주장한다.[33] 이들은 학부모와 학생의 선택권을 높이기 위해 바우처를 제공하고 학교를 다양화하여야 한다고 보았다. 학교의 다양성은 학부모의 선택을 자유롭게 하고, 학부모의 선택을 받기 위해 학교가 경쟁하는 과정에서 전체 교육수준이 향상될 것이라는 주장이다. 그리고 학부모들이 노동시장의 수요를 고려해 선택을 할 것이기 때문에 자연스럽게 인력의 수요공급 문제도 해결될 것이라고 전망한다. 이와 같이 국가 주도의 공교육체제를 경제논리에 따라 바꾸려는 신자유주의적 교육개혁은 세계적인 추세에 반영되어 있다.[34] 그러나 신자유주의자들이 주장하는 선택과 경쟁원리의 도입은 중산층에게 유리하여 교육의 양극화를 가져올 것이라는 우려와 비판을 불러왔다.

학교선택과 학교 간 경쟁은 중산층 학생들과 하위계층 학생들을 분리시킴으로써 사회적 계층화에 따른 교육선발방식으로 귀결될 가능성이 높다. 일반고, 자사고, 특성화고, 특목고 등으로 다양화된 우리 고등학교체제도 이런 맥락에서 생각해볼 수 있는데, 상위권대학 진학률에서 나타나는 특목고효과는 고교다양화정책이 학생들의 소질과 적성보다는 학업성적을 기준으로 학교들을 위계화하였다는 것을 보여준다.[35] 위계구조의 상층에 속하는 학교들은 학업능력이 뛰어난 학생들을 선발하여 학교효과를 높이는 반면, 그렇지 못한 학교들은 반대되는 경험을 할 가능성이 높다. 결과적으로 고교체제의 분화는 학생들을

33) Chubb, J. and T. Moe(1990). *Politics, Markets and America's Schools*. Washington, D.C.: The Brookings Institute.

34) Wells, A. et al.(1998). Globalization and Educational Change, In A. Hargreaves et al.(eds.) *International handbook of Educational Change*. London: Kluwer Academic Publishers.

35) 김지영, 김안나(2014). 고교유형과 학교교육경험의 차이가 학생들의 가치관 변화에 미치는 영향. 교육사회학연구, 24(2). pp. 93-116.

동질 집단화하여 집단 간 차이를 더욱 확대시킨다.[36] 이렇게 되면 사회적으로 활용 가능한 인적 자원들이 사장될 가능성이 오히려 높아진다. 이는 신자유주의적 교육개혁이 탈산업화시대에 노동시장의 효율성과 유연성을 높이는 방법인 것처럼 보이지만 실상은 대부분의 학생들을 저숙련 노동자로 만들 뿐이라는 것을 의미한다.

교육에 대한 네오포디즘의 관점이 노동시장에서 요구하는 숙련된 인력을 길러내는 것이라면, 포스트포디즘은 생산혁신을 주도할 다차원적인 숙련성을 갖춘 사람을 길러내는 것에 주안점을 둔다. 신자유주의자들보다 좌파적인 시각의 포스트포디즘을 후기산업사회로의 이행과정에서 대안으로 제시하는 사람들은 임금수준을 높이고, 교육과 훈련을 통해 지식정보능력을 향상시킬 것을 주문한다. 여기서 핵심이 되는 것은 다음 세대를 고숙련, 고임금 경제체제에 맞도록 준비시키기 위해 교육에 많은 투자가 필요하다는 것이다.[37] 기계적인 학습을 강조하는 전통적인 교육과 훈련과정은 새로운 생산방식에서 요구하는 유연성과 전문성을 신장할 수 있도록 개선되어야 한다. 이를 위해 영국에서는 경험적인 학습을 강조하고 있고, 미국에서는 학교의 자율성을 인정하면서도 표준화된 평가를 통해 일정 수준의 목표를 달성하도록 요구하고 있다.

현재 우리나라를 비롯해서 여러 나라에서 강조되고 있는 교육의 분권화는 학교가 보다 융통성 있게 운영되고 학생들의 요구에 유연하게 반응할 수 있도록 하기 위한 것이다. 그러나 신자유주의자들과 다른 자유주의적 진보주의자들의 제안의 핵심은 학생들을 21세기 두뇌산업에 맞게 준비시키는 데 국가가 결정적인 역할을 해야 한다는 것이다.[38] 작은 정부를 주장한 시장주의자들과

---

36) Oakes, J.(1985). *Keeping Track: How Schools Structure Inequality*. New Haven, CT: Yale University Press.

37) Brown, P. & H. Lauder(1996). 전게서. p. 15.

38) Thurow, L.(1996). *The Future of Capitalism: How Today's Economic Forces Shape Tommorrow's World*, New York: William Morrow and Company, Inc.

는 상반된 관점이다. 따라서 교육에 대한 네오포디즘과 포스트포디즘 혹은 신자유주의자들과 자유주의적 진보주의자들의 전략을 구분하는 핵심적인 차이는 세계화에 대응하는 국가의 역할에 있다. 신자유주의자들은 국가가 운영하는 교육체제를 포함하여 구시대적인 복지국가의 종식을 요구한다. 이러한 주장은 개인과 고용주들이 기술훈련에 필요한 비용과 책임을 감당할 것이라는 가정에 기초한 것이다. 그러나 유연성이 높아지고 있는 노동시장에서 노동자들은 언제든지 직장을 옮길 수 있기 때문에 그들의 역량개발을 위해 고용주가 선뜻 비용을 투자할 것이라고 가정하는 것은 무모하다. 더욱이 경기침체나 경쟁의 압력이 심한 상황에서 고용주들은 기존의 교육투자마저도 축소할 가능성이 높다. 스트리크(Streeck)는 1970년대의 오랜 경제위기 속에서 독일을 제외한 유럽 국가들이 교육과 훈련에 대한 투자를 줄였던 것을 지적하면서, 독일이 청년실업을 완화하고 1980년대의 경제적 우위를 지킬 수 있었던 요인으로 직업훈련에 대한 정부와 노조의 압력을 꼽았다.[39)]

한편, 개인의 관점에서 봤을 때 중하층 노동자들이 전문적인 직업기술훈련에 드는 비용을 충당하거나 이에 따르는 위험을 감수할 여력은 없어 보인다. 직업훈련에 따르는 위험이란 훈련기간 동안 특정 기술에 대한 수요가 바뀌어서 교육이 끝난 후에 일자리를 구하지 못하게 되는 경우를 말한다. 이런 일은 빈번하며 노동 혹은 기술수요의 조건이 급격하게 변화하는 시장에서 고용주들이 주도하는 훈련계획은 장기적인 대안이 될 수 없다. 이런 상황에서 시장논리를 주장하는 것은 저숙련, 저임금 일자리의 대량생산을 의미한다. 따라서 포스트포디스트들은 다음 세대를 고숙련, 고임금 경제에 준비시키기 위해 교육체제에 많은 공적 투자가 필요하다는 것을 강조한다. 그리고 이런 투자의 성공여부가 국가 경쟁력 확보의 관건임을 강조하고 있다.[40)]

39) Streeck, W.(1989). Skills and the limits of neo-liberalism: The enterprise of future as a place of learning. *Work, Employment and Society*, 3. pp. 90-104.

앞서 살펴보았듯이 산업사회의 요구에 맞게 설계된 학교의 교육과정이 정해진 일정을 지키고, 규칙을 준수하며, 객관적인 근거에 기초해 판단을 내리고, 업적에 의해 정당화되는 권위를 따르며, 복잡한 분업체제를 수용하여 다른 사람과 작업할 수 있는 능력의 함양을 목표로 하는 것이었다면, 후기산업사회에서 요구되는 역량은 그 자체로서 자원이고 상품이며, 생산성과 혁신의 원천이다. 이러한 역량은 특정 분야의 지식에 대한 깊이 있는 이해와 함께 여러 분야의 지식을 종합할 수 있는 능력과 문제해결을 위한 방법적 지식을 요구한다. 지식사회에서 미래의 번영은 사람들의 지식, 역량, 통찰력에 달려있고 이런 능력은 그들이 받아온 교육과 훈련에 좌우된다. 그리고 한번 습득한 능력과 기술이 개인과 조직의 성공을 보장해주던 시대가 지나갔기 때문에 개인과 사회는 나날이 새로워지는 지식과 기술을 습득하기 위해 계속 교육과 훈련을 받지 않으면 안 되는 시점에 이르렀다.

교육에 부여하는 이러한 중요성은 시장에서 고숙련, 고임금의 고용을 창출할 수 있는 능력이 교육에 대한 국가의 지속적인 투자에 달려있음을 보여준다. 신자유주의의 경쟁논리에 반대하는 자유주의적 진보주의자들은 고임금 일자리가 모두에게 돌아갈 만큼 충분히 만들어지지는 않더라도 유연한 고용패턴에 의해 직업적 유동성이 커질 것이기 때문에 교육과 일을 오가며 경력을 쌓아갈 수 있다고 전제한다. 이런 관점에서 봤을 때 교육과 훈련의 기회는 경쟁력 있고 정의로운 사회를 만드는 데 핵심적이다. 교육이 고부가가치의 경제체제를 만드는 데 중요할 뿐 아니라 실업문제도 해결할 수 있기 때문이다.

세계화에 대한 신자유주의 담론들이 공교육체제를 포함한 복지국가의 종식을 요구한 것과 달리, 모든 책임을 개인에게 전가하지 않았다는 점에서 자유주의적 진보주의가 신자유주의보다 사회적 공감을 이끌어냈음에도 불구하고, 이런 주장의 중대한 결함은 고숙련, 고임금 경제체제를 구축할 신흥국가들의

40) Brown, P. & H. Lauder(1996). 전게서. p. 16.

역량을 과대평가하고 실업문제의 해결을 지나치게 낙관적으로 보았다는 것이다. 이들은 '노동의 종말'에 대한 경고에도 불구하고 숙련된 노동자들에 대한 수요를 과장했을 뿐 아니라, 고등교육의 양적 팽창에 따라 오히려 역량의 낭비가 나타나고 있다는 사실을 간과하고 있다. 경쟁적인 개인주의 문화에서 교육을 통해 고용가능성을 높이는 문제에만 집중하는 것은 소모적인 교육경쟁을 부추길 뿐이다. 한편, 부유한 나라들에서조차 정규직 일자리가 충분히 생길 것이라고 예측하는 것은 잘못된 것이다. 소위 제4차 산업혁명이 고용의 불안정성을 심화시킬 것이기 때문이다. 마틴(Martin)과 슈만(Schumann)이 말하는 '20 대 80의 사회'는 노동 가능한 인구 중 20%만 있어도 세계경제를 유지하는데 별 문제가 없다는 것을 의미한다.[41] 새로운 정보기술은 교육받은 중간계급의 대다수가 구조적인 실업을 경험하게 될 가능성을 높이고 있다. 더욱이 글로벌 기업들이 외국으로 나가 새로운 일자리를 만들어 내기보다 이미 있던 기업들을 인수하고, 경영을 합리화하기 위해 일자리 숫자를 줄이고 있어서 이런 경향은 더욱 가속화될 것이다.

미래교육에 대한 전망

앞에서 살펴본 신자유주의 노선과 자유주의적 진보주의 노선의 교육개혁 전략들은 세계화에 대응하기 위한 우리나라의 교육개혁 정책에 혼합되어 있다. 1980년대 후반부터 미국과 영국이 주도한 시장원리와 책무성을 강조하는 신자유주의적 교육개혁은 교사평가, 학교평가, 학교다양화와 자율화, 학교선택권 강화 등의 개념으로 현장에 도입되었고, 라이히(Reich)와 같은 진보주의

41) Martin, H. & H. Schumann(1996). *Die Globalisierungsfalle*. 강수돌 역(1997). 세계화의 덫. 서울: 영림카디널.

자들의 주장은 교육과 고용의 연계를 강화하기 위한 새로운 직업자격체제의 도입과 평생학습체제를 강화하는 방향으로 구체화되었다. 심지어 국가인적자원개발이라는 개념을 새로 만들어 교육부를 교육인적자원부로 명칭을 바꾼 적도 있다. 국가와 시장의 역할에 대한 기본 전제의 차이에도 불구하고, 이 두 관점의 공통점은 세계화 시대에 교육과 일의 연계가 계속 강화될 것으로 전망한다는 점이다. 산업구조의 변화로 일자리와 소득의 양극화가 심화되는 상황에서 좋은 일자리를 얻기 위한 경쟁은 더욱 치열해지고 글로벌한 수준으로 확대될 것이다.

실제 이러한 경향은 다음과 같은 변화들을 통해 확인할 수 있다. 첫째, 그럽(Grubb)과 라저슨(Lazerson)이 주장한 것과 같이 중등교육은 물론 고등교육에서 직업주의(vocationalism)가 더욱 강화되고 있다.[42] 우선 국제경쟁이 가속화되고 기술적인 복합성이 증대됨에 따라 개인과 국가의 미래가 점차 기술수준에 의해 결정된다는 인식이 확대되면서 직업주의가 강화되고 있고, 중등과정 이후의 교육과 직업세계로의 이행이 핵심 쟁점으로 부각되고 있기 때문이다. 이는 지식경제를 기반으로 하는 세계화시대에 지식의 가치가 실용성이나 생산성에 근거해서 평가되고 있다는 사실을 보여준다.

이와 같은 지식관의 변화는 교육과정의 변화를 가져오는데, 최근 교육과정에 대한 역량중심접근은 이러한 지식관을 바탕으로 한 것이다. 지식의 변화주기가 급속히 짧아지면서 지식과 기술을 응용하는 직업생활을 지속하기 위해 지식 자체보다는 지식습득 능력을 길러야 한다는 주장이다. 방법적 지식이나 직업적 기술을 강조하는 추세는 일과 교육의 연계를 강화하려는 정책으로 나타나고 있다. 학교가 학생들을 직업세계에 제대로 준비시키지 못하고 있다는 비판이 거세다. 이 역시 이러한 변화를 반영하고 있고, 이 문제는 학교와 일의

42) Grubb, N. & M. Lazerson(2004). *The Education Gospel: The Economic Power of Schooling*. MA: Harvard University Press.

현장을 접근시킴으로써 해결될 수 있다는 입장들이 힘을 얻고 있다. 이러한 추세가 계속된다면 교육체제는 개개인의 학습결과를 관리하는 자격관리체제의 형태로 전환될 수 있다.

둘째, 교육내용에서 직업주의가 강화되는 현상과 더불어, 교육개혁의 방향이 교육행정기관, 학교, 교사와 같은 공급자 주도에서 학생과 학부모, 소위 교육수요자의 요구를 우선시하는 방향으로 전환되고 있다. 수요자 중심으로 교육을 바꿔야 한다는 주장은 교육이 사회적 기대에 부응해야 한다는 사회적 차원과 교육이 학습자 중심이 되어야한다는 개인적 차원의 요구에서 나오고 있다. 다원적 가치관과 의식구조가 형성되면서 다양한 교육적 요구가 분출되는 상황에서 교사가 새로운 지식이나 정보의 원천으로서 독점적인 지위를 유지하던 시대는 이미 지났다. 학습자들이 다양한 매체를 활용해 필요한 지식과 정보를 손쉽게 얻을 수 있고 지식이나 정보의 원천이 다변화되면서 교육 서비스의 주체나 기관 또한 자연스럽게 다변화될 것으로 예상된다.

셋째, 컴퓨터공학과 정보통신기술의 발전은 교육을 위해 사람들이 같은 시간에 일정한 장소에 모여야 하는 구속을 깨고 있다. 이런 변화는 학습자들이 자신의 속도에 맞추어 개별화된 학습을 추구할 수 있게 된다는 점에서 긍정적이기도 하다. 세계화이론가들이 논의하고 있듯이 국가의 통제력이 약화되고 있는 상황에서 이러한 기술적 변화는 미래의 학교가 현재와 같이 전형적인 제도적 형식을 유지해야 할 근거를 약화시킬 것이다. 게다가 최근의 팬데믹 상황은 이런 변화의 속도를 가속화하는 쪽으로 작용할 가능성이 크다. 나아가 미래의 학교가 관료주의적 특성이 약화되고, 학교의 기능과 조직이 전면적으로 재편되거나 조직이 이완되는 탈학교화의 상황으로 변화되는 것도 전혀 불가능한 시나리오는 아니다.

넷째, 교육을 산업으로 보는 관점이 확산되고 있다. 특히 고등교육 분야에서 나타나는 국가 간 학생이동의 확대, 학점, 학위 및 자격증의 국제화, 외국분교의 설립, 학문의 자본화와 상업화 같은 변화 양상은 대학이 더 이상 순수한 진리의 상아탑이 아님을 말해준다. 산업구조의 변화와 노동시장의 세계화에 따라 국제경험과 외국어 능력의 중요성이 높아지면서 세계적으로 고등교육에 대한 수요는 늘어나고 있고, 이와 함께 직업지식과 기술의 국제적 통용성이 강조되고 있으며, 국제적으로 학력을 증명할 수 있는 학위 및 자격제도의 도입이 확대되고 있다. 선진국의 대학들은 이미 다국적기업의 형태로 세계 각국으로 확대되어 가고 있으며, 연구개발을 위한 국제적인 연구협력체들이 곳곳에서 만들어지고 있다. 그리고 이러한 선진국 중심의 변화들은 세계 각국의 고등교육에 새로운 변화의 자극제가 됨으로써 각국의 고등교육체제를 유사한 모형으로 수렴해가고 있다. 이러한 변화의 흐름 속에서 국제학생의 이동은 1950년대 중반에 세계적으로 20만 명에 불과했으나 2016년 현재 약 500만 명의 학생들이 자국이 아닌 세계 여러 나라의 고등교육기관에 등록하고 있고, 2025년이 되면 이 숫자가 720만 명으로 늘어날 것으로 전망되고 있다.[43] 신흥국가들의 학생들을 흡수하는 미국, 영국, 호주에서 고등교육은 이미 수십억 달러의 수입을 발생시키는 글로벌 산업이 되었고, 같은 목적에서 우리나라를 비롯한 세계 각국이 전략적으로 고등교육의 국제화를 추진하고 있다.

다섯째, 교육을 경제적 논리로 바라보게 됨에 따라 대학의 상업화와 학문의 자본화가 심화되고 있다. 대학의 수익 창출과 연구생산성이 중시되면서 기업과 대학의 경계가 모호해지고, 대학경영에 관리주의와 기업가 정신이 강조되며, 지식과 연구 성과의 공공성이 약화되고 있다.[44] 고등교육의 자원 배분이 시장의 원리에 따라 이루어지게 되면 대학의 구성원은 물론 학문의 구조 자체에 근본적인 변화가 불가피하다. 즉, 대학과 교수들이 새로운 재원을 유치하는

43) 김안나, 함자영(2019). 국제학생이동의 확산을 통해 본 세계 지식네트워크의 구조적 특성. 교육사회학연구, 29(2). pp. 67-92.

44) Slaughter, S., S. A. Slaughter & G. Rhoades(2004). *Academic Capitalism and the New Economy: Martkets, State, and Higher Education*. Baltimore, MD: Johns Hopkins.

것을 가장 우선시하고, 수입 창출의 관점에서 학생 유치가 중요해지며, 상업화를 목적으로 하는 연구 활동이 강화되고, 대학의 시설이나 서비스를 상업적인 목적으로 운영하게 된다. 그리고 이런 변화들은 궁극적으로 대학문화와 구성원의 의식에 영향을 주어 학문의 자본화를 더욱 가속화하게 된다.

여섯째, 결과적으로 세계 대학들은 연구생산성에 따라 순위가 매겨지고 글로벌 지식네트워크의 불균형은 더욱 심화될 것이다. 신흥국가로부터 선진국으로의 수직적인 학생이동은 국제학생이동의 오래된 관행이지만 세계화가 진행되며 더욱 심화되고 있다. 특히 이와 같은 불균형은 학위취득을 목적으로 대륙 간 수직적 학생이동이 이루어지는 과학과 기술 분야에서 두드러지게 나타나고 있다. 이런 현상은 두뇌유출로 이어져 국가 간 산업발전의 격차로 이어질 가능성이 크다. 세계 대학순위의 선두에 있는 소수의 미국 대학들이 나머지 대학들의 학문적 기준을 결정하는 현상은 최근 들어 더욱 심화되고 있다. 대안적 모델을 제시하거나 근본적으로 다른 방향으로 나가는 고등교육기관은 찾아보기 힘들다. 따라서 지식네트워크의 대부분을 차지하는 주변부의 대학들은 학생들을 훈련시키고 지식네트워크의 중심에서 생산된 지식을 유통시키는 역할을 한다. 그리고 중심국가의 우수한 학문체제와 교육환경, 우수연구진, 연구자금, 세계 공용어 사용 등의 학문적 인프라는 주변국가의 학생들이 점점 더 중심국가로 집중되게 하는 학생이동의 양극화 현상을 초래하고 있다.

요약 및 쟁점

세계화는 20세기 국제정치 질서에 대한 지배적인 담론이었다. 자유무역이 전 세계적인 교역정책으로 자리잡고, 여기에 동유럽과 소련의 사회주의체제가 붕괴되면서 후쿠야마(Fukuyama)가 '역사의 종언'이라고 표현한 것과 같이 정치적으로는 자유민주주의가, 그리고 경제적으로는 자본주의와 시장경제가 유일한 대안으로 세계화를 가속화시켰다. 정보통신기술의 혁신적인 발전이 이러한 변화를 가능하게 하고 촉진시켰다는 사실은 재론의 여지가 없다.[45] 보호무역주의하에서 독과점의 혜택을 누리며 국경 안에 머물던 자본이 더 큰 이윤을 찾아 국제적으로 이동하기 시작하면서 시장에 대한 국가의 통제력은 점차 약화되고, 계속 낮아지는 국경 장벽으로 인구이동이 늘어났다. 그리고 대규모 인구이동은 이질적인 언어와 문화를 지닌 사람들 간의 빈번한 접촉으로 새로운 정체성 형성과 교육에 대한 요구로 이어졌다.

그러나 비교우위론에서 강조하듯이 자유무역에 참여하는 모든 국가가 혜택을 볼 것이라는 전제와 달리, 좋은 교육을 받고 해외여행을 다니는 전문직 종사자와 사는 곳을 떠나본 적이 없는, 글로벌 경쟁에서 뒤처진 사람들 사이의 간극은 더욱 커지고, 고급두뇌의 해외유출과 같은 국가 간의 불균형도 심화되고 있다. 영국의 유럽연합 탈퇴를 결정하는 찬반투표는 세계화로 인한 사회인구학적 분열현상을 잘 보여준 사례로, 교육수준이 낮은 저소득계층은 탈퇴를, 고등교육을 받은 도시의 젊은 유권자들은 잔류를 원한 것으로 나타나 세계화와 통합으로 인한 혜택이 고르게 분배되지 않았다는 사실을 보여주었다.

신자유주의적 관점의 세계화론자들은 국가경제, 정치조직의 기초 단위로서의 민족국가가 결국에는 그 기능을 마감하게 될 것이라고 예견한다. 이와 함께 문화적인 복합체와 범세계적 의사소통에 의해 형성된 세계시민사회의 출현에 대해서도 논하고 있다. 이 모든 현상들이 교육에 대해 지니는 의미는 매우 방대하다. 개별 국가의 정부들이 자국의 교육체제에 대한 통제력이 줄어들고 교육이 보다 세계적인 규범에 의해 영향을 받게 된다면, 교육을 통해 드러나는 개별 국가의 특성은 줄어들 수밖에 없다. 이와 같은 변화의 이면에 잠재된

45) Fukuyama, F.(1992). *The End of History and the Last Man*. New York: The Free Press.

초국적기업들의 성장과 이들의 시장 지배력을 통제하지 못하는 정부, 초국적 엘리트계층의 등장과 이들의 전유물로서의 교육, 세계적인 노동의 불평등성 심화와 같은 문제들은 신자유주의 세계화론자들이 간과하고 있는 세계화가 초래할 수 있는 위기의 단면이며, 보편적 복지로서 교육의 기능 상실과도 관련된 문제이다.

최근의 기술발전과 관련하여 콜린스(Collins)는 기술의 발달에 따라 인간의 노동이 대체되는 것이 산업혁명 이래 지속되어 온 패턴이지만, 그동안의 기계화가 블루칼라의 일자리를 대체하고 화이트칼라의 증가로 그 충격을 흡수하는 방식으로 진행되어 왔다면, 현재 컴퓨터, 정보통신기술의 발달로 인한 산업의 변화는 화이트칼라의 노동을 빠르게 잠식하고 있다고 주장한다. 특히 AI와 IT기술이 고도로 발달된 미국과 같은 선진국에서 블루칼라 노동자들의 처우가 열악해지는 가운데, 사회적 소통기능을 담당하는 화이트칼라 중산층이 급격히 붕괴하면서 사회계층의 위아래를 연결시키고 지탱하는 역할이 상실되어 향후 20, 30년 내에 체제의 위기로 이어질 수 있다는 전망을 하였다.[46] 이런 비관적인 전망이 실현되지 않도록 세계화로 인한 불평등과 양극화를 해소하기 위한 근본적인 해결책을 모색해야 한다.

46) Wallerstein, I., R. Collins, M. Mann, G. Derluguian & C. Calhoun(2013). *Does Capitalism Have a Future?* 성백용 역. 지본주의는 미래가 있는가. 창비.

참고문헌

고영복(2000). 사회학사전. 사회문화연구소출판부.

고영복(1994). 사회학설사. 사회문화연구소출판부.

고형일, 이두휴(2013). 글로벌라이제이션과 교육사회학 탐구영역의 변화-Esping-Andersen의 사회이론을 중심으로. 교육사회학연구, 23(2). pp. 1-28.

곽기병(2019). 총체적 기관에서 나타나는 폭력의 미시사회학. 민주주의와 인권, 19(2). pp. 191-233.

김경근, 변수용(2007). 한국사회에서의 학업성취에 대한 문화자본의 영향. 교육사회학연구, 17(1). pp. 23-51.

김신일(1993). 교육사회학. 교육과학사.

김안나(2003). 사회계층 연구동향 분석. 한국교육, 30(3). pp. 5-30.

김안나(2006). 교육사회학 연구주제의 탐색을 위한 세계화이론과 교육연구의 동향 분석. 교육과학연구, 37(1). pp. 29-48.

김안나(2007). 교육사회학에서의 성 불평등 논의. 교육사회학연구, 17(2). pp. 49-66.

김안나(2011). 고등교육사회학. 학지사.

김안나(2015). 세계화와 교육. 이화교육총서 2015-01. 이화여자대학교 교육과학연구소.

김안나, 함자영(2019). 국제학생이동의 확산을 통해 본 세계 지식네트워크의 구조적 특성. 교육사회학연구, 29(2). pp. 67-92.

김영천(1998). 초등학교의 잠재적 교육과정이 밝혀진 후: 교사와 행정가에게 주는 시사점. 교육인류학연구, 1(2). pp. 49-99.

김영천(1998). 네 학교 이야기: 한국 초등학교의 교실생활과 수업. 문음사.

김종영(2008). 글로벌 문화자본의 추구: 미국 유학 동기에 대한 심층면접 분석. 한국사회학, 42(6). pp. 68-105.

김지영, 김안나(2014). 고교유형과 학교교육경험의 차이가 학생들의 가치관 변화에 미치는 영향. 교육사회학연구, 24(2). pp. 93-116.

김천기(1997). 세계화를 위한 시장논리적 교육개혁에 관한 비판적 고찰. 교육사회학연구, 7(3). pp. 219-238.

김현주, 이병훈(2007). 자녀의 학업성취에 미치는 가족배경, 사회자본 및 문화자본의 영향. 한국인구학, 30(1). pp. 125-148.

남은영(2010). 한국 중산층의 소비문화: 문화자본과 사회자본의 함의를 중심으로. 한국사회학, 44(4). pp. 126-161.

문정희(2001). 그 많던 여학생은 어디로 갔는가. '오라 거짓 사랑아'중에서. 문음사.

백병부(2012). 문화자본 보유 및 학업적 보상 양상에 대한 교사들의 인식. 교육사회학연구, 22(2). pp. 65-95.

양종희(2009). 문화적 취향의 분화와 계급: 음악 장르를 중심으로. 한국사회학, 43(5). pp. 170-209.

오욱환(2010). 베버 파라다임 교육사회학의 구상. 이화여자대학교출판부.

오욱환(2003). 교육사회학의 이해와 탐구. 교육과학사.

윤평중(1997). 푸코와 하버마스를 넘어서: 합리성과 사회비판. 교보문고.

이건만(1995). 뒤르케임의 사회사상과 도덕이론의 재해석. 교육사회학연구, 5(1). pp. 235-264.

이건만(2015). 교육과 문명의 질설. 양서원.

이건만(2015). 교육사회학: 이론의 근원과 흐름의 심층적 이해와 실제적 과제탐구. 양서원.

이상수, 이명진(2016). 한국사회에서 문화자본 연구의 가능성과 한계. 문화와 사회, 21. pp. 339-380.

이신영, 김안나(2018). 과학교과에 대한 태도의 성별 차이와 영향 요인. 교육과학연구, 49(4). pp. 47-69.

이황직(2008). 교양에서 시민으로: 뒤르케임 교육론의 함의. 사회이론, 34. pp. 231-260.

장미혜(2001). 문화자본과 소비양식의 차이. 한국사회학, 3(3). pp. 51-81.

조돈문(2005). 한국사회의 계급과 문화: 문화자본론 가설들의 경험적 검증을 중심으로. 한국사회학, 39(2). pp.1-33.

최샛별(2002). 상류계층 공고화에 있어서의 상류계층 여성의 문화자본: 한국의 서양고전음악 전공여성 사례. 한국사회학, 36(1). pp. 113-144.

최샛별, 이명진(2012). 음악장르, 여가활동, TV프로그램 선호분석을 통해 본 한국사회의 문화 지형도. 한국사회학, 46(2). pp. 34-60.

한신갑, 박근영(2007). 「구별짓기」의 한국적 문법: 여가활동을 통해 본 2005 한국사회의 문화지형. 한국사회학, 41(2). pp. 211-239.

Abercrombie, N., S. Hill & B. Turner(2000). *Dictionary of Sociology*. New York: Penguin Books.

Alexander, J.(1987). *Twenty Lectures: Sociological Theory Since World War II*. New York: Columbia University Press.

Aronowitz, S. and H. Giroux(1993). *Education still under Siege*. Westport, CT: Bergin & Garvey.

Aronowitz, S. & H. Difazio(1994). *The Jobless Future*. Minneapolis: Minnesota University Press.

Ballantine, J. & J. Spade(2012). *Schools and Society: A Sociological Approach to*

Education. CA: Pine Forge Press.

Ballantine, J.(1997). *The sociology of education: A systematic analysis*. New Jersey: Prentice Hall.

Baltzell, E. D.(1958). *An American Business Aristocracy*. New York: Macmillan.

Bakker, I.(1994). *The Strategic Silence: Gender and Economic Policy*. London: Zed Books and North-South Institute.

Baudrillard, J.(1991). *America*. London: Verso.

Bauman, Z.(2000). *Liquid Modernity*. Cambridge: Polity.

Beauvoir, Simone de(1949). Le Deuxieme Sexe. 조홍식 역(1994). 제2의 성. 을유문화사.

Beck, U.(1992). *Risk Society: Towards a New Modernity*. London: Sage.

Becker, H. S.(1961). Schools and systems of stratification. In A. Halsey, J. Floud & C. Anderson(eds.). *Education, Economy, and Society*. pp. 93-104.

Bellah, R.(1973). *Emile Durkheim: On Morality and Society*. Chicago: Chicago University Press.

Bellah, R.(1967). Civil religion in America. *Daedalus* 96. pp. 1-21.

Berger, P. & T. Luckmann(1967). *Social Construction of Reality: A Treatise in the Sociology of Knowledge*. New York: Anchor Books.

Binstock, J.(1970). *Survival in the American College Industry*. unpublished Ph.D. dissertation. Brandeis University.

Bourdieu, P.(1996). *The State Nobility: Elite Schools in the Field of Power*. Stanford: Stanford University Press.

Bourdieu, P.(1985). The forms of capital. In J. E. Richardson(ed.). *Handbook of Theory and Research for the Sociology of Education*. New York: Greenwood Press. pp. 241-58.

Bourdieu, P.(1984). *Distinction: A Social Critique of the Judgement of Taste*. Cambridge, MA: Harvard University Press.

Bourdieu, P. & J. Passeron(1971). *Reproduction: In Education, Culture, and Society*. Beverly Hills, CA: Sage.

Bowles, S. & H. Gintis(2011). *Schooling in Capitalist America: Educational Reform and the Contradictions of Economic Life*. Chicago: Haymarkets Books.

Bowles, S. & H. Gintis(1976). *Schooling in Capitalist America*. London: Rouledge & Kegan Paul.

Brenner, M.(1968). The use of high school data to predict work performance, *Journal of*

Applied Psychology. 52(1).

Brown, P. & H. Lauder(1996). Education, globalization and economic development, *Journal of Education Policy*, 11. pp. 1-24.

Blumer, H.(1969). *Symbolic Interactionism: Perspective and Method. Englewood* Cliffs, NJ: Prentice Hall.

Burke, P.(1994). *Popular Culture in Early Modern Europe*. Burlington. VT: Ashgate.

Campbell, P. & E. Wahl(1998). What's sex got to do with it. In American Association of University Women Educational Foundation(ed.) *Separated by Sex*. Washington D.C.: AAUWEF.

Cardoso, F. & E. Faletto(1979). *Dependency and Development in Latin America*. Berkeley: University of California Press.

Carnoy, M.(1993). Multinationals in a changing world economy. In M. Carnoy et al. *The New Global Economy in the Information Age*. PA: Pennsylvania State University Press. pp. 45-96.

Carnoy, M.(2000). Globalization and educational reform. In Stromquist, N. P. & K. Monkman(eds.). *Globalization and Education*. Lanham: Rowman and Littlefield.

Castells, M.(1997). *The Rise of Network Society*. Malden, MA: Blackwell.

Chubb, J. & T. Moe(1990). *Politics, Markets and America's Schools*. Washington, D.C.: The Brookings Institute.

Coleman, J.(1988). Social capital in the creation of human capital. *American Journal of Sociology*, 94. pp. 95-120.

Collins, R.(1971) Functional and conflict theories of educational stratification. *American Sociological Review, 36*(6). pp. 1002-1019.

Collins, R.(2008). *Violence: A Micro Sociological Theory*. Princeton University Press.

Cooley, C. H.(1902/1998). *On Self and Social Organization*. Chicago: University of Chicago Press.

Coser, L.(2003). Masters of Sociological Thought: Ideas in Historical and Social Context. 신용하, 박명규 역(2016). 사회사상사. 한길사.

Cremin, L. A.(1961). *The Transformation of the School*. New York: Knopf.

Currie, J. & J. Newson(1998). *Universities and Globalization: Critical Perspectives*. CA: Sage.

Curti, M.(1935). *The Social Ideas of American Educators.* New York: Scribner's.

Davis, K. & W. Moore.(1945). Some principles of stratification. *American Sociological*

Review 10. pp. 242-249.

Deem, R.(2003). New managerialism in UK universities: manager-academic accounts of change, In Eggins, H.(ed.), *Globalization and Reform in Higher Education*. UK: The Society for Research into Higher Education and Open University Press.

Delamont, S.(2002). Gender and Education. In D. Levinson, P. Cookson & A. Sadovnik (eds.), *Education and sociology: An encyclopedia*. New York: Routledge Falmer.

Dillon, M.(2010). *Introduction to Sociological Theory: Theorists, Concepts, and their Applicability to the Twenty-First Century*. Wiley-Blackwell.

Drucker, P.(1993). *Post-Capitalist Society*. New York: Harper Business.

Durkheim, E.(1973). *Moral Education: A Study in the Theory and Application of the Sociology of Education*. Translated by E. K. Wilson & H. Schnurer. New York: Free Press.

Durkheim, E.(1957). *Professional Ethics and Civic Morals*. London: Routledge.

Durkheim, E.(1912/2001). *The Elementary Forms of Religious Life*. Translated by C. Cosman. Oxford: Oxford University Press.

Durkheim, E.(1897/1951). *Suicide: A Study in Sociology*. Translated by J. Spaulding & G. Simpsom. New York: Free Press.

Durkheim, E.(1973). *Moral Education: A Study in the Theory and Application of the Sociology of Education*. Translated by E. K. Willson & H. Schnurer. New York: Free Press.

Durkheim, E.(1938/2006). *The Evolution of Educational Thought*. London: Routledge.

Durkheim, E.(1895/1982). *Rules of Sociological Method*. New York: Free Press. Translated by W. D. Hallsp.

Durkheim, E.(1893/1984). *The Division of Labor in Society*. New York: Free Press. Translated by W. D. Halls.

Eagleton, T.(1983). *Literary Theory: An Introduction*. Minneapolis: University of Minnesota Press.

Edwards, R.(1975). Personal traits and success in schooling and work. *Educational and Psychological Measurement*.

Edwards, R.(1972). Alienation and Inequality: Capitalist Relations of Production in a Bureaucratic Enterprise. unpublished Ph.D. dissertation. Harvard University.

Esping-Anderson, G.(1990). *The Three Worlds of Welfare Capitalism*. NJ: Princeton University Press.

Esping-Anderson, G.(1996). *Welfare States in Transition: National Adaptations in Global Economies*. London: Sage.

Folger, J. & C. Nam(1964). Trends in education in relation to the occupational structure. *Sociology of Education* 38. pp. 19-33.

Foucault, M.(1984). Truth and Power. In P. Rabinow (ed.). *The Foucault Reader*. New York: Panteon.

Foucault, M.(1980). Two lectures. In C. Gordon (ed.). *Power and Knowledge: Selected Interviews and Other Writings*, 1972-1977. New York: Pantheon.

Fukuyama, F.(1992). *The End of History and the Last Man*. New York: The Free Press.

Fukuyama, F.(1995). *Trust: The Social Virtues and the Creation of Prosperity*. New York: The Free Press.

Fuller, B. & S. Heyneman(1989). Third world school quality: current collapse, future potential. *Educational Researcher*, 18(2). pp. 12-19.

Garfinkel, H.(1967). *Studies in Ethnomethodology*. Englewood Cliffs, NJ: Prentice Hall.

Gibbons M. et al.(1994). *The New production of Knowledge*. London: Sage.

Giddens, A.(1990). *The Consequence of Modernity*. Stanford: Stanford University Press.

Giddens, A.(1994). *Beyond Left and Right: The Future of Radical Politics*. Cambridge: Polity Press.

Giddens, A.(2001). *Sociology*. Cambridge: Polity.

Gilman, C.(1911). *Man-made World or Our Adrocentric Culture*. New York: Charlton.

Gilligan. C.(1982). *In a Different Voice*. Cambridge. MA: Harvard University Press.

Giroux, H.(1988). Postmodernism and the discourse of educational criticism, *Journal of Education* 170. pp. 5-30.

Goffman, E.(1963). *Stigma: Notes on the Management of Spoiled Identity*. New York: Simon & Schuster.

Goffman, E.(1961). *Asylums: Essays on the Social Situation of Mental Patients and Other Inmates*. Chicago: Aldine. 심보선 역. 수용소(2018). 문학과 지성사.

Goffman, E.(1959). *The Presentation of Self and in Everyday Life*. New York: Doubleday.

Gordorn, P., R. Aldrich & D. Dean(1991). *Education and Policy in England in the Twentieth Century*, London: The Weburn Press.

Green, A.(1997). *Education and State Formation*. New York: Macmillan.

Grubb, N.(2004). *The Education Gospel: The Economic Power of Schooling*. Harvard University Press.

Gumport, P. J. & B. Pusser(1997). Restructuring the academic environment. In M. W. Peterson ey al. (eds.). *Planning and Management for a Changing Environment*. San Francisco: Jossey-Bass Publishers.

Gunder Frank, A.(1967). *Capitalism and Underdevelopment in Latin America*. New York: Monthly Review Press.

Haag, P.(1998). Single sex education in grades K-12. In *Separated by Sex*. Washington D.C.: American Association of University Women Educational Foundation.

Habermas, J.(1981). Modernity versus postmodernity. *New German Critique* 22. pp. 3-14.

Habermas, J.(1971). *Knowledge and Human Interests*. Boston, MA: Beacon Press.

Hall, S.(1992). The question of cultural identity. In S. Hall, D. Held & T. McGrew (eds.). *Modernity and its Futures*. Cambridge: Polity.

Hall, S.(1992). What is this black in black popular culture? In G. Dent (ed.). *Black Popular Culture*. Seattle: Bay press.

Halsey, A. H. & M. A. Trow(1971). *The British Academics*. London: Faber and Faber.

Harvey, D.(1990). *The Condition of Postmodernity*. Oxford: Blackwell.

Harvey, D.(2003). *The New Imperialism*. Oxford: Oxford University Press.

Held, D. & A. McGrew(1993). Globalization and the liberal democratic state, *Government and Opposition,* 28(2). pp. 261-288.

Held, D. et al.(2004). *Global Transformations: Politics, Economics and Culture*. Cambridge: Polity.

Held, D.(2004). *Global Covenant: The Social Democratic Alternatives to the Washington Consensus*. Cambridge: Polity.

Hess, R. & J. Torney(1967). *The Development of Political Attitude in Children*. Chicago: Aldine.

Hilbert, R.(1990). *Ethnomethodology and micro-macro order. American Sociological Review* 55. pp. 794-808.

Hirst, P. & G. Thompson(1995). Globalization and the Future of the Nation-State, *Economy and Society* 24(3). pp. 408-442.

Hobsbawm, E.(2007). *Globalization, Democracy and Terrorism*. London: Little Brown.

Hochshield. A.(1983). *The Managed Heart: Commercialization of Human Feelings*. Berkeley: University of California Press.

Hochschild, A.(1979). Emotion work, feeling rules, and social structure. *American Journal of Sociology* 85. pp. 551-575.

Hollinghead, A.(1949). *Elmtown's Youth*. New York: Wiley.

Hoppers, C.(2000). Globalization and the social construction of reality: Affirming or unmasking the "inevitable"? In N. Stromquist & K. Monkman (eds.). *Globalization and Education*. Lanham: Rowman and Littlefield.

Horkheimer, M. & T. Adorno(1972). *Dialectic of Enlightenment*. New York: The Seabury Press.

Huntington, S.(1976). The change to change: Modernization, development and politics. In C. Black (ed.). *Comparative Modernization* New York: The Free Press.

Huntington, S.(1996). *The Clash of Civilization and the Remaking of World Order*. New York: Simon and Schuster.

Inkeles, A.(1969). Making men modern: On the causes and consequences of individual change in six developing countries. In J. T. Roberts & A. Hite (eds.). *From Modernization to Globalization*. MA: Blackwell Publishing.

Inkeles, A. & D. Smith(1974). *Becoming Modern*. London: Heinemann Education Books.

Jackson, Phillip(1968). *Life in Classrooms*. New York: Holt, Rinehart and Winston.

Jameson, F.(1991). *Postmodernism or the Cultural Logic of Last Capitalism*. Durham, NC: Duke University Press.

Jameson, F.(1984). Modernism or the cultural logic of late capitalism. *New Left Review* 146.

Jones, P. W.(2000). Globalization and internationalism: Democratic prospects for world education. In N. Stromquist & K. Monkman (eds.). *Globalization and Education*. Lanham: Rowman and Littlefield.

Karabel, J.(2005). *The Chosen: The Hidden History of Admission and Exclusion at Harvard, Yale, and Princeton*. Boston: Houghton Mifflin.

Kelly, A.(1988). Gender difference in teacher-pupil interaction: A meta analytical review. *Research in Education* 3. pp. 1-23.

Kelly, A.(1985). The construction of masculine science. *British Journal of Sociology of Education,* 6(2). pp. 133-154.

Kenway, J. & P. Kelly(2000). Local/global labor markets and the restructuring of gender, schooling and work, In N. Stromquist & K. Monkman (eds.). *Globalization and Education*. Lanham: Rowman and Littlefield.

Kerr, C.(1992). *The Uses of the University*. Cambridge, MA: Harvard University Press.

Kuhn, T.(1970). *The Structure of Scientific Revolutions*. Chicago: Chicago University Press.

Lamont, M. & A. Lareau(1988). Cultural capital: Allusions, gaps and glissandos in recent theoretical development. *Sociological Theory* 6. pp. 153-168.

Lareau, A.(2003). *Unequal Childhoods*. Berkeley: University of California Press.

Lee, J.(2002). More than ability: Gender and personal relationships influence science and technology involvement. *Sociology of Education,* 75(4). pp. 349-374.

Lee, V. & H. Marks(1994). Sexism in single sex and coeducational independent secondary school classrooms. *Sociology of Education,* 67(2). pp. 92-120.

Lepore, P. & J. Warren(1997). A comparison of single sex and coeducational Catholic secondary schooling: Evidence from national longitudinal study of 1988. *American Educational Research Journal,* 34(3). pp. 485-511.

Levine, H. M.(1991). Raising productivity in higher education. *Journal of Higher Education*, 62(3). pp. 241-262.

Lidz, V.(2000). Talcott Parsons. In G. Ritzer (ed.). *The Blackwell Companion to Major Social Theorists*. MA: Blackwell.

Lyotard, J.(1984). *The Postmodern Conditions: A Report on Knowledge*. Minneapolis: University of Minnesota Press.

Lyotard, J.(1982). A memorial of Marxism. In Lyotard's *Peregrinations: Law, Form, Event*. Translated by C. Lindsay. New York: Columbia University Press.

Machlup, F.(1962). *The Production and Distribution of Knowledge in the United States*. Princeton, NJ: Princeton University Press.

MacLeod, J.(1995). *Ain't No Makin' It: Aspirations and Attainment in a Low Income Neighborhood*. Boulder, CO: Westview Press.

Mallam, W.(1993). Impact of school type and sex of the teacher on female students' attitudes toward mathematics in Nigerian secondary schools. *Educational Studies in Mathematics,* 24(2). pp. 223-229.

Martin, H. & H. Schumann(1996). *Die Globalisierungsfalle*. 강수돌 역(1997). 세계화의 덫. 서울: 영림카디널.

Marx, K. & F. Engels(1846/1947). *The German Ideology*. New York: International Publishers.

McClelland, D.(1961). *The Achieving Society*. New York: The Free Press.

Mclaren, P.(1995). *Critical Pedagogy and Predatory Culture*. London: Routledge.

McLuhan, M.(1987). *Understanding Media: The Extensions of Man*. London: ARK.

MacLure, J. S.(1973). *Educational Documents, England and Wales, 1816 to the Present*

Day. London: Methuen.

Mead, G. H.(1934). *Mind, Self, and Society*. Chicago: University of Chicago Press.

Mendick, H.(2005). Mathematical stories: Why do more boys that girls choose to study mathematics at AS-level in England. *British Journal of Sociology of Education*, 26(2). pp. 235-251.

Merton, R.(1949). *Social Theory and Social Structure: Toward the Codification of Theory and Research. Glencoe.* IL: Free Press.

Metz, M.(1978). *Classrooms and Corridors: The Crisis of Authority in Desegregated Secondary Schools*. CA: University of California Press.

Meyer, J. W.(1977). The effects of education as an institution. *The American Journal of Sociology, 83*(1). pp. 55-77.

Meyer, P.(1972). Schooling and the Reproduction of the Social Division of Labor. unpublished honors thesis. Harvard University.

Newman, F., L. Couturier & J. Scurry(2004). *The Future of Higher Education: Rhetoric, Reality, and the Risks of the Market*. San Francisco, CA: Jossey-Bass.

Oakes, J.(1985). *Keeping Track: How Schools Structure Inequality*. New Haven, CT: Yale University Press.

Parsons, T.(1971). *Systems of Modern Societies*. Englewood Cliffs, NJ: Prentice Hall.

Parsons, T.(1964). Evolutionary universals in society. In J. T. Roberts & A. Hite (eds.). *From Modernization to Globalization*. MA: Blackwell Publishing.

Parsons, T.(1959). The school class as a social system: Some of its functions in American Society. *Harvard Educational Review*, 29(4). pp. 297-318.

Parsons, T.(1949/1954). *Essays in Sociological Theory*. Glencoe. IL: Free Press.

Parsons, T.(1937). *The Structure od Social Action*. New York: Free Press.

Peterson, R. A. & R. M. Kern(1996). Changing highbrow taste: From snob to omnivore. American Sociological Review, 61(5). pp. 900-907.

Piore, M.(1990). Labor standard and business strategies. In S. Herzenberg & J. Perez-Lopez(eds.). *Labor Standards and Development in the Global Economy*. Washington D.C.: US Department of Labor.

Putnam, R.(2000). *Bowling Alone: The Collapse and Revival of American Community*. New York: Simon Schuster.

Reich, R.(1992). *The Work of Nations: Preparing Ourselves for the 21st Century Capitalism.* New York: Vintage Books.

Rifkin, J.(2011). *The Third Industrial Revolution*. New York: Palgrave Macmillan.

Rist, R. C.(1977). On understanding the process of schooling: Contribution of labeling theory. In J. Karabel & A. Halsey (eds.). *Power and Ideology in Education*. New York: Oxford University Press. pp. 292-305.

Ritzer, G.(2000). *The McDonaldization of Society*. Thousand Oaks, CA: Pine Forge Press.

Ritzer, G.(1992). *Contemporary Sociological Theory*. New York: McGraw-Hill.

Robertson, R.(1992). *Globalization: Social Theory and Global Culture*. London: Sage.

Ross, M. G.(1976). *The Anatomy of Academe*. London: McGraw-Hill.

Rostow, W.(1960). The stage of economic growth. In J. T. Roberts & A. Hite (eds.). *From Modernization to Globalization*. MA: Blackwell Publishing.

Rust, V. D.(1991). Postmodernism and its comparative education implications. *Comparative Education Review*, 35(4). pp. 610-630.

Rust, V. D.(2000). Educational reform: Who are the radicals?, In Stromquist, N. P. & K. Monkman(eds.). *Globalization and Education*. Lanham: Rowman and Littlefield.

Sadker, D., M. Sadker & L. Long(1997). Gender and educational equality. In J.A. Banks & C.A. Banks(eds.). *Multicultural Education: Issues and perspectives*. MA: A Viacom Company.

Sadlak, J.(1998). Globalization and concurrent challenges for higher education. In Scott, P.(ed.). *The Globalization of Higher Education.* UK: The Society for Research into Higher Education and Open University Press.

Sarup, M.(1993). *An Introductory Guide to Poststructuralism and Postmodernism*. Prentice Hall. 전영백 역(2005). 후기구조주의와 포스트모더니즘. 조형교육.

Sassen, S.(2007). *A Sociology of Globalization*. New York: Norton.

Schultz, T.(1961). Investment in human capital. *American Economic Review*, 51. pp. 1-17.

Schutz, A.(1967). *The Phenomenology of the Social World*. Northwestern University Press.

Schutz, A.(1970). *On Phenomenology and Social Relations: Selected Writings*. Helmut Wagner (ed.). Chicago: University of Chicago Press.

Sklair, L.(1995). *Sociology of the Global System*. Baltimore: Johns Hopkins University Press.

Sklair, L.(2002). *Globalization: Capitalism and its Alternatives*. Oxford: Oxford University Press.

Slaughter, S., S. A. Slaughter & G. Rhoades(2004). *Academic Capitalism and the New Economy: Martkets, State, and Higher Education*. Baltimore, MD: Johns Hopkins.

Smith, D.(2005). *Institutional Ethnography: A Sociology for People*. Rowan & Littlefield. 김인숙 역(2014). 제도적 문화기술지: 사람을 위한 사회학. 나남.

Smith, D.(1990). *Texts, Facts, and Feminity: Exploring the Relations of Ruling*. New York: Routledge.

Smith, D.(1990). *The Conceptual Practices of Power*. Boston: Northeastern University Press.

Smith, G.(1967). Usefulness of peer ratings of personality in educational research. *Educational and Psychological Measurement*.

Stets, J. & J. Turner(2006). *Handbook of the Sociology of Emotion*. New York: Springer.

Stiglitz, J.(2003). *Globalization and its Discontents*. New York: W.W. Norton & Co.

Streeck, W.(1989). Skills and the limits of neo-liberalism: The enterprise of future as a place of learning. *Work, Employment and Society*, 3. pp. 90-104.

Stromquist, N. P. & K. Monkman(2000). Defining globalization and assessing its implications on knowledge and education. In Stromquist, N. P. & K. Monkman (eds.) *Globalization and Education*. Lanham: Rowman and Littlefield.

Stromquist, N. P.(2002). *Education in a Globalized World: the Connectivity of Economic Power, Technology and Knowledge.* Lanhan: Rowman and Littlefield.

Suarez-Orozco, M. M. & D. B. Qin-Hilliard(eds.)(2004). *Globalization: Culture and Education in the New Millennium*. CA: University of California Press.

Teichler, U.(1998). The role of the European Union in the internationalization of higher education, In Scott, P.(ed.). *The Globalization of Higher Education*. The Society for Research into Higher Education. pp. 88-99.

Thurow, L.(1996). *The Future of Capitalism: How Today's Economic Forces Shape Tommorrow's World*. New York: William Morrow and Company, Inc.

Toffler, A.(1990). *Powershift*. New York: Bantam.

Tucker. R.(1978). *The Marx-Engels Reader*. New York: Norton & Company.

Turner, J. H. & A. Maryanski(1979). Functionalism. Menlo Park, CA: The Benjamin/Cummings.

Turner, R.(1960). Sponsored and contest mobility and the school system, *American Sociological Review* 25(5).

Veblen, T. B.(1899). *The Theory of Leissure Class: An economic study of Institutions*. 임종기 역(2018). 서울: 에이도스.

Waller, W.(1932). *The Sociology of Teaching*. New York: Russell and Russell.

Wallerstein, I.(1979). *The Capitalist World Economy*. Cambridge: Cambridge University Press.

Wallerstein, I., R. Collins, M. Mann, G. Derluguian, & C. Calhoun (2013). *Does Capitalism Have a Future*. 성택용 역(2014). 자본주의는 미래가 있는가. 창비.

Walters, S.(2000). Globalization, adult education and development, In Stromquist, N. P. & K. Monkman(eds.). *Globalization and Education*. Lanham: Rowman and Littlefield.

Weber, M.(1946). *From Max Weber: Essays in Sociology*. New York: Oxford University Press. Translated and edited by H. Gerth & W. Mills.

Weber, M.(1920/1978). *Economy and Society*. G. Roth & C. Wittich (eds.). Berkeley: University of California Press.

Weber, M.(1904-1905/1958). *The Protestant Ethic and the Spirit of Capitalism*. Translated by T. Parsons. New York: Scribners and Sons.

Weiner, G., M. Arnot & M. David(1997). Is the future female? Female success, male disadvantage, and changing gender patterns in education. In Education: Culture, Economy, Society. Halsey, A., H. Lauder, P. Brown & A. Wells.(eds.). Oxford: Oxford University Press.

Wells, A. et al.(1998). Globalization and Educational Change. In A. Hargreaves et al.(eds.) *International handbook of Educational Change*. London: Kluwer Academic Publishers.

Willis, P.(1977). *Learning to Labor: How Working Class Kids get Working Class Jobs*. New York: Columbia University Press.

Willis, R., S. Kilpatrick & B. Hutton(2006). Single sex classes in coeducational schools. *British Journal of Sociology of Education,* 27(3). pp. 277-291.

Yeatman, A.(1994). *Postmodern Revisionings of the Political*. London: Routledge.

찾아보기

『 ㅅ 』

저자약력

김안나

이화여자대학교 사범대학 교육학과 교수로 미국 캘리포니아주립대학(UCLA)에서 교육사회학과 비교교육 전공으로 박사학위를 취득하였고, 이후 한국청소년정책연구원과 한국교육개발원의 연구위원을 역임하였다. 대학효과, 대학서열화, 학업중단, 학자금지원효과 등 고등교육사회학의 다양한 주제들을 연구해 왔고, 최근에는 학문자본주의, 국제학생이동같이 고등교육에 미치는 글로벌 자본주의의 영향에 관심을 두고 연구하고 있다. 국가균형발전위원회 제도운영전문위원, 국무조정실 교육부정책평가위원, 여성가족부 정책자문위원, 대통령교육문화수석실 정책자문위원, UCLA 방문교수, 학술지 『교육과학연구』 편집위원장 등을 역임하였고, 현재 교육과학연구소 소장, 한국교육학회 이사, 한국교육사회학회 회장으로 활동하고 있다.

교육의 사회적 기초

- 교육사회학의 이론과 연구, 그리고 쟁점들 -

2021년 8월 25일 1판 1쇄 인쇄
2021년 8월 30일 1판 1쇄 발행

저　자 : 김　안　나
발행자 : 한　정　주
발행처 : 교육과학사

저자와의 협의하에 인지생략

경기도 파주시 광인사길 71
전화 (031)955-6956~8/팩스 (031)955-6037
Home-page : www.kyoyookbook.co.kr
E-mail : kyoyookbook@daum.net, kyoyook@chol.com
등록 : 1970년 5월 18일 제2-73호

낙장 · 파본은 교환해 드립니다.
Printed in Korea.

정가 18,000 원
ISBN 978-89-254-1612-0